修订版

冯友兰文集

【第九卷】

中国哲学史新编（第二册）

长春出版社
国家一级出版社
全国百佳图书出版单位

图书在版编目（CIP）数据

中国哲学史新编. 第二册 / 冯友兰著；邵汉明编
. —修订本. —长春：长春出版社，2017.1
（冯友兰文集；第九卷）
ISBN 978－7－5445－4654－6

Ⅰ.①中…　Ⅱ.①冯…②邵…　Ⅲ.①哲学史—中国
Ⅳ.①B2
中国版本图书馆CIP数据核字（2016）第276757号

冯友兰文集

著　　者：冯友兰
编　　者：邵汉明
责任编辑：张中良　李春龙
封面设计：王国擎

出版发行：长春出版社	总编室电话：0431－88563443
地　　址：吉林省长春市建设街1377号	发行部电话：0431－88561180
邮　　编：130061	
网　　址：www.cccbs.net	
制　　版：吉林省久慧文化有限公司	
印　　刷：吉广控股有限公司	
经　　销：新华书店	

开　　本：787毫米×1092毫米　1/16
字　　数：3960千字
印　　张：209
版　　次：2017年1月第1版
印　　次：2017年1月第1次印刷
印　　数：3 000册
定　　价：（全十二卷）598.00元

版权所有　盗版必究

如有印装质量问题，请与印厂联系调换　　　印厂电话：0431—81067999

1956年，中国佛教代表团访问印度、缅甸。右二为冯友兰，右三为赵朴初。

1963年11月，毛泽东接见社会科学工作者时与冯友兰握手。

1966年，冯友兰与夫人在香山漫步。

20世纪70年代初,冯友兰夫妇与小孙女在一起。

冯友兰自书三松堂横额。

何止于米，相期以茶

心怀四化，意寄三松

一九八三年文白自寿

冯友兰

1983年，冯友兰于88岁时自撰自书寿联："何止于米，相期以茶；心怀四化，意寄三松。"

目 录

绪 论 ·· 001

第十章 秦国进一步的改革——商鞅变法 ·· 003
  第一节 商鞅在秦国同顽固派的大辩论 ·· 003
  第二节 商鞅推广巩固封建生产关系的重要措施 ··· 006
  第三节 商鞅对于宗法的变革 ··· 009
  第四节 商鞅对于富国强兵的理论和措施 ··· 010
  第五节 商鞅的进步的历史哲学 ·· 013

第十一章 道家哲学体系的形成和发展——《老子》的客观唯心主义
        哲学体系 ·· 016
  第一节 老子其人和《老子》其书 ·· 016
  第二节 《老子》哲学思想的阶级根源 ·· 021
  第三节 《老子》对于地主阶级政权的攻击及其应付的策略 ························ 022
  第四节 《老子》的兵法 ·· 024
  第五节 《老子》的素朴的辩证法思想 ·· 026
  第六节 《老子》中的宇宙观 ··· 029
  第七节 《老子》论"为道"和"为学" ·· 035
  第八节 《老子》的历史哲学及其理想社会 ··· 039

第十二章 孟轲——儒家思想向唯心主义的发展 ··· 041
  第一节 孟轲的时代及其对于当时政治的态度 ·· 041
  第二节 孟轲的政治思想 ··· 043
  第三节 孟轲论"君子""小人" ·· 045
  第四节 孟轲论"王""霸" ·· 047
  第五节 王道的物质条件——井田制 ··· 048
  第六节 王道的精神条件——仁和忠恕之道 ··· 050

第七节	性善论和伦理学	052
第八节	孟轲的历史观及其对于道家墨家的斗争	057
第九节	孟轲对于人类精神生活的理解和体会	060

第十三章 墨家的支与流裔宋钘、尹文；农民的思想家许行 064
| 第一节 | 宋钘、尹文的政治、社会思想 | 064 |
| 第二节 | 许行的"神农之言" | 069 |

第十四章 庄周的主观唯心主义体系——道家哲学向唯心主义的进一步的发展 072
第一节	庄周其人和《庄子》其书	072
第二节	庄周论"齐物"	075
第三节	庄周论"逍遥"	081
第四节	《庄子》论道、有、无	085
第五节	庄周论自然和人为、必然和自由	089
第六节	倒退的社会观	091
第七节	庄周哲学是隐士思想的总结	094

第十五章 惠施、公孙龙及其他辩者，后期名家的发展 096
第一节	关于名家这个称号	096
第二节	惠施的法家思想	098
第三节	惠施的"万物说"	099
第四节	惠施"历物之意"十事	101
第五节	惠施与庄周——辩证法与相对主义、怀疑论和诡辩	105
第六节	惠施的对立面——公孙龙	106
第七节	公孙龙关于"白马非马"的辩论	108
第八节	公孙龙关于"离坚白"的辩论	111
第九节	公孙龙关于"指""物"的辩论	112
第十节	公孙龙关于"变"的辩论	115
第十一节	公孙龙关于"名""实"的辩论	118
第十二节	战国时期其他辩者的辩论	119
第十三节	庄周及其一派对公孙龙的态度	122

第十六章 慎到和稷下黄老之学 125
| 第一节 | 战国中后期各家的分化 | 125 |
| 第二节 | 《庄子·天下》篇所说的慎到 | 127 |

  第三节　《慎子》中的慎到思想 …………………………………………… 129
  第四节　黄老之学的确切内容 ……………………………………………… 132

第十七章　稷下黄老之学的精气说——道家向唯物主义的发展 ……………… 134
  第一节　黄老之学的名称的由来及史料的根据 ………………………… 134
  第二节　《管子》中的《水地》篇 ………………………………………… 135
  第三节　黄老之学关于"精""气"的思想 ……………………………… 137
  第四节　对于"精""气"说的评价 ……………………………………… 142
  第五节　黄老之学的法家统治术 …………………………………………… 145
  第六节　黄老之学关于法的认识 …………………………………………… 148
  第七节　黄老之学的认识论的含义 ………………………………………… 150
  第八节　附录，齐法家的其他思想 ………………………………………… 151

第十八章　楚国的改革与屈原，稷下精气说的传播 …………………………… 159
  第一节　楚国的封建化的改革 ……………………………………………… 159
  第二节　屈原文学作品中所表现的进步的政治思想 …………………… 160
  第三节　屈原《天问》中的唯物主义的宇宙发生论 …………………… 162
  第四节　屈原《远游》《离骚》中的精、气说 ………………………… 163
  第五节　古代医学中的精、气说 …………………………………………… 168

第十九章　墨辩——后期墨家向唯物主义的发展 ……………………………… 171
  第一节　关于墨经 …………………………………………………………… 171
  第二节　后期墨家思想的阶级根源和社会根源 ………………………… 172
  第三节　墨经中的科学知识 ………………………………………………… 173
  第四节　后期墨家的反映论的认识论 …………………………………… 175
  第五节　后期墨家的逻辑思想 ……………………………………………… 178
  第六节　后期墨家的唯物主义的自然观 ………………………………… 185
  第七节　后期墨家的进步的社会政治思想 ……………………………… 187
  第八节　后期墨家对于当时诡辩学说的批判 …………………………… 192
  第九节　后期墨家对于当时老、庄学说和其他各家的批判 ………… 198

第二十章　阴阳五行家的具有唯物主义因素的世界图式 ……………………… 202
  第一节　关于阴阳五行家 …………………………………………………… 202
  第二节　《洪范》以五行为基础的自然观 ……………………………… 204
  第三节　《月令》的世界图式 ……………………………………………… 206
  第四节　邹衍的地理学说和历史观 ……………………………………… 211

第五节　阴阳五行家思想对于中国哲学和科学发展的影响 ·············· 214
第六节　对于阴阳五行家的估价和批判 ·············· 216

第二十一章　易传的具有辩证法因素的世界图式 ·············· 219
第一节　关于《易经》和易传 ·············· 219
第二节　筮法和易传中的"数" ·············· 221
第三节　易传中的"象" ·············· 224
第四节　易传的宇宙发生论及世界图式 ·············· 228
第五节　易传的客观唯心主义体系 ·············· 231
第六节　易传中的辩证法思想 ·············· 233
第七节　易传哲学的阶级根源 ·············· 239

第二十二章　荀况——儒家思想向唯物主义的发展 ·············· 243
第一节　荀况与《荀子》 ·············· 243
第二节　荀况论"王""霸" ·············· 244
第三节　"法先王"和"法后王" ·············· 247
第四节　礼和法 ·············· 248
第五节　荀况的唯物主义的自然观 ·············· 250
第六节　荀况的反映论的认识论和思想方法 ·············· 256
第七节　荀况的逻辑思想 ·············· 264
第八节　荀况的社会思想 ·············· 269
第九节　荀况关于"文"的理论 ·············· 273
第十节　荀况的人性论 ·············· 275
第十一节　荀况对于统一思想的主张 ·············· 278

第二十三章　战国时期最后的理论家韩非的哲学思想 ·············· 281
第一节　韩非的人口论的历史观 ·············· 281
第二节　韩非论他所认为的人的社会关系的实质 ·············· 283
第三节　韩非综合原来法家三派 ·············· 286
第四节　韩非关于法的论述 ·············· 288
第五节　韩非关于势的论述 ·············· 290
第六节　韩非关于术的论述 ·············· 292
第七节　韩非的唯物主义的认识论 ·············· 294
第八节　韩非对《老子》的改造 ·············· 296
第九节　韩非的政治、经济主张 ·············· 305

第十节　韩非对于当时战争的矛盾立场 …………………………… 307
第二十四章　先秦百家争鸣的总结与终结 ……………………………… 311
  第一节　儒家所作的总结 ………………………………………… 311
  第二节　道家所作的总结 ………………………………………… 315
  第三节　法家所作的总结 ………………………………………… 317
  第四节　杂家和吕不韦的《吕氏春秋》 ………………………… 318
  第五节　杂家的出现与先秦哲学的终结 ………………………… 322

绪　论

在第一次社会大转变时期，即从奴隶制转向封建制时期，生产关系的转变，在当时各诸侯国中，发展是不平衡的。从齐国的"相地而衰征"，鲁国的"初税亩"，秦国的"初租禾"，经过一百年左右的时间，当时主要的诸侯国都先后进入了封建制。秦国原来是一个比较落后的国家，但经过商鞅"变法"进一步完成了封建的改革，秦国成为齐、晋两国以后的最强盛的国家。

这个时期是地主阶级上升时期。它完成了使中国从奴隶制进入封建制的主要历史任务。但是，还有两个历史任务要完成，一个是统一全中国的专制主义的中央集权的政权要建立，一个是思想战线上的"百家争鸣"的局面要处理。

从中国历史的发展看，伴随着封建制的建立，在政治上也逐步建立了专制主义的中央集权的地主阶级专政的政权。当时的各诸侯国，都先后在其本国内打击、削弱了半独立的大小奴隶主贵族。这些贵族是在原来的分封制下得了土地，在其土地范围内建立了半独立的政权。这些贵族被打击削弱以后，这国的国君就在其本国内施行专制主义的中央集权的统治。但是在不少的情况下，分封制作为一个制度还没有完全消灭。以秦国而论，商鞅被封为商君，吕不韦被封为文信侯，这都是些新的封君。商鞅和吕不韦显然都不是旧的奴隶主贵族。他们都是新的封君，当然也有些旧的封君，原来是奴隶主贵族，因为改革不彻底而继续存在的。这些新旧的封君，都是专制主义的中央集权的君权的阻碍。在各诸侯国的地主阶级还要继续改革，这是他们要继续完成的一个历史任务。

当时，虽然经过兼并战争，原来许许多多的各自为政的诸侯国已经减少到七个强国，时称为"七雄"。这还是诸侯割据的局面。这种局面，对于法令的统一，社会的安定，生产的发展，以及文化的交流，都是不利的。地主阶级必须进一步地用兼并的方法，统一全中国，消灭诸侯割据的局面，建立全中国的专制主义的中央集权的地主阶级政权。这是地主阶级要完成的第一个历史任务。

当时法家的思想也是为推动这种历史趋势，为地主阶级完成这些任务而服务的。

还有一个思想战线上的情况，需要地主阶级处理的，就是战国时期的"百家争鸣"的局面。当时的"百家争鸣"的实质是在生产资料的封建所有制已经基本建立以后，仍然继续的思想斗争。

思想斗争是上层建筑范围内的事情。上层建筑总是落后于经济基础。在一种社会中，新的经济基础建立了，新的上层建筑才能出现。旧的经济基础消灭了，旧的上层建筑还不一定跟着消灭，还要继续一段时间。上层建筑后于经济基础而存在，也后于经济基础而消灭。春秋时期的思想斗争是奴隶制向封建制的转化的一种反映。到了战国时期，封建制的经济基础已经基本上建立起来了。但是思想斗争仍然继续存在而且更加激烈。这也是因为思想的发展有其本身的规律。一种思想开始了，它就一定推到它逻辑的结论。战国时期的思想，无论哪一家哪一派，都比他们的前人更精深更广大，这就是本书把各家的思想都分为前期和后期的原因，后期和前期比较起来，都是"青取之于蓝而青于蓝，冰水为之而寒于水"。

但是，地主阶级建立了全中国的专制主义的中央集权的政权，它是不能容忍这种"百家争鸣"的局面继续下去的。怎样处理这个问题呢？在战国时期已经提出了两种方案：一种是荀况和韩非提出的定一家为一尊，完全排除其外各家的方案。一种是吕不韦在《吕氏春秋》中提出的杂家方案。在秦汉时期，为了处理这种局面，也折腾了相当长的时间。

第十章 秦国进一步的改革——商鞅变法

第一节 商鞅在秦国同顽固派的大辩论

照上边所讲的，自从晋国分为韩、赵、魏三国以后，三国又各自进行了进一步的改革。这都是晋法家的成绩。战国中后期的法家代表人物中，商鞅是卫人，韩非是韩人。他们的思想都属于晋法家的范围。商鞅在秦国得到了秦孝公的信任，掌了政权，在秦国进行了比较彻底的封建化的改革。经过商鞅的变法，秦国由落后地位转化为领先了，为秦国后来统一中国的事业打下了基础。

商鞅出身于卫国的没落贵族。因为他是卫国国君的子孙，当时称他为公孙鞅，也称为卫鞅，也称为商鞅。商是他在秦国所受的封邑。他是商这个地方的封君，所以又称商君。后人把他的言论编辑为一本书，名为《商君书》。

据司马迁的记载，秦孝公于纪元前361年继位，下令求贤。商鞅从卫国到秦国见孝公，同他接连谈了三次。第一次，商鞅讲"帝道"，孝公一听就打瞌睡。第二次，商鞅讲"王道"，孝公听了，觉得比第一天讲得好一点，但仍然认为是不可用。第三次，商鞅讲"霸道"，孝公听了大为高兴，连谈几天都不觉得疲倦。商鞅同别人说：他所讲的帝王之道，就是夏、商、周三代所行之道，所谓霸道，是"强国之术"（《史记·商君列传》）。

现在看起来，商君和秦孝公在前二次所谈的是政治方向问题。他先同孝公讲守旧的办法，照这个办法行事，秦国就不能富强。第三次所讲的是实行改革的方向和办法，照这个方向走，就进一步地封建化。商鞅讲了这两种办法两个方向，作了比较，让孝公选择。他当然知道孝公是要走改革道路的，商鞅自己所要走的也是这条道路。不过他要让孝公自己作出选择，以鉴定孝公实行改革的决心。

孝公下了决心以后，就发动了一场关于改革方向问题的大辩论。《商君书·更法》篇记载了这个辩论两方面的发言（《史记·商君列传》也转载了）。在这场辩论中，主张改革的代表是商鞅。反对改革的代表是甘龙、杜挚。所辩论的内容，是"虑世事之变，讨正法之本，求使民之道"。《更法》篇这三句话是辩论的题目。

"虑世事之变"，就是说，要考虑当时大转变时期形势的变化。当时的东方各诸侯国都已先后进入封建制，秦国落后了，国家衰弱了，在这个新的形势下秦国怎么办？秦国应该采取些什么措施？怎么样改革政治上、社会上的制度？怎样统治老百姓？这是变法的三个方面。也就是说，要从这三个方面决定应该朝什么方向走。这并不是专凭人的主观意志决定的。当时的形势变了，客观的形势决定方向的选择。从客观的形势讲起，变法就有了根据。特别注重这一点，是晋法家的特点。

孝公首先表示了他的决心，说："今吾欲变法以治，更礼以教百姓，恐天下之议我也。"（《更法》篇）就是说，他的意思已经决定了，但需要一番辩论，以对付那些反对的人。

商鞅回答说："臣闻之，疑行无成，疑事无功。君亟定变法之虑，殆无顾天下之议之也。且夫有高人之行者，固见负于世。有独知之虑者，必见骜于民。语曰：'愚者暗于成事，智者见于未萌。民不可与虑始，而可与乐成。'郭偃之法曰：'论至德者不和于俗。成大功者不谋于众。'法者所以爱民也。礼者所以便事也。是以圣人苟可以强国，不法其故；苟可以利民，不循其礼。"意思就是说，孝公既然已经决定变法，那就不必顾虑守旧者的反对和诽谤。凡是创新的事情，开始总是有人反对的。一般的人对于创新的事物，开始总是不习惯，但是等到后来有成绩的时候，他们就都高兴了。商鞅引"郭偃之法"以为根据。他不引管仲之法，而引郭偃之法，这说明晋法家和齐法家有不同的创始人。商鞅得出结论说：法和礼都是适应形势的需要和老百姓的愿望的。如果能够强国，合乎老百姓的利益，法和礼都是可以变的。

商鞅在这里把法和礼并举。在这种并举中，法和礼不是两个互相矛盾的对立物，不是像春秋时期那样，要用法治代替礼治，而是把礼作为一种同法并行的东西，如风俗习惯之类。春秋时期所谓"礼"指的是周礼，是奴隶社会的社会制度和政治秩序。商鞅认为，各个时代各有其不同的法律、制度，也各有其不同的风俗习惯。新兴地主阶级也并不是不要礼，所反对的只是奴隶社会的礼，即周礼。商鞅认为，现在时代不同了，形势改变了，要用地主阶级的新礼，替代奴隶社会的旧礼。

这一段话，是商鞅所提出的变法改革的总纲。它既代表了一个政治方向问题，也代表了一种世界观。这种世界观的要点是向前看，不向后看；要创新，不要守旧；要有所创造，有所作为，不要停止不前，更不要倒退。守旧者的代表甘龙说：“圣人不易民而教，知者不变法而治。因民而教者，不劳而功成。据法而治者，吏习而民安。今若变法，不循秦国之政，更礼以教民，臣恐天下之议君，愿孰（熟）察之。”意思就是说：照着旧习惯、旧办法办事，最容易为官吏和老百姓所接受，所以最为方便。多一事不如少一事。甘龙的这个论点，为墨守成规的保守观点作辩护，同时也是一种世界观的表现。这就是懦夫懒汉的世界观。有这种世界观的人，因循苟安，主张无所作为，反对有所作为。

商鞅反驳说：“子之所言，世俗之言也。夫常人安于故习，学者溺于所闻。此两者，所以居官而守法，非所与论于法之外也。三代不同礼而王，五霸不同法而霸。故知者作法，而愚者制焉；贤者更礼，而不肖者拘焉。拘礼之人不足与言事，制法之人不足与论变。君无疑矣。”意思就是说：有两种人，一种是立于法之外而制法的；一种是为法所制，拘于法之内而守法的。前者是智者，后者是愚者。智者也是变礼的人；愚者是被礼所拘的人。还有一种学者（指儒家）局限于自己所听说的那老一套，也是属于愚者之类。这种人只会照礼办事。

商鞅的这一段话，对于守旧者的批判是很深刻的。这种守旧的人局限于奴隶主阶级的立场，只能从奴隶主的观点看奴隶制。这就是只能站在奴隶主之内看奴隶制。所以不能同他们谈奴隶制以外的东西。商鞅所说的"法之外"的"外"字有这样的意思。

代表守旧的另一个人杜挚说："臣闻之，'利不百，不变法；功不十，不易器。'臣闻法古无过，循礼无邪。君其图之！"这是反对变法的另外一种说法。意思就是说：变法可能有利。但是变法的利究竟有多大，还是一个问题。新法的利益如果不比旧法的利益大一百倍，就不变法；如果一个新工具的效率不比旧工具的效率多十倍，就不换工具。向来都是这样说的。可见，以古为法是不会错的，照着周礼办事是不会走到邪路上去的。杜挚的这一段话的意思，恰好正是孟轲所说的那种思想："诗云：'不愆不忘，率由旧章。'遵先王之法而过者，未之有也。"（《孟子·离娄上》）

商鞅驳斥说："前世不同教，何古之法？帝王不相复，何礼之循？伏羲、神农，教而不诛。黄帝、尧、舜，诛而不怒。及至文、武，各当时而立法，因事而制礼。礼、法以时而定。制令各顺其宜。兵甲器备，各便其用。臣故曰：治世不一道，便国不必法古。汤、武之王也，不循古而兴。殷、夏之灭也，不易礼而亡。然则反古者未必非，循礼者未足多是也。君无疑矣。"意思就是说：所谓古是一个笼统的名词。古也有不同的时代。在不同的时代中，有不同的文化（"教"），有不同的制度（"礼"）。要说是"法古""循礼"，究竟以哪个时代为法呢？古代的帝王，像伏羲、神农、黄帝、尧、舜以及周朝的文王、武王，都各自照着他们时代的需要，而立他们自己的法，为事情的方便而制定他们自己的礼。礼和法都是随着时代的需要而变的，命令各有其自己要解决的问题。各种兵器，各有它的用处。解决一个时代的问题，不止一条路，只要与国家有利就可以了，不一定要法古。汤、武并没有照着古代的陈规办事，但他们还是兴起。他们的后人并没有变礼，但他们还是灭亡。所以反古不一定就错，循礼也不一定就对（以上辩论的原文均引自《商君书·更法篇》）。

在这个辩论中，商鞅得了完全的胜利。孝公听了他的话，坚定了变法的意志，说："寡人不之疑矣。""于是遂出垦草令。"垦草令即《商君列传》所说的"变法之令"。这次变法，"行之十年，秦民大悦。道不拾遗，山无盗贼，家给人足。民勇于公战，怯于私斗。乡邑大治"（《史记·商君列传》）。孝公十年（公元前351年）商鞅又举行第二次变法，使秦国的封建化更加深入。

第二节　商鞅推广巩固封建生产关系的重要措施

《商君书》的第二篇是《垦令》。照题目看，"垦令"应该就是"垦草令"。但是照形式看，它并不是一个正式的命令，照内容看它是一个富国强兵的方案，是一个变法的纲领。它可能就是商鞅向秦孝公讲"强国之术"的发言提纲。这一篇提出了二十种措施。其中关于赋、税的措施，最有历史的意义。因为它巩固了封建剥削的分配制度，把秦国的封建化向前推进了一步。

商鞅说："訾（赀）粟而税，则上壹而民平。上壹则信，信则臣不敢为邪。民平则慎，慎则难变。上信而官不敢为邪，民慎而难变，则下不非上（当作上不非上。见高亨《商君书新笺》。下句同），中不苦官。下不非上，中不苦官，则壮民疾农不变。壮民疾农不变，则少民学之不休。少民学之不休，则草必垦矣。"（《垦令》）

"訾（赀）粟而税"就是计算农民收入粮食的多少，从其中抽出一定的数目作为地租。这个数目是多少，相当于收入的百分之几，这里没有说。无论如何，这一种剥削是封建制的剥削。实行这种剥削，社会就由奴隶制转变为封建制。据司马迁的记载：秦国于秦简公七年（公元前408年）"初租禾"（见《史记·六国年表》；《秦本纪》秦简公六年）。秦国在孝公变法以前，已经在一定的程度上实行封建制的剥削，但是在那个时候是"初租禾"，商鞅的措施是"訾（赀）粟而税"。前者是按"禾"计算，后者是按"粟"计算。这两种算法怎样不同，已无从考查了。照《商君书》这一段所说的，"訾（赀）粟而税"的目的在于"上壹而民平"。似乎是说，按粮食计算，可以有一种比较统一的算法，农民的负担也比较平均。有了比较统一的计算法，经手收税的臣，就不敢为非作歹。农民的负担比较平均，农民就不轻易反抗。照这个办法，农民就不至于反对国君，也不至于为官吏所苦。在这种情况下，农民的积极性就提高了，他们就好好地耕种田地，不想逃荒或反抗。农民的积极性提高了，开垦的土地就多了，国自然就富了。

法家的一贯主张，就是要提高农民的生产积极性。其办法就是让农民也分得他们的劳动所得的果实的一部分。这一部分还是很小的一部分，但是这一改变就是分配制度的改变。由于这一改革，奴隶制的剥削就转为封建制的剥削。上面所引的商鞅的话所说的，主要就是这个意思。他的"訾（赀）粟而税"的措施是"初租禾"的重要的发展。

《史记·六国年表》记载，秦孝公十四年（公元前348年）"初为赋"。这是商鞅第二次变法的一个重要措施。"初"字表明这在秦国是一个创举。"赋"与"税"不同。《汉书·刑法志》说："有税有赋"（本或作租，非）。"税以足食，赋以足兵。"《食货志》说："有赋有税。"颜师古注说："赋为计口发财，税为收其田入也。"赋是兵役、徭役制度，是按人口计算的。税是地租，是按地计算的。这也是一种封建制的剥削。在奴隶社会中，奴隶就同牛马一样，无所谓兵役、徭役制度。《商君书》中没有提到"初为赋"，但有一条说："禄厚而税多，食口者众，败农者也。则以其食口之数，赋（原作贱，依孙诒让校改）重使之。"就是说：对贵族实行计口收人口税，加重他们的兵役、徭役。这是用赋作为打击贵族的一种措施。

商鞅在经济方面还有一个重要措施：就是"开阡陌"。这一项不见于《商君书》，见于《史记·秦本纪》《史记·商君列传》和《汉书·食货志》。《商君书》本来是后人所编辑的，并不包括商鞅的全部言论和行动。

在《汉书·食货志》里面有许多陈词滥调。但剥去了这些陈词滥调，有些重要的历史事实，还是可以看出来的。照它所记载的，在春秋战国大转变时期，在生产关系方面有两个具有关键性的事情。一个是鲁国的"初税亩"；一个是秦国的"开阡陌"。

《食货志》说：在东周末年，"政令不信，上下相诈。公田不治，故鲁宣公初税晦。春秋讥焉"。这一句话所说的历史事实就是，在春秋战国时期，奴隶制向封建制转化的过程。这里所说"政令不信，上下相诈"就是说，在春秋时期奴隶对于奴隶主要反抗、作乱了，其结果，奴隶主的田地荒芜了。为了应付这种情况，奴隶主们不得不改变剥削方式，实行按亩抽税的办法。这里用了一个"故"字。这个"故"字说明了税亩和奴隶反抗的因果关系。

《食货志》下边接着就讲李悝的"尽地力之教"，从生产关系这方面看，"尽地力之教"的要点就是"授田"。《食货志》肯定这个"教"的成绩，说："行之魏国，国以富强。"

下边接着说："及秦孝公用商君，坏井田，开阡陌，急耕战之赏，虽非古道，犹以务本之故，倾邻国而雄诸侯。"这里所说的"开阡陌"是商鞅的重大措施。"阡陌"就是田间的封界，如小沟、土埂之类。在商鞅以前，田地都分成小块，每块一百亩，块与块之间有封界，以为界限。这就叫"阡陌"。南北曰"阡"，东西曰"陌"，合言之，称为"阡陌"。这种地块是以前用以分封诸侯的计算单位。也是以后的按人口授田的计算单位。照李悝的"尽地力之教"所规定的，每一个农民可以受得一百亩那么大的一块田地，养活五口之家。随着农业技术的提高，一个农民能够耕种的田地，不止一百亩。这种计口授用的制度就成为生产力发展的束缚了。阡陌也就限制了生产力的发展。商鞅开"阡陌"，就是把这些阡陌都挖掉，把限制打开。"开"字的意思是打开，不是开设。

司马迁记载说：（商鞅）"为田开阡陌"（《史记·秦本纪》）。这是商鞅第二次变法中的一件重要措施。又说：（商鞅）"为田开阡陌封疆，而赋税平。"（《史记·商君列传》）又记述蔡泽的话说：（商鞅）"决裂阡陌，以静生民之业，而一其俗。"（《史记·范睢蔡泽列传》）这讲的是"开阡陌"所产生的效果。

在奴隶社会中，土地这个生产资料为奴隶主所占有。耕种的收入全归奴隶主。奴隶只是像牛马一样，于劳动之余，吃一点充饥的东西。这是奴隶制的剥削。李悝的"尽地力之教"是把土地包给土地的耕种者，每人包一百亩，土地仍归国家的统治者所有。在每一个包土地的人的收入中抽出百分之十，以为地租。这是封建制的剥削。照这种制度，国家的统治者把土地包给农民，这就叫"授田"。一个农民把这一百亩承包下来，这叫"受田"。这个授受的有效期间，只限于一个农民的一生。在他成为一个壮劳动力的时候，他就受田。等他死亡或不能劳动的时候，他就要把所受的田交还统治者。由统治者另授予别人。在这个"授、受"之间，授田与交还田（归田）之间有许多麻烦。一个农民受田之后，他对于那块土地，只有使用权，没有所有权。他在耕种的时候，他的心中就不稳定。"开阡陌"和准许买卖田地，是连在一起的。董仲舒说："至秦则不然，用商鞅之法，改帝王之制，除井田，民得卖买，富者田连阡陌，贫者亡立锥之地。"（《汉书·食货志》）这里所说的"除井田"就是开阡陌，"民得卖买"就是说，种地的人可以把他所种的地作为他的私有财产，可以传至子孙，可以买，也可以卖。这就是省去了土地授受的麻烦，农民的心也安定了。这就叫"静生民之业"。

在还没有承认土地私有的时候，农民的积极性还可能没有尽量发挥出来，特别是在他要放弃他所受的土地的时候，他可能没有什么积极性，还可以怠工。在这种情况下，他的收入就减少，国家的税收也随着减少。国家的税收有时多有时少，这就是不"平"。在开阡陌之后，废除了一个农民耕种土地的限制，又承认他所耕种的土地为他个人的私有财产。于是他的积极性一贯地发挥出来。他的收入可以维持一定的水平，国家的税收也可以维持一定的水平，不会有时多，有时少，这就是"赋税平"。

这样的解释只是一种推论，没有材料的根据，可能不对。但有两点是可以断定的：一点是商鞅开阡陌，是破除当时对于生产力的一种束缚，是进一步地解放了生产力。另一点是商鞅开阡陌同时也公开承认，一个农民对于他所耕种的土地，不但有使用权，而且有所有权，可以买卖。这就进一步巩固了封建社会的小农经济，巩固了封建社会的经济基础。同李悝的"尽地力之教"比较起来，这是中国社会又进一步的由奴隶制向封建制转化。

商鞅的这个措施，对于当时说是解放生产力、提高生产，有很大的进步意义。但由此也引起了农民中贫富两极分化。这就是董仲舒所说的"富者田连阡陌，贫者亡立锥之地"。也就是班固所说的，"庶人之富者累巨万，而贫者食糟糠"（《汉书·食货志》）。这是必然的。从农奴制到封建制，只是一种剥削制度代替另一种剥削制度。广大农民群众，仍然摆脱不了过牛马的生活。从封建社会一开始，农民和地主的矛盾和斗争就开始了，还是这种农民对地主的不断斗争推动了封建社会的向前发展。

第三节　商鞅对于宗法的变革

司马迁记载了商鞅的变法令，说："令民为什伍，而相牧司连坐。不告奸者腰斩，告奸者与斩敌首同赏，匿奸者与降敌同罚。民有二男以上，不分异者，倍其赋。有军功者，各以率受上爵。为私斗者，各以轻重被刑。大小僇力本业耕织，致粟帛多者，复其身。事末利及怠而贫者，举以为收孥。宗室非有军功，论不得为属籍。明尊卑爵秩等级，各以差次，名田宅臣妾衣服，以家次。有功者显荣，无功者虽富无所芬华。"（《史记·商君列传》）这个变法令打击了奴隶主贵族，表明地主阶级对于奴隶主贵族的专政。

从这个变法令的具体规定中可以看出来，商鞅的变法有一种深远的历史意义。商鞅的变法，是对于当时的旧社会的一个深刻的改革，有移风易俗的意义。蔡泽称赞商鞅用"一其俗"三个字。这是属于商鞅在《更法》篇中所说的"礼"的范围。变法的意义不止于变法，而且是易礼，他所要易的"礼"就是宗法。

宗法是中国古代奴隶社会的一个重要支柱。周朝的分封制是以宗法为基础的。儒家所讲的"亲亲"也是以宗法为理论根据的。在后来的封建社会中，儒家的思想成为统治思想。宗法就是族权，也成为束缚劳动人民的"四大绳索"之一。商鞅变法的一个主要精神，就是反奴隶社会的宗法。

商鞅的变法令，第一项就是把老百姓组织起来，叫他们互相监视。这个组织不是以宗法为基础，而是以国家的编制为基础。如果某一组织中有违反法令的事，这一组织的人就要不分亲疏、不管同族同宗的关系，互相告发。孔丘讲，"父为子隐，子为父隐"（《论语·子路》）。这是儒家"亲亲"的原则，是以宗法为基础的。法家根本反对这个原则，要取消这个基础，商君的变法令就是一个例子。

从统治者这一方面说，变法令规定：国君宗室的人如果没有军功，就要把他的名字从宗室的名册中除去。这也是破除"亲亲"的原则，是对宗法的一种变革。

变法令又规定：老百姓有两个儿子以上的，就必须分家。如果不分家，就要加倍收人口税，加倍派他徭役。商鞅的第二次变法又规定："而令民父子兄弟同室内息者为禁。"（《史记·商君列传》）那就是说，必须分家，各自独立生产，即使加倍出人口税、加倍徭役也不行。这是更进一步地破除宗法，反对儒家的"亲亲"的原则。汉朝的贾谊《治安策》说："商君行政，其民富，子壮则出分，家贫子壮则出赘。"（《汉书·贾谊传》）贾谊说的就是商鞅这个破除宗法的禁令。变法令的这些规定，是对于西周奴隶社会的一种深刻的变革。

儒家拥护宗法，他们把人看成首先是在他们的宗族中占一定地位的成员。是父或是子，是兄或是弟，是夫或是妻。他的道德义务，首先是当个好的父亲，好的儿子，好的哥哥，好的弟弟，好的丈夫，好的妻子。法家则把人看成首先是一个能生产的劳动力，一个能打仗的士兵。法家不管宗法那一套。对老百姓是如此，对于奴隶主贵族也是如此。这是对于当时的旧传统比较彻底的一个改革。

第四节　商鞅对于富国强兵的理论和措施

地主阶级所掌握的生产资料主要是土地。他们的利益主要来自农业的收入。

他们的剥削主要是对于农民的剥削。所以，他们企图使大多数的老百姓都成为农民，在和平的时候为他们生产，在战争的时候为他们打仗。这是符合他们的根本利益的。法家认识到这一点。他们主张，代表地主阶级利益的统治者，应该用一切的办法鼓励（"劝"）老百姓，提高积极性，增加生产。他们的这种思想在当时说，有利于解放生产力，提高生产。所以也是符合历史的进步趋势的。

商鞅说："凡人主之所以劝民者，官爵也。国之所以兴者，农战也。"（《商君书·农战》）他认为，官爵是统治者用以鼓励老百姓的主要工具。统治者应该用这个工具鼓励老百姓务农备战。务农是主要的，务农就能备战，备战就在务农之中。如果老百姓是很好的能生产的农民，他也就是很好的能打仗的士兵。士兵出于能从事农业生产的劳动者。

本书第三章讲到管仲认为，一个国家应该有从事四种职业的人，即士、农、工、商。他认为这四民统是国家柱石，这是比较早期的法家思想。到了战国时代，各国争夺霸权日益激烈。各国都需要进一步地富国强兵。在当时的社会经济水平上，国家的富的程度，主要取决于生产粮食的多寡。生产粮食的多寡，主要取决于生产粮食的劳动力的多寡。当时的战争规模日益扩大，在秦国和赵国的长平之战中，光是投降于秦而又被杀死的赵国士兵就有四十万。秦、赵两国在这次战争中，双方所用的士兵合起来总共有一百万以上。这些众多的士兵都是要从农民中抽调出来。商鞅认为备战即在务农之中。这种理论就是战国时期这种情况的反映。

商鞅说："今为国者多无要。朝廷之言治也，纷纷焉务相易也。是以其君惛于说，其官乱于言，其民惰而不农。故其境内之民，皆化而好辩乐学，事商贾，为技艺，避农战。如此则不远矣。（不字上当有"亡国"二字）国有事，则学民恶法，商民善化，技艺之民不用，故其国易破也。夫农者寡而游食者众，故其国贫危。"（《商君书·农战》）意思就是说：现在统治国家的人，大多数都没有抓住要点。关于治国的言论很杂乱，都想用自己的办法替代别人的办法。所以统治者为他们所迷惑，不知道究竟怎么办好。老百姓也都懒惰而不务农。有的喜欢辩论、念书（士），有的做买卖（商），有的为技艺（工），这些人有一个共同的目的，就是逃避农战。他们都不生产粮食，只是消耗粮食。他们都是游食。在国有事的时候，那就更糟。喜欢辩论、念书的"学民"不习惯于纪律。做买卖的商民善于投降。"技艺之民"也是无所用之。所以这样的国家很容易被敌人击破。一个国家，从事农业生产的人少，而游食的人多，这样的国家是既贫且危。

商鞅接着说："圣人知治国之要，故令民归心于农。归心于农，则民朴而可正也，纷纷则易使也，信可以守战也。壹则少诈而重居，壹则可以赏罚进也，壹则可以外用也。夫民之亲上死制也，以其旦暮从事于农。夫民之不可用也，见言谈游士事君之可以尊身也，商贾之可以富家也，技艺之足以糊口也。民见此三者之便且利也，则必避农。避农，则民轻其居。轻其居，则必不为上守战也。凡治国者，患民之散而不可抟也，是以圣人作壹，抟之也。"（《商君书·农战》）意思就是说：善于统治的人，知道统治国家的要点，所以他叫老百姓的思想都倾向于务农，并且实际务农，成为农民。使他们的思想行动都统一于农。商鞅认为，农民有几个特点：第一是朴实，容易受教。第二是诚恳，容易服从。商鞅的这些话，有些是对于农民的赞扬，有些实际上是对于农民的诬蔑。有一点倒是有根据的，就是农民"重居"。农民都是依靠土地为生的，土地是不可迁移的，所以农民也不愿意抛弃他所耕种的土地，而随便迁移。农民把他们住的地方看得很重。这就叫"重居"。至于士、工、商，因为不靠土地生活，所以不重视他们所住的地方。这就叫"轻其居"。一旦敌人来了，重居的人就能够死守抗击，而轻其居的人就容易逃跑。

当时的实际情况是：士可以读书做官，商可以发家致富，工也可以维持较高的生活水平，而农民的收入较少，生活比较苦。如果统治者没有一定的措施以解决这个问题，老百姓就都愿意为学民、商民或工业之民，而不愿意为农民。《管子》书里边有一篇想出了一个办法：说是在一年之中，使四民互相转业，这样他们的收入就可以大致相等。这个办法大概很难实行。以后也没有人再提。商鞅的办法是用政权的力量，抑制士、工和商，而尊重、鼓励农民。"民见上利之从壹孔出也，则作壹。"（《商君书·农战》）这就是说：老百姓见上边的鼓励都是从一个孔道出来的，所以他们的意志趋向就都统一了，都统一于务农。老百姓的意志和趋向本来是很散乱的，以重农统一老百姓的意志和趋向。这就把原来是散乱的东西，像和泥巴那样抟起来。

商鞅的这个思想，在变法令中做了具体的规定。照这个令，努力耕织，生产粮食多的人，可以豁免徭役。不生产粮食的人，连他家中的人，都要治罪。生产、打仗有功的人，受政治上优待。没有功的人虽然很富，也受轻视。

商鞅以农战为目标，以赏罚为督促老百姓实现这个目标的手段。把老百姓组织起来，抟起来。这种组织，是在破除宗法的基础之上建立起来的。这种组织，就比以宗法为基础的组织紧密得多了，坚强得多了。这就使秦国在战国中后期成为当时最强大的国家，为秦始皇统一中国奠定了基础，创造了条件。

商鞅说："昔之能制天下者，必先制其民也；能胜强敌者，必先胜其民者也。故胜民之本在制民，若冶于金、陶于土也。本不坚，则民如飞鸟禽兽，其孰能制之？民本法也，故善治者塞民以法，而名、地作矣。"（《商君书·画策》）当时的新兴地主阶级是有两面性的，他反抗奴隶主的统治，改变当时的社会生产关系，解放生产力，推动生产的发展，这是其进步的一面，积极的一面。但他仍然是一个剥削阶级，对于劳动人民还是进行残酷的剥削和严厉的统治，这是它的消极的一面。商鞅的变法也有其两面性。上面几节所讲的都是它的积极的一面。但一说到制民，变法的消极的一面就暴露出来了。这里所引的这段话的意思是说，新兴地主阶级要想控制中国，必先要控制他本国的劳动人民。要想控制劳动人民，必须要胜他们，要他们服服帖帖。商鞅认为统治者和劳动人民的关系就如铁工和铁的关系，陶工和土的关系。铁和土是两种材料，铁工和陶工把它们捏造成什么样子，它们就是什么样子。如果没有统治者的统治，劳动人民就好像一群飞禽走兽，必须有一种东西把他们制服。这种东西是根本的，这个根本就是法。所以善于统治的人用法制服劳动人民，把劳动人民都制服起来，叫他们生产，叫他们打仗。这样就可以国富兵强，统治者的名誉也树立起来了，所统治的土地也扩大了。

但是，法也不是随意制定的。商鞅说："圣人知必然之理，必为之时势，故为必治之政，战必勇之民，行必听之令。是以兵出而无敌，令行而天下服从。"（《商君书·画策》）就是说：统治者的法令是以必然之理为根据的，是合乎时势的、必定的、需要的。所以他的政策、法令实行起来，必然有很好的效果。

商鞅在这里提出了"理"和"势"这两个概念。这两个概念后来成为中国历史哲学中的两个重要范畴。"理"指历史发展的规律，这是必然的；"势"指某一历史时期的具体情况，所以称为"时势"。在某种情况下，必须做某种事，所以说是"必为"。这是后来的发展。专就商鞅的这一段说，他连用了五个"必"字。这表示他的变法的思想的明确，态度的坚决，也表示地主阶级，在其还是革命的时候，对于它的前途是很有信心的。秦国完成了统一中国的任务，就是地主阶级的这种思想的实现。在完成统一中国的历史任务上，这种思想起了很大的进步作用。

第五节　商鞅的进步的历史哲学

代表新兴地主阶级利益的思想家们主张社会制度应该随时变革，因此他们有一套历史哲学，作为他们主张"变法"的理论根据。商鞅说：在太古时代的"昊英之世"，"人民少而木、兽多"，所以人只是"伐木杀兽"，就可以维持生活。到了神农之世，"男耕而食，妇织而衣。刑政不用而治，甲兵不起而王"。这所说的是原始共产社会还没有阶级时候的情形。在这个时代以后，"神农既没，以强胜弱，以众暴寡"。这就是有了阶级对立了。"以强胜弱"是就一个部落之内的阶级斗争说的;"以众暴寡"是就部落之间的斗争说的。在这种情形之下,"故黄帝作为君臣上下之义,父子兄弟之礼,夫妇妃匹之合。内行刀锯,外用甲兵"(《商君书·画策》)。这就是说,需要建立等级秩序和国家机器,以暴力进行统治,对内用刑罚("刀锯");对外用战争("甲兵")。《管子·君臣下》有类似的说法。这种历史观是法家的共同认识。这种认识跟历史发展的情况,大体上是相符合的。

商鞅为国家的暴力辩护说:"以战去战,虽战可也;以杀去杀,虽杀可也。以刑去刑,虽重刑可也。"(《商君书·画策》)法家都是主张对外战争,对内镇压的,是主张用暴力的,用暴力来解决问题的。法家的特点是,它不掩饰它的这一主张。这也是由于它的这些主张是跟当时历史发展的趋势相符合的。在当时的客观条件下,法家的这些思想对于中国的统一,起了很大的推进作用。

历史中的这些变化,商鞅认为都是由于"必然之理"和"必为之时势"。所谓"时势"就是各时代的不依人的意志为转移的客观情况。

商鞅把"时势"这个概念应用到历史上,又把历史分为上、中、下三世。三世的特点是:"上世亲亲而爱私;中世上贤而说仁;下世贵贵而尊官。"这所说的实际上就是从西周到战国之间的社会变化。所谓"亲亲而爱私",是指周朝的以氏族社会的血缘关系为基础的宗法制度。这是周朝所用以进行统治的一个重要工具。所谓"上贤而说仁"是指春秋、战国初,反映了地主阶级及小私有生产者参加政权的要求。早期法家和早期墨家主张"尚贤",提倡"兼爱",是这个要求在思想上的反映。所谓"贵贵而尊官",是指战国以来地主阶级夺了奴隶主的权而专由自己专政的要求。在这个斗争中,地主阶级联合君主,打倒贵族,实行专制主义的中央集权的政治。因为要专制,要中央集权,所以要尊君("贵贵");因为要用官僚,所以要"尊官"。"官"不必是贤;君也不必是贤。法家认为,只要用他们的办法,完全用不着"亲亲""悦仁"和"尚贤"。

商鞅接着说:"上贤者,以道相出也;而立君者,使贤无用也。亲亲者,以私为道也;而中正者,使私无行也。此三者,非事相反也。民道弊而所重易也;世事变而行道异也。"(《商君书·开塞》)

商鞅把"亲亲""尚贤"和"贵贵"作为他所说的"三世"的特征。照上面的分析,这是有根据的;他是抓着了一些比较重要的现象。商鞅认为历史是不断发展的,社会上没有永恒不变的制度,时代变了,制度就应该改变,从而打击了为奴隶主旧贵族服务的形而上学的历史观。他还认为"三世"的变化,是由于"世事"的变动。当然这是一个很笼统的说法。法家的人不可能知道,历史的推进主要的是由于生产方式的变动和敌对阶级的斗争,但是他们认识到"世事变而行道异"。"行道"是统治者的措施;"世事"是不以统治者个人的愿望为转移的社会情况。他们认为后者决定前者。这是他们的历史观中的辩证法因素，是很可宝贵的。

法家的思想，从"尚贤"到"不尚贤"，这是一个大转变，这个转变，有其阶级根源，也有其认识论的根源。

就其阶级根源说，"尚贤"在当时的社会大转变中，是地主阶级和手工业主向没落奴隶主贵族夺权的一个口号。在奴隶社会中奴隶主贵族掌权是世袭的，辅助他们的人也大多数是他们的兄弟亲属。这就是所谓"亲亲"。当时夺权的阶级，就以"尚贤"的口号反对"亲亲"的制度；到地主阶级已经初步地夺了权，而要巩固它的政权的时候，它就不提倡"尚贤"了。因为他们自己也不一定都贤。在这个时候，就不要尚贤的口号，而提倡"不尚贤"了。地主阶级从其本身的经验中，知道"尚贤"是一种夺取政权的口号，因此它就提出"贵贵"的口号。这是地主阶级专政的一种口号。

从认识论的根源说，法家认为：统治劳动人民的主要工具是"法"。有了法以后，下边的官吏们只要执行法就可以了，贤或不贤没有多大的差别。比如：在手工业生产中，工人的技术的高低关系很大。巧的工人的产品就比不巧的工人的产品质量高；但是在用机器大规模生产的情况下，工人们只要能够照着操作规程开动机器，就可以生产出质量差不多的产品，巧和不巧差别不大。这就是商鞅所说的"使贤无用也"。后期法家的思想，大都是从这一方面讲"不尚贤"。当然这种讲法也是为他们所代表的阶级服务的。

商鞅注意到时代的变化，以这种变化作为变法的根据，这是晋法家比齐法家进步之处。也就是后期法家比前期法家进步之处。至于为什么有这种变化，历史为什么这样地发展，原因何在？商鞅没有解决这个问题。后来的韩非，企图解决这个问题，并作出了一个在当时说是进步的答案。下文讲韩非的时候，要讨论这个答案。

公元前336年，秦孝公死了。奴隶主贵族的残余势力乘机复辟。暂时夺了权，杀害了商鞅。但复辟势力并没有能够改变商鞅的变革创新的方向，秦国仍然照着商鞅的路线前进，终于完成了统一全中国的历史任务。

第十一章 道家哲学体系的形成和发展——《老子》的客观唯心主义哲学体系

第一节 老子其人和《老子》其书

《老子》这部书相传是老子所作。老子是谁？是什么时期的人？关于这些问题，在汉朝初年就有不同的说法，由表面看起来，似乎司马迁也不敢决定哪个说法必定对，哪个说法必定错。他作《老子韩非列传》，只把当时不同的说法都记载下来，不作十分肯定的判断。

据司马迁在《史记·老子韩非列传》里所记载的，作《老子》的老子是李耳，即老聃，可能是与孔丘同时的老莱子，也可能是后孔丘一百二十九年的太史儋。司马迁对于李耳讲得比较多，在《史记》里，《老子韩非列传》排在列传第三，仅次于《管晏列传》，可能他倾向于认为老子是春秋末期的人。可是他又说，老子的儿子"名宗，宗为魏将"，似乎又认为老子是战国时的人。就《老子列传》所收集的材料看，关于春秋末的老子的材料比较渺茫，有些近于神话。关于战国时期的老子，则有明确的乡里谱系，还有他的子孙的官职，确有可凭。这也可以说明，作《老子》的老子是战国时期的人。

无论如何，从《老子韩非列传》所记载的，我们可以看出，司马迁是认为，作《老子》的老子可能是春秋末期的人，也可能是战国时期的人。司马迁说："或曰儋即老子，或曰非也。世莫知其然否。"就是说，究竟作《老子》的老子是春秋末期的人，或是战国时期的人，在当时就没有人能够断定。不少的人认为，照传统的说法，《老子》书是春秋末期的老聃作的。其实这个传统是以后出现的，汉初并没有这个传统。《庄子·天下》篇承认《老子》书的体系是老聃的体系，但它并没有说老聃是什么时候的人。《汉书·艺文志》著录《老子邻氏经传》四篇，班固自注说"姓李名耳"，也没有说老子是什么时候的人。如果老聃或李耳的儿子为"魏将"，他还是战国时候的人。

关于老子其人和《老子》其书，我们现在并没有发现司马迁所没有见过的新资料。我们似乎不能解决司马迁所不能明确解决的问题。不过不管老子是谁，从司马迁的记述中，有两点是他肯定地说的：一是这三人中，老聃和太史儋都曾经做过史官；二是这三人中，老莱子本来就是个隐士，李耳后来也成为隐士。司马迁肯定地说："老子，隐君子也。"作《老子》的老子，是一个奴隶主的知识分子，或本身就是没落的贵族，这似乎是可以肯定的。断定老子和《老子》书的时代，还有一个方法司马迁没有用，那就是，把《老子》书跟春秋和战国时期的学术发展一般的情况和思想斗争的情况作一比较，看它跟哪个时期的联系比较密切。这样就可以直接帮助决定《老子》书是哪一时期的产物，也可以间接帮助决定作《老子》的老子是什么时期的人。从这一方面考察，我认为有两点特别值得注意。

第一点，从先秦的一般的学术发展的情况看。从清朝的章学诚开始，历史学界都逐渐承认了一个关于先秦的学术发展的情况。那就是，在孔丘以前"无私人著作之事"。私人著作是跟着私人讲学来的。在奴隶主贵族统治的时代，文化和学术都掌握在贵族手里。他们豢养了许多有知识的专家替他们掌管文物典章，他们实际上垄断了当时的学术和文化。他们一方面是政府的官，另一方面又是社会上拥有文化知识的人。他们的知识不是以私人资格，而是以统治者或国家的名义掌握的。这就是所谓"学在官府"。到了奴隶主贵族的统治开始崩溃以后，这些专家流落到民间，这才有私人讲学的事情。但是在私人讲学的初期，也还没有私人的正式著述。他们只是就事论事，发表些意见，不离开具体问题作一般的论著。例如《论语》并不是孔丘的正式著述，不过是学生们记述了他的一部分关于某些问题的讲话。墨翟也没有正式的著述；属于早期墨家的著作，也都是墨翟的学生记录和阐述墨翟的讲话，所以每篇开始都说是"子墨子言曰"。当然，墨翟的讲话跟孔丘的讲话比较起来，是细致得多了，这就是时代的进步。

《老子》书是一部正式的私人著作，它不是问答式的语录，而是作者以简练的文字直接表述自己的思想。如果说它出在孔丘以前，是不合于上面所说的情况的。如果于《老子》书以外能举出一些确切是春秋时代的私人正式著作，这种结论还是可以推翻的；不过现在还不能举出这样的著作。

第二点，春秋时期的书，都是就一件具体的事发挥议论。《老子》不是这样。书中没有提到一件具体的事，也完全没有人名、地名。书中的思想都是用高度抽象、概括的方式和极精练的言语表达出来，所以书虽简短而内容丰富。这是哲学思想发展到一定高度时期的产物。春秋时期的哲学思想，还没有发展到这样的高度，还没有达到这样的水平。《管子》中的《白心》《内业》《心术》上下等四篇，有这样的情况，但这四篇也不是春秋时期的产物。

《老子》中的主要概念和主要原则，也都是哲学思想发展到一定高度的时期，有了长期积累的思想资料才能有的。这都可以证明，作《老子》的老子是战国时期的人。

有人认为，先秦的著作都说老聃是与孔丘同时的人，其实并不尽然。《庄子·在宥》篇引老聃的话说："下有桀跖，上有曾史，而儒墨并起。"这一段话所表示的老聃的时代，倒似乎是确实的。

有人认为，从春秋时期哲学思想的发展看，在春秋末期，应该有像老子思想这样的思想。春秋以来，有不少的人对于"天"（意志之天）的权威性和正义性表示怀疑。这种怀疑应该发展为否定"天"的存在的思想。老子的"天道自然"的思想正是这一类思想。由此可以证明，老子的思想是春秋末期的产物。

我认为，这样的说法并不解决什么问题。上面所说的，对于"天"的怀疑的趋势，必定发展为否定"天"的存在的思想，这是可以肯定的。但一种趋势只决定一种发展的方向，不能决定某一具体的事实发生的具体时期。历史中没有决定某一具体事实必须在某一时期发生的规律。这是一个方法论上的问题。就老子哲学思想的具体内容说，其中的最重要的范畴是"道"而不是"天道"。"道"比"天道"有更大的概括性；在春秋末期人的言论中，还没有发现这样的概念。范蠡在当时是进步的思想家，他说过："天道盈而不溢，盛而不骄，劳而不矜其功。"（《国语·越语下》）这话虽然与《老子》有些相似，但范蠡说的是"天道"，不是"道"。

《老子》中的有些思想，可能是比较早一些的时候就有的。《论语》中说："或曰'以德报怨何如'？子曰'何以报德？以直报怨，以德报德'。"（《宪问》）又说"曾子曰：'以能问于不能，以多问于寡，有若无，实若虚，犯而不校，昔者吾友尝从事于斯矣。'"（《泰伯》）《老子》里面有"报怨以德"这句话（第六十三章）。"有若无，实若虚，犯而不校"也像是老子的意思。

《中庸》说："子曰：'宽柔以教，不报无道，南方之强也，君子居之。'"这句话，虽然不一定真是孔丘说的，但是可以说明，在春秋战国时期，南方是有这样的一种主张。照司马迁所说的，老聃和老莱子都是楚国的人，楚国在当时正是被称为南方。可见在孔丘的时候是有这种思想，但不一定出于老聃，如果出于孔丘所熟知的老聃，像传说中所说的，孔丘何以不直提其名，而托之于"或曰"呢？

道家思想的起源，并不始于战国。这在上册第九章中已讨论过。孔丘时期的隐者思想以及上面所讲的"以德报怨"等思想，都是道家思想，不过在当时还不成为一个哲学体系，在当时也未必有很大的影响。

到了孟轲的时候，杨朱的影响很大，他实际上成为道家思想的代表人物。孟轲就把他作为道家思想的代表人物，向他进行思想斗争。有人提出这个问题：孟轲和庄周是同时，为什么在《孟子》里没有提到庄周？有人说，孟轲所批评的杨朱，实在就是庄周。"杨朱"这个名字，就是"庄周"声韵之转，实际上并没有一个人叫杨朱。这种说法当然是错误的。孟轲是以杨朱为道家思想的代表，而向他进行斗争。孟轲如果说我们现在的话，他会说，以杨朱为首的那一派哲学思想，主张"为我"，"是无君也"。这一派就包括庄周在内。这也说明在《庄子》里边为什么也没有提到孟轲。这是因为道家的人都是以孔丘为儒家思想的代表。他们批评孔丘就是批评以孔丘为首的儒家。只有荀况从儒家分化出来而同儒家进行思想斗争，所以就特别提出了子思和孟轲。

后来，老聃和庄周的影响扩大了。他们在声望和影响上就替代了杨朱。因此在《荀子》书里边，就只批判老聃和庄周，而不提杨朱了。这也回答了另外一个问题。照孟轲所说的，杨朱的影响是很大的，应该是很大的一个学派，为什么在孟轲以后就忽然绝灭了呢？其实并没有绝灭，不过从孟轲以后，这个学派的代表，已经不是杨朱，而是老聃和庄周了。

上面所说的这样的看法，跟《庄子·天下》篇也是相合的。照我们现在所知道的，杨朱的思想比较简单，他提出了"为我"和"拔一毛而利天下不为"的口号，成为道家思想的先驱，但是他没有一个完整的宇宙观体系，作为这些口号的理论的基础。所以《天下》篇就不认为是"有得于古之道术"，因而也没有把它提出来。田骈、慎到以下，都初步有一个宇宙观体系。《天下》篇就按时代的先后，同时也按道家思想发展的逻辑的次序，把它们排列起来，照这个排列，《庄子》是老聃作的。但其时代是在慎到以后，庄周以前。

有人认为《老子》还出在庄周以后。我觉得这就太晚一些。事实上《庄子》中许多思想是老子体系的一个发展，而且其中有些篇也引用了《老子》的文句。所以本书认为，庄周一派，是老聃的思想向唯心主义的发展。

战国是个社会急剧转变的时代。在这个急剧转变的过程中，在一人的一生之间，就可能有很多思想体系先后出现。出现有先后，但是相隔的时间可能很短，在时间上也有参差错综的情况。这种情况，我们是亲自经过的。从"五四"到现在，仅仅五十多年的时间，都在我们的一生之中，其间出现了各种各样的思想体系。它们的出现是有先后的，可是时间也就只有四五十年。有许多人的生卒年代可能同时，但其思想的出现，则有先后之分，战国时候的情况，仿佛也是这个样子。总起来说，可以得到一个结论，《老子》这部书，虽然很短，统共不过五千来字，但也和大部分的先秦著作一样，是一部总集，而不是某一个人于某一个确定时期的个人专著。所以其中有许多前后不一致，甚至有互相矛盾的地方。例如，早期的道家，如杨朱之流以"为我"为其中心思想。可以真正认为是我的，就是我的生命，我的身体。所以也讲究一些养生的理论和方法，以延长寿命，保护身体。这种思想发展下去，就成为"修炼"以求长生不死的思想，后来成为道教。这种思想在《老子》中是有的，像第十章中所讲的："载营魄抱一，能无离乎！"等等，就是这种思想。它也就是"深根固柢，长生久视之道"（第五十九章）。"长生久视"是目的，"深根固柢"是方法。但《老子》也讲："吾所以有大患者，为吾有身。及吾无身。吾有何患？"（第十三章）这就完全否定了"长生久视"的思想。所谓"长生久视"不过是要保护这个身体，让它永久存在。可是人们的许多麻烦，正是因为人们有这个身体，如果没有这个身体，一切麻烦也都没有了，也都从根本上解决了。《老子》又说："夫唯无以生为者，是贤于贵生。"（第七十五章）"无以生为"就是说，不要以养生为事，"贵生"就是重视生命，想尽方法保护生命。《老子》认为，"无以生为"比"贵生"为好，比"贵生"还要贵生。贵生和不贵生是矛盾的，可是这两种思想《老子》中都有。也可以说，《老子》的基本思想，还是贵生，不过它认为要以不贵生为贵生。但是像它所说的"天下之大患为我有身"，那就明确地否定了"长生久视"。

像这种的情况，《老子》中还有。比较重要的是它对于"有""无"的说明，书中各处不同。"有""无"是《老子》中的一对重要范畴，也是道家哲学中的一对重要范畴。可是在《老子》这同一部书中，却有不同的解释。这一点将在下文再说。

这也不足为《老子》病。因为它本来并不是某一个人在某一个时期写的，而是一部总集，一部哲学格言汇编。如果看不到这一点，对于那些前后不一致甚至互相矛盾的地方，强作统一的解释，那就有困难。

既然《老子》这书的内容是如此，那就不必勉强要把《老子》的著作权归于哪一个人。司马迁说了三个人，可是作《老子》的"老子"究竟是其中的哪一个呢？司马迁不能断定，当时的人也不能断定，司马迁只好说"世莫知其然否"。司马迁遇见困难了。其所以遇见困难，就是因为他和以后的人一样，错误地认为《老子》是一部个人的专著，所以必须要在这三人之中确切指定一个人作为它的作者。如果认识到这部书本来就是一个总集，一个哲学格言汇编，那就没有什么困难了。也许这三个人都对于《老子》这部书有贡献，当时的三种传说都是事出有因。

司马迁对于这三个人还是有所侧重的。他在《老子韩非列传》中开头就说："老子，楚苦县（今安徽亳县）厉乡曲仁里人也，姓李名耳，字聃，周守藏室之史也。"到结尾的时候，又明确地说："老子之子名宗，宗为魏将，封于段干。"以下又叙述李宗的子孙的名字，一直到跟司马迁同时"……为胶西王卬太傅"的李解。又总结说："李耳无为自化，清静自正。"可见他对于《老子》与李耳的关系是了解的。他心中是认为《老子》是李耳作的，李耳的后代的情况，他也知道。不过还有两种传说，他没有证据可以否认，所以也把它们收进去，作为插曲。但他也收了一个传说，说孔丘问礼于老聃。这就和李耳之子"为魏将"有冲突了。他只好说："盖老子百有六十余岁，或言二百余岁。"（《史记·老子韩非列传》）

总的看起来，后来所谓《老子》一派的思想有许多部分，有些是出于老莱子，有些出于太史儋，这些思想，都以韵文的形式流传于世。李耳把它们收集起来，再加上他自己的创作，编辑成这部书，题名为《老子》。其所以这样地题名，或许因为书中的材料开始于老莱子。《老子》的这个"老"，就是老莱子的那个"老"。

《老子》书中的材料，是从老莱子到李耳这个长时期内积累起来的，其中有比较早的，也有比较晚的。但是最早不能早于孔丘，因为据说老莱子与孔丘同时。最晚不能晚于李耳。孔丘的生卒年代是有明确的记载的。他的后代的谱系，也是有明确的记载的。李耳的生卒年代虽然不可考，但是他的子孙谱系，司马迁是记载到的。从他的子孙的谱系，可以大概推出他的年代。这是《老子》思想的发展、形成在时间上的上限和下限。

《老子》书中可能保存有春秋末期一些隐者的思想，但《老子》书中的中心思想和基本原则，却是战国时代的产物。

第二节　《老子》哲学思想的阶级根源

在第一次社会大转变时期，被推翻、打倒的阶级是奴隶主阶级。新兴的夺取政权的阶级是地主阶级。当时的没落奴隶主贵族和他们的知识分子，对待新兴地主阶级的新政权、地主阶级专政的新社会，有一种态度是以退为进。有这种态度就有一种与之相应的策略。《老子》这部书一部分讲的就是这些策略，以及与这些策略有关的政治、哲学的理论根据。《老子》的这种策略，在唐宋时代儒、释、道三家互相激烈斗争的时候，儒家的人也对之有所认识。宋儒朱熹说："老子之道，只要退步柔伏，不与你争。"又说："'知其雄，守其雌，为天下谿。知其白，守其黑，为天下谷'。所谓'谿'，所谓'谷'，只是低下处。让你在高处，他只要在卑下处，全不与你争。……常见画本老聃，便是这般气象，笑嘻嘻地，便是个退步占便宜底人。虽未必肖他，然亦是他气象。只是他放出无状来，便不可当。如曰：'以正治国，以奇用兵，以无事取天下'。他取天下便是用此道……"（《朱子语类》卷一百二十五）朱熹这个话说得很形象，但是他当然不知道从阶级斗争的观点分析老子这些话的意义。《老子》说："知其雄，守其雌，为天下豀。""知其荣,守其辱,为天下谷。"(第二十八章)没落的奴隶主阶级,还是怀念它以前的威势和光彩,但是现在没落以后,它处于软弱和不光彩的地位。它虽也只好"守其雌""守其辱",但还是念念不忘于它的已失的天堂。谷和豀,都是低下的地方,它不同在高处的争。可是这个不争,还是一种争的方法。《老子》说:"夫唯不争,故无尤。"(第八章)又说:"夫唯不争,故天下莫能与之争。"(第二十二章)第一句话讲的是,"不争"可以避免眼前的迫害;第二句讲的是,眼前不争,为的是最后的胜利。

另外一种态度是逃避现实。这是道家的传统的态度。《论语》中所记载的隐者们,有的"避地",有的"避世"(见第一册第九章)。"避地"是这个地方"乱"了,就避到别的地方。"避世"是要逃避社会。"与木、石居,与鹿、豕游"。更彻底一点,就是要逃避人生。这就是庄周所宣扬的那种态度。没落奴隶主阶级及其知识分子觉得自己阶级的前途没有什么希望了,感到复辟是不可能了,于是他们另找了一套办法以安慰自己。《老子》承认并且还很重视雌雄、荣辱的分别。庄周则说,这些分别本来就是没有的,是出于人们的偏见,如果去掉了这些偏见,雌雄、荣辱、成败、祸福以至于生死,这些分别就都没有了。由此可以得到一个无分别的浑沌境界。从有这种境界的人看起来,奴隶主阶级的失败和地主阶级的胜利是一样的。这是没落奴隶主阶级最后一个安慰自己的办法。

这种办法,好像是自认失败、退出斗争了。其实不然。庄周所宣扬的这种办法,如果仅只是用以安慰自己,那倒是退出斗争。可是他还要著书立说,宣扬他的这一套消极、颓废思想。这就是用以腐蚀地主阶级及其所统治的群众,以挖新社会的墙脚,阻碍新的生产力和生产关系的发展。这就是向新的统治阶级和新社会进行斗争。在阶级社会中,没有超出阶级斗争的思想,宣扬不斗争就是斗争。

老子和庄周有所不同,但传统都称为道家。这是因为他们的思想都有从杨朱以来就有的"全生保真""轻物重生",对新政权消极反抗的一面。这一点在上册第九章已讲过。以下还要随文点出。

第三节 《老子》对于地主阶级政权的攻击及其应付的策略

《老子》站在没落奴隶主阶级的立场,主张对于地主阶级政权,于必要时要顺从,以等待时机,反攻过去。但在条件允许的情况下,它也不放弃对于当时的新政权作公开的攻击。地主阶级本是一个剥削阶级,对于劳动人民在经济上剥削,在政治上压迫,这是出于它的本性。这是它的阴暗面。在条件允许的情况下,《老子》对于这个阴暗面,提出尖锐的攻击。

《老子》说："民之饥，以其上食税之多，是以饥。"（第七十五章）本书第一册《绪论》已指出，土地所有者向耕种土地的生产者收税，这是封建制的剥削形式。在这种形式下，"在上者"靠"食税"生活，以前只说是"食田"，没有说"食税"。《老子》这里用"食税"说"在上者"的剥削，可见它指的是地主阶级。它在这一章里，指出地主阶级的残酷的剥削是劳动人民贫困的根源。

《老子》又说："朝甚除，田甚芜，仓甚虚，服文采，带利剑，厌饮食，财货有余，是为盗竽（王弼本作"夸"），非道也哉！"（第五十三章）就是说："在上者"的朝廷打扫得干干净净，而老百姓的耕地却是荒芜的。粮仓是空虚的。"在上者"穿好的，吃好的，用不完的财货，还带着利剑以吓唬人。这简直是盗竽。韩非引《老子》此文，说竽是"五音之长"（《韩非子·解老》）。"盗竽"即强盗头子。《老子》骂得很中要害。

《老子》又说："天之道损有余而补不足。人之道则不然，损不足以奉有余。"（第七十七章）它所谓"人之道"，其实是剥削阶级的道。《老子》的这几句话，也是攻击新兴地主阶级的。它认为"损不足以奉有余"是"人之道"，也就是当时的新兴地主阶级的剥削制度。照《老子》看来这种"人之道"完全是不符合"天之道"的。但它说的"天之道"也并不是真为劳动人民的利益着想，不过是打着"为民请命"的幌子，为了损新兴地主阶级的有余以补没落奴隶主阶级的不足。在当时，这种话是从右的方面攻击地主阶级。到后来，地主阶级政权稳定以后，这种话变成从左的方面的攻击了。在长期封建社会中，这种话又成为劳动人民对地主阶级反抗的理论根据。这种左右的转化，就是历史辩证法。

《老子》揭露出了地主阶级的阴暗面，用以攻击当时的新政权。但对于这个政权怎么办呢？《老子》提出了它的策略，它说："将欲歙之，必固张之；将欲弱之，必固强之；将欲废之，必固兴之；将欲夺之，必固与之。是谓微明。柔弱胜刚强。"（第三十六章）"固"读为"姑且"之"姑"（高亨《老子正诂》说）。就是说，对于某一事物，要想叫它怎么样，就姑且让它先是怎么样的反面。"微明"就是说这个道理是很微妙而又是很明显，是公开的秘密。《老子》是用抽象的话讲的，在当时的实际意义就是说，要想向地主阶级夺权，就需要暂时不要去碰，甚至有的地方还要顺着它。

《老子》有一个信念："柔弱胜刚强"。它说："天下莫柔弱于水，而攻坚强者莫之能胜。"（第七十八章）又说："天下之至柔，驰骋天下之至坚。无有入无间。"（第四十三章）"无间"就是没有间隙，没有一点缝子。可是一个几乎是没有的东西，就可以钻进几乎是没有缝子的东西。就是说，要善于钻空子。只有最柔弱的东西才可以钻空子。《老子》又说："人之生也柔弱，其死也坚强。万物草木之生也柔脆，其死也枯槁。故坚强者死之徒；柔弱者生之徒。"（第七十六章）所以姑且让地主阶级强大，就是叫它加速自己的灭亡，找死路。

《老子》又说："故飘风不终朝，暴雨不终日。孰为此者？天地。天地尚不能久，而况于人乎？"（第二十三章）就是说：疾风暴雨是不能持久的。在它们正在势头上的时候，不要去碰。等到它们势头衰下来的时候，就可以很容易地制伏它们。这就是《老子》所说的"以无事取天下"。

《老子》又说："常有司杀者杀。夫代司杀者杀，是谓代大匠斲。夫代大匠斲，希有不伤其手者矣。"（第七十四章）疾风暴雨的势头不能持久，这是由于有一种力量制约着它们。社会中的事也是如此。这种力量就是"司杀者"。如果在势头上勉强去碰，那就叫"代大匠斲"，那就要伤手、失败。这就是《老子》所说的"取天下常以无事。及其有事，不足以取天下"（第四十八章）。《老子》的这些策略，有些是根据于它对于客观辩证法的一些认识，有些则不过是没落阶级的主观愿望。"柔弱胜刚强"，"天下之至柔，驰骋天下之至坚"，这种情况是有的，但必须在一定的条件下，才是可能的。新生的事物，在其新生时是柔弱的，但因为它是新生，有潜力，所以有前途。至于没落腐朽的东西，它的柔弱是将要死亡的表现，是没有前途的。它本身尚不能保，还说什么"驰骋天下之至坚"？《老子》所代表的没落奴隶主阶级，感觉到自己的弱，又以为它的弱是同于新生事物的弱，希望有朝一日，可以反夺权，恢复已失去的天堂。这是高估了自己的力量，低估了新生事物的力量。

从上面所讲的，可以看出来，《老子》对付新兴地主阶级斗争的策略的主要原则是以退为进、以弱胜强、以少胜多等。为了给这策略原则以理论根据，《老子》提出了一个哲学体系。这个体系有两个主要部分，一个部分是《老子》对于客观辩证法的一些认识。这是《老子》的素朴的辩证法思想，它在一定程度上是可以肯定的。另一部分是它的客观唯心主义的宇宙观，这是应该批判的。

第四节 《老子》的兵法

根据以退为进、以弱胜强、以少胜多等原则，《老子》建立了他的军事思想即兵法。《老子》中有几处讲兵法，有一章完全讲兵法。它说："用兵有言：吾不敢为主而为客，不敢进寸而退尺。是谓行无行，攘无臂，执无兵，乃无敌。祸莫大于轻敌，轻敌几丧吾宝。故抗兵相加，哀者胜矣。"（第六十九章）这里所讲的是《老子》兵法的精神。这种精神同当时的军事专家如孙武、孙膑等所讲的完全不同。孙武、孙膑等的兵法都认为，打仗要先发制人，制人而不制于人，以进攻争取胜利。《老子》却说，善用兵的人不敢先发（"为主"），宁愿后发

("为客")。他不敢前进一寸，宁可后退一尺。个人打架，必先摆出一个架势，然后扭住敌人的胳臂，把他打翻在地。两军打仗也有类似的情况，总要有阵势，用一定的兵器打击敌人。《老子》却说，善于用兵的人打仗，他的阵势就是没有阵势。敌人要抓住他的胳臂，他没有胳臂可抓。他也没有兵器，但是敌人却打不倒他，也找不着他。但这不是轻视敌人。《老子》说，打仗切不可轻视敌人，如果轻视敌人就要失败。所以在两军打仗的时候，自己认为是处于劣势的人，就有可能转为优势，打胜仗。

《老子》又说："善为士者不武，善战者不怒，善胜敌者不与。"（第六十八章）这里所谓士就是武士。可是真正的武士并不剑拔弩张，张牙舞爪。真正善于打仗的人，并不是怒发冲冠，吹胡子瞪眼睛。"善胜敌者不与。"这个与字就是敌的意思，就是说，善于胜敌的人，不与敌人为敌。前两句所讲的就是"哀者胜矣"的意思。这三句所讲的就是"行无行"那几句的意思。就是说，要叫敌人抓不住你、找不到你。

战争本来是残忍的事。《老子》却说："夫慈，以战则胜，以守则固。天将救之，以慈卫之。"（第六十七章）这里所说的也是"哀者胜矣"的意思。《老子》认为这种打法是合乎规律的，用这种打法，就可以得胜（"天将救之，以慈卫之"）。

《老子》在这里所讲的，是以弱兵对强兵的兵法。看起来，它所讲的打法跟孙武、孙膑的兵法的打法不同。这是因为孙武、孙膑的兵法是以强兵对强兵的兵法。《老子》的兵法是以弱兵对强兵的兵法。因为条件不同，所以打法也不同，打法虽不同，但最后的目的还是一样，那就是争取胜利。凡是打仗都是要争取胜利以解决政治的问题。但是，以强兵打强兵跟以弱兵打强兵，打法必须有所不同。在当时的情况下，地主阶级已经基本上夺得政权。没落奴隶主阶级要想以武力反夺权，它的武力同地主阶级武力比较起来，必定是在数量上和装备上处于劣势。如果打起仗就需要用另一种打法。这种打法就是《老子》所讲的兵法。它要想用这种兵法转劣势为优势。它所说的"不敢为主而为客，不敢进寸而退尺"，并不是真是要永远处于被动，永远向后退。它的意思是用被动争取主动，用后退争取进攻。先自处于被动，为的争取主动，先后退为的是进攻。《老子》把它对于辩证法的认识应用于战争，这就成为它的独特的兵法。《老子》说："以正治国，以奇用兵。"（第五十七章）《老子》兵法的独特，在于其主要是用"奇"。

如果弱兵真是新生事物，从《老子》兵法中，还是可以得到启发。它可以满怀信心地对强兵说："你有你的打法，我有我的打法。你打你的，我打我的。"由此转弱为强，得到最后的胜利。

第五节 《老子》的素朴的辩证法思想

从上面所说的看来,《老子》的素朴的辩证法,还是很丰富的。首先《老子》认识到,具体的事物都是在运动变化之中的。事物都是有始有终,经常变动。《老子》说:"故物或行或随,或歔或吹,或强或羸,或载(安)或隳(危)。"(第二十九章,末句从河上公本)上面所引"飘风不终朝,暴雨不终日"一段,也是用以说明具体的事物没有永恒不变的。

《老子》又认识到,事物有它的对立面。它说:"有无相生,难易相成,长短相较,高下相倾,音声相和,前后相随。"(第二章)它认识到"有"与"无","长"与"短",等等,都是以其对立的方面为自己存在的前提。没有"有"也就没有"无";没有"长"也就没有"短",反之亦然。这就是中国旧日常说的"相反相成"。

《老子》也认识到,对立面是经常互相转化的。它说:"祸兮福之所倚,福兮祸之所伏,孰知其极?其无正,正复为奇,善复为妖。"(第五十八章)这就是说,事物的发展,到一定的程度,就变为它的反面。这就是旧日所常说的"物极必反"("其无正"以下当作:"岂无正,正复为奇。岂无善,善复为妖"。说见高亨《老子正诂》本章注)。例如:"祸"与"福","正"与"奇","善"与"妖",这些对立面都是经常互相转化的。这种转化的过程是没有穷尽的,所以说"孰知其极"。并不是没有正,可是正就要转化为奇。并不是没有善,可是善就要转化为妖。

关于这一点,《老子》讲得很多。例如:"曲则全,枉则直,洼则盈,敝则新,少则得,多则惑。"(第二十二章)"以道佐人主者不以兵强天下,其事好还。"(第三十章)"物极则反"是贯穿于《老子》整个思想中的一个原则。

《老子》又说:"其安易持,其未兆易谋,其脆易泮,其微易散。为之于未有,治之于未乱。合抱之木,生于毫末;九层之台,起于累土;千里之行,始于足下。"(第六十四章)"合抱之木"是从"毫末"逐渐生长起来的,但是在它成为"合抱之木"的时候,它跟"毫末"就有质的不同了。"九层之台",是一点一点的土积累起来的,但在它成为"九层之台"的时候,它跟一点一点的土就有质的不同了。《老子》又说:"图难于其易,为大于其细。天下难事,必作于易;天下大事,必作于细。"(第六十三章)本来是容易的事情,发展下去,就起质的变化,成为难的事情。本来是很小的事情,积累下去,就起质的变化,成为很大的事情。所以《老子》建议,在问题还是容易的时候,就把它解决了,在事情还是小的时候，就把它办了。《老子》在这些章中所说的，似乎有见于从量变到质变的一些现象，但没有，也不可能把它们总结为一个规律。

《老子》也感觉到，它所说的这些道理是跟一般人的常识相违反的。它说："正言若反。"（第七十八章）就是说，似乎是反，而却真正是正确的。它也感觉到，这些道理不易为一般人所接受。它说："上士闻道，勤而行之；中士闻道，若存若亡；下士闻道，大笑之，不笑不足以为道。"（第四十一章）这里所说的"道"就是（老子所认为是的）真理。

照上面所讲的，《老子》在一定程度上认识到事物和它的对立面的相互依存，及其互相转化。这是辩证法的根本规律，即对立统一规律的"统一"这一方面。但是这个规律的更重要方面是矛盾着的对立面的斗争。对立统一规律的这一方面《老子》完全不认识。没落奴隶主阶级是害怕斗争的。它怕奴隶对它的斗争。它也要同地主阶级斗争，但又不敢公开地站出来。这是《老子》的以不斗争为斗争的思想的阶级根源。

因为《老子》完全不认识对立面的斗争，所以它的思想，归根到底，还是形而上学，不是辩证法。这首先表现在关于"动""静"的问题上。关于运动和静止，是哲学中的重要问题，"动"与"静"也是中国哲学中的重要范畴。《老子》承认事物经常在变化之中，但是它也说："夫物芸芸，各复归其根。归根曰静；静曰复命。"（第十六章）万物的"根"是道，是万物所以得其"命"者。"归根曰静"，是说万物生于道而又复归于道。其生是动，复归于道，就又返于静了。由此说来，动是现象，静是本质。静是第一位的；动是第二位的。在《老子》中这一类的话很多。它说："重为轻根，静为躁君。"（第二十六章）"牝常以静胜牡，以静为下。"（第六十一章）这实际上是表示对事物变化运动的厌弃。

对立面必须在一定的条件下才互相转化，不具备一定的条件是不能转化的。祸可以转化为福，福也可以转化为祸，但都是在一定的条件下才是如此。例如主观的努力或不努力等，都是条件。在各种条件中，最主要的是对立面的斗争。照《老子》所讲的，好像不必有斗争，祸自动地可以转化为福；没有斗争，福也必然转化为祸。这是不合事实的。《老子》的这种思想，是没落奴隶主阶级的意识的表现。他们失去了过去的一切，自以为是处在祸中，但又不敢公开反抗，只希望它自动地会转化为福。这是不可能的。

照对立统一的规律，矛盾着的对立面，经过斗争，起了转化。原来是非主要的矛盾面，转化成为主要矛盾面，或归于消灭。原来的矛盾解决了。但这并不是事情的完结。因为有新矛盾继续出来，新的矛盾继续发展。但新的矛盾并不是旧的矛盾的重复，而是在一个比较高的水平上发展。新兴地主阶级取代了奴隶主阶级。随着奴隶主阶级的消失，奴隶也消失了，奴隶社会的矛盾解决了。但地主阶级又有了它的对立物，与之斗争。但这个新的矛盾，并不是奴隶社会的矛盾的再现。就社会发展史说，这是一个新的开端，是在一个较高的水平上进行的。

《老子》害怕斗争，不讲斗争。因此，它所认识的转化是循环，而不是上升的。没落奴隶主阶级妄想地主阶级失败了，奴隶主阶级就胜利了；封建社会的转化就是复归于奴隶社会。用《老子》的话说，这就叫"复"。它说："万物并作，吾以观复"。（第十六章）"复"也是《老子》哲学思想中的一个重要概念。"复"就是循环，就是倒退。这个观念是同辩证法根本对立的。

《老子》还想出了些掩护、保存自己力量的办法。其主要的原则是不要暴露自己，要极力隐蔽自己。它说："大成若缺，其用不弊；大盈若冲，其用不穷；大直若屈，大巧若拙，大辩若讷。"（第四十五章）又说："明道若昧，进道若退，夷道若颣，上德若谷，大白若辱。广德若不足，建德若偷，质真若渝。大方无隅，大器晚成，大音希声，大象无形。"（第四十一章）这里所说的"上德"，"广德"，"建德"，"大白"，"大方"，"大器"，"大音"，"大象"，都是如上面所说的"大成"等等。这里所说的"若昧"的明道，也就是"大明"；"若退"的进道，也就是"大进"，没落奴隶主阶级反对新兴地主阶级的策略就是"大进若退"。"若"字的意思是似乎是而实则不是。没落奴隶主阶级对于地主阶级似乎是退让而实则是进攻。这种进攻比公开地进攻还要厉害，所以说是"大进"。"大盈"，"大巧"之所以为大，也是如此。

但照《老子》的说法，这种隐蔽自己的方法也并不仅只是故意伪装。照它说，按对立面互相转化规律，一种事物发展到一定的程度，必然要转化为其对立面，只有在事物中预先容纳一点它的对立物，才可以永远保持它的现状。比如说，若果仅只是巧，那就要"弄巧反拙"，只有在巧里先容纳一点"拙"，那才可以长远地保持着巧。这种思想在一定的限度内，也是可以用的，但总起来说，这是开始感到没落的奴隶主阶级企图维持现状的思想。这是利用对于客观辩证法的一点认识来宣传反辩证法的思想。

《老子》又说："我有三宝，持而保之，一曰慈，二曰俭，三曰不敢为天下先。慈故能勇，俭故能广，不敢为天下先，故能成器长。"（第六十七章）"慈"与"勇"、"俭"与"广"、"不敢为天下先"与"成器长"是相反的，但是《老子》认为，正因有"慈"，所以才可能有长久的"勇"；正因有"俭"，才可能有长久的"广"；正因"不敢为天下先"，才可能"成器长"。《老子》的这段话，抽象地了解，有些在一定程度上是正确的。如"俭故能广"。但是下面接着说："今舍慈且勇，舍俭且广，舍后且先，死矣。"（同上）这个"今"字说出了这段话在当时的实际意义。它以当时的兼并战争为不"慈"，发展生产为不"俭"，各国争雄为"为天下先"。它断定这些都是走往死路的。这是没落奴隶主贵族对于新兴地主阶级的诅咒。

总的说起来,《老子》对客观辩证法虽有一些认识,但是这些认识在它手里,不是作为当时新兴阶级的战斗的工具,而只是当时没落阶级用以对付新兴势力和聊以自慰的手段。它是柔弱的,可是它认为,正是柔弱才可以胜刚强。(第三十六章)他说:"天下莫柔弱于水,而攻坚强者莫之能胜。"(第七十八章)这些话就是说,我现在虽然没落了,软弱了,但是还可以战胜你们。这些话实际上反映了那些没落贵族已丧失了实力但又不甘心没落的心情。上面引过,"将欲夺之,必固与之。是谓微明"(第三十六章)。这个"微明"之道,也是它对于辩证法的认识的应用。它认为,一方面要维持自己的力量;一方面要对付敌人。对付敌人的办法同维持自己的办法正是相反。其办法是,要想使敌人衰弱下去,最好先使他强大起来,强大起来以后,自然向其反面转化,衰亡下去。他所说的对付敌人的办法,抽象地了解,有些在一定程度上也是可用的。但是作为一个没落阶级的代言人,这些话也只能是对于自己的解嘲,对于敌人的诅咒。

第六节 《老子》中的宇宙观

在《老子》中,有一句话,可以把《老子》有关于宇宙观的各章都贯穿起来。"天下万物生于有,有生于无。"(第四十章)从这句话的字面上看,各章都是这样说的。"道"就是无,也是各章都承认的。这样说起来,《老子》的宇宙观当中,有三个主要的范畴:道,有,无。因为道就是无,实际上只有两个重要范畴:有,无。不仅在《老子》中是如此,在后来的道家思想中也是如此。

一般地说,这是没有问题的。问题在于,对于有、无可以有不同的理解和解释。实际上《老子》中有三种不同的理解和解释,形成为三种说法。

第一种是,带有原始宗教性的说法。譬如说:"谷神不死,是谓玄牝,玄牝之门,是谓天地根。"(第六章)有的原始的宗教,从人的生育类推天地万物的生成。人的生育,靠男性的和女性的生殖器。有的原始宗教以男性生殖器为崇拜的对象,认为有一个生天地万物的男性生殖器,天地万物都是由它生出来的。《老子》在这里所说的"牝",就是女性生殖器。它所根据的原始宗教,大概以女性生殖器为崇拜的对象。因为它不是一般的女性生殖器,所以称为"玄牝"。天地万物都是从这个"玄牝"中生出来的。"谷神"就是形容这个"玄牝"的。女性生殖器是中空的,所以称为"谷"。玄牝又是不死的,所以又称为"神"。照这个说法,《老子》是认为有一个中空的东西,万物都从那里边生出来。《老子》又说:"天地之间,其犹橐籥乎。虚而不屈,动而愈出。"(第五章)"橐籥"

就是扇火用的风箱，它的中间是空虚的，可是运动起来，可以扇风助火。这个风是没有穷尽的。只要它运动，就有风生出来。这就是所谓"动而愈出"。第六章所说的"绵绵若存，用之不勤"，也是这个意思。都是认为有一个中间空虚的东西，可以生出无穷无尽的东西。中间的空虚是"无"，无穷无尽的东西是"有"。这种说法的意思，也是说有生于无，但是说法比较粗糙，有点像原始的宗教。

第二种说法的主要意思还是"有"生于"无"，但是说法比第一种精致得多了。第一种说法的意思，虽然也是"有"生于"无"，但是它还没有"有""无"这两个概念，"有""无"这两个概念是两个相当高度的抽象的概念，第一种说法还不能有这两个概念，它只能想到，具体的中间空虚的事物如女性生殖器或风箱之类。第二种说法，有了"有""无"这两个概念，这就进步得多了。

第三种说法，把"无"理解为无名，"无"就是无名。不能说道是什么，只能说它不是什么。这就是无名。一说道是什么，那它就是有名，就成为万物中之一物了。《封神榜》上说，姜子牙的坐骑是"四不象"，可是"四不象"也有个象，那就是四不象。道可以说是"万不象"，但是"万不象"也有一个象，那就是万不象。"万不象"就是无象之象，即为大象。这个"大象"，虽然无象，可是能生万象。"有物混成，先天地生。"（第二十五章）这个混成之物，就是无物之物。无物之物，无象之象，就是天地万物的根源。"吾不知谁之子，象帝之先"，先是祖先之先。这个道，照定义就是只能为先，不能为子。

这样说起来，道和无可真是"惟恍惟惚"，"玄之又玄"了。但是，在客观世界中，究竟相当于什么，还是一个问题。

上面所说的第三种说法，就是要回答这个问题。照它的理解和解释，道或无就是万物的共相。它是无物之物，就是因为它是一切物的共相。它是无象之象，就是因为它是一切象的共相。比如：无声之乐，就是一切音的共相。它既不是宫，也不是商，可是也是宫，也是商。一切万物的共相，就是有。它不是这种物，也不是那种物，可是也是这种物，也是那种物。实际上并不存在这种有，所以有就成为无了。这个有无是"异名同谓"。"异名同谓"这四个字是《老子》第一章的主要之点。帛书本保存了这个读法，这是帛书本之所以特出于众本之处。懂得了这四个字，就可以懂得上面所说的第三种看法的要点。

《老子》说："道，可道非常道。名，可名非常名。无，名天地之始，有，名万物之母。故常无，欲以观其妙。常有，欲以观其徼。此两者同出，异名同谓，玄之又玄，众眇之门。"（第一章，"此两者"以下依马王堆帛书本）意思就是说：可以言说的不是永恒不变的道。可以称谓的不是永恒不变的名。无是天地之始；有是万物之母。天地、万物，互文见义。妙，帛书本作眇，有苗头的意思。陆德明《释文》说："徼，边也"有边沿、极限、归宿的意思。用常无这个范畴观察天地万物的苗头。用常有这个范畴观察天地万物的边沿、极限、归宿。常有和常无出于一个来源，是异名同谓，虽然是两个名词而说的是一回事，这就玄而又玄了，虽玄而又玄，不容易懂，可是天地万物苗头都是从这里出来的。

不仅"有"、"无"是"异名同谓"，道和有无也是异名同谓。不可以说"道"是有、无的统一，也不可以说有、无是道的两个方面。说统一就多了"统一"两个字。说两个方面就多了"两个方面"四个字。因为道、有、无虽然是三个名，但说的是一回事。

"有""无"是异名同谓，这真是不容易懂，"玄之又玄"。先说我的解释：

"有"是一个最概括的名，因为最概括，它就得是最抽象，它的外延是一切的事物，它的内涵是一切事物共同有的性质。事物所有的那些非共同有的性质，都得抽去。外延越大，内涵越少。"有"这个名的外延大至无可再大，它的内涵亦小至无可再小。它只可能有一个规定性，那就是"有"。"有"就是存在。一切事物，只有一个共同的性质，那就是存在，就是"有"。一个不存在的东西，那就不在话下，不必说了。但是，没有一种仅只存在而没有任何其他规定性的东西，所以极端抽象的"有"，就成为"无"了。这就叫"异名同谓"。"有"是它，"无"也是它。

懂得了这个道理，《老子》中的别的章似乎是难懂的也就不难懂了。例如《老子》说："道之为物，惟恍惟惚。惚兮恍兮，其中有象；恍兮惚兮，其中有物；窈兮冥兮，其中有精，其精甚真，其中有信。自古及今，其名不去，以阅众甫。吾何以知众甫之状哉？以此。"（第二十一章）

什么叫恍惚呢？《老子》说："视之不见，名曰夷；听之不闻，名曰希；搏之不得，名曰微。此三者，不可致诘，故混而为一。其上不皦，其下不昧，绳绳不可名，复归于无物。是谓无状之状。无物之象，是谓惚恍。"（第十四章）

结合第二十一章看，所谓"恍惚"就是看不见，摸不着。"道"那个东西是看不见听不见摸不着的。虽然如此，可是其中"有象"，"有物"，"有精"。就其为"有"说，其中包括一切的东西；就其为"无"说，其中包括"众甫"。甫就是父。就是第一章所说的"眇"，也就是苗头。我们怎样知道一切苗头的情况呢？就是用道这个范畴。这就是第一章所说的"常无，以观其眇"。

就"道"这一方面说，它是无也是有，就具体的事物说，它们都是一个过程。这个过程就是从无到有，从不存在到存在，又从有到无，从存在到不存在的过程。

就万物的发生、成长和归宿说，任何事物的存在都是一个过程；一个从无到有又从有到无的过程，这就是"有无相生"，也就是"有""无"的互相转化，可以说它是从无到有，也可以说从"有"到"无"。每一事物都是如此。这样的一个"有""无"相生的过程,从无到有又从有到无的过程,叫做"周行"。宇宙是一个总的过程。这个总的过程也叫"道","道"也是经常在那里"周行"这个"周行",是无始无终的。《老子》说:它是"独立而不改,周行而不殆"(第二十五章)。又说:"迎之不见其首,随之不见其后。"(第十四章)这都是说道是无始无终的过程。

《老子》第一章讲了三个概念,一个是"有",一个是"无",一个是"道"。这是《老子》中最概括,最抽象,最难懂的一部分。从前人说过一句话:"一部二十四史从何处说起?"要讲天地万物,更是不知从何讲起了。黑格尔的《逻辑学》,从三个概念讲起,一个是"有",一个是非有,一个是生成,他也是从这三个概念讲起。这并不是说谁抄谁,也不是说他们对于这三个概念的理解和用法都完全一致,只可以说,在这一点上,他们所见略同。

李耳在编辑《老子》这部书的时候,把这一段列为第一章。可见他的哲学见解是很高的,不是一般的编辑人,也可能这一章就是他写的。无论如何,司马迁在叙述可能的三个《老子》的著作人的时候侧重李耳,这是有道理的。

上面说的三种说法,《老子》中都有,但是,书中讲得多的,还是第二种说法。对于《老子》全书来说,第一种说法是太低了,第三种说法是太高了。以后讲《老子》的人,韩非和淮南王都是用第二种说法。王弼开始用第三种说法,所以他的《老子注》能别开生面。

《老子》说:"有物混成,先天地生,寂兮寥兮,独立而不改,周行而不殆,可以为天下母。吾不知其名,字之曰道。强为之名曰大,大曰逝,逝曰远,远曰反。"(第二十五章)(末十五字当为"强为之容,曰大,曰逝,曰远,曰反。"高亨说,见《老子正诂》本章注)意思就是说,道是不可名的,所以只能勉强给它一个称呼,既不可名,所以也不可形容。若果要形容它,只能勉强举出四点:大、逝、远、反。第一是大,因为道是"众妙之门",一切事物都出于它。第二是逝,一切事物都出于道,其出就是道的逝。第三是远,一切事物出于道以来,都各有生长变化,这就是道的远。第四是反,一切事物生长变化以后,又都复归于道。"夫物芸芸,各复归其根",这就是道的反。从逝到反,是一切事物的发展变化的过程。每一个这样的过程,就是道的一个"周行"。这种"周行"没有停止的时候。这就是"周行而不殆"。

《老子》把这些情况总结为一个规律。他说:"反者道之动,弱者道之用。"(第四十章)就是说:道本来是"静"的。若果动,就转化到它的相反的方向。因为动的本身就是从静到动,动、静是相反的。道是无名,动就是从无名到有名,从无到有。道的作用的特点是弱。关于这一点,上面已经讲得不少了。

上边所讲的《老子》的思想,基本上是和《庄子·天下》篇所讲的老聃思想相合的。《庄子·天下》篇讲老聃的那一段说："建之以常无有，主之以太一"，"以濡弱谦下为表，以空虚不毁万物为实"。"常无有"，就是《老子》第一章说的"常无"，"常有"；"太一"，就是《老子》第一章说的"常道"。"常无""常有""常道"是《老子》哲学体系的三个基本范畴，所以《天下》篇说"建之"，"主之"。

"道"为什么又称为"太一"呢？《老子》说："道生一，一生二，二生三，三生万物。"（第四十二章）道生一，所以道是"太一"。这个"太"，就是"太上皇"，"老太爷"那个"太"，皇帝的父亲称为"太上皇"，老爷的父亲称为"老太爷"。"一"是道之所生，所以道称为"太一"。

对于《老子》的这几句话，可以作宇宙形成论的解释，也可以作本体论的解释。如果作宇宙形成论的解释，一、二、三都是确有所指的。道先生出来一个什么东西，这是一，这个一又生出来些什么东西，就是二或三。二、三都是确有所指的具体的东西如天地万物之类。如果作本体论的解释，一、二、三都不是确有所指，不是什么具体的东西。只是说，无论道生多少东西，总有一个是先生出来的，那就叫一。有一个东西，同时就有它的对立面，那就是二。二与道加起来就是三。从三以后，那就是天地万物了。就《老子》第四十二章说，它大概是一种宇宙形成论的说法，因为它在下文说："万物负阴而抱阳，冲气以为和。"照下文所说的，一就是气，二就是阴阳二气，三就是阴阳二气之和气，这都是确有所指的，具体的东西。

"以濡弱谦下为表"，说的是《老子》所讲的"知其雄，守其雌"那一套。《老子》讲"守其雌"，看起来似乎是柔弱谦下，但是，这个表还有一个里，那就是"知其雄"。《天下》篇用表里二字说明《老子》所讲的"知其雄，守其雌"，这是很合老子的意思的。

"以空虚不毁万物为实"，《老子》讲无，这就是空虚。可是这个空虚并不是要去掉万物。《老子》所讲的无，其实就是有，无和有是异名同谓。它所讲的虚，其实就是实。《天下》篇的这一句，是讲《老子》所说的有和无的关系，这也是很合乎《老子》的意思的。

总的说起来，《老子》确实是对于一个真正的哲学问题有所认识。这个问题就是一般和特殊，共相和殊相的分别和关系的问题。《老子》所讲的道、有、无，都是一般，共相；它所讲的天地万物是特殊、殊相。它能看出来一般和特殊，共相和殊相的分别，这说明它的思辨能力是很高的。但是，它对于一般和特殊，共相和殊相的关系认识得不很清楚，或者不很正确。它的本体论的说法，还没有和宇宙形成论的说法划清界限。对于一般和特殊，共相和殊相的关系的正确认识，是一般寓于特殊之中，共相寓于殊相之中。但是，照《老子》的说法，好像是一般居于特殊之上，先于特殊，共相居于殊相之上，先于殊相。因此，一般和特殊，共相和殊相的关系就成为母子关系。子为母所生，第一章所说的"有名万物之母"，第四十二章所说的"道生一"，第二十五章所说的"有物混成，先天地生"，都说明这一点。它说：道、有、无是异名同谓，这个有是抽象的有，与天地万物的有是不同的。这个不同，一直到魏晋玄学才分辨清楚。魏晋玄学称抽象的有为有，天地万物为众有或万有。这个分别《老子》没有弄清楚。

这些混乱，也是从"天地万物生于有，有生于无"（第四十章）那种说法来的。照这种说法，有和无就不是异名同谓，而是母子的关系了。用一个"生"字，就说明对于宇宙形成论的说法和本体论的说法划不清界限了。

我并不是说这个第三种说法能贯穿于《老子》各章，也并不是说《老子》第一章就已经完全了解这种说法的含义。实际上第一章还保留了"有生于无"的影响的残余，没有完全理解到既然有和无是异名同谓，就不能说"有生于无"了。

我只是要指出，从哲学观点看，这是人类思辨能力、抽象思维达到很高程度的表现。只要有一两句能达到这个程度，那就是很可贵的。至于说这一两句话的人可能还有些不完全的地方，可能对于这一两句话的含义还没有完全认识，那也没有关系，那是有待于后来的人发展的。这一两句话可能只是一个闪光，但这个闪光，却照耀了人的思辨能力发展的道路。

照上边所讲的看起来，《老子》中的这三种说法，似乎代表老子哲学体系发展的三个阶段。我们当然不能机械地把这三个阶段分配到司马迁所说的可能是老聃的三个人的名下，但就《老子》中所有的这三种说法看，其发展的逻辑的程序似乎有这三段，这也是很显然的。

无论从哪一种说法看，《老子》的哲学体系都是客观唯心主义，第一种说法是原始宗教迷信的残余，那就不必说了。第二种说法，虽然摆脱了原始宗教迷信，但没有能够说明"道""有""无"究竟相当于客观世界中的什么东西，那它们也即是一种主观的虚构。以一种主观的虚构作为天地万物的来源，这也是一种客观唯心主义。第三种说法对于共相和殊相、一般和特殊的关系没有正确的认识，把它们的关系说成是母子的关系，这也是客观唯心主义。

总之，《老子》所建立的道家哲学体系是客观唯心主义的体系，这似乎是无可争辩的了。

第七节　《老子》论"为道"和"为学"

《老子》中有一大部分讲"为道"。为道就是照着道那个样子去生活。它不说"学道",因为道是"无名",没有任何规定性,是不可以用思考、言语那样的方法去学的。言语所说的都是事物的规定性,对于没有规定性的东西,那就不可说了,对于不可说的也不能进行思考。因为思考不过是无声的言语。对于道只能体会,照着它那个样子生活。

对于道要勉强地说,那只能说它不是什么。它不是这,也不是那。它首先不是一个具体的个体。而人则首先是一个个体。因为是一个个体,所以人就有一个个体所有的许多东西,如欲望、感情等。人和道比起来不是少了些什么,而是多了些什么,而且多得很多。人要想照着道那个样子去生活,那就需要把那些多的东西渐渐地减少。这就叫"日损"。

《老子》说:"为学日益,为道日损。损之又损,以至于无为,无为而无不为。"(第四十八章)《老子》不说"以至于无",而说"以至于无为"是不是多了一个"为"字呢?不是的,就是只能"以至于无为"。人毕竟是一个具体的个体,如果把这一点也损了,"以至于无",那就需要把这个具体个体也损去,那就没有人了。没有人还有什么人生呢?既然谈人生,那就不能"以至于无",就只能"以至于无为"。"无为"并不是什么事情也不做,而是无所为而为,就是顺乎自然。《老子》认为,一个很小的小孩子的生活,就是无为的生活。

《老子》说:"含德之厚,比于赤子。毒虫不螫,猛兽不据,攫鸟不搏。骨弱筋柔而握固。未知牝牡之合而朘作,精之至也。终日号而不嗄,和之至也。"(第五十五章)第三、第四、第五句是夸张之辞。这一章的主要意思,是用这些例以说明顺自然而无所为的生活。其实生物的生活本来就是如此。一个动物遇见可吃的东西它就吃,遇见可喝的东西它就喝。在吃喝的时候,它并不知道这样做为的是吸取营养、维持生命。人知道这个道理,但是他也并不是在每次吃饭的时候都想到这个道理。他虽然有吃饭这个行为,但这种行为就是"无为"。如果在人的生活中一切行为都是如此,那就是"无为而无不为"了。

这并不是说,一个人在社会中可以横冲直撞,做事没有计划,行动不加考虑。考虑计划还是可以有的,这也是一种"为"。问题在于为什么这样地"为"。如果是无所为,那还是顺自然,还是"无为"。

《老子》说:"道生之,德畜之,长之育之,亭之毒之,养之覆之。生而不有,为而不恃,长而不宰,是谓玄德。"(第五十一章)生而不有三句,就是说道是无所为而为，但是自然如此。这就叫"道法自然"，也就是顺其自然。道是如此，所以照着道那个样子生活的人，也要顺自然，无所为而为。

《老子》形容这种人说："众人熙熙，如享太牢，如春登台。我独泊兮其未兆，如婴儿之未孩。儽儽兮若无所归。众人皆有余，而我独若遗。我愚人之心也哉！沌沌兮，俗人昭昭，我独昏昏。俗人察察，我独闷闷。澹兮，其若海，飂兮若无止。众人皆有以，而我独顽似鄙。我独异于人，而贵食母。"（第二十章）"食母"就是照着道那个样子生活。

《老子》的这种顺自然无为的生活方式，就是魏晋人所谓"达"。魏晋的所谓"达人"，就是照着这种生活方式生活的。这是晋人风流的一个主要之点。

这是"为道"的方式，"为学"的方式就不然了。它是要"日益"。

"为学"就是求对于外物的知识。知识要积累，越多越好，所以要"日益"。"为道"是求对于道的体会。道是不可说，不可名的，所以对于道的体会是要减少知识，"见素抱朴，少私寡欲。"（第十九章）所以要"日损"。

《老子》所讲的"为学"的方法，主要的是"观"。它说："致虚极，守静笃。万物并作，吾以观复。"（第十六章）又说："以身观身，以家观家，以乡观乡，以邦观邦，以天下观天下。"（第五十四章）这就是说，观，要照事物的本来面貌，不要受情感欲望的影响，所以说："致虚极，守静笃。"这就是说，必须保持内心的安静，才能认识事物的真相。

《老子》又说："不出户，知天下，不窥牖，见天道，其出弥远，其知弥少。是以圣人不行而知，不见而名，不为而成。"（第四十七章）这也是它所说的"观"的一种方法。这几句话也就是如后世所说的"秀才不出门，全知天下事"。《老子》认为"言有宗；事有君"（第七十章）。就是说，言论有其主要的论点；事物有其主要的原则。抓着了它们的要点和原则，就好像抓着了一张网的纲，其目自然就张开了，所以"不出户"，就可以"知天下"。但是这些"宗"和"君"又是从哪里来的呢？

从以上这些话看《老子》所谓"观"，首先是一种旁观。他不承认实践在认识中的作用。这就是他所说的"不行而知，不为而成"的意义。这样的认识论必然是轻视感性认识的唯心主义的认识论。

旁观的态度是隐者态度。"隐者"的思想就是这种态度的表现。《老子》把它发展成为一个有系统的理论。

《老子》认为，事物的变化是有规律的，这就是所谓"事有君"。自然界中的事物的规律，他称为"天道"，社会中的事物的规律，它称为"人道"。《老子》认为人凭借这样的知识，可以趋利避害，以达到保全自己、反扑敌人的目的。它称事物变化的具体的规律为"常"。"常"是指事物变化中的经常不变的东西，它说："取天下常以无事。"（第四十八章）"民之从事，常于几成而败之。"（第六十四章）"常有司杀者杀。"（第七十四章）"天道无亲，常与善人。"（第七十九章）《老子》也用"常"形容"道"，这只是说"道"是经常如此，不是说"道"就是"常"。

对于规律的知识和了解，《老子》称为"明"。它说："知常曰明。"（第十六章）"知常"就依之而行，这种行称为"袭明"，"是以圣人常善救人，故无弃人；常善救物，故无弃物；是谓袭明"（第二十七章）。"袭明"即"习明"，亦称为"习常"，"见小曰明，守柔曰强。……无遗身殃，是为习常"（第五十二章）。如果不能"习常"而任意妄为，则必有不利的结果，"不知常，妄作凶"（第十六章）。

《老子》认为，要认识"道"也要用"观"。"常有欲以观其眇，常无欲以观其徼。"（第一章）这是对于"道"的"观"。它认为，这种观需要另一种方法，它说："涤除玄览，能无疵乎？"（第十章）"玄览"即"览玄"，"览玄"即观道。要观道，就要先"涤除"。"涤除"就是把心中的一切欲望都去掉，这就是"日损"。"损之又损"以至于无为，这就可以见道了。见道就是对于道的体验，对于道的体验就是一种最高的精神境界。

总之《老子》所讲的"为道"的观点，是反对感觉经验和感性认识的，也是反对重理性作用和理性认识的，它是一种直观。

"为道"而又得道的人，是个什么样子呢？《老子》说："古之善为道（王弼本作士，今从傅奕本）者，微妙玄通，深不可识，故强为之容。豫兮若冬涉川；犹兮若畏四邻。俨兮其若客（王弼本作容，今从傅奕本），涣兮若冰之将释。敦兮其若朴，旷兮其若谷。混兮其若浊。孰能浊以静之徐清？孰能安以久，动之徐生？保此道者不欲盈，夫唯不盈，故能蔽（敝）而（原作不，依易顺鼎校改）新成。"（第十五章）这是"善为道者"的样子。看样子他好像是冬天要蹚水过河，又想过，又怕水冷；好像是谁都在迫害他；好像是个客人，不是主人；好像是很朴实、很糊涂、很空虚。可是他的糊涂慢慢地会变成清楚，他的静会慢慢地变成动，他的旧会变成新。

宋明道学家讲气象，《老子》这一章所讲的就是善为道者的气象。这种气象同《庄子·天下》篇所说的慎到、田骈所赞赏的气象，颇有相同之处。

有一个根本的不同，那就是"块不失道"的问题。"块"，就是土块，是无知之物。无知之物，推而后行，引而后往，只能做一种机械的运动，好像一阵风在空中飘过，好像一根羽毛随风旋转，好像一块石头，从山上滚下来。慎到认为，这就是照着道那样去生活，所以"块不失道"。《老子》认为，为道的人并不是如此。在表面上看起来，他虽然也是"缘于不得已"，但是，他是自觉地如此。他不是无知之物，他的自觉，就是他的精神境界。土块是真正的无知之物，它没有精神境界。《天下》篇的作者，大概也看到这种根本上的差别，所以批评说，"慎到之道，非生人之行，而至死人之理"，接着说，"其所谓道非道，而所言之韪不免于非。彭蒙、田骈、慎到不知道"。

慎到和《老子》有这种不同，由于他们对于知的态度不同。知就是对于外界事物的知识。《老子》所说的"为学"，就是求得这种知识。慎到完全不要知识，《天下》篇说："曰知不知，将薄知，而后邻伤之者也。"《老子》并不完全不要知识，所以它还要用观的方法去求对外界的知识。它认为，为道就要日损，为学就要日益，但是，所损所益并不是一个方面的事。日损，指的是欲望、感情之类；日益，指的是积累知识的问题。这两者并不矛盾，用我的话说，为道所得的是一种精神境界，为学所得的是知识的积累，这是两回事。一个很有学问的人，他的精神境界可能还是像小孩子一样天真烂漫，用《老子》表达的方式，一个人也应该知其益，守其损。

照《老子》所说的，如果一个人对于事物发展的基本规律有所认识，这种认识也可能帮助提高他的精神境界。《老子》说："知常容，容乃公，公乃王，王乃天，天乃道，道乃久，殁身不殆。"（第十六章）《庄子·天下》篇说："公而不党，易而无私，决然无主，趣物而不两。不顾于虑，不谋于知，于物无择，与之俱往。古之道术有在于是者，彭蒙、田骈、慎到闻其风而悦之。"《天下》篇的这个总帽子跟上面所引的《老子》的话也是相合的。"容"，就是宽容，就是"不当（党）"的意思。

有人可以提出一个问题：照这样看起来，岂不是可以证实《老子》这部书出于慎到之后，为什么又说慎到的思想是黄老之学？这个问题之所以成为问题，是因为照传统的说法，《老子》这部书是一部整书，有一个人在一个时候完全把这部书写成。我根本不承认这个传统的说法。我认为，《老子》这部书，是一个总集，经过长时期的积累，经过李耳的编辑，才成为现在这个样子。所谓老聃的思想，也是经过长时期的发展，才成为现在这个样子。《老子》思想的最后的成熟，可能在慎到之后，这并不妨碍在慎到的时候已经有黄老之学。

《老子》虽然也不废"为学"，但是它还是以"为道"为主。它认为，人生中最主要的事情是提高精神境界，对于外界的知识的积累同人的精神境界没有直接的必然的关系。所以它说："绝学无忧。"（第二十章）它认为，人生的指导原则应该是顺自然。"为学"可能导致这个原则的反面。它说："大道废，有仁义；慧智出，有大伪。"（第十八章）所谓"伪"的意思是人为，人为和自然是对立的。"为学"增加人的知识，知识的增加可能导致人为的增加，那就走到顺自然的反面去了。

"伪"也有虚假的意思。《老子》认为，自然的东西是真的，相对于真说，人为的东西就是假的。人为总有造作模拟的意思。有了造作模拟，那就有假的成分。比如在天上飞的东西，鸟类是天然的，是真的，飞机作为一个飞行的东西是人为，是模拟，同鸟类比较起来，鸟类的飞行是真的，飞机的飞行是假的。

"大道废，有仁义"，这并不是说，人可以不仁不义，只是说，在"大道"之中，人自然仁义，那是真仁义。至于由学习、训练得来的仁义，那就有模拟的成分，同自然而有的真仁义比较起来它就差一点次一级了。《老子》说："上德不德，是以有德"（第三十八章），就是这个意思。

第八节　《老子》的历史哲学及其理想社会

"无为"和"有为"、自然和伪，是《老子》区别社会中的善恶的标准。属于自然和无为的是善；属于伪和有为的是恶。它认为可悲的是历史的过程是一个从"无为"倒退到"有为"的过程，整个的社会，时时刻刻都在退化，在这个过程中，善的、美的东西一步一步地失去，代之以恶的、丑的东西。它说："上德不德，是以有德。下德不失德，是以无德。上德无为而无以为。下德为之而有以为。上仁为之而无以为。上义为之而有以为。上礼为之而莫之应，则攘臂而扔之。故失道而后德，失德而后仁，失仁而后义，失义而后礼。夫礼者，忠信之薄而乱之首。前识者，道之华而愚之始。是以大丈夫处其厚不居其薄，处其实不居其华。故去彼取此。"（第三十八章）这是《老子》中最长的一章，叙述了社会逐步退化的过程。"失道而后德"以下这几句说的就是这个过程的几个阶段。它认为这些阶段属于两个范畴。道和德的阶段属于"无为"的范畴，仁以下是属于"有为"的范畴。它所说的"攘臂而扔之"，实际上讲的就是法家所主张的暴力。这是用形象的语言说"失礼而后法"。"上仁为之而无以为"，就是说，"仁"已经是有为的，但还不是完全矫揉造作，不完全是伪。"上义为之而有以为"，就是说，"上义"完全是出于人为。仁和义都还是一种内心的修养，至于礼，则不过是外部的规章制度，条条框框。那就更是矫揉造作，出于人为，所以得不到人们的服从和遵守。《老子》没有说"下仁""下义"和"下礼"是怎么样，大概是认为，可以引申而知。比如说，"上礼为之而莫之应"，"下礼"就不必谈了。

礼不行了，社会是个什么样子呢？那就挽袖子，甩胳膊，动手动拳，用暴力了。地主阶级夺权是用暴力，奴隶主反夺权，也是用暴力。法律、刑罚也都用暴力。在《老子》看起来，这就是天下大乱。礼是乱的开端，因为它是"忠信之薄"。社会中人与人的关系要规章制度来维持,这就是薄。

"有以为"和"无以为"说的是有没有模拟造作。有模拟造作就是"有以为",没有模拟造作就是"无以为"。

"前识者,道之华而愚之始。""前识"是对于事情的预见。《老子》认为,对于事情的预见是华而不是实。它不表示人的聪明,而表示人的愚蠢。因为它是智慧的作用,而"慧智出,有大伪"。前识是"大伪"的开始。"是以大丈夫处其厚不居其薄,处其实不居其华,故去彼取此"。

《老子》第八十章描绘了它的理想社会的情况。从表面上看起来,这好像是一个很原始的社会,其实也不尽然。它说,在那种社会中,"虽有舟舆,无所乘之。虽有甲兵,无所陈之。使人复结绳而用之。"可见,在这种社会中,并不是没有舟舆,不过是没有地方用它。并不是没有甲兵,不过是用不着把它摆在战场上去打仗。并不是没有文字,不过是用不着文字,所以又回复到结绳了。《老子》认为,这是"至治之极"。这并不是一个原始的社会,用《老子》的表达方式,应该说是知其文明,守其素朴。《老子》认为,对于一般所谓文明,它的理想社会并不是为之而不能,而是能之而不为。

有人可以说,照这样理解,《老子》第八十章所说的并不是一个社会,而是一种人的精神境界。是的,是一种人的精神境界,《老子》所要求的就是这种精神境界。

道家的前身是隐士思想,《老子》把这种思想发展成为一个哲学体系。

后来的隐居诗人陶潜有一首诗说:"结庐在人境,而无车马喧,问君何能尔?心远地自偏。采菊东篱下,悠然见南山。山气日夕佳,飞鸟相与还,此中有真意,欲辨已忘言。"这首诗并未提到老聃,也未提到《老子》,可是讲的完全是老意。

懂得了"欲辨已忘言",对于《老子》的批判或赞赏都成为多余的了。

第十二章　孟轲——儒家思想向唯心主义的发展

孟轲（约前371—前289）邹（今山东省邹县）人。他在战国时代，是一个很有名的游士，"后车数十乘，从者数百人"（《孟子·滕文公下》）。所到之处，国王都以宾客相待。他"上说下教"，志愿很大，自负甚高。他说："如欲平治天下，当今之世，舍我其谁哉？"（《公孙丑下》）但是他总没有机会参加实际政治。他的学生们记载他的言论，成为《孟子》七篇。

第一节　孟轲的时代及其对于当时政治的态度

孟轲是子思的学生的学生。他自己说，他一生的志愿，就是学孔子，"乃所愿，则学孔子也。"（《公孙丑上》）

他虽然有这种志愿，但他所处的时代，已经和孔丘所处的时代不同了。在孔丘的时代，奴隶制的统治还没有完全崩溃。在当时的诸侯国家中，封建制的发展是不平衡的。在这种形势下，孔丘还想对于奴隶制的统治作一些修修补补的工作，成为奴隶制的改良派。在孟轲的时代，主要的诸侯国都已实行了封建制，地主阶级已在主要的诸侯国中夺取了政权，建立了统治。在这种形势下，孟轲就不能成为奴隶制的改良派，而成为地主阶级的保守派。

当时的地主阶级有两个来源或前身。有一部分的地主阶级是从奴隶主贵族转化过来的。他们一方面逐渐与为他们劳动的农民建立了新的生产关系，一方面还与奴隶主贵族保持联系。他们希望采取温和的措施，使奴隶制和平地过渡到封建制。在与奴隶主贵族的关系上，他们的妥协性比较大。

另一部分的地主阶级是从商人或手工业、农业小生产者上升过来的。他们是比较激进的新兴地主阶级。在与奴隶主贵族的关系上，他们是不妥协的。他们主张采用革命性的变革和激烈的手段，彻底推翻奴隶主贵族的统治。随着奴隶制的崩坏，这个本来是既富且贵的阶级，逐渐失去了他们原有的一切特权，成为一个没落的阶级，最后归于消灭。

新兴地主阶级的出现和发展，加深了剥削阶级的内部矛盾和斗争。在这个时期，国与国之间，统治阶级上层与下层之间，"公室"与"私家"之间，都展开了激烈的兼并战争和夺取政权的政治斗争。在斗争中，有的国家被消灭了，有的政权被剥夺了；在贵族中，有的没落破产了，有的上升为新的贵族和成为新的当权的统治者。这些斗争实质上都意味着旧的奴隶制和新的封建制的斗争，新兴的地主阶级和旧奴隶主阶级的斗争。

在这个斗争中，从奴隶主贵族转化过来的地主阶级是保守派。从商人、手工业者或小生产者上升过来的地主阶级是激进派。在思想战线上，孟轲是前者的代表。法家是后者的代表。

保守是一个相对的名词，这里所谓保守，是相对于奴隶主贵族所持的态度而说的。对于旧的奴隶主贵族，孟轲显然比法家温和得多。就这一点说，法家是当时的激进派，孟轲是保守派。

在对于老百姓的态度说，儒家和法家也是不同的。孔丘用几句话概括了这个不同，他说："导之以政，齐之以刑，民免而无耻；导之以德，齐之以礼，有耻且格。"（《论语·为政》）前一段话说的是法家对于老百姓的态度，后几句话说的是儒家对于老百姓的态度。孟轲把这两段话归结为两种政治，一种叫"王"，一种叫"霸"。他认为王霸之分是儒家和法家的主要区别。他宣传王政，反对霸政。就这一方面说，他倒可以说是中国封建社会中的开明思想家。

因为孟轲的时代和孔丘的时代不同，他们对于当时现实政治中的某些具体问题态度也有不同。

例如，齐国的陈氏杀了齐国的国君，孔丘认为是"大逆不道"，请鲁君出兵"讨伐"。战国时期，原来周朝的世族和人物，大部分事实上已经被推翻了。在春秋时期，周王还是名义上的"共主"；诸侯之间的霸主，还都以"尊王"为名，"挟天子以令诸侯"。在战国时期，各大国的国君，都已自己称王。孟轲也再不提周天子了。他认为无论哪一国的王，只要能行他所说的"仁政"，都可以取周王而代之，成为全中国的"共主"，这就是他所说的"王天下"。照这个逻辑推下去，各国的贵族，如果能行"仁政"，也可以取国君而代之。

孟轲也主张"尚贤"，他要求当时的统治者"贵德而尊士"，使"贤者在位"，"能者在职"（《公孙丑上》）。但在这一方面，他的要求也与孔丘不同。孔丘所谓"举贤才"的目的，不过要使"贤才"有机会在原有的贵族"家"内做"家臣"。孟轲要求使"贤者"居于掌握政权的地位。贤者自己一定要做"卿相"，实际掌握政权，照着自己的理想处理国家的政事（"行道"），国王不得干涉。孟轲跟齐宣王说：盖大房子以及雕琢美玉，都必须要找专家；治国家也要专家。无论是盖大房子，或是雕琢美玉，都必须照着专家的主张去办，不能说"姑舍汝所学而从我"（《梁惠王下》）。

孟轲虽主张由"贤才"掌握政权，但对于旧有的贵族，还是要敷衍。孟轲对齐宣王说："所谓故国者，非有乔木之谓也，有世臣之谓也。""国君进贤，如不得已，将使卑逾尊，疏逾戚，可不慎欤？"（《梁惠王下》）对于新执政的"贤才"，孟轲也提醒他们说："为政不难，不得罪于巨室。"（《离娄下》）"巨室"就是大贵族。但是，照孟轲所想的，实际的政权既已入于"专家"出身的"卿相"手中，这些原有的大贵族所能享受的也不过是有位无权的安富尊荣。

孟轲的这种主张，表现了对旧贵族势力的让步，跟法家彻底消灭贵族阶级的主张和措施，成为鲜明的对比。孟轲的这种主张，是由奴隶主贵族转化的地主阶级的主张；法家的主张是由商人、小生产者转化的地主阶级的主张。由奴隶主贵族转化过来的地主希望由奴隶主贵族转化成为封建贵族。所以他们还要保存某种旧的制度。他们对于旧的贵族还有密切联系，所以对于他们，还要尽可能地敷衍。法国的资产阶级革命彻底消灭了封建贵族。英国的资产阶级革命保留了封建贵族作为政治上的装饰品。孟轲和商鞅、韩非之间的不同，也是这一类的。

第二节　孟轲的政治思想

孟轲反对法家所主张的变法。他说："徒善不足以为政，徒法不足以自行。诗云：'不愆不忘，率由旧章'。遵先王之法而过者，未之有也。"（《孟子·离娄上》）专就这几句看，这正是商鞅主张变法时所遇到的保守的理论。这正是甘龙所说的："圣人不易民而教，智者不变法而治"；也正是杜挚所说的："法古无过，循礼无邪。"（《商君书·更法》）但是，孟轲所要保存的"先王之法"，在很大的程度上，是"周礼"的旧框子而套进新的内容。这是由奴隶主贵族转化过来的地主阶级的要求和愿望在思想上的反映。

这是孟轲政治思想的一方面。跟当时法家的思想比较起来，孟轲的政治思想这一方面是保守的。但是，从另一方面看，孟轲对于老百姓的力量，有比较充分的认识。知道统治者必须减轻剥削，缓和矛盾，尽力争取老百姓的拥护，才能巩固自己的统治地位。法家则在新的生产关系的基础上，对劳动人民实行严厉的统治，认为劳动人民不过是统治者实现它的要求的工具。这是孟轲的思想比法家进步的一面。

孟轲继承了奴隶主贵族的一部分的统治理论，认为国君的地位和威权是"天"所授予的。他引《书经》说："天降下民，作之君，作之师，惟曰其助上帝，宠之四方。"(《孟子·梁惠王下》)但是这种"君权神授"的说法，在孟轲的思想中，也只是个旧框子。他认为，"天子"并不是"天下"的政治上、经济上的最高所有者，而只是社会中的一个职位。"天"选一个人做"天子"，并不是给他对于"天下"的政治上、经济上的所有权，而只是给他一个职位。孟轲认为"天"所选的"天子"必定都是最有"德"的人，即所谓"圣人"。孟轲有一个他所理想的政权转移制度，即所谓"禅让"。一个在天子职位的"圣人"，在他年老的时候，选一个年少的"圣人"，先叫他担任宰相的职务，作为学习和考验。如果成绩很好，就把他推荐给"天"，使他替代自己的职务。但是"天"不能直接表示是否接受这个推荐；这就要看老百姓是不是拥护他，归顺他。如果老百姓拥护他，这就意味着"天"接受了这个推荐。"天与"是以"人归"决定的。(《孟子·万章下》)这实际上就是以"人归"代替了"天与"，以民意代替了天意。

孟轲认为，"贼仁者谓之贼，贼义者谓之残，残贼之人谓之一夫。闻诛一夫纣矣，未闻弑君也"(《梁惠王下》)。相传纣是商朝的暴虐君主。周武王灭了商朝，把纣杀死了。孟轲认为这不能算是"弑君"。孟轲把孔丘的"正名"理论，应用于"君"。如果"君不君"，臣就可以不承认其为君。纣不合乎"为君之道"，虽然事实上居于君位，但不过就是一个个人而已。所以杀了他，只算杀死一个有罪的人。把无道的君杀了，政权也就转移了。这种政权转移的方式叫作"征诛"。

据孟轲说：商朝开创者，汤，伐夏的暴君桀，"非富天下也，为匹夫匹妇复仇也"。周朝的开创者，武王，伐商朝暴君，纣，是"救民于水火之中"(《孟子·滕文公下》)。他认为这都是"征诛"的典型。这些战争称为"义战"。他说："春秋无义战。"(《尽心下》)他认为当时的战争都是君主争夺土地的兼并战争，都是不义之战。老百姓对于这些战争的反抗是应该的，他说："善战者服上刑。"(《梁惠王上》)邹国与鲁国有武装冲突。邹国的兵不肯打，都散走了，带兵的人都被鲁国打死了。孟轲说：邹国的国君向来不关心老百姓的生活，"夫民今而后得反之也"(《梁惠王下》)。就是说，老百姓今天才有报复的机会，报复是应该的。

归总起来，孟轲认为在政治生活中，老百姓是最重要的因素。他说："民为贵，社稷次之，君为轻。是故得乎丘民而为天子，得乎天子为诸侯，得乎诸侯为大夫。诸侯危社稷，则变置。牺牲既成，粢盛既洁，祭祀以时，然而旱干水溢，则变置社稷。"(《尽心下》)社是土神,稷是谷神。在农业社会中,土地和粮食是最重要的东西;因此,土神和谷神也是最重要的神。社稷是土和粮食的象征,因此,也是国家的象征。照孟轲的这种说法,只有为人民所喜欢的人才能做天子,为天子所喜欢的人不过是做诸侯,为诸侯所喜欢的人不过是做大夫。在必要的时候,诸侯或社稷都可以变换,照上面所说的,天子也是可以变换的。所不能变换的,就是"丘民"。"丘"有"众"的意思,丘民就是众民。

《书经》有两句话说:"民惟邦本,本固邦宁。"(《五子之歌》)孟轲所说的"民为贵",似乎以《书经》这两句话为根据的。如果是这样,孟轲也不是重复这两句话,而是给这两句话提出了理论的根据。经过这一发展,在后来中国的封建社会中,人们常说:"国以民为本;民以食为天。"

"贵"字有尊贵的意思,同它相对的是"贱"。孟轲的下文说:"君为轻。"可见这个"贵"字是和"轻"相对的,有比较重大的意思。何以见得民重君轻呢?因为"得乎丘民为天子",天子之所以为天子,因为他得到老百姓的拥护。如果他的行为不合"为君之道",老百姓就要对他进行"征诛",把他废为"一夫"。

就与轻对比的重说,如果一个天子不好,可以换(变置)天子,一个国君不好,可以换国君,但是无论天子或国君都不能换老百姓。无论哪个统治者,都不能把他所统治的老百姓全部赶走,而招来另外一批人作为他的老百姓。这在理论上和事实上都是不可能的。这就证明"民为重,君为轻"。这个"能变置"和"不能变置"的事实,就充分地说明了在一国之中,老百姓是根本。这个事实也说明了统治者是为了被统治者而存在,而不是被统治者为了统治者而存在。有了这个说明,"民惟邦本"那句话就有了新的意义,这就是发展。

在后来的旧民主主义革命中,孟轲的"民为贵"的思想起了很大作用。有人认为这就是西方资产阶级的民主思想,这显然是不对的。但如果说孟轲的这种理论是伪善的、欺骗的空话,那也是不对的。

孟轲并不否定统治者的权利,但是给他的权利定了一个极限。过了这个极限,他就要受到惩罚,那就是老百姓对于他的"征诛"。孟轲的理论在道义上肯定了被统治者反抗的权利,肯定了被统治者的革命权。这在后来的中国封建社会中,对统治者起了一定的制约作用。在革命中起鼓舞的作用。

第三节　孟轲论"君子""小人"

照《孟子》中所讲的故事,滕国的国君似乎要实行孟轲所讲的"仁政"。当时的一个农民思想家许行听说了，就到滕国来"安家落户"。

许行及其学生，到滕国一看，情况不对。滕国的国君仍然是一个高居于劳动人民之上的贵族老爷。"厉民而以自养"，就是说，还是剥削劳动人民，以养活自己。许行的学生把这个意思告诉孟轲。孟轲发了一大篇议论。

他反对许行的"君民并耕"的主张。他利用许行所承认的农业和手工业分工的事实，说：既然"百工之事不可以耕且为"，"治天下"也不可以"耕且为"。他说，在社会中，人的生活需要是多方面的，"一人之身而百工之所为备"（《滕文公上》），就是说，一个人的生活需要各种生产的产品。因此需要"通功易事"。"功"指劳动成果；"通功"指互换劳动成果。"事"指工作；"易事"即如所谓"换工"。"通功易事"的精神，就是"以羡补不足"。（《滕文公下》）这所说的就是社会分工原则。

孟轲企图根据这种原则证明阶级的对立是合理的。他说："无君子莫治野人，无野人莫养君子。"（《滕文公上》）又说："有大人之事，有小人之事……或劳心，或劳力，劳心者治人，劳力者治于人。治于人者食人，治人者食于人。天下之通义也。"（《滕文公上》）孟轲明确地说，在阶级社会中，基本上有两种人，一种人是统治别人的（"治人"），是被别人所养活的（"食于人"）；另一种人是被别人统治的（"治于人"），是养活别人的（"食人"）。被别人所养活，就是对别人进行经济剥削，养活别人就是受别人的经济剥削。统治别人就是对别人进行政治压迫，被别人统治就是受别人的政治压迫。孟轲站在剥削阶级的立场，称前者为"大人"，为"君子"，后者为"小人"，为"野人"。他认为，"大人之事"就是对于劳动人民进行经济上的剥削和政治上的压迫；"小人之事"就是在经济上受剥削，在政治上受压迫。他认为，这是合理的，应该的，是"天下之通义"。就是说，这是一个普遍的规律。孟轲的立场和观点是完全同劳动人民的立场和观点相对立的。

孟轲的这个意思，孔丘在批评樊迟要学种庄稼的时候，已经讲过。孟轲更进一步把这种阶级对立说成是永恒的、普遍的"规律"。把这种剥削与被剥削、压迫与被压迫的关系说成是像农民和生产农具的手工业者之间的"分工"关系。他利用被歪曲了的"社会分工论"以论证"剥削有理，压迫有理"。

有人说，对于孟轲所说的"天下之通义"的分析，可以更清楚地看出来，他的"民重君轻"的提法是虚伪的。其实际的意义是，一方面欺骗老百姓，争取群众，一方面是鼓动群众向当时的新政权进攻。

对于孟轲的这种批评，违反了历史唯物主义的原则。在阶级社会中，任何思想家，都不能超过他的阶级的局限。孟轲是一个地主阶级的思想家，怎么能希望他不站在剥削阶级的立场，用剥削阶级的观点看待劳动人民呢？他的"民为贵"的理论，不过是说，在一个社会的政治生活中，老百姓的地位是最重要的。他并不是主张消灭阶级，也不是主张消灭"君子"和"小人"的对立。他没有这样的主张，也不可能有这样的主张，他只是说在这个对立中，在表面上看起来，似乎是"君子"起主导作用，而实际上是"小人"起主导作用。这就足够使他的思想在后来的封建社会中起积极的作用了，这一点上面已经讲过。

第四节 孟轲论"王""霸"

战国时期的七大强国，对内都消灭奴隶主贵族，集中权力于国君，实行专制主义的中央集权；对外都进行兼并战争，用武力统一中国。不管这些强国的统治者的主观动机如何，他们的这些措施都为以后的统一中国，实行专制主义的中央集权的地主阶级专政创造了条件，是符合历史发展的潮流的。

孟轲口头上也说：天下必须"定于一"。可是他又说："有不嗜杀人者"才能"一之"（《梁惠王上》）。他还主张维持"世臣""巨室"，这就是对内反对中央集权，对外反对武力统一。他说："春秋无义战。"（《尽心下》）就是说，春秋以来的那些战争，都是不义之战。至于战国时期战争的规模更大。孟轲说："争地以战，杀人盈野；争城以战，杀人盈城。"（《离娄上》）孟轲认为，这都是"嗜杀人者"所干的事。

孟轲认为，战争的胜利有三个条件："天时"，"地利"，"人和"。他说："天时不如地利，地利不如人和。"就是说，"人和"是决定性的条件。他认为，统一中国也主要是靠老百姓的拥护而不是靠战争。他说："域民不以封疆之界，固国不以山谿之险，威天下不以兵革之利。"就是说，老百姓不是可以用政治的区域限制的；国家不是可以用地理上的险要保护的；世界不是可以用军备吓倒的。主要是看统治者是"多助"或"寡助"。得到老百姓拥护是"多助"；"多助之至，天下顺之"。受到老百姓反对是"寡助"，"寡助之至，亲戚畔之"。"以天下之所顺，攻亲戚之所畔，故君子有不战，战必胜矣"（以上见《公孙丑下》）。统治者怎样可以得到多助呢？就要"得道"，"得道多助"，这个"道"就是孟轲所说的"王道"。法家的道，他称为"霸道"。他很蔑视管仲。他的一个学生问他：如果他在齐国当了卿相，掌了政权，他是否可以做出像管仲、晏婴那样的事业来呢？孟轲大不高兴，说："你怎么能把我比作管仲呢？管仲得到齐桓公那样的信任，可是他的功业是那样的微小，你怎么能用他来比我呢？"（参见《公孙丑上》）他蔑视管仲，具有蔑视当时法家的意义。他又说："仲尼之徒，无道桓文之事者。"（《梁惠王上》）孟轲的这一句话显然是跟《论语》不合。照《论语》所记载的，孔丘说："桓公九合诸侯，不以兵车，管仲之力也。如其仁！如其仁！"（《论语·宪问》）又说："管仲相桓公霸诸侯，一匡天下，民到于今受其赐。微管仲，吾其被发左衽矣。"（同上）孔丘称赞管仲的大功，孟轲却认为管仲的功业很微小。孟轲和孔丘在这一点上是有所不同的。这是因为孔丘和孟轲所处的时代不同。在孔丘的时代，儒家和法家的斗争是两个阶级，即奴隶主阶级和地主阶级斗争的反映。在孟轲的时代，儒家和法家的斗争是地主阶级内部的两个派别即保守派和激进派的斗争的反映。

孟轲认为"王"与"霸"的根本区别在于"以德"和"以力"的不同。"以力假仁者霸，……以德行仁者王，……以力服人者，非心服也，力不赡也；以德服人者，中心悦而诚服也，如七十子之服孔子也。"（《公孙丑上》）他所谓"力"即暴力，法家主张对内用刑赏推行法令，对外以武力进行兼并，这都是孟轲所说的"以力服人"。这些都被孟轲贬为"霸道"。像儒家所宣扬的，用礼乐教化对老百姓说服教育的一套，孟轲誉为"以德服人"，称做"王道"。孟轲在这里所讲的就是孔丘所讲的"导之以德，齐之以礼"，和"导之以政，齐之以刑"的那两种统治术的不同。

第五节 王道的物质条件——井田制

孟轲认为"王道"的经济基础是"井田制"。"井田"这个名称，来源很早，但是"井田制"的内容如何，没有充分的史料可以讲清楚。孟轲倒是讲得比较清楚，但这只可以看作为孟轲的思想，至于在此以前的井田制是否就是这样，那就无从考证。

照孟轲所说的井田制，国家把土地划成许多小块，每块一百亩，九块一组，排列成井字形。在一组中，中间一块为公田，其余八块为私田，授予八家农民使用。八家农民合力耕种中间的公田，收入归土地的所有者，其私田的收入，农民自己可以享用。这种办法，孟轲称为"助"法。孟轲说："夏后氏五十而贡，殷人七十而助，周人百亩而彻。"（《滕文公上》）大概在当时有这三种通行的剥削方式，孟轲把它们分配在夏、商、周三个时期。这显然不是历史的事实。因为这三种方式都是封建的剥削方式。"助"是劳役地租，"贡"与"彻"都是实物地租。在奴隶社会中，显然不可能有封建制的剥削方式。孟轲一方面说："周人百亩而彻",又说："虽周亦助也",自相混乱,不能自圆其说。

照孟轲所说的,在夏代,每个农民受田五十亩,剥削方式是"贡"法;在殷代,每个农民受田七十亩,剥削方式是"助"法;在周代,每个农民受田一百亩,剥削方式是"彻"法。"贡"法与"彻"法都是实物地租,所不同的是,贡法对于农民应缴的实物,有一个一定的数目,无论收成好坏都要按照这个数目缴租。"彻"法是按照土地每年收入的一定的百分比缴租。孟轲说,这三种剥削方式"其实皆什一也",都是十分抽一。这是孟轲的说法。

照孟轲所说,一家农民,在他所受的一百亩土地里面,有五亩为住宅之用,在其中盖上房子,种上桑树。这样,五十岁以上的老人就可以穿绸子了。再养些鸡,养些猪,七十岁以上的老人就有肉吃了。一百亩的土地,都能够按着一定的季节耕种,一家八口,都可以吃饱了。这样,农民们都可以"养生丧死无憾",这就是他所说的"仁政",或"王道"。不过据他说,这仅是"王道"的开始。农民有了这种生活的物质基础以后,还要受一定的教育,使他们都能懂得"礼义"。这才是"王道"的完成(《梁惠王上》)。

孟轲所讲的计口授田,一夫百亩的土地制度,基本上同李悝的"尽地力之教"是相同的。所不同的是李悝所实行的剥削方式是实物地租或货币地租;孟轲所讲的剥削方式是劳役地租。这比李悝已经是落后一步了。

在孟轲的时代,商鞅提出并推行"开阡陌",就是当时法家提出的一项重要改革,也是当时社会上较大的新生事物。孟轲的井田制是针对着商鞅的"开阡陌"而提出的,是"开阡陌"的对立面,这就更落后了。

孟轲讲井田的话,是为当时的一个国君滕文公讲的。他劝滕文公行"仁政"。他讲的这一篇话都是他所谓"仁政"的内容。他说:"夫仁政必自经界始,经界不正,井地不均,谷禄不平。是故暴君污吏必慢其经界。经界既正,分田制禄,可坐而定也。"(《滕文公上》)这里所说的经界,就是"阡陌"。奴隶主贵族所占有的土地都是由周王或一国的国君分封来的。土地被划分为一块一块的,每块一百亩,每一块四周有土堆起来的,或小沟分开来的界限,这就叫"阡陌",也就是孟轲所说的"经界"。这是用以分封的计算单位。贵族们得了分封的土地,世袭下来,这就是孟轲所说的"世禄"。商鞅"为田开阡陌,民得买卖",就是废除阡陌,承认土地可以私人买卖。这就是孟轲所说"暴君污吏必慢其经界"。"暴君污吏"指当时夺了权的新发户地主阶级,特别指商鞅。孟轲主张保存"经界",恢复"世禄",这就是他所说的:"经界既正,分田制禄,可坐而定也。"

在奴隶制的社会中,奴隶主贵族享有世官世禄的特权,世官和世禄是不同的。世官是一个人的子子孙孙世袭他所做的官，世禄是一个人的子子孙孙世袭他所享受的俸禄。有世官必定有世禄；有世禄不一定有世官。地主阶级必定取消世官，但不一定取消世禄。例如，在齐国有国、高两家大贵族，他们世世代代是齐国的上卿，这是世官；他们都有他们的封地，世袭下来，这是世禄。桓公任命管仲为相，实际上掌握了上卿的权，但是在法律上管仲的地位还是很低的。虽然很低，桓公也封他"骈氏之邑"三百，管仲就成了地主阶级的新封君。等到管仲死了，他的子孙还可以享受"骈氏之邑"这个封地，但不能继续当齐国的相，担任上卿的职务。这就是有世禄而无世官。

又例如秦孝公用商鞅为左庶子，掌握秦国的政治，又封他为商君，这也是地主阶级的新封君。如果商鞅死在孝公以前，他的儿子仍然可以在商这个地方做封君，但不能为左庶长、大良造。这就是有世禄而无世官。

照这两个例子看，取消世官，保存世禄，可能是当时地主阶级政权对于旧贵族或希望成为新贵族的人们的一种妥协，一种让步，也可以是一种赎买政策。这种政策地主阶级的激进派也是不能完全避免的。

孟轲在宣扬井田制的时候说："分田制禄"，"仕者世禄"（《梁惠王下》），他只说世禄，没有说世官。可见他是主张取消世官保存世禄的。对于地主阶级激进派这可能是一种个别的措施。地主阶级保守派认为这应该是一种通例，至少在他们的思想家的思想中是如此。

还有一点要指出的，就是孟轲所鼓吹的井田制，实际上已经行不通了。孟轲说："方里而井，井九百亩。"（《滕文公上》）就是说，每一井要占一平方里的土地。像滕国那样的小国，幅员大约只有五十里那么大，那就只有五十井。一井八家，那么滕国只能养活四百家人口。

在奴隶社会中，奴隶的死亡率很高，人口增加不会很快。到了封建社会，人口的增加是比较快的，而土地有限。韩非算了一笔账，一个祖父还没有死，就可能有二十五个孙子。原来是一家的，就成为二十五家。如果这二十五家都受田百亩，这些土地从哪里来？所以孟轲所宣扬的井田制完全是纸上谈兵，实际上是不可能实现的。所以当时的统治者们都认为他是"迂阔"。

第六节　王道的精神条件——仁和忠恕之道

孟轲所说的"王道"也称"王政"。他认为"王政"的根源是统治者的"仁"，所以"王政"也称为"仁政"。他认为"仁"的重要内容是"不忍人之心",就是不忍看见别人痛苦的心。他说:"人皆有不忍人之心。先王有不忍人之心,斯有不忍人之政矣。"(《公孙丑上》)他认为"仁政"就是统治者根据自己的"不忍人之心""推己及人"的结果。"老吾老以及人之老,幼吾幼以及人之幼,天下可运于掌。诗云:'刑于寡妻,至于兄弟;以御于家邦。'言举斯心加诸彼而已。故推恩,足以保四海;不推恩,无以保妻子。古之人所以大过人者无他焉,善推其所为而已矣。"(《梁惠王上》)孟轲所说的以自己的心加于别人,这就是孔丘所说的"能近取譬"。孟轲和孔丘一样,也认为这是"为仁"的主要方法。

齐宣王说他自己好货、好色,不能行王政。孟轲说:"王如好货","王如好色","与百姓同之,于王何有?"(《梁惠王下》)就是说,因己之好货、好色,推而"与百姓同之",即"举斯心加诸彼"。若实现此心于政事,则其政就是仁政。"善推其所为"就是孔丘所说的"忠恕"。孔丘讲"仁"及"忠恕",在个人修养方面讲的较多。孟轲则应用之于政治及社会。

本书第一册第四章,已经阐述了孔丘的关于"仁"的思想。他作了许多关于仁的重要的启示。孟轲对于这些启示作了比较详细的发挥。这是他对于人类精神生活的反思,是人类精神的反思在中国历史中的进步。

孔丘的忠恕之道,承认人、己对立的双方可以互相有所要求,可是这种要求不是平等的,特别是君、臣、父、子之间。孟轲关于"君臣"关系的说法,在表面上看,似乎与孔丘有点不同。照他的说法,臣对君的态度决定于君对臣的态度。他说:"君之视臣如手足,则臣视君如腹心。君之视臣如犬马,则臣视君如国人。君之视臣如土芥,则臣视君如寇仇。"(《离娄下》)君臣之间相互要求还不是平等的,不过不平等的差距似乎是缩小了一些,所以认为,臣对于君可以视其所受的待遇而有不同的报答,甚至视为寇仇也可。

孟轲认为,子对于父还是要绝对服从的,孝是最基本的道德。孟轲常说,舜是个大孝子。据他说,舜的父亲瞽瞍是个很不慈的父,对舜非常虐待,可是舜还是百依百顺。孟轲的学生提出一个假设的问题说:假使舜为天子,皋陶(传说是一个很正直的人)当法官,瞽瞍杀了人,舜怎么办?孟轲说:皋陶当然还是把瞽瞍拿下,舜也不能下命令叫皋陶释放他的父亲,他只好自己不干天子,把他的父亲从监狱里偷出来,背着他跑到边远的地方,同他快活地过一辈子(《尽心上》)。

孟轲说:"仁也者,人也。合而言之,道也。"(《尽心下》)又说:"仁,人心也;义,人路也。"(《告子上》)《中庸》也说:"仁者,人也。"孟轲把"人"作为"仁"的定义。《中庸》也把"人"作为"仁"的定义。汉朝的学者们习惯于用同音的词，互相解释，非常机械，往往机械到可笑的地步。孟轲和《中庸》把"仁""人"二字互相解释。在表面上看起来，似乎也同汉朝的学者们一样，其实不然。孟轲和《中庸》的这种互相解释，联合起来，说明一个意思，那就是"仁"和"人"这两个概念的内容，几乎是一致的，也可以说，就是一致的。所以"仁"可以"人"作为其规定性，"人"也可以"仁"为其规定性。"仁者人也"，就是说，"仁"这种道德品质是人之所以异于其他动物者。"仁也者人也"，就是说，"仁"这种道德品质，只可在人中体现。这二种说法，是完全一致的。譬如说：人是理性动物，也可以说，理性动物是人。因为"人"和理性动物，这两个名词的内涵和外延是完全一致的。所以怎么样说都可以。

第七节 性善论和伦理学

把"人"作为"仁"的定义，又把"仁"作为"人"的定义，这就是孟轲所讲的"性善"的另外一种说法。所谓"性善"，这个性并不只是生物学所说的"性"，即本能。例如饮食、男女之类。饮食是一个生物所以维持其本身存在的；男、女是一个种类的生物所以维持其种类的存在的。这些都是本能。这些都是各种生物所皆有的。当时同孟轲在人性问题上辩论的人，其中有一个比较著名的是告子。《孟子》中记载说："告子曰：'生之谓性。'孟子曰：'生之谓性也，犹白之谓白与？'曰：'然'。'白羽之白也，犹白雪之白，白雪之白犹白玉之白与？'曰：'然'。'然则犬之性犹牛之性，牛之性犹人之性与？'"（《告子上》）告子认为，凡是生下来就有的能力和性质就是性，他所说的"性"实际上就是本能。孟轲反对说：如果这样说是对的，人之性和牛之性就没有差别了。孟轲认为，要讲人之性，那就应该注意人和其他动物的不同之点。他说："人之所以异于禽兽者几希。庶民去之，君子存之。"（《离娄下》）人之所以异于禽兽者，就是有跟其他动物不同之点。这才是人类之特点，才可以作为人的规定性。譬如说人是理性动物。"理性"二字就是人之所以异于禽兽者。动物又加上这个特点，这个命题的主词和客词，就可以互相移置，怎样说都可以了。

所以孟轲所说的"性善"的那个"性"，并不仅只有生物学意义，而且有逻辑和道德的意义。但也不完全排斥生物学的意义。他说："仁也者人也，合而言之道也。"因"人"既然是个"人"，他必然也是一个动物。所以这个"人"，不能完全排斥生物学的意义。它和其他动物共有的规定性，必须和人所特有的规定性二者结合起来，那就是"道"了。（这样理解，嫌曲折。朱熹《集注》说：

"或曰：'外国本"人也"之下有"义也者，宜也；礼也者，履也；智也者，知也；信也者，实也"，凡二十字'。"当从之。）

这个"道"还有别的内容，孟轲说："圣人，人伦之至也。欲为君，尽君道，欲为臣，尽臣道；二者皆法尧舜而已矣。"（《离娄上》）原来所谓"法尧舜"就是各种人都各尽其"道"。

孟轲所谓性善，也还不是说，每一个人生下来都是道德完全的人。他是说，每个人生下来，在其本性里面，都自然有善的因素，或者说原则。这些因素或原则，他称为"端"，就是苗头的意思。据他说：每个人生下来都有"恻隐之心"、"羞恶之心"、"辞让之心"、"是非之心"，这些他称为"四端"。"四端"如果能发展起来，就成为"仁""义""礼""智"的"四德"。他认为"四德"是"四端"的发展，所以这"四德"都是"我固有之"。他认为所谓"圣人"，也就是能把"四端"发展到最完全的程度。人人既都有"四端"，要是能把"四端""扩而充之"，都可以成为"圣人"。所以他认为，"人皆可以为尧舜"（《告子下》）。孟轲认为，在这一点上，所有的人都是一样的。

孟轲所谓"恻隐之心"，也就是他所说的"不忍人之心"，孟轲认为，这是"仁"的苗头。在孟轲的思想中，"四端"不是平行的，"四德"也不是平行的。"恻隐之心"是"四端"之首，也是"四端"的根本；"仁"是"四德"之首，也是"四德"的根本。

孟轲所讲的人性是离开人的阶级性讲的，是抽象的人性。

人是社会的动物，他不能离开社会而生活，也不能离开社会而存在。他既然在社会中，总要有社会关系。这些关系孟轲称为"人伦"："君臣"，"父子"，"兄弟"，"夫妇"，"朋友"。这五种主要的社会关系，称为五伦。

照孟轲的说法：这些"人伦"都是根据于人的本性的。人的本性中的"四端"发展为"仁""义""礼""智"。他说："未有仁而遗其亲者也；未有义而后其君者也。"（《梁惠王上》）又说："仁之实，事亲是也；义之实，从兄是也；智之实，知斯二者弗去是也；礼之实，节文斯二者是也。"（《离娄上》）他认为"四德"以"仁""义"为主。有"仁"的人，必然能够孝于他的父母；有"义"的人，必然能忠于他的君，也必然能服从他的兄。"礼"是实施"仁""义"的节文，例如怎样孝于亲，怎样忠于君的具体细则。"智"是对于"仁""义"的了解与自觉。

照《孟子》中所记载的，告子认为，性譬如原始的木料；道德品质譬如用木料造成的器具。他认为，把人性造成道德品质，就譬如用木料造成器具。他又认为，性譬如流水，往东引则东流，往西引则西流；人性不分善恶，就譬如水流，不分东西。他又说："生之为性"，"食色，性也"。食是关于饮食的欲望；色是关于男女的欲望。他所说的"生之为性"大概就是指的这些生理上的基本欲望。告子又主张："仁内，义外"。他说：我自己的弟我就爱，别人的弟我就不爱。爱不爱是以我为主，所以说"仁内"。我自己家里年长的人我尊敬，别的地方的年长的人我也尊敬。尊敬不尊敬，是由年长来决定的；就譬如，我看见一个白的东西，我就说它是白的，我这样说，是外界的白决定的；所以说"义外"（告子这些主张，均见《孟子·告子上》）。

告子的这些主张和论证，有些不完全正确。关于"义外"的说法，孟轲就反驳说：年长不年长固然是在外，但尊敬不尊敬还是在内。这一类的问题，都是可以争论的。但是告子的基本论点是认为，道德是社会的产物；人类生理基本欲望是自然的产物；自然是没有道德属性的。人的道德品质是后天的，从教育得来的，并不是天赋的，或生来就有的。他的这个主张，基本上是唯物主义的。孟轲的性善论把道德作为自然（自然界）的属性，这个主张是唯心主义的。告子与孟轲关于人性的辩论，也是当时唯物主义与唯心主义的斗争的一部分。

《孟子》引公都子的话说："或曰：'性可以为善，可以为不善，是故文武兴则民好善，幽厉兴则民好暴'。或曰：'有性善有性不善。是故以尧为君而有象，以瞽瞍为父而有舜，以纣为兄之子且以为君，而有微子启、王子比干'。"（《告子上》）此二或说，公都子把它们与告子的性无善无不善之说并举。当时有这三种的人性论。王充《论衡》说："周人世硕以为人性有善有恶，举人之善性养而致之则善长；恶性养而致之则恶长。……故世子作《养书》一篇。宓子贱、漆雕开、公孙尼子之徒，亦论情性，与世子相出入，皆言性有善有恶。"（《本性》篇）公都子所举的第一或说，可能就是世硕之说。第二或说认为，人生而或善或恶，固定不移，可能是宓子贱等之说。

人性论也牵涉到一个伦理学上的基本问题。例如"仁者爱人"，儒家和墨家都是这样说。但是如果我们问：仁者为什么爱人？对于这个问题，儒墨的答案就有不同。儒家的答案是，这是出于人的本性。墨家的答案是，兼爱之道"中国家百姓人民之利"。墨家以"利"为兼爱的理论的根据，这种理论是功利主义。功利主义正是儒家所反对的。

墨家主张薄葬短丧，其理论的根据也是厚葬久丧与社会有害无利。孟轲告诉当时的一个墨者夷之说："孝子仁人之掩其亲，亦必有道矣。"（《滕文公上》）又告诉一个学生说：只要有钱，就应当为父母买上等棺椁，"非直为观美也，然后尽于人心。"（《公孙丑下》）孟轲认为，厚葬只是求人心之所安，犹如孔丘认为久丧也是求人心之所安，并不是考虑计算如是有利所以才厚葬、久丧。

墨家论国家的起源亦是用功利主义的说法。他们认为，国家存在的根据也是因为有之则有利，无之则有害（《墨子·尚同上》）。孟轲认为，"君臣"是一种"人伦"，是人之所必须有的。有"人伦"是人之所以异于禽兽者。国家社会起于人之有"人伦"。人所以必有人伦，因为不如是则近于禽兽（《滕文公上》）。

儒家说"爱人"是出于人的本性。若再追问下去，人为什么应该把他的本性"扩而充之"呢？儒家对于这个问题的答案是，人的本性是人之所以为人，即人之所以异于禽兽者。人既是人，就应该实现人之所以为人者。人扩充他的本性，就是实现人之所以为人者，并不是因为如此他个人或社会可以有什么利益。

由这些辩论看起来，儒家和墨家的伦理思想是根本对立的。墨家注重效果，儒家注重动机。具体的表现，就是墨家对于社会政治问题的论证，都从"利"出发。孟轲肯定地反对谈"利"。孟轲见梁惠王，梁惠王问他："何以利吾国？"孟轲很不以为然，说："王何必曰利，亦有仁义而已矣。"（《梁惠王上》）宋牼（即宋钘）企图以"不利"为理由，说服秦、楚之王，使他们罢兵。孟轲说："先生之志则大矣，先生之号则不可。"（《告子下》）这都是孟轲特别注重动机的言论。儒家认为"义"与"利"是对立的。孟轲特别强调这种对立。

在这个问题上墨家和法家是一致的。梁惠王问："何以利吾国？"这是当时一般地主阶级统治者所共有的问题。当时法家也都就这个问题同统治者们讨论，向他们出谋献策，怎样富国强兵，怎样巩固中央集权。这都是他们所说的"利"的内容。孟轲却给梁惠王当头一棒。叫他讲仁义，用仁义维持人与人之间的社会关系，这就是儒家所强调的"义、利之辨"。

孟轲也谈到"志""功"的问题。"志"是行为的动机，"功"是行为的效果。孟轲有一个学生说孟轲"后车数十乘，从者数百人，以传食于诸侯"（《滕文公下》），似乎太过分了。孟轲说：他能"守先王之道，以待后之学者"，这是他应有的报酬；木工、车工还能得到一定的报酬，为什么他就不能？学生说：木工、车工的"志"是弄饭吃，"君子之为道"，也是为弄饭吃吗？孟轲说：你别管他们的"志"是什么，只要有"功"，就可以吃饭。你是因为一个人的"志"而给他饭吃，还是因为一个人的"功"而给他饭吃？学生说，因为一个人的"志"。孟轲说：有一个人，他的"志"是弄饭吃，可是技术不高，把你的房子搞坏了，你也给他饭吃吗？学生说：不给。孟轲说：这样看，你还是因为一个人的"功"而给他饭吃，不是因为一个人的"志"而给他饭吃（《滕文公下》）。照这段对话看起来，孟轲对于个别的问题，也还是把"功"放在第一位，"志"放在第二位；可是作为一般的伦理理论，他就把"志"放在第一位，把"功"放在第二位了。

在孟轲的伦理思想中，还有三个互相联系的范畴：一个是"时"，一个是"中"，一个是"权"。在表面上看，这似乎是辩证法，其实不然。

孟轲认为孔丘是"圣之时"。据他说，孔丘既不像伯夷那样"治则进，乱则退"，也不像伊尹那样"治亦进，乱亦进"。孔丘是"可以速而速，可以久而久，可以处而处，可以仕而仕"。（《万章下》）这就是说，伯夷和伊尹都执著一个死的规范，而孔丘则认为，应该随着一个时候的具体情况（"时"）而改变自己的行动。孔丘自己本来也是这样说的。他说："我则异于是，无可，无不可。"（《论语·微子》）就是说，他的"可"与"不可"都不是死板的，是随时变动的，没有固定的"可"，也没有固定的"不可"。

孟轲说："非礼之礼，非义之义，大人弗为。"（《离娄下》）一个行为合乎"礼"的形式上的节文或合乎"义"的固定的规范，但实际上违反"礼"或"义"的精神实质，这就是"非礼之礼"、"非义之义"。孟轲认为这样的事情，"大人"（他认为是全德之人）是不做的。怎样才算合乎"礼"或"义"的精神，这要看一个时候的具体情况，就是说，要看"时"。孟轲又说："大人者言不必信，行不必果，惟义所在。"（同上）这里所说的"义"就是"宜"，"义者宜也"（《中庸》）。言其与"时"相宜。

孟轲又说："可以取，可以无取，取（按应作无取）伤廉。可以与，可以无与，与伤惠。可以死，可以无死，死伤勇。"（《离娄下》）廉者无取于人，可是，在有些情况下，"无取"反而伤廉。惠者乐于施与，可是，在有些情况下，"与"反而伤惠。勇者视死如归，可是在有些情况下，"死"反而伤勇。孟轲的这些话，都是"时"的思想的表现。

孔丘说："不得中行而与之，必也狂、狷乎！狂者进取；狷者有所不为也。"（《论语·子路》）孟轲自以为是发挥了孔丘的这样思想（见《尽心下》）。他认为"中道"最上，"狂"是其次，"狷"是又其次。以"中道"为标准，他说，"狂者"是太过；"狷者"是不及。孟轲举琴张为"狂者"的例。琴张就是子张。孔丘说："师（子张的名）也过；商也不及"，"过犹不及。"（《论语·先进》）

孟轲又说："杨子取为我，拔一毛而利天下不为也。墨子兼爱，摩顶放踵为之。子莫执中；执中为近之。执中无权，犹执一也。"（《尽心上》）据孟轲所说，子莫认为杨朱的"为我"和墨翟的"兼爱"都趋于极端，是两端。他要在两端之间取一个"中道"。这就是所谓"执中"。孟轲认为"执中"比较好一点，但"执中"必须"有权"，不然还是执著一个固定的规范。孟轲接着说："所恶执一者，为其贼道也，举一而废百也。"（同上）这就是说，"中"并不一定是在与两个对立面的等距离的中心点上，也并不是老在一个点上。"中"是随着具体情况

("时")而变动的。这就叫"时中"。

孟轲又说:"男女授受不亲,礼也;嫂溺,援之以手者,权也。"(《离娄上》)"权"就是对于"礼"的灵活运用。跟"权"相对的是"经"。孟子说:"君子反(返)经而已矣。经正则庶民兴;庶民兴斯无邪慝矣。"(《尽心下》)他认为"经"是主要的,但在应用上可以灵活变通,这就是所谓"权"。"权"的作用,是维护"道"。对于"道"如果不灵活运用,反而有害于"道"。这就是"所恶执一者,为其贼道也"。《尽心上》"权"也就是所谓"时中"。

《中庸》说:舜"执其两端而用其中于民"(第六章)。这句话后来简化为"执两用中",常常被儒家所引用。朱熹注说:"盖凡物皆有两端,如大小、厚薄之类。于善之中又执其两端,而量度以取中。"(《四书集注·中庸章句》)仅只就两端"量度以取中",这样的"中"即使不是简单的加减乘除的结果,但也在本质上总是折中调和。

儒家讲"时中","执中"有"权",但是他们所谓"时",主要的也是平排着的各种具体情况,也没有发展上升的意义。孔丘、孟轲以及后来的儒家,都是保守的。他们当然不会对事物发展的跃进上升有所认识。他们是反对事物发展的跃进上升的。因此,他们对于事物变化的认识,基本上是形而上学的。他们所谓的"中",虽然也号称"时中",而本质上还是折中调和。

第八节 孟轲的历史观及其对于道家墨家的斗争

孟轲讲了一个他认为是历史演变的规律,他说:"天下之生久矣,一治一乱。"(《滕文公下》)他认为历史老是一治一乱地循环着进行下去。他又认为,历史的一治一乱的原因,是"圣人"出现或不出现;有"圣人"出现则治,没有"圣人"就乱。这就是把历史说成是"大人物"的历史。

孟轲又认为,历史上"大人物"的出现,在时间上也有一定的规律。每隔五百年,"大人物"出现一次。因此历史的一治一乱,也是以五百年为一周期。他说:"由尧舜至于汤,五百有余岁",由汤至于文王,又是五百有余岁,由文王至于孔丘,又是五百有余岁(《尽心下》)。照他说,孔丘虽是"圣人",可是没有成为王,所以天下还是大乱。照他说,孔丘所以没有成为王,是因为没有天子把他"荐之于天"(《万章上》)。

照孟轲所说的,中国历史从尧舜时代到战国,已经历了三个治乱的周期。他说:"昔者禹抑洪水而天下平;周公兼夷狄,驱猛兽而百姓宁;孔子作春秋而乱臣贼子惧。"（《滕文公上》）孔丘没有一个"圣王"把他荐之于"天"，没有掌握政权，所以只可作《春秋》了。但是孟轲认为，作《春秋》也非同小可。

他说：在《春秋》的时代，"世衰道微，邪说暴行有（又）作。臣弑其君者有之，子弑其父者有之。孔子惧，作《春秋》。《春秋》，天子之事也。是故孔子曰：'知我者其惟《春秋》乎！罪我者其惟《春秋》乎！'"（《滕文公下》）就是说，孔丘自己也知道他作《春秋》的行为，同他在《春秋》中的主张，是矛盾的。照他所说的，《春秋》对于当时的国君的行动，也都作了褒贬，而对于当时诸侯的褒贬，是天子的事情。孔丘没有天子之位，怎么也执行天子的职权？《春秋》的原则是"正名"，孔丘这样做正是"名不正则言不顺"。孔丘一向反对"僭越"，可是他作《春秋》就是最大的"僭越"。而孔丘竟然这样做了。这大概就因为他是"圣之时"吧。

孟轲认为，从孔丘到他自己，虽然仅只"百有余年"（《尽心下》），但是"圣王不作，诸侯放恣，处士横议。杨朱墨翟之言盈天下。天下之言，不归杨，则归墨"（《滕文公下》）。孟轲以为他自己的历史任务就是，在思想战线上，努力参加斗争。他虽然没有掌握政权，但要学孔丘作《春秋》，具体的任务就是批判道家和墨家。

孟轲所说的"四端"和"四德"归结为"五伦"。孟轲认为，五伦之中，以"君""父"两伦为最重要；而当时的道家和墨家，正是对于这两"伦"有所破坏。孟轲反对他们，说："杨氏为我，是无君也；墨子兼爱，是无父也；无父无君，是禽兽也。"（《滕文公下》）孟轲的斗争性是猛烈的。他说："能言距杨墨者，圣人之徒也"；"予岂好辩哉，予不得已也"（《滕文公下》）。

君、臣是相互依存的。没有臣就没有君。孟轲想：如果人人都"为我"，不肯做臣，当然也就没有君了，那怎么行？儒家反对道家，向来都用这个理由。照《论语》的记载，子路批评"隐者"荷蓧丈人，说他是"欲洁其身而乱大伦"（《微子》）。这是可以理解的。但是兼爱怎么就是无父呢？《孟子》记载有孟轲和墨家的辩论，可以参考。

《孟子》中记载有墨者夷之同孟轲的辩论。夷之提出墨家的主张："爱无差等，施由亲始。"（《滕文公上》）孟轲主张"爱有差等"，他说："君子之于物也，爱之而弗仁；于民也，仁之而弗亲；亲亲而仁民，仁民而爱物。"（《尽心上》）孟轲认为人的爱本来就是有差等的。他问夷之说："夫夷子信以为人之亲其兄之子，为若亲其邻之赤子乎？"（《滕文公上》）孟轲认为人爱他的兄的儿子自然比爱邻人的小孩为甚。人本来爱他自己的父母胜于他爱别人的父母，爱他自己的子女胜于爱别人的子女。如果"爱无差等"，那就要爱别人等于爱其亲，或爱其亲等于爱别人。这种办法，可以是将爱别人的爱加多，也可以是将爱其亲的爱减少。无论如何，一个人爱别人与爱其亲中间的差别是没有了。如此，则不足以见其父之为其父。所以说："墨氏兼爱，是无父也。"

孟轲对于"施由亲始"没有辩论，大概他认为这并不解决问题。如果因为在原则上人本来应该先爱他的亲，这就是他视他的亲重于别人，这就不是"爱无差等"了。如果因为在事实上他的亲在他附近所以他应该先爱他，这个"应该"就是有条件的了。假如他的亲不在他的附近，他就可以不必"施由亲始"。如此说，虽然"施由亲始"，但还是"无父"。

孟轲主张"善推其所为"（《梁惠王上》），这就是他所谓"一本"。他说："且天之生物也，使之一本，而夷子二本故也。"（《滕文公上》）从"老吾老""推其所为""以及人之老"；从"幼吾幼""推其所为""以及人之幼"；孟轲认为这是从"一本"推出。所谓从"一本"推出，其实就是以自己的宗族为本位。

在当时阶级斗争的情况下，孟轲所反对的，首先应该是法家；可是，孟轲虽然在思想上处处都是与法家对立，却没有明确地点法家的人的名字。在表面上看起来，他所批评的对象，主要是道家和墨家，这是什么缘故呢？

孟轲引孔丘的话说："恶似而非者：恶莠恐其乱苗也，……恶紫恐其乱朱也。恶乡原恐其乱德也。"（《尽心下》）孔丘和孟轲都认为，似是而非的东西，比显然非的东西更可恶。因为它容易同真正是的东西相混。莠是像庄稼苗的草，这种草比别的草更可恶。紫的颜色似乎是红而不是红，容易同红相混。"乡愿"是一种"老好人"，似乎是有"德"，其实是"德之贼"（《尽心下》）。孟轲认为，道家与墨家主张"为我""兼爱"有可以导致"无父""无君"的结果，这样就违反他认为的最主要的道德原则，助长当时"臣弑其君，子弑其父"的"大乱"。所以认为它们是"似是而非"，那就应该"辟"（批判），应该"距"（反对）。

至于法家的主张，孟轲认为是显然非的。没有什么可以辩论的。所以他只笼统地说："君不行仁政而富之，皆弃于孔子者也。况于为之强战。争地以战，杀人盈野；争城以战，杀人盈城。此所谓率土地而食人肉，罪不容于死。故善战者服上刑，连诸侯者次之，辟草莱任土地者次之。"（《离娄上》）

法家主张富国强兵，用武力兼并，用合纵、连横的外交政策，以辅助军事上的行动；用"尽地力"开辟荒地，发展生产，以达到富国的目的等等。孟轲把法家的这些主张和行动，都说成是罪状，简直是"罪不容于死"。照孟轲看来，对于这些人就只有判刑轻重的问题。

第九节 孟轲对于人类精神生活的理解和体会

孟轲的思想的一个主要贡献是他从人类的道德生活中得来的对于人类精神生活的理解和体会。这在《孟子》中的《尽心上》的前五段可以看出来。

第一段说:"尽其心者,知其性也。知其性则知天矣。"这里所说的"心",就是他所说的人人都有的"恻隐之心""羞恶之心""辞让之心""是非之心"这"四端"。尽其心就是把这"四端"尽量扩充。扩充以后,人的本性就可以显现出来,发挥作用;所以说:"尽其心者,知其性也。"孟轲认为"性"是"天之所与我者"(《告子上》)。照他看起来,天的本质有"仁""义""礼""智"等道德属性,所以说:"知其性则知天矣。"他这里所说的"天"是道德之天。

在第一段里,孟轲接着说:"存其心,养其性,所以事天也。""存其心,养其性",就是扩充"四端",发挥"仁""义""礼""智""四德"的作用。孟轲认为,这就是人对于"天"应有的义务。所谓"事天",就是人对"天"尽其应有的义务。第一段接着说:"夭寿不贰,修身以俟之,所以立命也。"就是说,寿命的长短都是"命"所决定的,无论是寿是夭,人都应该努力于道德的修养,这叫"立命"。这里所说的"命",也就是"天命",孟轲所说的"天"也有运命之天的意义。

在第二段里,孟轲说:"莫非命也,顺受其正。是故知命者不立乎岩墙之下。尽其道而死者正命也;桎梏死者非正命也。"就是说,虽然死生有命,但是人还是应该尽可能地照着道德、人伦而生而死。譬如有一堵危险的墙,如果认为死生有命,偏要立于其下,这不能算是"知命"。照着当时的道德、人伦而生而死,这是"正命";认为"死生有命"而随便妄为以至于犯法而死("桎梏而死"),这就不是"正命"。

在第三段里,孟轲把人生中的事情分为两类。一类是"求在我者",如果努力追求,一定可以得到,如果不追求,一定得不到;这是关于道德品质和道德行为的事情。另一类是"求在外者",有一定的办法去求,可是能得不能得是由自己所不能控制的条件所决定的,既然是自己不能控制,所以也可以说是"天命"所决定的,这是关于富贵、贫贱等事情。孟轲认为,人应该努力于"求在我者"的事情;照他在人伦中所处的地位,老老实实地做这种地位上的人所应该做的事,这就是所谓"尽其道"。至于"求在外者"的事情,那就可以听其自然,不必多计较。

在第四段里，孟轲又说："万物皆备于我矣。反身而诚，乐莫大焉。强恕而行，求仁莫近焉。"照上面所讲的，孟轲认为，人的"心"和"性"跟"天"本来是一体。所以"万物皆备于我"。人如果能够"反求诸己"，确实达到这种精神境界（"诚"），这就是莫大的快乐。要达到这种境界，就要求"仁"，"求仁"的最好的办法，就是行"忠恕之道"（"强恕"）。

在第五段里，孟轲说："行之而不著焉，习矣而不察焉，终身由之而不知其道者，众也。"这是说，上面所说的那些道理，其实也就是一般人所经常实行的。不过大多数的人虽这样行而不是自觉地这样行的（"终身由之而不知其道"），就是说，他们这样行，是自发的而不是自觉的。孔丘说："民可使由之，不可使知之"（《论语·泰伯》），这两句话也可能有这样的意义。

以上所分析的五段，是孟轲的唯心主义哲学体系的一个轮廓，也就是孟轲的对于人类精神生活的理解和体会，也就是人类精神生活的一种反思。

孟轲还具体地描绘出来有这样的精神生活的人的精神境界。这就是他所讲的"浩然之气"。孟轲自以为他有两个专长，一个是"知言"，一个是"养浩然之气"。孟轲自以为他善于对于他认为是错误的言论进行分析，抓住它们的弱点。这就是"知言"。上面所说的"距杨墨"，就是"知言"的作用。

关于"浩然之气"，孟轲说："其为气也，至大至刚，以直养而无害，则塞于天地之间。其为气也，配义与道，无是，馁也。是集义所生者，非义袭而取之也。行有不慊于心，则馁矣。我故曰'告子未尝知义'，以其外之也。必有事焉，而勿正，（焦循《孟子正义》说："正之义通于止，即而勿止"。）心勿忘，勿助长也。"（《公孙丑上》）

《管子》里有一段话说："精存自生，其外安荣。内藏以为泉原，浩然和平，以为气渊。"（《内业》）这里所说的是"精气"。《楚辞·远游》篇谈到"精气"说："若中夜存。"孟轲也说"夜气"（《告子上》）。他所说的"浩然之气"可能同这些说法有联系。但是，如果有联系，孟轲也是把当时的唯物主义命题改造为唯心主义命题。"气"字本来有两种意义。一种指客观存在的一种物质，这是稷下黄老派所谓的"气"。一种指一种精神或心理状态，这是孟轲所谓的"气"。

"气"字的这种意义并非孟轲所独创。《左传》记载，在鲁国和齐国的长勺之战中，曹刿说："夫战，勇气也。一鼓作气，再而衰，三而竭，彼竭我盈，故克之。"（庄公十年）《孙子兵法》说："是故三军可夺气，将军可夺心。是故朝气锐，昼气惰，暮气归。"（《军事篇》）这里所说的"气"显然是一种精神或心理状态。孟轲所说的"浩然之气"，也是讲一种精神状态。所以他讲"浩然之气"，从北宫黝、孟施舍两个当时有名的勇士讲起。他说：孟施舍的"养勇"的方法是"守气"。这所说的"气"就是曹刿、孙子所说的"气"。它能盛能衰，所以要守住它。

孟轲认为，只凭"守气"而有的勇，不是"大勇"。他说，曾参有大勇。大勇的来源是曾参对于他自己的行为的正义性的自觉。所谓"理直气壮"，这一点春秋时期也有人认识到。在晋国和楚国的城濮之战中，子犯说："师直为壮，曲为老。"(《左传》僖公二十八年)

孟轲认为曾参的大勇还不就是"浩然之气"，因为他还不是根据于一种（孟轲认为是）正确的方法而生出来的。凡勇气能靠"养"。"浩然之气"也要养；"配义与道"就是养浩然之气的方法。这个道，就是孔丘所说"志于道"之道。照孟轲讲的"养浩然之气"的方法有两方面，一方面是了解一种义理，对之有确信，此可称为"明道"；一方面是常做他所认为是应该做的事，此可称为"集义"。合此两方面，就是"配义与道"。此两方面的工夫，缺一不可。若集义而不明道，则是上文所谓"不著不察"或"终身由之而不知其道"（《尽心上》）。若明道而不集义，则是所谓"智及之，仁不能守之，虽得之，必失之"（《论语·卫灵公》）。

明道之后，集义既久，浩然之气，不待勉强，自然而然生出，所谓"是集义所生者，非义袭而取之也"。下文说："我故曰'告子未尝知义'，以其外之也。"孟轲认为，告子是从外面拿一个义来强制其心，使之不动，这就是"义袭而取之"。实际上行义应是"心"的自然的发展；行义既久，浩然之气即自然由中而出。

孔丘说："智者不惑；仁者不忧；勇者不惧。"何以能不惧呢？孔丘说："内省不疚，夫何忧何惧？"（《论语·子罕》）孟轲的"浩然之气"的思想就是孔丘的这种思想的发展。他说："仰不愧于天；俯不怍于人。"（《尽心上》）这就"行无不慊于心"。孟轲认为，这样就可以立于天地之间而无所愧怍，因而无所畏惧。这就是所谓"至大至刚"。这本来是一种精神境界或心理状态。孟轲认为，这种状态，"以直养而无害，则塞于天地之间"。这是"万物皆备于我"的另一种说法。

《孟子》中论"浩然之气"章是孟轲言论中的重要部分。它不是讲道德教条，而是概括地讲一种精神境界。它不仅是概括地描述了这种精神境界，而且比较详细地阐述了达到这种境界的方法。我们首先要注意的就是他所说的"浩然之气"的那个"气"并不是一种物质，像空气、雾气那种气，而是一种精神境界或精神状态，像勇气，或气概的那种气。那是一种主观的精神境界，但是可以转化为客观的物质力量。孟轲说："其为气也，至大至刚，以直养而无害，则塞于天地之间。"这是就有那种境界的人的自我感觉说的，也是就那种精神境界转化为物质力量说的。孟轲讲："浩然之气"是靠"养"出来的，就像树苗一样，养树的人只能给树苗安排好的生长条件，至于生长还得它自己生长，不能拔之使高。高是不能用拔的方法取得的，拔高就是"助长"。"助长"不但于树苗无益，反而于它有害。这就可见，"浩然之气"并不是一种外在的物质，而是一种内在的精神境界。

浩然之气的主要内容是不动心，在《孟子》的这一章的开始，孟轲和他的学生公孙丑谈到"不动心"。孟轲说，仅只是一个不动心并不难，告子就能比他先得到不动心。下文说到"富贵不能淫，贫贱不能移，威武不能屈"，这就是不动心。但是不动心也有两种情况，一种是强制其心使它不动。另一种是心自然而然地不动。第一种办法是比较容易做的，但是那种不动心，也不是真的。其实那个心已经动了，不过被强制住不能表现于外。第二种办法是比较难的，可是所得的不动心才是真的。心所达到的精神境界，使它自然而然地感觉得富贵、贫贱、威武，都没有什么了不起，没有什么稀奇，所以它也就不淫、不移、不屈了。这就是真正的不淫、不移、不屈。这是有那种境界的人自然而然的表现。可是这种境界，只能是养出来的，而不是可以用强制、拔高、助长的办法得到的。有了这种境界的人，才能是至大至刚，无所畏惧，而独立于天地之间。

这是一种很高的精神境界。这是一种很高的精神生活。《孟子》中的这一章，是孟轲对于这种精神生活的概括的叙述和深刻的分析。这是人类精神生活在中国的深刻的反思（对于这一章，我有一篇随文注解的文章，在抗战时期《清华学报》中发表，今见我的二卷本《中国哲学史》中华书局重印本附录中）。

宋朝的宰相文天祥作了一首《正气歌》。这是用诗的形式和形象的语言讲"浩然之气"的。他说"天地有正气，杂然赋流形。下则为河岳，上则为日星。于人曰浩然，沛乎塞苍冥"。照他的说法，"浩然之气"是一种精神的力量，也是一种物质的东西。这显然是与孟轲不合的。下文列举了中国历代的忠烈人物的事迹。然后总结说："是随所磅礴，凛烈万古存。当其贯日月，生死安足论。"这些人不是用语言讲"浩然之气"，而是用行为讲"浩然之气"。他们都写了一篇"浩然之气"的赞歌，可是，不是用墨汁写的，而是用鲜血写的。当然文天祥的《正气歌》也不仅是用墨汁写的，而且是用鲜血写的。

无论如何"浩然正气"这四个字到现在还是一个常用的词汇，这是中国文化中的一个词汇。懂得了这个词汇，才可以懂得中国文化和中华民族的精神。

第十三章　墨家的支与流裔宋钘、尹文；农民的思想家许行

第一节　宋钘、尹文的政治、社会思想

战国中后期科学、技术中所表现的哲学思想，是这个时期的手工业者（包括工艺和技术工作者）阶层的思想。这是后期墨家的主流。还有一派思想，战国时期的哲学家认为也是与墨翟一派的。这一派是后期墨家的支流，其领袖人物是宋钘和尹文。荀况认为墨翟宋钘是一派（详下）。《庄子·天下》篇提出宋钘和尹文，也认为他们是一派。

《庄子·天下》篇说："不累于俗，不饰于物；不苟于人，不忮于众。愿天下之安宁，以活民命；人我之养，毕足而止。以此白心。古之道术有在于是者，宋钘、尹文闻其风而悦之。作为华山之冠以自表，接万物以别宥为始。语心之容，命之曰心之行，以聏合驩，以调海内。请欲置之以为主。见侮不辱，救民之斗。禁攻寝兵，救世之战。以此周行天下，上说下教；虽天下不取，强聒而不舍者也。故曰：上下见厌而强见也。虽然，其为人太多，其自为太少。曰：'请欲固置，五升之饭足矣'。先生恐不得饱，弟子虽饥，不忘天下。日夜不休，曰：'我必得活哉！'图傲乎救世之士哉！曰：'君子不为苛察，不以身假物。'以为无益于天下者，明之不如已也。以禁攻寝兵为外，以情欲寡浅为内。其小大精粗，其行适至是而止。""其为人太多，其自为太少。"《庄子·天下》篇对于墨家也有类似的评论。

《汉书·艺文志》小说家有《宋子》十八篇，名家有《尹文子》一篇。书俱不传。《吕氏春秋·正名》篇引尹文和齐湣王论士，认为士之名不排斥"见侮不辱"。这一篇可能就是从《尹文子》抄来的。因尹文子有"正名"之说，所以刘向、刘歆引入名家。其实尹文所谈的不一定是惠施、公孙龙所讨论的关于认识论和逻辑学的问题。至于现存的《尹文子》开端就说："天与人无厚也。"它也知

道"无厚"是先秦名家所辩论的一个重要问题，但完全不了解其意义。可见现存的《尹文子》一书，系后人伪作，不可用。《宋子》虽不传，但在先秦著作中，有不少提到宋钘的，可见他有相当大的影响，在这些著作中，也保存了不少关于宋钘的资料。

《孟子》中说："宋牼将之楚，孟子遇于石丘，曰：'先生将何之？'曰：'吾闻秦楚构兵，我将见楚王说而罢之。楚王不悦，我将见秦王说而罢之。二王我将有所遇焉。'曰：'轲也请无问其详，愿闻其指。说之将何为？'曰：'我将言其不利也。'"（《告子下》）

庄周说："故夫知效一官，行比一乡，德合一君，而征一国者，其自视也亦若此矣，而宋荣子犹然笑之。且举世誉之而不加劝，举世非之而不加沮，定乎内外之分，辨乎荣辱之境，斯已矣。彼其于世，未数数然也；虽然，犹有未树也。"（《庄子·逍遥游》）

荀况说："不知一天下、建国家之权称，上功用，大俭约，而僈差等，曾不足以容辨异，县君臣。然而其持之有故，其言之成理，足以欺愚惑众。是墨翟宋钘也。"（《荀子·非十二子》篇）又说："宋子有见于少，无见于多。"（《荀子·天论》篇）又说："子宋子曰：'明见侮之不辱，使人不斗，人皆以见侮为辱，故斗也。知见侮之为不辱，则不斗矣。'"（《荀子·正论》篇）又说："子宋子曰：'人之情欲寡而皆以己之情为欲多，是过也。'故率其群徒，辨其谈说，明其譬称，将使人知情欲之寡也。"（同上）又说："宋子蔽于欲而不知得。"（《荀子·解蔽》篇）

韩非说："漆雕之议，不色挠，不目逃，行曲则违于臧获，行直则怒于诸侯，世主以为廉而礼之。宋荣子之议，设不斗争，取不随仇，不羞囹圄，见侮不辱，世主以为宽而礼之。夫是漆雕之廉，将非宋荣之恕也；是宋荣之宽，将非漆雕之暴也。"（《韩非子·显学》）

宋钘、宋牼、宋荣是一人。现在我们所有关于宋钘、尹文的了解都根据这些资料。这些资料对于宋、尹的学派的叙述，基本都是一致的。这个学派的思想有六要点：

（一）"接万物以别宥为始"；（二）"语心之容，命之曰心之行"；（三）"情欲寡"；（四）"见侮不辱，救民之斗"；（五）"禁攻寝兵，救世之战"；（六）"愿天下之安宁，以活民命；人我之养，毕足而止"。

第六点是宋钘、尹文"周行天下，上说下教"的总目的。他们认为天下所以不安宁者，因有"民之斗"与"世之战"。"斗"是个人与个人间的武力冲突，"战"是国与国间的武力冲突。为"救世之战"，所以"禁攻寝兵"。这完全是墨家的主张。据孟轲所说，宋钘将见秦楚之王，说令罢兵，其所持理由，为战之"不利"。这也正是墨家《非攻》的说法。宋钘以"利"为衡量是非的标准。这就是荀况所说的，墨翟、宋钘"上功用"。这是墨家的标准，是墨家的思想方法。

墨翟不仅非攻，也非斗。《墨子》有一段记载说："子夏之徒问于子墨子曰：'君子有斗乎？'子墨子曰：'君子无斗'。子夏之徒曰：'狗豨犹有斗，恶有士而无斗矣。'子墨子曰：'伤矣哉！言则称于汤、文，行则譬于狗豨，伤矣哉！'"（《耕柱》）据此非斗也是儒墨之间辩论的一个问题。"救民之斗"也是宋钘、尹文对于墨翟的继承。

为"救民之斗"，宋钘、尹文又提出"见侮不辱"之说，这是宋钘、尹文对于墨翟思想的补充。"见侮不辱"也是宋钘、尹文一派的重要口号。所以庄周、荀况和韩非，都就这一点提出评论。荀况于引宋钘的"见侮不辱，使人不斗"之说以后，又加以评论说：人见侮而斗，乃由于恶见侮，不必由于以见侮为辱。所以虽信见侮非辱，但因不喜见侮，所以仍然要斗（《荀子·正论》篇）。荀况说：如果一个人发现有人偷他的猪，他"则援剑戟而逐之，不避死伤。是岂以丧猪为辱也哉？然而不惮斗者，恶之故也"。就是说，人之所恶，必有利害关系的客观原因，并不是仅由于心理上的"辱"或"不辱"。人之所以恶侮，也有客观原因。"今宋子不能解人之恶侮，而务说人以勿辱也，岂不过甚矣哉？"（《荀子·正论》篇）就是说，宋钘应该注意于解除人所以恶侮的客观原因，不可只在人的主观方面作宣传。荀况的评论是正确的。这些辩论也牵涉到唯物主义与唯心主义斗争的问题。宋钘、尹文的见解是唯心主义的；荀况的见解是唯物主义的。

庄周说，宋钘"定乎内外之分，辩乎荣辱之境"。宋钘似乎认为荣辱是属于"外"的东西，不应该以此妨害内心的平静。荀况对于宋钘的这个见解也提出了批评。荀况认为"有义荣者，有势荣者；有义辱者，有势辱者"。道德品质的高尚是"义荣"，道德品质的恶劣是"义辱"。这样的荣辱都是"由中出者也"。社会地位高是势荣；地位低是势辱。这样的荣辱是"由外至者也"。"荣辱之境"各有"内外之分"，并非一概都"由外至"。荀况认为荣辱是人生中重要的问题。"今子宋子案不然，独诎容为己，虑一朝而改之，说必不行矣。"（《荀子·正论》篇）

宋钘、尹文"语心之容，命之曰心之行"。荀况说宋钘"诎容为己"。此"容"即"诎容"之意。宋钘、尹文认为，争强好胜并不是人心的自然趋向；诎屈宽容才是。所以说"语心之容，命之曰心之行"。"心之行"就是心的自然趋向。韩非所说"宋荣之恕"，"宋荣之宽"，也都是指此而言。宋钘、尹文认为，如果人认识到这一点，自然不以被侮为辱；如此人与人自然不斗，国与国自然不战。这是他们对于墨翟非斗、非攻所补充的理论，也是他们所创造的唯心主义的理论。

墨翟主张"节用"，以"尚俭"著称。《天下》篇批评他说："其生也勤，其死也薄，其道大觳"，"反天下之心，天下不堪"。宋钘、尹文为墨子"尚俭"补充了一个理论的根据，就是"情欲寡浅"。《天下》篇说宋钘、尹文"以禁攻寝兵为外，以情欲寡浅为内"。（它的上文中的"请欲固置"即"情欲固寡"之字误。）"情欲寡浅"就是说，人类本性就是要少不要多。所以下文接着说，"五升之饭足矣"。所以荀况批评宋钘说："宋子有见于少，无见于多。"又说："宋子蔽于欲而不知得。"就是说，宋钘为人的要求少这个幻想所蔽了，不知道人是要求多得的。

荀况也对于宋钘的"情欲寡"之说，作了很长的批评。荀况指出，人眼都要看好的颜色，耳都要听好的声音，口都要尝好的味道，鼻都要闻好的气味，身体都要安逸舒服。这是宋钘也不能否认的。既然承认人都"欲"此五者，而又说人不欲多。这就譬如说，人之情都欲富贵，可是不欲财货，都欲美色，可是不欲西施（美人）（见《荀子·正论》篇）。这就是说，宋钘肯定一般而否定特殊。

荀况把当时的诡辩分为三类，加以批判。第三类包括宋钘的"情欲寡"。荀况指出，这一类的诡辩的错误在于"用实以乱名"，就是说，用个体（"实"）在某种条件下的特殊情况作为一类东西（"名"）的一般情况。可能有些人在某种情况下不欲多，但不可以此作为人类的心理的一般情况。

"接万物以别宥为始。""别宥"就是《吕氏春秋》所说的"去宥"。"宥"同"囿"，就是有成见、偏见。《吕氏春秋》有《去宥》篇，其内容可能就是宋钘、尹文在这一方面的思想，甚至可能就是从宋钘的著作《宋子》中抄下来的。《宋子》中可能有很多故事，用讲故事说明道理。所以刘向、刘歆列入小说家。

这一篇举了两个故事，说明人不可有所"宥"。一个故事说：齐国有个人非常想得金。他到卖金的铺子里，见人拿着金，他夺了就走。人们把他抓了，问他说："众人都在面前，你怎么就夺金？"他说："我没有看见人，只看见金。"《吕氏春秋》评论说，"此真大有所宥也。夫人有所宥者，固以昼为昏，以白为黑。……故人必别宥然后知"，就是说，人若是为其偏见、成见所蔽，他看到的事物都是颠倒的。他会把黑夜看成白昼，把白的看成黑的。人必须破除自己的成见、偏见，方能认识事物的真相。宋钘、尹文认为人以见侮为辱，以情为欲多，这都是偏见、成见，并不是人的本性如此。这都是"宥"。假如能识别此等"宥"，就可以认识到见侮本无可辱，情本不欲多。人皆知此，则自无竞争战斗。

如此,"天下"可"安宁","民命"可"活"。所以他们主张"接万物以别宥为始"。

荀况在许多地方称宋钘为"子宋子",可能荀况与他有一定的关系。可是荀况对于他作了很多的批评。这是当时思想战线上两条路线斗争的表现。

照上面所讲的,可见宋钘、尹文就是墨家的一个支流。他们宣扬了墨家"兼爱""非攻"的主张,并企图进一步从人的主观意识方面为这些主张补充理论的根据,由此陷入了唯心主义和诡辩,为荀况所批判。就宋钘、尹文学说的社会作用来看,他们主张"情欲寡浅","见侮不辱",主张"不斗",提倡"宽容",企图通过这些学说阻止当时的兼并战争,消除当时的阶级矛盾和阶级斗争。他们实际上是把前期墨家学说的落后部分进一步发展了。

有人认为《管子》中的《白心》《内业》《心术》上下等四篇为宋钘、尹文的著作,并以此四篇作为讲宋、尹学派的主要资料,我认为这还是不能肯定的。认为这四篇是宋、尹学派的著作,其主要的根据就是《天下》篇有"以此白心"的话,《白心》篇也以此二字名篇。但是专凭这一点,还只是一个孤证,可能是由于巧合。《管子》中《白心》等四篇是否宋、尹学派的著作,不能只看其中一篇的题目,主要的是看它们的内容。照内容看,这几篇跟《天下》篇所讲的宋钘、尹文是不合的。照《天下》篇所讲的,宋钘、尹文"以禁攻寝兵为外,以情欲寡浅为内"。这是他们的思想的两个主要方面。荀况对于宋钘的批评,也是针对"见侮不辱"和"情欲寡浅"。可是,《白心》等四篇中,就没有提到禁攻寝兵。这四篇讲了不少"寡欲"的话,这是真的。也可能就是为此,所以班固在《汉书·艺文志》的《宋子》一条下注说:"其言黄老意"。但是这都是从表面上看问题。《管子》四篇是认为人应该"寡欲",不是说人本来"欲寡"。这四篇讲"寡欲",目的在于保存"精气"以求长生。宋钘、尹文讲"欲寡",目的在于禁攻寝兵。这其间有很大的不同。

战国初期以后,各国都先后进入了封建社会。当时的法家,继续主张"富国强兵",用战争兼并,完成中国的统一。这是合乎当时的历史潮流的。

但战争终究是痛苦的事。最感受战争痛苦的是当时的劳动人民。宋钘、尹文继承墨家,宣传禁攻寝兵,这是代表当时劳动人民发出的呼声。"愿天下之安宁以活民命,人我之养,毕足而止。"前一句是当时劳动人民眼前的愿望;后一句是劳动人民的长远的理想。

第二节 许行的"神农之言"

在先秦各家中，墨家是最接近劳动人民的。墨翟出身于手工业主。手工业主和手工业者之间虽然还有界限，但总还是接近于手工业者的。这在他的生活中，也可以表现出来。《庄子·天下》篇说：墨翟"使后世之墨者，多以裘褐为衣，以跂蹻为服，日夜不休，以自苦为极"。这和孟轲的生活就大不相同。孟轲周游列国，后面跟着几十辆车，带着学生和随从等几百人，连他自己的学生都觉得排场太大、太过头了（《孟子·滕文公下》）。宋钘、尹文的生活是墨家的方式。《庄子·天下》篇记载：他们说"请（情）欲固置（寡），五升之饭足矣"，就是说，人的情欲本来不要多，给他们预备五升粮食的饭就够了，有的时候，他们先生和学生都吃不饱。这完全是"食之三升，客之不厚"的墨者生活标准（《墨子·耕柱》）。他们虽然饿着，但是也"不忘天下"。墨家是当时下层社会的社会活动家；儒家是当时上层社会的社会活动家。他们的生活方式成为鲜明的对比。

在古代，劳动人民基本上有两种，一种是手工业者，一种是农民，用当时的话说，就是工、农。墨家是手工业者思想上的代表。农民的思想没有成为像六家那样的大家。《吕氏春秋·季冬纪》的最后那几篇大概就是《汉书·艺文志》所说的农家，但其中有一大部分是讲农业技术的，也有一部分是讲统治阶级对付农民的方法，这就不是农民的思想。真正可以代表当时的农民的是《孟子》中记载的许行。他是当时农民在思想上的代表，也是一个代表当时农民的社会活动家，向当时的统治阶级提出农民的政治要求。他自称他自己的主张为"神农之言"。

在先秦，对于古代历史有种种的传说。照这些传说，在尧、舜以前，还有伏羲、燧人、神农等帝王。这些传说，固然不合历史事实，但也不是没有一定的根据。就社会发展史看，这些传说也有一定的意义。所谓伏羲，其实就是指首先驯养家畜的人们。所谓燧人，其实就是指首先用火的人们。所谓神农，其实就是指首先从事于农业生产的人们。神农是传说中的农民的代表，也是农民的象征。所以许行一派的农家称他们的思想为"神农之言"或"神农之教"。

照《孟子》的记载，许行是"为神农之言"的思想家。许行的一生，我们只知道他领导一个团体，有几十个人。他们都穿着劳动人民的衣服（"衣褐"），以编草鞋、织席维持生活（"捆屦织席以为食"），这是农业生产者的副业。他们跟着许行到滕国居住，可是批评滕国的君主，说他不是贤君。还有陈相和他的兄弟陈辛也同几十个人，都带着农业生产工具，从宋国到滕国来（"负耒耜而自宋之滕"）。陈相等到了滕国，与许行会合起来，都以许行为师。从这些材料看，许行、陈相、陈辛都直接参加生产劳动，都是当时的农民。他们都主张人人参加劳动，反对不劳而获。他们批评滕国的国君说："贤者与民并耕而食，饔飧而治，今也滕有仓廪府库，则是厉民而以自养也，恶得贤？"（以上引文见《孟子·滕文公上》）他主张每个人都应该以自己的劳动果实，维持自己的生活，就是国君也应该跟劳动人民在一起劳动，吃一样的饭，不能因为为君而脱产。他认为滕国的国君，有自己的仓廪府库，这就是"厉民而以自养"。这六个字说出了剥削阶级的本质，也说出了剥削这个概念的含义，可以作为剥削这个名词的定义。

《吕氏春秋》也记载有这样的主张。它说："神农之教曰：士有当年而不耕者，则天下或受其饥矣；女有当年而不绩者，则天下或受其寒矣。故身亲耕，妻亲织，所以见致民利也。"（《开春论·爱类》）《淮南子》也说："故神农之法曰：丈夫丁壮而不耕，天下有受其饥者；妇人当年而不织，天下有受其寒者。故身自耕，妻自织，以为天下先。其导民也，不贵难得之货，不器无用之物。是故其耕不强者，无以养生；其织不力者，无以揜形。有余不足，各归其身。衣食饶溢，奸邪不生，安乐无事，而天下均平。"（《齐俗训》）这两部书中所说的"神农之教"或"神农之法"，都认为，在社会中，如果有一个人不从事于直接生产，则社会成员的生活资料的来源，就有一定的减少。这减少对于他们的生活就要有一定的影响，所以国君也要"身亲耕，妻亲织"。这就是说，社会中的每个人都应该劳动，从事于直接生产。照《淮南子》所说的，每个人都应该享受他自己的劳动果实，也只能享受他自己的劳动果实。耕田不努力的人，就不应该吃饱，织布不努力的人，就不应该穿暖。劳动果实有余也归他自己所有，不足也由他自己负责（"有余不足，各归其身"）。在这种制度的鼓励之下，人人都积极生产，所以都"衣食饶溢，奸邪不生"，而天下也就"均平"了。"均平"表示农民的平均主义思想。他们的理想社会，就是这样的无剥削、无贫富差别的"均平"的社会。

农民不但受封建剥削阶级的剥削，而且还受商人的剥削。商人剥削农民的方法之一是，用些稀奇而没有实用的商品，来换取农民所生产的生活资料，以取得利润。因此，"神农之法"主张"不贵难得之货，不器无用之物"，对于商人实行抵制。许行更定出了制裁商人的办法。他要求"市价不贰，国中无伪，虽使五尺之童适市，莫之或欺。布帛长短同，则贾相若；麻缕丝絮轻重同，则贾相若；五谷多寡同，则贾相若；屦大小同，则贾相若。"（《孟子·滕文公上》）许行的办法就是，制定一套合理的价格制度，保证等价交换的公平买卖。布和绸以长短为计算单位，长短相同，价格就相同。麻、丝以轻重为计算单位，轻重相同，价格就相同。谷物以斗斛等容量为计算单位，容量相同，价格就相同。鞋以大小为计算单位，大小相同，价格就相同。许行希望用这样的办法，限制商人投机取巧、追求利润的活动，使其不能用欺骗的办法剥削农民。

根据《孟子》的记载，当时学许行之道的陈相，依据许行的这些思想，跟孟轲展开了面对面的斗争。孟轲企图利用社会分工论来论证剥削阶级剥削人、统治人的合理性。许行承认手工业与农业之间的劳动分工。他自己"必种粟而后食"，但是他戴的帽子及所用的炊具、农具，都是用粮食换来的。手工业者也是以他们的生产品换取粮食，不必自己耕种，因为正如陈相所说的："百工之事，固不可以耕且为也。"许行并不反对手工业者，他自己也"捆屦织席以为食"，因为手工业者也是以自己的劳动成果维持自己的生活的。他所反对的主要是统治阶级和被统治阶级，剥削阶级和被剥削阶级的"分工"，反对社会上有一部分人劳动，有一部分人不劳动，靠剥削、寄生过活的那种"分工"。

许行要想在奴隶社会进入封建社会的时期就消灭剥削，消灭阶级，消灭体力劳动和脑力劳动的对立，在当时是不可能实现的。许行的思想只是小农阶级的空想而已，不合乎历史发展的一般规律，也不符合于当时历史发展的趋势。但是它反映了农民向往一个没有剥削、人人劳动的理想社会的要求和愿望。这在当时反奴隶制的斗争中是起重大作用的。许行的思想代表我国古代农民阶级的要求和愿望，这在我国古代思想史上是很宝贵的。

第十四章　庄周的主观唯心主义体系——道家哲学向唯心主义的进一步的发展

第一节　庄周其人和《庄子》其书

庄子（前369？—前286？）姓庄，名周，宋国蒙（今山东曹县，一说今河南商丘县）人。他是一个没落奴隶主阶级的知识分子，战国时期的一个著名的隐士。他在蒙这个地方做过管漆园的小官（"漆园吏"），有时以打草鞋为副业（《庄子·列御寇》）。可是，他的声名很大，交游很广。做过魏国宰相的惠施是他的辩论的对手。据说，楚王曾派人拿着"千金"找他，许他做宰相。他拒绝了。他说："千金，重利；卿相，尊位也。子独不见郊祭之牺牛乎？养食之数岁，衣以文绣，以入太庙。当是之时，虽欲为孤豚，其可得乎？子亟去，无污我。我宁游戏污渎之中以自快，无为有国者所羁，终身不仕，以快吾志焉。"（《史记·老子韩非列传》，事亦见《庄子·秋水》篇）这一段叙述，不一定真是事实，但这一段对话生动地表现了庄周的隐士思想和生活方式。这也是一种政治上的表态，表示对于地主阶级的新政权的不合作，持消极反抗的态度。

现在存在的《庄子》这部书共三十三篇，其中分为内篇、外篇、杂篇。有一种传统的说法，认为内篇是庄子所自著，其余是门弟子后学所著。这只是一种揣测，没有什么根据。

很早就有人指出，称为先秦某子的书都是某一个学派的著作总集，虽号称为某子，但并不肯定其中某些篇是某子所自著的，更不肯定全书都是某子所自著的。这个见解，章学诚讲得很清楚（见《文史通义·言公》）。我们不了解先秦著作的情况，往往把近代著作人观念加在先秦著作的上面。其实在先秦，著作人观念是不明确的，当然更没有所谓著作权。不仅称为某子的书不是一人一时写的，其中的某些篇也不是一时一人写的，其中有些部分是陆续添上去的。例如，

《庄子·逍遥游》讲了两遍大鹏的故事，结之以"至人无己，神人无功，圣人无名"。以下的几段小故事，跟前面意义不连贯。这些可能都是随后加上去的。

在先秦，某一篇著作是谁作的，当时也搞不清楚。据司马迁说，秦始皇看见韩非的"《孤愤》《五蠹》之书"，大为佩服。他说：哎呀，我要能够看见这个人，跟他在一起，死不恨矣。李斯告诉他说："此韩非之所著书也。"（《史记·老子韩非列传》）可见韩非的著作在当时虽然流传很广，可是它的著作人是谁，并不是大家都知道的。幸而有韩非的老同学李斯在秦始皇的旁边指点，才把问题搞清楚。这不是由于秦始皇糊涂，他是一个很精明的人，这是由于当时著作人观念不明，一篇著作的题目下边，并不写上著作者的名字。在一般的情况下，人们也不一定要知道著作人的名字。

这种情况，在汉初还是有的。司马迁说："吾读管氏《牧民》《山高》《乘马》《轻重》《九府》及《晏子春秋》，详哉其言之也。既见其著书，欲观其行事，故次其传。"（《史记·管晏列传》）照字句上看起来，用我们现代著作人观念去理解，那就可以断定，《管子》中的《牧民》《山高》等篇是管仲所自著；《晏子春秋》全书都是晏婴所自著了。其实，《管子》中的《乘马》三篇，开首都是"桓公问管子"。管仲死在桓公之前，他不可能知道他所侍奉的君主后来谥为桓公。《晏子春秋》里面记载了晏婴死的时候的事情，当然不能是晏婴自己所写的。这些情况司马迁能不知道吗？但是他还说："既见其著书"，这是因为从先秦一直到汉代，著作人观念不明，对于号称为某子的书本来不分别哪些是本人自著，哪些是后学所著。

《庄子》是战国以至汉初道家尤其是庄子一派著作的总集。现在的《庄子》是郭象编辑的。除郭象本之外，原来还有许多别的本子，现在都失传了。不过其他本子的面貌，我们还可以从唐朝人的著作中，略知一二。

唐朝的陆德明谈到各家的《庄子》的本子的时候，说："内篇各家并同，其余或有外无杂。"（《经典释文·叙录》）他的意思是说，内外篇之分是各家都有的，但是有些家没有外篇、杂篇的分别。他并不是说，无论在哪一家的本子中，内篇都是郭象本的那几篇。事实是各家的本子虽都有内、外篇的分别，但是哪些篇在内篇，哪些篇在外篇，各家并不一致。

《齐物论》"道未始有封"下，陆德明引崔譔的话说："《齐物》七章，此连上章，而班固说在外篇。""道未始有封"这句话在《齐物论》的中间部分，可见班固所看见的《庄子》，或者他所编辑的《庄子》，《齐物论》有一段是在外篇。隋朝的和尚吉藏《百论疏》卷上之上说："庄子外篇庖丁十二年不见全牛。"现有的郭象本，这个故事见于内篇《养生主》。唐朝的和尚湛然《止观辅行传弘决》卷十之二说："庄子内篇，自然为本，如云，雨为云乎，云为雨乎，孰降施是？皆其自然。"现有的郭象本，这一段的大意，见于外篇《天运》。湛然接着说："又内篇中玄极之义皆明有无，如云，夫无形故无不形，无物故无不物，不物者能物物，不形者能形形。……又云，有情有信，无为无形。"现有的郭象本，"有情有信"二句见内篇《大宗师》，"无物"、"无形"等大意，见外篇《知北游》。湛然虽然没有直抄《天运》和《知北游》的原文，但是有些字句是相同的。由这些例子可见，在唐朝还存在的各种《庄子》本子中，有些篇在郭象本中是内篇的，在别的本子中是外篇；有些篇在郭象本中是外篇的，在别的本子中是内篇。

在各家的本子中，内篇的次序也不是一致的，《庄子》中有"悬解"这个名词。照一般注解的惯例，总是在一个名词最先出现的地方，加以注解。"悬解"这个名词，出现于《养生主》，也出现于《大宗师》。可是照陆德明所引的向秀注，向秀在《大宗师》里面注解说："悬解，无所系也。"在《养生主》里面，对于"悬解"没有作注。可见向秀的本子把《大宗师》排在《养生主》前边。向秀和郭象的《庄子注》是最接近的，可是，这两个本子内篇的次序，就不完全相同。

从以上的情况，我们可以得出结论说，在唐朝以前，并没有一个定本《庄子》，在其中有固定的内篇。唐朝以后《庄子》郭象注的影响越来越大，《庄子》郭象本，无形之中成为定本。可是郭象也没有明确地说，内篇是庄子所自著，外、杂篇是后学所著。在他以前整理古籍的人，司马谈、司马迁父子，刘向、刘歆父子和班固，都没有这样说。所以我认为，后人的这样的说法，只是一种揣测，并没有什么根据。

《庄子》这部书是一个总集，其中各篇的观点和论点并不完全一致。究竟其中哪些篇是代表庄周哲学思想的基本特征即庄之所以为庄者？我们讲庄周哲学，究竟应该以哪些篇为主要的资料？这确是一个需要首先决定的问题。

我认为，庄之所以为庄者，突出地表现于《逍遥游》和《齐物论》两篇之中。这两篇恰好也都在郭象本的内篇之内。但是我认为郭象本内篇中的有些篇，例如《人间世》，就不完全代表庄之所以为庄者。《人间世》所讲的"心斋"和《大宗师》所讲的"坐忘"就不同。"坐忘"是代表庄之所以为庄者，"心斋"就不然。

何以见得"逍遥"和"齐物"是庄之所以为庄者呢？有两条理由。一条是就其后来的影响说。在后来的封建社会中，庄学中影响最大的就是"逍遥"和"齐物"。在魏晋时代，这是很显然的。另一条理由是战国时人对于庄学的评论，也都是以这两篇为根据,《天下》篇可以作为一个有力的证据。

《天下》篇比较晚出,但是它是作为一个哲学史性质的论文而写的。它实际上就是一篇简明的先秦哲学史。它的观点是庄周这一派的观点,但是它所说的可不是寓言。它确切是企图对于先秦的哲学作一个有系统的、在他认为是客观的叙述和评论。这篇可以作为研究先秦哲学的一个支点。凡是研究历史,无论哪一段,总得有几个大家都认为是可靠的史料作为支点,以它为标准,鉴别别的史料。不然,研究就无法进行。《天下》篇就是这样的一个支点。事实上现在研究先秦哲学的人,都把它作为这样的一个支点。

《天下》篇讲庄周哲学的那一段,其中一部分是讲庄周的文章风格,一部分是讲庄周哲学思想的内容。关于内容,它说:"死与?生与?天地并与?神明往与?芒乎何之?忽乎何适?万物毕罗,莫足以归。古之道术有在于是者,庄周闻其风而悦之,……独与天地精神往来,而不敖倪于万物;不谴是非,以与世俗处。"这些话说明了庄之所以为庄者。"独与天地精神往来",就是《逍遥游》所说的"乘天地之正,御六气之辩,以游无穷"。"不谴是非,以与世俗处",就是《齐物论》所说的"两行"。《天下》篇用这两句话,说明庄周哲学的要点。这两句话实际上也包括了庄周的逃避现实的混世主义、相对主义等思想。这些思想在《逍遥游》和《齐物论》中,有充分的论证。"死与?生与?"等几句话,都用问话的口气,不作肯定。这是《齐物论》的口气,这也是庄周的相对主义思想的表现。《天下》篇所以讲庄周的文章的风格,因为他的风格也是他的思想的表现。

因此我认为,研究庄周哲学,应该打破郭象本内、外篇的分别,以《逍遥游》和《齐物论》为主要线索,参考其他各篇,以期对庄周的主观唯心主义哲学思想有全面的认识,作正确的批判。这些篇不一定都是庄周写的。为了避免不必要的烦琐,在引用的时候,都姑且写上庄周的名字。

第二节 庄周论"齐物"

在《逍遥游》和《齐物论》二篇之中,《齐物论》更能表现庄周哲学的特点。这一篇可以说是庄周哲学的相对主义和不可知论的认识论的一个总结性的概论。

《齐物论》开始一段讲到大风。大风吹到不同的空穴,发出各种不同的声音。它对大风的声音,作了很生动的描写,并称之为"天籁"。它是用一种形象化的方式,说明自然界中有各种不同的现象。它归结说:"夫吹万不同而使其自已也，咸其自取，怒者其谁耶？"庄周在这里提出了一个重要的哲学问题：什么是这些各种不同的现象的主使者？《齐物论》回答说："风的吹有万不同，但是使它自己停止的，都是由于它的自取。""自已"和"自取"都表示不需要另外一个发动者，所以说："怒者其谁耶？"这就是它所说的"天籁"之所以为"天籁"。"天"是自然的意思。风吹入不同的空穴，自然地发出不同的声音，不需要有使之然的主宰。由此推论，万物的生灭变化，也都是自然如此，不需要有使之然的主宰。

《齐物论》下面的"大知闲闲，小知闲闲"是另外一段。这一段所谈的跟上一段所谈的，有分别而又有联系。上面讲大风一段，是用形象化的语言描写自然界中的事物的千变万化；这一段是用形象化的语言描写心理现象的千变万化。上一段讲的是客观世界；这一段讲的是主观世界。在上一段，他提出了发动者的问题而归结为"咸其自取"。在这一段话里，在描写了各种各样的心理现象之后，他说：这些现象"日夜相代乎前而莫知其所萌。已乎已乎，旦暮得此其所由以生乎。非彼无我，非我无所取，是亦近矣，而不知其所为使"。这就是说：这些现象怎样开始也是不可能知道的（"莫知其所萌"）；我的生命其实就是这些心理现象（"旦暮得此其所由以生乎"）；如果没有这些心理现象也就没有我了（"非彼无我"）；如果没有我，这些现象也都没有着落（"非我无所取"）。这些心理现象是不是互相使唤呢？这也就是下文所说的，"百骸九窍六脏"，是互为臣妾呢？或者"臣妾不足以相治"必须有一个"真宰"呢？

《齐物论》对于"真宰"或"真君"也是用一种迷离惝恍的话说出来的。这并不仅只是由于文章的风格，而是在提示，人的主观世界也如客观世界一样，心理现象的变化，也是"咸其自取"，自然地如此，不需要有使之然的"真宰"。

《齐物论》认为在各种各样的心理现象之中，有一种现象就是"成心"，也就是主观的偏见，有了偏见，就有"是非"。它说："未成乎心而有是非，是今日适越而昔至也。"就是说，这是完全不可能的。《齐物论》认为"是非"都是一偏之见。这是它的相对主义的理论的一部分。它说："民湿寝则腰疾偏死，鳅然乎哉？……猨，猵狙以为雌。麋与鹿交，鳅与鱼游。毛嫱骊姬，人之所谓美也，鱼见之深入，鸟见之高飞，麋鹿见之决骤，四者孰知天下之正色哉？自我观之，仁义之端，是非之途，樊然淆乱，吾恶能知其辩？"《秋水》篇说："以差观之，因其所大而大之，则万物莫不大，因其所小而小之，则万物莫不小。"每一个东西都比比它小的东西大，也都比比它大的东西小，所以一切的东西都是大的，也都是小的。照这个例子推下去，就是："以功观之，因其所有而有之，则万物莫不有，因其所无而无之，则万物莫不无。""以趣观之，因其所然而然之，则万物莫不然，因其所非而非之，则万物莫不非。"他举的例子是"尧桀之自然而相非"。这就是说，既然事物的性质和人的认识都是相对的，大小、是非也就没有差别了。庄周片面夸张了对立面互相转化的辩证法规律，得出了完全错误的相对主义的结论。

庄周认为超乎相对之上有一个绝对，那就是他所说的"道"。他自以为是站在道的立场，超出一切相对的事物之上。《秋水》篇说："以道观之，物无贵贱。以物观之，自贵而相贱。"他的理论是，每一个东西都是"自贵而相贱"。因其所贵而贵之，则万物莫不贵，因其所贱而贱之，则万物莫不贱。因此万物都贵也都贱。庄周认为贵贱都是事物从它自己的立场说的，若站在超出一切事物的立场，就可见贵贱的分别都没有了。

这所谓超乎一切事物的立场与观点，就是《齐物论》所说的"彼是莫得其偶"的"道枢"（详下）。在《齐物论》里，庄子举出儒家、墨家的互相是非，以见所谓是非都是"自然而相非"。这两家互相是非，"如环无端"。庄周自以为站在超乎一切的立场与观点，就好像站在一个环的中间。他认为，这样就看出，既然事物都是互相是非，它们可以说是都是，也可以说是都非。他完全否认有客观的是非标准。这就是所谓"齐是非"。

《齐物论》对于"是非"的问题，提出了三个论点，作了详细的讨论。在这些讨论中充分暴露了庄周的相对主义和不可知论的观点。

关于第一个论点，《齐物论》说："分也者，有不分也；辩也者，有不辩也。……大道不称，大辩不言。……言辩而不及。"这就是说：一切的见解和主张都是片面的；代表这些主张的言论，必然都是错误的。后期墨家称这个论点为"言尽悖"，并且提出了批判。

关于第二个论点，《齐物论》有一长段的理论。这段话翻译过来，是这样说的：假使我跟你辩，你胜了我，我不胜你，这就能证明你的意见一定是正确吗？我胜了你，你不胜我，这就能证明我的意见一定正确吗？或者你我中间，有一个人的意见是正确的，或者都是正确的，或者都是不正确的，我跟你都不能决定。叫谁决定呢？叫跟你的意见相同的人来决定，既然跟你的意见相同，怎么能决定？叫跟我的意见相同的人来决定，既然跟我的意见相同，怎么能决定？叫跟你、我的意见都不同的人来决定，既然跟你、我的意见都不同，怎么能决定？叫跟你、我的意见都同的人来决定，既然跟你、我的意见都同，怎么能决定？我、你和第三者都不能互相了解，这还需要找他（第四人）吗？

这就是说，一切人的见解和主张虽然都是一偏之见，但都自以为是，以别人为非。既然认识都是相对的，也很难说哪一方面的意见是正确的。辩论仅能使各方面继续发挥其一偏之见，并不能决定是非。后期墨家称这个论点为"辩无胜",并且提出了批判。

关于第三个论点,《齐物论》中有一段对话:"啮缺问乎王倪曰:'子知物之所同是乎?'曰:'吾恶乎知之?''子知子之所不知邪?'曰:'吾恶乎知之'。'然则物无知邪?'曰:'吾恶乎知之。虽然,尝试言之。庸讵知吾所谓知之非不知邪?庸讵知吾所谓不知之非知邪?'"这一段对话,就是论证知跟不知是没有什么分别。自以为有知的人,若果认真地反省一下,就觉得自己也搞不清究竟是有知或无知。后期墨家对于庄周的这个论点,也提出了批判。

庄周的这些思想肯定人的认识是相对的,人的认识只是一定条件下的产物。就这一点说,也含有一些辩证法的因素。但是庄周由此就认为,认识绝对真理是不可能的,这就成为相对主义。列宁说:"把相对主义作为认识论的基础,就必然使自己不是陷入绝对怀疑论、不可知论和诡辩,就是陷入主观主义。作为认识论基础的相对主义,不仅承认我们知识的相对性,并且还否定任何为我们的相对认识所逐渐接近的、不依赖于人类而存在的、客观的准绳或模特儿。"(《唯物主义和经验批判主义》,《列宁全集》第14卷,第136页)

辩证法和相对主义在表面上有相似之处。列宁说:"辩证法,正如黑格尔早已说明的那样,包含着相对主义、否定、怀疑论的因素,可是它并不归结为相对主义。马克思和恩格斯的唯物主义辩证法无疑地包含着相对主义,可是它并不归结为相对主义,这就是说,它不是在否定客观真理的意义上,而是在我们的知识向客观真理接近的界限受历史条件制约的意义上,承认我们一切知识的相对性。"(同上)庄周正是在否定客观真理的意义上,片面夸张我们一切知识的相对性,从而把人的意见和观点完全看成是个人主观的偏见,这就成了主观唯心主义。从这一方面看,庄周的《齐物论》的思想,在中国哲学史上,是典型的相对主义。

列宁论希腊哲学家克拉底鲁说:"这位克拉底鲁把赫拉克利特的辩证法弄成了诡辩,……他说:什么都不是真理的,关于任何东西都不能说出什么来。从辩证法中得出否定的(而且仅仅是否定的)结论。赫拉克利特的原则恰恰相反:'一切都是真理的',一切东西中都有(部分的)真理。克拉底鲁只'动了动手指头'便回答了一切,他说:一切都在运动,关于任何东西都不能说出什么来。"(《哲学笔记》,《列宁全集》第38卷,第390页)

庄周也有类似的说法。《齐物论》说:"彼出于是,是亦因彼,彼是方生之说也。虽然,方生方死,方死方生,方可方不可,方不可方可。因是因非,因非因是。是以圣人不由,而照之于天,亦因是也。"就是说,在一个时间中所认为是的,时间一过,马上又成为非了。在一个时间中所认为非的,时间一过,马上就成为是了。这还有什么是非可说呢?所以"圣人"不跟着这些是非转圈子,而要"照之于天"。

"照之于天"是什么意思呢？《齐物论》说："道恶乎隐而有真伪？言恶乎隐而有是非？道恶乎往而不存？言恶乎存而不可？道隐于小成；言隐于荣华。故有儒墨之是非，以是其所非而非其所是。欲是其所非而非其所是，则莫若以明。""道恶乎往而不存，言恶乎存而不可"。专就这两句看，似乎是说："一切都是真理的。"但这不是庄周的意思。上面所引《齐物论》的一段的上文是，"夫言，非吹也。言者有言，其所言者特未定也。果有言耶？其未尝有言耶？其以为异于鷇音，亦有辩（辨）乎？其无辩（辨）乎？"就是说，人有各种不同的心理现象，有不同的偏见，因之有不同的"言"。这同样是自然的现象，犹如风吹和鸟鸣有不同的声音。所以"言恶乎存而不可？"这只是说，各种的人有不同的意见，正如各种的鸟有不同声音。这都是自然的现象。不发生是否真理的问题。这就是"照之于天"，也就是所谓"以明"。

《齐物论》在"照之于天"后，接着说："是（此）亦彼也，彼亦是（此）也。彼亦一是非，此亦一是非。果且有彼是乎哉？果且无彼是乎哉？彼是莫得其偶，谓之道枢。枢始得其环中，以应无穷，是亦一无穷，非亦一无穷也。故曰，莫若以明。"就是说，彼有一套是非，此亦有一套是非。从天或道的观点看，其实是一样的。所以也不必求其一致。《齐物论》下文说，"劳神明为一而不知其同也，谓之朝三"。它举了一个故事说：有一个养猴子的人分给猴子们食物，说是要早晨给三升，晚上给四升。猴子们都怒。他说，那就改为早晨四升，晚上三升。猴子们都喜。实际上，食物就是那么些，可是猴子们的喜怒不同。人们的是非也是这样。"是以圣人和之以是非而休乎天钧。是之谓两行。""钧"是一个运转着的盘子。盘子绕着它的轴心转。这个轴心就叫"枢"。自然界和社会的制度在变动之中，好像一个钩，称为"天钩"。这个"天钩"的轴心称"道枢"。"圣人"站在"道枢"的立场上，不随着彼、此的是非打圈子。这就叫"休乎天钧"。那些彼一套、此一套的是非，不过是猴子们的喜怒。听其自然好了。这就叫"和之以是非"，这就叫"两行"，也就是《天下》篇所说的，"不谴是非，以与世俗处"。

以上所讲的就是所谓"齐是非"。

《齐物论》认为站在活着的人的立场与观点说死是死；死了的人也可以站在死的立场与观点说生是死。就譬如醒着的人站在醒的立场说梦是梦，做梦的人站在梦的立场说醒是梦。"庄周梦为蝴蝶"，这是站在庄周的立场说的；站在蝴蝶的立场，也可以说"蝴蝶梦为庄周"。他认为站在超乎一切的立场与观点，死生没有什么分别。这就是所谓"齐死生"。

这种相对主义的思想推到最后，就认为一切事物之间的分别也都没有了。《齐物论》说："故为是举莛与楹、厉与西施、恢、恑、憰、怪，道通为一。其分也，成也；其成也，毁也。凡物无成与毁，复通为一。"又说："天下莫大于秋毫之末，而太山为小；莫寿于殇子，而彭祖为夭；天地与我并生，而万物与我为一。"这个"一"就是没有分别的浑沌，也就是"我"的幻想中的"无差别境界"。

事物和它的对立面在一定条件下可以互相转化，这是辩证法的规律。庄周夸大了这一点，不讲条件，只讲转化。这就歪曲了事物发展的辩证规律，因此走向了辩证法的反面，相对主义。这是他的相对主义思想的认识论的根源。上面所引列宁的教导，说明了这一点。他为什么这样歪曲呢？这有其阶级的根源。

在第十一章，我们已经讲过，在战国时期，没落奴隶主阶级中，有一部分人认为，在夺权与反夺权斗争中，自己已经失败，已经失去的天堂不能再恢复了，只可于自己的主观幻想中，另建立一个自欺、欺人的天堂，聊以自慰。庄周的哲学就是这种阶级意识的理论化和系统化。

庄周以相对主义思想，企图取消客观事物之间的差别和对立。用庄周的话说："与其是尧而非桀也，不如两忘而化其道。"（《大宗师》）照相对主义的逻辑，"因其所是而是之"，旧的奴隶制也有其"是"的方面；"因其所非而非之"，新的封建制也有其"非"的方面。半斤八两，没有优劣之可言。这就是所谓"齐是非"。从表面上看，这似乎是"超然"的态度，实际这是用以反对新的制度，企图以此引导人放弃对旧制度进行斗争。

《齐物论》以大量篇幅论述"齐是非"，因为没落奴隶主阶级在当时处于被非的地位。奴隶和劳动人民以及新兴地主阶级从经济基础到上层建筑，四面八方，向没落奴隶主阶级围攻。于是他们就说，不必提了，反正大家都是一样。这是奴隶主阶级以守为攻的策略。

庄周的相对主义的思想也是对战国时期学术界"百家争鸣"的反动。从相对主义的观点看，当时各家争辩，都"是其所非而非其所是"，不能决定谁是谁非，也无需决定谁是谁非。庄周企图以这种理论取消当时思想战线上的斗争。

庄周提出了很多的哲学问题。但是，庄周对于这些问题的处理，不是积极的解决，而是企图用相对主义和不可知论的观点消极地取消这些问题。他企图以这样的态度表示他自命为超阶级、无党性、超然于各家之上。其实，取消某一问题也是解决某一问题的一种方法。他的取消某一问题的辩论，同样地暴露了他的阶级立场、哲学观点和思想方法。

总之，庄周的相对主义思想的目的和实质，是企图取消对立面的对立和斗争。这种思想根本上是和辩证法相对立的。这是形而上学，不是辩证法。

第三节　庄周论"逍遥"

在本书第七章中，我们指出，道家有一个一贯的精神，就是"为我"。为了保全自己不受损失，道家各派想出了许多办法。从杨朱到庄周，这些办法越来越精细，也可以说是越来越没有办法。这是没落奴隶主阶级在战国时期越来越走投无路的情况在哲学战线上的反映。

庄周的保全自己的办法和理论是，抱一种他认为是旁观、"超然"的态度，对事物的变化漠然无动于衷。他认为，这样，就可以从当时阶级斗争的苦恼中解脱出来，以得到精神上的、也就是主观的"自由""幸福"。这种办法和理论就是庄周所讲的"逍遥游"。他在《齐物论》中所讲的齐是非、齐生死等，就是为这种办法和理论提供哲学的根据。

《逍遥游》从大鹏的高飞说到列御寇的"御风"。庄周认为这些"游"都不是完全地自由自在（"逍遥"），因为都有所待。大鹏需要有像"垂天之云"的大翼，还要"水击三千里，抟扶摇而上者九万里"，然后才可以向南平飞。列御寇"御风而行"，是很好的了，可是，"此虽免乎行，犹有所待也"，就是说，他还有待于风。庄周认为，凡有所待的"游"，都是有条件的，就是说，这种"游"必然地为其"所待"所限制，具备了所需要的条件才可以"游"，所以不是完全地自由自在。

《逍遥游》在指出列御寇的"有所待"以后，接着就说："若夫乘天地之正，而御六气之辩（变），以游无穷者，彼且恶乎待哉？"照字面上看，《逍遥游》在这里可能用了一些当时讲修炼的人的一些词藻。但他不过是用以形象地说明他的意思，是一种比喻。如果不是一种比喻，所谓无待又成为有待了。下文接着说："至人无己，神人无功，圣人无名。"在这三句中，"无己"是主要的。它是用"无己"达到一种主观的意境。

庄周认为"有待"由于"有己"，"无己"就可以"无待"。《大宗师》篇说："藏小大有宜，犹有所遯，若夫藏天下于天下，而不得所遯，是恒物之大情也。特犯（逢）人之形，而犹喜之，若人之形者，万化而未始有极也，其为乐可胜计邪？故圣人将游于物之所不得遯而皆存。"这就是说：把"己"看成是天下，天下总是存在的，所以"己"也就永远存在了。人之所以有"己"，因为喜有"人之形"，其实，"人之形"不过是无限的形中之一，有"人之形"而喜，有别的形又何尝不可喜？下面说："浸假而化予之左臂以为鸡，予因以求时夜；浸假而化予之右臂以为弹，予因以求鸮炙；浸假而化予之尻以为轮，以神为马，予因以乘之，岂更驾哉？且夫得者，时也；失者，顺也。安时而处顺，哀乐不能入也。此古之所谓悬解也。"这两段话说到"游"，说到"乘"；这里所说的"游"和"乘"也就是《逍遥游》所说的"游"和"乘"。前一段还说到"形"，后一段更进一步说，"形"不是重要的，重要的是"神"。"形"不论怎样变化，都不足以影响"神"的安定。就是说，无论怎样变化，"圣人"在思想上总是不动的。

由上所引的话看起来，庄周所谓"无己"，其实还是有己。他是想在无可奈何的情况下，保存自己。当时的没落奴隶主阶级已经完全处于"失"的地位。他们不但失了以前的富贵，有时生命也恐难保。他们的哲学家于是就讲究所谓"神全"，就是说，过去的一切虽都已丧失了，但还可以幻想在精神领域内，也就是在自己的主观世界中，创"自由""幸福"的条件。庄周的这种思想，是对于没落奴隶主阶级提出的一种安慰，使他们承认大势已去，只可"安时而处顺"，不要悲哀，美其名曰"悬解"。下文接着说："且夫物不胜天久矣，吾又何恶焉！"这话充分表现了没落奴隶主阶级的悲观、失望的思想。

怎么可以达到"无己"呢？庄周认为这要靠否定知识，知识否定以后，就可以得到一个心理上的浑沌状态，主观的无差别境界。在这种状态中，一切分别都没有了。"人"与"己"的分别也自然没有了。庄周认为，这种浑沌同"道"是一致的。

庄周所谓道，可以说是什么都没有。既然什么都没有，其中当然也没有任何分别、任何界限，真可以说是"一穷二白"。可是庄周又认为这个一切什么都没有，就是一切什么都有，不过是没有任何分别，任何界限。这个一切什么都有，既然没有任何分别、任何界限，那只能是一片浑沌了。这个浑沌，并不是像唯物主义者所说的尚未分化的"元气"，而只是一种主观的意境。

庄周认为道不是用知识所能知道的，这并不是说，道不可能知。这是说，道不可能用一般的知识知。必须否定一切的知识，才能"知道"。因为照他的逻辑，道是无分别无界限的浑沌；一般的知识的目的和功用，正是在于对于事物尽可能地作分析和分别。《齐物论》讲"古之人其知有所至矣"一段，正是说明必须否定一切知识，才可以认识道。

《齐物论》说："古之人其知有所至矣，恶乎至？有以为未始有物者，至矣，尽矣，不可以加矣。其次以为有物矣，而未始有封也。其次以为有封焉，而未始有是非也。是非之彰也，道之所以亏也。"又说："有始也者，有未始有始也者，有未始有夫未始有始也者。有有也者，有无也者，有未始有无也者，有未始有夫未始有无也者。"这两段话，是从两方面讲一个问题。"有始也者"这一段是从本体论方面讲；"古之人其知有所至矣"这一段，是从认识论方面讲。

"古之人"这一段，讲的就是所谓"至人"对于道的认识。"至人"没有任何理智的知识，他甚至于连"物"这个概念都没有。先秦的哲学家们认为"物"是最一般的概念，"至人"连这个概念都没有，那就是没有任何概念了。他的心理状态只是一片浑沌。这个浑沌，庄周认为就是"未始有夫未始有始"、"未始有夫未始有无"那种情况。他所认为次一等的人知道有物，但是对于物还没有作分别（"有封"）。他所认为再次一等的人对于物已经作了分别，但是还没有觉得哪些东西是是，哪些东西是非。有了分别而又有是非，在这种情况下，"道"就"亏"了。"道"之所以"亏"，就是人对于事物有所偏爱。是非就是偏爱的表现。有了"偏"，就丧失了道的"全"。

《大宗师》篇讲"坐忘"的方法。它讲到关于颜回的一个故事。颜回先忘了仁义，后来又忘了礼乐，最后达到"坐忘"。"堕肢体，黜聪明，离形去知，同于大通，此谓坐忘。""坐忘"的方法是靠否定知识中的一切分别，把它们都"忘"了，以达到心理上的浑沌状态。

照庄周看起来，"同于大通"就是认识"道"了。所谓认识道也就是与道同体。所谓与道同体，实际上就是在自己的思想中创造出来一个浑沌的境界，在其中什么分别都没有。

这种与道同体，是用"无己"的方法得到的；因为有这样意境的人，最后必须取消我和非我的分别。可是照庄周所说，这个同体还是以"我"为主。《齐物论》说："天地与我并生，而万物与我为一。"他还是以"我"为主。这是他的唯心主义之所以为主观唯心主义的一个特征。

有这一种境界的人，庄周称为"圣人"或"真人"。这些人实际上是自己创造一种主观的意境。自我陶醉，同时又认为这种主观的意境具有客观的意义，认为所谓宇宙的原始就是这个样子。庄周认为，所谓"圣人""真人"或"至人"是"道"的体现者。

无论是"圣人"也罢，"真人"也罢，他总还是个人；既然是个人，他就不能不生存于社会之中。所以庄周认为，"圣人"在已达到了"万物与我为一"的"浑沌"以后，还必须回到"世俗"之中。这就是《天下》篇所说的"不谴是非，以与世俗处"，也就是《齐物论》所说的"两行"。

庄周认为，"圣人"必须"谴是非"，指出各人的见解都是出于一种偏见，事物之间所有的分别都是暂时的、相对的。他由此达到"与万物为一"的"浑沌"。达到"浑沌"之后，"圣人"又认为事物也许是有它的相对的质的决定性。《齐物论》说："物固有所然，物固有所可，无物不然，无物不可。"就是说，无论什么东西，总都是个什么东西，总都能做一点什么事情。各家的是非，也可能有对的地方。但是，这都不必管它。《齐物论》说："是不是，然不然。是若果是也，则是之异乎不是也亦无辩。然若果然也，则然之异乎不然也亦无辩。"这就是"不谴是非"了。

承认"物固有所然，物固有所可"，承认是和非可能也有一定的分别，但是"圣人"都任其自然，听其自生自灭。这种态度就是《齐物论》所说："和之以天倪。"它说："和之以天倪，因之以曼衍，所以穷年也。忘年忘义，振于无竟，故寓诸无竟。"这里所说的"无竟"就是《逍遥游》所说的"无穷"。"振于无竟""寓诸无竟"就是《逍遥游》所说的"以游无穷"。达到这个目的的方法就是"忘年忘义"，也就是《大宗师》篇所说的"坐忘"。

《大宗师》讲到女偊教卜梁倚学"圣人"之道的程序。女偊说："吾犹守而告之，参日而后能外天下。已外天下矣，吾又守之，七日而后能外物。已外物矣，吾又守之，九日而后能外生。已外生矣，而后能朝彻。朝彻而后能见独。见独而后能无古今。无古今而后能入于不死不生。杀生者不死，生生者不生。其为物，无不将也，无不迎也，无不毁也，无不成也，其名为撄宁。撄宁也者，撄而后成者也。"所谓见独，就是与道相见了。庄周认为，道是绝对，没有跟它相对立的，所以称之为独。道是超越时间的，所谓无古今，就是超越时间的意思。道是不死不生的，所以"见独"的人，也就是在心理上自己觉得不死不生了。

"杀生者不死"，照李颐的注解，就是说，本来是没有生命的东西并不会死。"生生者不生"，照崔譔的注解，经常经营生活的人，反而不能生活（见陆德明《经典释文》引）。这也是没落奴隶主在悲观失望中，自己安慰自己的一种思想。意思是说，已经躺在地上的人是不会被打倒的，倒是在站着的人随时有被打倒的可能。

《大宗师》也承认，这样在心理上超时空的人，实际上并不超时空。"见独"的人自以为是脱离世界，可是实际上人是不能脱离世界的；对于世界里边的事物，特别是社会中的事物，他也不能不应付。不过庄周认为，所谓"圣人"，既然在思想上和概念上已经脱离了世界，他对于世界中的特别是社会中的事物，都可以随随便便应付过去，任何事变对于他都是无关重要的，他都可以用"满不在乎"的态度对付它们。这就是所谓"撄宁"。这就是说，他虽然也跟事物相接触（撄），可是他的内心，总还是平静的（宁）。这也就是《齐物论》所说的"两行"。照上面所说，《齐物论》认为有了是非就是有成与亏。但是它也认为，既然有了是非，那也就和风的"万窍怒号"一样，也是一种自然的现象，也是自然运行（"天钧"）的一种表现。"圣人"只要以"满不在乎"的态度，不理它们就是了，这也就是《天下》篇所说的："独与天地精神往来，而不敖倪于万物，不谴是非，以与世俗处。"

第四节 《庄子》论道、有、无

《庄子》中所讲的宇宙观，实际上有两种。一种是合乎我所说的庄之所以为庄者；一种是后文所说的稷下黄老之学。就庄周本人说，他只能有一种宇宙观，那就是庄之所以为庄者的一部分。其他一种似乎是编《庄子》的人所混入的，庄之所以为庄者的那一种宇宙观是与《老子》第一章的说法相同的。它也发挥了有、无、异名同谓那个说法的意义。庄周没有用异名同谓这四个字，但是他有那样的意思。

庄周在《齐物论》中提出了一个问题："道恶乎隐而有真伪？"他自己回答说："道隐于小成。"在下文另一段中他说："有成与亏，故昭氏之鼓琴也；无成与亏，故昭氏之不鼓琴也。"郭象注说："夫声不可胜举也，故吹管操弦，虽有繁手，遗声多矣。而执籥鸣弦者，欲以彰声也，彰声而声遗，不彰声而声全。故欲成而亏之者，昭文之鼓琴也；不成而无亏者，昭文之不鼓琴也。"这就是说，无论多么大的管弦乐队，总不能一下子就把所有的声音全奏出来，总有些声音被遗漏了。就奏出来的声音说，这是有所成；就被遗漏的声音说，这是有所亏。所以一鼓琴就有成有亏，不鼓琴就无成无亏。照郭象的说法，作乐是要实现声音（"彰声"）；可是因为实现声音，所以有些声音被遗漏了，不实现声音，声音倒是能全。

照郭象所解释的，声音的"全"就是一切的声音，可是他所说的一切声音实际上是无声音，因为，照他说，一有声音，它就是偏而不全了。照同样的逻辑，"道"是一切事物的"全"，可是这个"全"就是无事物，因为一有事物，它就是偏而不全了。

据说陶渊明的书房里挂了一张无弦琴，无弦的琴怎么弹呢？他是以不弹为弹，以表示无声之音，无声之音，就是大音，也就是音的共相。音的共相，有一切音的共同决定性，但没有某一音的特殊决定性。可是实际上不可能有没有任何某一音的特殊规定性的音，所以大音必须是无声，实际上不可能有无声之音，所以大音就成为无了。无声就是大音，大音必须无声，这就是异名同谓。

当然，这只是郭象的解释。庄周并没有说得这样清楚。但是庄周的这两句话，非这样解释不可，不这样解释，就无法解释了，照陶渊明的无弦琴看起来，玄学家们也是这样解释的，所以这样解释是庄之所以为庄者。

在《庄子》中也有许多地方讲到"气"和"精"，并且也把它们看成是构成万物的要素。在这些地方《庄子》也认为，天地万物是由气构成的；万物的生成是由于气的凝聚；万物的死亡是由于气的消散。《知北游》说："人之生，气之聚也。聚则为生，散则为死。若死生为徒，吾又何患？故万物一也，是其所美者为神奇，其所恶者为臭腐。臭腐复化为神奇，神奇复化为臭腐，故曰通天下一气耳。圣人故贵一。"

这是《庄子》中的另一种宇宙观，认为无就是气，气是一种没有规定性的物质，它有了规定性，它就成了具体的物了。

《至乐》中又说：庄周的妻死了，庄周"鼓盆而歌"。惠施问他为什么没有悲伤之感。庄周回答说："是其始死也，我独何能无慨然？察其始而本无生。非徒无生也，而本无形。非徒无形也，而本无气。杂乎芒芴之间，变而有气；气变而有形；形变而有生；今又变而之死；是相与为春秋冬夏四时行也。"这一段话，正是上面所引的《知北游》那一段话的具体说明。这里所说的"本无气"，是就一个人说的。在一个人未生的时候，他还没有为一部分气所形成，当然也就没有可以算是属于他的气。"本无气"并不一定就是说，气是有始的。

《刻意》又说："精神四达并流，无所不极，上际于天，下蟠于地，化育万物，不可为象，其名为同帝。""同帝"就是说有与宗教所说的上帝相同的功用。这里所说的"精""神"和稷下黄老学派所说，是一致的。但是一致亦至此为止。《在宥》说：黄帝曾经问广成子一个问题："我闻吾子达于至道，敢问至道之精。吾欲取天地之精，以佐五谷，以养民人。吾又欲官阴阳以遂群生，为之奈何？"广成子回答说："而（尔）所欲问者，物之质也；而（尔）所欲官者，物之残也。"《管子·内业》篇说："凡物之精，此则为生，下生五谷，上为列星。"黄帝"欲取天地之精以佐五谷"，这正是稷下黄老学派所提的问题。稷下黄老学派虽然认为精是与物有所不同，但并不认为它是非物。照广成子的回答看，《在宥》篇认为，如果精也是一种物，它怎么能够生万物呢？《在宥》说："夫有土者有大物也，有大物者，不可以物物；而不物故能物物。明乎物物者之非物也，岂独治天下百姓而已哉？"《知北游》也说："有先天地生者物邪？物物者非物。"精或气也是一种物，因此它就不能是"物物者"。道是"物物者"，所以它不能就是精或气，它是比精或气更根本的东西。如果精或气是无形无名，它就是无有。如果精或气也可以称为无，它就是无无。《知北游》说："予能有无矣，而未能无无也。"这就是说，比"无"更根本的还有一个"无无"。《知北游》又说："昭昭生于冥冥，有伦生于无形。精神生于道，形本生于精，而万物以形相生。"这一段明确地说明精、气不是第一性的。精、气是从不但"无有"而且"无无"的道生出来的。精、气不就是"道"，像稷下黄老学派所说的，而是第二性的。一个逻辑的虚构的"道"，才是第一性的。

《天地》有一段说："泰初有无，无有无名，一之所起，有一而未形。物得以生谓之德。未形者有分，且然无间，谓之命。流动而生物，物成生理谓之形。

形体保神，各有仪则，谓之性。""泰初有无，无有无名"就是道。道是"一"之所起，但是还没有形。《知北游》说："精神生于道，形本生于精，而万物以形相生。"同《天地》篇联合起来看，"一"就是精气。

"物得以生谓之德。"这个定义跟《管子·心术上》篇所说的定义完全相同。德也是还未有形的，但是已经从道分出来（"未形者有分"）。虽然有分，但是在本质上道和德是没有分别的（"且然无间"）。这就叫"命"（"谓之命"）。命和德是一个东西。从人和物这一方面说，这个东西是它们所得于道的，所以称为"德"。从道那一方面说，这个东西是道所给与人和物的，所以叫做"命"，好像是给它们一个命令。精气流动起来，有了进一步的分化，具体的物就生出来了（"流动而生物"）。具体的东西有了一定的形状，就有一定的性质，这种性质就叫"理"（"物成生理谓之形"）。《管子·心术上》篇说："理者谓所以舍也。"《养生主》说："依乎天理。"《知北游》说："万物有成理而不说。"每一个物都有自己的形体，保持着精神使它跟形体不分离开。每一种东西都有这一类东西所特有的性质。这也就是《吕氏春秋》所说的："万物殊类殊形，皆有分职。"（《圜道》）这就是这一类东西的所有的特殊的规律，特殊的性质和特殊的作用。这就是这一类东西的本性或本质（"形体保神，各有仪则，谓之性"）。

《天地》的这一套定义简明地说明了庄周一派的世界形成论，也明确地说明了在他们的自然观中的第一性和第二性的问题。他于一之上加了一个"道"，这就把稷下黄老学派的唯物论改成了唯心论。

大概有些道家的人或者庄周一派的人，企图把庄之所以为庄者和稷下黄老学派的说法统一起来。他们的办法是同时接受这两种说法，而把它们摆在不同的地位上，认为庄之所以为庄者所说的无是第一性的，稷下黄老学派所说的气或精气是第二性的。这样的摆位置，就把稷下黄老学派的唯物主义思想变为庄之所以为庄者的唯心主义思想了。

《庄子》中所说的修养方法，也是有两种：一种叫"心斋"，一种叫"坐忘"。"坐忘"的方法，上面已经讲了。"心斋"的方法，见于《庄子·人间世》。《人间世》说："若一志，无听之以耳，而听之以心。无听之以心，而听之以气。听止于耳，心止于符。气也者，虚而待物者也。唯道集虚，虚者，心斋也。"这是《内业》《白心》等篇的方法。这种方法要求心中"无知无欲"，达到"虚壹而静"的情况。在这种情况下，"精气"就集中起来。这就是所谓"唯道集虚"。去掉思虑和欲望，就是所谓"心斋"。

这和"坐忘"的方法是不同的。一般都认为这两种方法是一致的，其实是两回事。

《天运》也提出了一些关于特殊自然现象变化的问题。它问道：天是在运动吗？地是在静止吗？太阳、月亮是在调换位置吗？这些是谁主持的？是谁管理的？是谁没有别的事做而推行这些？我想，是机械地被决定如此吗？我想，是运动不能自己停止吗？云变成雨吗？雨变成云吗？谁把它们降下来？谁没有别的事做而办这些？风从北方起来，有的往西，有的往东，在上空转来转去，谁吹动它？谁没有别的事做而扇动它？请问这些都是由于什么缘故？（"天其运乎？地其处乎？日月其争于所乎？孰主张是？孰维纲是？孰居无事推而行是？意者其有机械而不得已耶？意者其运转而不能自止耶？云者为雨乎？雨者为云乎？孰隆（降）施是？孰居无事淫乐而劝是？风起北方，一西一东，有（在）上彷徨，孰嘘吸是？孰居无事而披拂是？敢问何故？"）这与屈原的《天问》所提出的许多关于自然现象的问题是一类的。例如：天有九层，是谁安排的，谁最初造成它？有什么功用？（"圜则九重，孰营度之？惟兹何功？孰初作之？"）九层天的边缘，安放在什么地方？（"九天之际，安放安属？"）太阳、月亮，在什么东西上系属？许多星在什么东西上排列？（"日月安属？列星安陈？"）太阳从早到晚，走多少里？月亮为什么灭了又明？（"自明及晦，所行几里？夜光何德，死则又育？"）专从这些问题看，庄周或其一派也认为，自然界中的变化不是由于有意识的主宰。但《庄子》书中另一篇又提出一个更根本的问题，它问：宇宙间的万物都是怎样生出来的？（"四方之内，六合之里，万物之所生，恶起？"）（《则阳》）

关于这个问题，照《则阳》说，当时有两家的答案："季真之莫为；接子之或使。"季真不知道是什么人，接子可能就是《史记·田完世家》里边所说的接子，也是稷下的学者之一。季真主张"莫为"，就是认为万物都是自然而然地生出来的，不是由于什么力量的作为。接子主张"或使"，就是认为总有个什么东西使万物生出来。稷下黄老学派提出"天或维之，地或载之"的理论。这似乎就是"或使"一类的说法。《老子》说："道无为而无不为"，它主张"莫为"。

《则阳》对于这两种说法，都不同意。它说："或使则实，莫为则虚"，"或使、莫为、在物一曲，夫胡为于大方？"这就是说，"或使"的说法太"实"了，"莫为"的说法又太虚了；这都是只看见万物的一个方面，都不是全面的真理。可是全面的真理是什么？《则阳》说："言之所尽，知之所至，极物而已。睹道之人，不随其所废，不原其所起，此议之所止。"这就是说，言语和知识限制在对于"物"的范围之内。至于"物"之所起是"议之所止"。就是说，是不可讨论的。《齐物论》说："六合之外，圣人存而不论"，因为这是像《则阳》所说的超乎言语和知识的范围之外的。

庄周的不可知论是他的主观唯心主义的一个方面。正如西方近代哲学史中，康德的不可知论是他的主观唯心主义的一个方面。照庄周及其一派的逻辑，"道"不是"物"，所以万物的变化不能说是"或使"；"道"虽是"无有"但又不等于零，所以万物的变化也不能说是"莫为"。"道"是"全"，但又什么也不是，所以对于"道"就不能有所思议、言说。

第五节 庄周论自然和人为、必然和自由

庄周哲学，接触到两个哲学中的重要问题：一个是人与自然的问题，一个是自由与必然的问题。《秋水》说："无以人灭天；无以故灭命。""天"和"人"的关系接触到人和自然的关系的问题。他所讨论的"命"和"故"的关系的问题，接触到自由和必然的问题。

《秋水》说："天在内；人在外。……牛马四足是谓天；落（络）马首，穿牛鼻，是谓人。"《大宗师》说："死生，命也。其有旦暮之常，天也；人之有所不得与，皆物之情也。"它所谓天，就是人所不能干预的（"人之所不得与"）东西。例如，牛马生来就有四足；这是"人之所不得与"的，是无待于人的作为的。"人"指人的作为；"天"指自然。庄周认为，属于自然的东西是本来就有的，所以说"天在内"。属于人为的东西是人后加于自然之上的，所以说"人在外"。

《大宗师》中的一个故事说：有一个人名子来，在有病将死的时候，他说："父母于子，东西南北，唯命之从。阴阳于人，不翅于父母，彼近吾死而我不听，我则悍矣，彼何罪焉？夫大块载我以形，劳我以生，佚我以老，息我以死。故善吾生者乃所以善吾死也。今大冶铸金，金踊跃曰：'我且必为镆铘'，大冶必以为不祥之金。今一犯（逢）人之形，而曰'人耳，人耳'，夫造化者必以为不祥之人。今一以天地为大炉，以造化为大冶，恶乎往而不可哉？"这是用一种形象的语言，说明庄周所认为的人和自然的关系，以及他所认为是正确的人对自然应取的态度。这里所说的"阴阳""大块""造化""造化者"，都指自然。庄周一派认为自然比如一个洪炉，人比如洪炉中所炼出来的刀剑等。他们认为，既然如此，人就应该完全听自然的支配。如果自然使人生存是出于善意，自然使人死亡也是出于善意。这样看，生死的相续就是自然使人可以很好地"劳逸结合"。庄周一派认为，能够这样看，就可以"无所往而不可"。这里所说的"无所往而不可"，就是"以游无穷"的"逍遥游"。

庄周在讲到"天""人"关系的时候，放弃了宗教所说的有意志的主宰之天；这说明当时科学和唯物主义哲学的影响越来越大，唯心主义哲学在说法上不能不有所改变。在自然和人的关系这个问题上，唯物主义认为，有独立于人类，不以人的意志为转移的自然，自然是第一性，人是自然的产物。但是，庄周在这一方面的论证，主要是证明人在自然面前的无力。他不知道，人和自然是对立面

的统一，一方面，人是自然的产物，必须依靠自然；另一方面，人在生产实践和劳动过程中也能逐渐地改变自然。自然是本来如此的，但并不是不可改变的。自然本来是"人所不与"的，但并不是人不能"有所与"的。庄周的论证，主要在于否认人的主观能动性及其对自然的影响。他说："有人，天也；有天，亦天也。人之不能有天，性也。圣人晏然体逝而终矣。"（《山木》）这就是说，只能天影响人，不能人影响天；人只能顺从地（"晏然"）顺应自然界的变化（"体逝"）。这正是如荀况所说的："庄子蔽于天而不知人。"（《荀子·解蔽篇》）庄周对于自然没有正确的理解，对于人也没有正确的理解，对于人与自然的关系当然也不会有正确的理解。

庄周所说的"命"的意义，并不是宗教所说的"上帝的命令"，而是指人力所无可奈何的、自然的和社会的力量。他说："求其为之者而不得也，然而至此极者，命也夫。"（《大宗师》）又说："不知吾所以然而然，命也。"（《达生》）又说："死生、存亡、穷达、贫富、贤与不肖、毁誉、饥渴、寒暑，是事之变，命之行也。"（《德充符》）这就是说，"命"是无法理解、无法抗拒、也无法逃避的；人只可以顺从。所以他说："知其不可奈何，而安之若命，德之胜也。"（《人间世》）

庄周主张"无以故灭命"。《管子·心术上》说："去智与故。"《吕氏春秋·论人篇》说："释智、谋，去巧、故。""故"是"智""巧""谋"一类的东西，是跟"命"对立的。庄周认为人若是企图用智谋、技巧逃避或抗拒"命"，其结果必定是得到更大的不幸，"自讨苦吃"。他认为，最好的办法是，安于自己的遭遇，承认这是由于不可抗拒的力量，这样，就可以在主观上从不幸的处境中解脱出来，得到"自由"和"幸福"。

庄周承认人是自然的产物，在自然规律的面前，人是很渺小的，自然发展的规律是人之所不能与的；社会虽然是人的产物，但在有了社会以后，它也有自身发展的规律，这也是人之所不能与的。在社会发展的过程中，有些情况也是个人所不能抗拒的。人所遇到的这些人所无可奈何的遭遇，庄周都称之为"命"。在这里他所说的就是必然和自由的矛盾斗争。在这种矛盾和斗争中，庄周完全否定了人的主观能动性，认为在自然和社会面前，人只能屈服，不能抗拒也不能逃避。"知其所不可奈何而安之若命，德之胜也。"

这显然是不对的。人是自然的产物，但也能改造自然。社会是人的产物，各个人联合起来便能改造社会。但也必须承认，人的主观能动性的作用，也并不是没有限度的。确实有些自然规律是人所不能抗拒、不能逃避的。个人的生死就是一个例子。每个人都不愿意死，但是每个人都得死。随着医学的发展，医疗技术的进步，环境卫生的改善，个人的寿命是可以延长的，但这只是祛病延年，并不能使个人长生不老。长生不老，在理论上和实践上都是不可能的。在理论上不可能，因为它违反了自然辩证法的一个基本原则：任何东西有成必有毁。

《庄子》在许多篇中讲到生死问题。《养生主》讲了一个故事。老聃死了，他的朋友秦失来吊，哭了三声就出来了。有人怪他对朋友没有感情。秦失说：我看见有些人在那里哭得很悲痛，这是"遁天倍情，忘其所受，古者谓之遁天之刑。适来，夫子时也；适去，夫子顺也。安时而处顺，哀乐不能入也，古者谓是帝之县解。"意思就是说，一个人的生，是由于偶然的机会，他的死，是随顺自然的规律。不懂得这个道理的人，对于死有过分的悲痛，这种悲痛，是由要逃避自然规律而来的，因此他就要受一种刑罚。这种刑罚叫遁天之刑，其内容就是那个悲痛。懂得这个道理的人就可以不受这种刑罚，从这种刑罚中解放出来，称为"县解"，"县"就是那种刑罚。

庄周所讲的这个道理，后人称之为以情从理，我称之谓以理化情。情对于人是一种束缚，理可以使人从束缚中解放出来。这种解放，就是自由。

第六节 倒退的社会观

庄周明确地主张社会应该向后退，历史的车轮应该倒转，对人类的社会、政治制度和文化生活采取了全盘否定的态度。前面所讲的那些哲学观点，成了庄周的社会、政治思想的理论基础。

首先，庄周从相对主义出发，不承认有判断社会、政治制度的是非善恶的客观标准。他说："帝王殊禅，三代殊继。差其时、逆其俗者，谓之篡夫；当其时、顺其俗者，谓之义徒。"（《秋水》）这是说，各时代的统治者取得政权的方法各有不同，合乎一时代的习惯的，就叫做正义；不合乎一时代的习惯的，就叫做篡逆；制度的好坏没有绝对的标准。他又说："彼窃钩者诛，窃国者为诸侯。诸侯之门，仁义存焉。"（《胠箧》）这是说，同样是偷窃，偷钩的小盗被杀掉，而窃国的大盗反而成为诸侯；善恶的判断并没有绝对的标准。他又说："古今非水陆与？周鲁非舟车与？今蕲行周于鲁，是犹推舟于陆也，劳而无功，身必有殃。……故礼义法度者，应时而变者也。"（《天运》）这是说，古今不同，其制度也不同，如果将古代的周制行于现今的鲁国，就如同使船在陆上航行一样，这是行不通的。这段话的意思在表明社会制度没有绝对的好坏，"礼义法度者，应时而变者也"，就如同各种水果一样，"其味相反而皆可于口"（同上），问题在于是否合乎需要。这些说法，承认各种制度的好坏是相对的，从表面上看，有一些辩证因素。但是，庄周讲这些话的目的，并不是像法家那样用以反对旧的制度和肯定新的制度，而是借此论证社会、政治制度本身无所谓好坏，一个统治者的行为也无所谓善恶，由此否认判断社会、政治的好坏有客观的标准。

庄周的这种社会、政治思想，不仅反映了没落奴隶主阶级对恢复旧的社会、政治制度的绝望，也反映了对新的政治制度和新的社会势力的诅咒。按着这种说法，既然一切制度都无所谓好坏，新的政治制度和社会制度也就不一定是好的。你说旧的必定坏，我说新的也未必就好。他企图用这种相对主义的理论反对新的社会制度和新的社会势力。

但这还不是庄周在这一方面的主要论证。他的主要论证是从他所讲的"天""人"关系出发的。他认为自然就是最完善的，如果人为加以改变，这就损害了事物的本性。他说：例如马的蹄子生来可以践霜雪，马的皮毛生来可以御风寒，它们吃草饮水，在野地上奔跑，这就是马的本性。可是，所谓善于治马的人削其蹄，剪其毛，给它备上鞍子，戴上辔头，甚至用鞭子抽打，这样，马就很少有不死的了（《马蹄》）。他又说："是故凫胫虽短，续之则忧。鹤胫虽长，断之则悲。故性长非所断，性短非所续。"（《骈拇》）这是说，事物的大小、长短等性质也都是自然给予的，如果勉强加以人为的增减，必然造成不幸和痛苦。

《庄子》的第七篇的题目是《应帝王》，照传统的说法，这篇是讲"帝王之道"的，也就是说，是讲庄周的政治思想的。在这篇里说："啮缺问于王倪，四问而四不知。啮缺因跃而大喜，行以告蒲衣子。蒲衣子曰：'而乃今知之乎？有虞氏不及泰氏。有虞氏其犹藏仁以要人，亦得人矣，而未始出于非人。泰氏，其卧徐徐，其觉于于，一以己为马，一以己为牛，其知情信，其德甚真，而未始入于非人。'"意思是说，社会越变越坏。在有虞氏（舜）的时候，已经不及在他以前的泰氏了。有虞氏要求人都有"仁"，把人和非人分别开来。他没有能从这个分别中跳出来。泰氏就不是如此。他没有什么分别，甚至不知道自己同牛、马的分别。这样，他就可以保持他的本性，没有堕落到人与非人的分别之中。这一段的意思，类似《老子》所讲的，"失道而后德，失德而后仁"。

这篇又讲了一些"明王之治"。最后，举出了一个故事说：中央地方有个神名叫浑沌，因为他没有耳目口鼻等窍，所以称为浑沌。住在南海和北海的两个神，很怜悯他，想为他开窍，凿了七天，七窍凿通了，浑沌也就死了。浑沌就是无知，王倪"四问而不知"，有近于浑沌，所以啮缺大喜。

庄周说：一个所谓"真人"，睡着了不做梦（"其寝不梦"），醒了也没有什么忧虑（"其觉无忧"），吃饭不知味道（"其食不甘"），不知生的可欢，也不知死的可恶（"不知悦生，不知恶死"）（《大宗师》）。这就是"其卧徐徐，其觉于于"的注解。这就是浑沌的表现。

庄周又叙述一个故事说：孔丘的学生子贡在晋国遇见一个种菜园的"丈

人"。他做一个隧道通到井里，用瓮盛水，把水舀出，"用力甚多而见功寡"。子贡告诉他，有一种机械名叫槔，用槔可以"一日浸百畦，用力甚寡而见功多"。这位"丈人"听了很生气，他说："有机械者必有机事，有机事者必有机心。"有机心的人是"道之所不载"。他说：他不是不知道有这种机械，只是"羞而不为"。子贡把这件事情告诉孔丘。孔丘说：这是"修浑沌氏之术"的人。修浑沌氏之术就是崇尚浑沌。人越能用机械向自然作斗争，人就越能战胜自然，可是从庄周看起来，这就是破坏了客观的浑沌。有了机械就有机心，机心就破坏了主观的浑沌。

庄周之所以反对"机心"，赞美浑沌，是因为他认为，如果被统治的群众有知识，他们就会反抗，而这种反抗是奴隶制所以被打倒的原因。他说："故天下每每大乱，罪在于好知。"（《胠箧》）他又引老聃的话说："汝慎无撄人心。人心排下而进上，上下囚杀。……偾骄而不可系者，其唯人心乎？……天下脊脊大乱，罪在撄人心。故贤者伏处大山嵁岩之下，万乘之君，忧栗乎庙堂之上。"（《在宥》）意思就是说，被统治的群众的心不可挑动，动了以后，就一发而不可收拾，必致于"天下大乱"。所谓"天下大乱"，乱的是奴隶主的社会秩序，原来的当权的贵族被打到大山嵁岩之下，还在当权的统治者坐在宝座上吓得发抖。从奴隶主看，这种秩序的破坏是"天下大乱"，从被统治的群众看，这是形势大好。庄周的意思，也是像老聃一样，认为"民之难治，以其智多"。对付的办法是使民无知，甚而至于连自己不同于牛马这一点也不知道。奴隶主希望，这样就可以使奴隶们安于牛马的生活。

庄周认为儒家的办法也是"撄人之心"，不可能达到预期的结果。庄周说："及至圣人，屈折礼乐以匡天下之形；县跂仁义以慰天下之心，而民乃始踶跂好知，争归于利，不可止也。"（《马蹄》）他说："下有桀跖，上有曾史，而儒墨毕起。于是乎喜怒相疑，愚知相欺，善否相非，诞信相讥，而天下衰矣。大德不同，而性命烂漫矣。"（《在宥》）因此，庄周得出结论说："故绝圣弃知，大盗乃止；擿玉毁珠，小盗不起；焚符破玺，而民朴鄙；掊斗折衡，而民不争。殚残天下之圣法，而民始可与论议。"（《胠箧》）他认为取消了这些东西以后就得到所谓"至德之世"。他描述这种社会说："夫至德之世，同与禽兽居，族与万物并，恶乎知君子小人哉？同乎无知，其德不离；同乎无欲，是谓素朴。素朴而民性得矣。"（《马蹄》）"同与禽兽居，族与万物并"，就是《应帝王》所说的，没有人与非人的分别。

《庄子》中讲的理想社会和《老子》中讲的理想社会好像是相同的，其实亦不同。《老子》所讲的理想社会是守其素朴知其文明，在其中亦有舟车，亦有甲兵，亦有文字，不过是无所用之。《庄子》中所讲的理想社会就只有素朴这一面。在它所描写的理想社会中，不但用不着舟车、甲兵及文字，它本来就没有这些东西，也不知道有这些东西。这是《庄子》比《老子》更进一步地主张社会倒退的表现。

第七节　庄周哲学是隐士思想的总结

道家出于隐士。在春秋战国社会大转变时期，奴隶主阶级里的没落分子以及不愿意与地主阶级合作的人，把自己隐蔽起来，被称为"隐士"。他们的最大目的，是保存自己，免受地主阶级的迫害。他们的思想的早期代表是杨朱。孟轲说："杨氏为我"，这是隐士思想的中心，也是道家思想的一个主题。

他们所用的保存自己的方法之一，就是装疯卖傻，装作无用之物。《庄子》讲了些"无用之木"的故事。这些木不成材料，所以也没有人采伐它。可是这个办法也不是在任何情况下都可行。《山木》篇讲了一个故事说：庄周带着他的学生在山里行走，看见一棵很高大的树，一个木匠坐在树的旁边，并不采伐。庄周问他为什么不采伐。木匠说："这棵树虽然高大，但不成材料，实在是没有什么用处。"庄周对他的学生说："你们记住，这棵树因为没有用，才保存了它的寿命。"晚上庄周住在他的朋友家里。他的朋友要杀一只雁，作为庄周的晚餐。朋友的家里人问道："有两只雁，一只能鸣，一只不能鸣，杀哪一只？"朋友说："杀那只不能鸣的。"第二天，庄周带着他的学生上路。学生问道："前天那棵大树，因为没用，才可以保存它的寿命。昨天那只雁，因为没用而被杀了。这样看起来，有材也不行，没有材也不行，先生打算怎样办？"庄周说："吾将处于材与不材之间"，就是说，既不表现太有用，也不表现太无用。

《养生主》也说："为善无近名；为恶无近刑；缘督以为经，可以保身，可以全生，可以养亲，可以尽年。"这也就是说，不可表现太好，也不可表现太坏，最好是不好不坏，经常走好坏之间的一个中间路线（"缘督以为经"）。这个中间路线就是"材与不材之间"。

在《山木》篇中，庄周又说，这个中间路线也还不保险。他说，"材与不材之间，似是而非也，故未免乎累。若夫乘道德而浮游则不然。无誉无訾，一龙一蛇。与时俱化，而无肯专为。一上一下，以和为量，浮游乎万物之祖，物物而不物于物，则胡可得而累邪？""乘道德而浮游"就是《逍遥游》所说的"以游无穷"。"浮游乎万物之祖"就是《齐物论》所说的与道为一。"无誉无訾，一龙一蛇"，就是《人间世》所讲的混世。"物物而不物于物"，是说要常为主动不为被动。这样，就什么麻烦都没有了。

从孔丘到庄周可以看出来当时奴隶主阶级日益没落的情况,在孔丘的时代,奴隶主阶级的统治虽然已经开始崩溃,但还未完全失去控制的能力。孔丘还希望,在这个基础上对于旧政权、旧制度做一些修修补补的工作,企图挽救它们的失败。到了《老子》的时代,奴隶主阶级已经失败了。旧的社会制度和社会秩序已经完全不能维持了,但已经失掉了政权的奴隶主阶级还想作最后的挣扎,企图用一种阴谋权术,恢复他们已经失去的天堂;到了庄周的时代,这种最后的挣扎也没有胜利的希望了。他们完全失望了,绝望了,只好完全放弃斗争,得过且过,随遇而安,听天由命了。《庄子》书中虽然用了许多超然的词句,乐观的论调,但是在这些词句论调下面隐隐约约地藏着一种悲观的情绪。

在后来的封建社会中,地主阶级内部分化为当权派和不当权派,这二派之间是有矛盾、有斗争的。知识分子也有"在朝"和"在野"的分别,前者称为"庙堂",后者称为"山林"。这二者之间也是有矛盾有斗争的。在"山林之中"的知识分子,固然要用庄周的"超世绝俗"的思想,以安慰自己。即在"庙堂之上"的知识分子,也往往用庄周的"混世"思想,以保全自己。所以庄周的思想,在中国的封建社会中,仍然是很流行的。儒家的思想固然成为封建统治阶级的统治思想,道家的思想仍然和它分庭抗礼,相互为用,以保持封建社会的平衡。

例如晋朝的陶潜,本来也是个有雄心壮志的人。他赞美荆轲,同情荆轲。但是他怀才不遇、沉困下僚,只得辞官不做,离开"庙堂"这条路,走向"山林"。他的诗说:"采菊东篱下,悠然见南山。山气日夕佳,飞鸟相与还。此中有真意,欲辩已忘言。"宋朝的辛弃疾本来是一个反抗金兵的农民群众武装的领袖,回到宋朝以后,得不到朝廷的重用,也只好志向"山林"了,自号"稼轩",以明其志。他的词说:"味无味处有真乐,材不材间过一生。"《老子》说:"味无味",就是说以"无味"为味。能够体会到味无味的真乐,才可以在材不材间过一生,这个材不材间才可以不是似之而非。

在历史中的任何时代,总有不得志的人;在一个人的一生之中,总要遇到些不如意的事,这些都是问题。庄周哲学并不能使不得志的人成为得志,也不能使不如意的事成为如意。它不能解决问题,但它能使人有一种精神境界。对于有这种精神境界的人,这些问题就不成问题了,它不能解决问题,但能取消问题。人生之中总有些问题是不可能解决而只能取消的。

这种精神境界,用庄周的话说,可以概括为十六个字:

    游于逍遥;论以齐物。
    超乎象外;得其环中。

第十五章　惠施、公孙龙及其他辩者，后期名家的发展

第一节　关于名家这个称号

名家这个称号大概是从关于名、实关系这个问题引起的。名、实关系是中国古代哲学史中的一个重要问题。在春秋战国时代，由于社会制度的激烈变革，许多事物的称谓和它所指的实际事物，发生了矛盾。或者旧的称谓没有改变，但它所指的实际事物已经发生了变化，或者出现了新的事物，旧的称谓不足以表明它的新内容。例如，"君"这个名词，原来是指旧的奴隶主，而后来新兴的地主阶级的政治代表也称为"君"了。这样，就出现了所谓"名、实相怨"（《管子·宙合》）的情况。这是当时社会激烈变革的必然产物。因此，当时许多思想家都关心名、实关系的问题。他们都要求解决名和实的矛盾，使名实相符，以为他们所服务的阶级的政权服务。由于他们所代表的阶级利益不同，他们解决名、实关系的方法和态度也完全相反。一般说来，没落奴隶主阶级，走复古、倒退路线的思想家，重视旧有的名。他们企图保持旧有的名不变，想用旧的"名"校正[①]新的"实"。他们就像孔丘那样以"正名"为"复礼"。因此，他们重视"名"而轻视"实"，把名看成是一成不变的，第一位的，在哲学上走向了唯心主义。与此相对立，代表新兴地主阶级的思想家把"实"看成是第一位的，认为"名"是"实"的"名"，有什么样的"实"就应该有什么样的"名"，"名"是随"实"而变的，在哲学上走向了唯物主义。他们讲"综核名实"，以此为代表地主阶级的统治者提供新的统治方术。稷下黄老之学和申不害所讲的"术"都是这一类的思想。

[①] 冯友兰原作"校正"，及第二十三、二十三章多次出现此词，我们觉得"矫正"更合适。——编者注

司马谈论名家说:"名家苛察缴绕,使人不得反其意,专决于名,而失人情。故曰:'使人俭而善失真。'若夫控名责实,参伍不失,此不可不察也。"(《论六家要旨》,《史记·太史公自序》引)刘向、刘歆说:"名家者流,盖出于礼官。古者名位不同,礼亦异数。孔子曰:'必也正名乎!名不正则言不顺。言不顺,则事不成。'此其所长也。及謷者为之,则苟钩釽析乱而已。"(《汉书·艺文志》)

汉朝的历史家对于先秦思想的"六家"的分法,本来就是不很科学的,而所谓"名家"的名称,尤其是很不科学的。他们所说的"名家"的内容是很混乱的。司马谈所说的"控名责实,参伍不失",是法家所讲的统治术。刘向、刘歆所说的"正名"是孔丘的"复礼"的方法。前者属于法家思想,后者属于儒家思想,两者正是相反的。司马谈所说的"苛察缴绕",刘向、刘歆所说的"钩釽析乱"同法家所讲的"控名责实",儒家所讲的"复礼",既没有逻辑的关系,也没有继承的关系,那是另外一回事。这些历史家们仅看到一些现象,没有看到事情的本质,就混为一谈,一概称之为"名家"。这是很不科学的。

关于"名实"的问题,到了战国中期以后,发展成为认识论和逻辑学上的问题。在这两方面的讨论中,后期墨家和荀况作出很大贡献。惠施和公孙龙,把名家问题引入到宇宙观的范围。他们所辩论的主要是宇宙观的问题,或者可以说是西方哲学中所说的本体论的问题。在宇宙观或本体论中,也有两条路线的斗争,主要是辩证法和形而上学的斗争。在这个斗争中惠施从实出发,代表了辩证法的路线、公孙龙从名出发,代表形而上学的路线。这种情况可以在《庄子·天下》篇中看出来。

《天下》篇是先秦一篇哲学史论文,是站在庄周哲学立场的人写的。他在叙述了庄周哲学以后,本来就可以结束了,因为他认为哲学发展到庄周已经登峰造极了。可是他又写了一段评论惠施、公孙龙及其他辩者,介绍了他们的辩论的要点,作为他的文章的一个附录。这是他对这些辩论既不赞同而又不忍舍弃的一种表现。

他的这段附录是以惠施为主的,开头说:"惠施多方,其书五车,其道舛驳,其言也不中。"就是说,惠施的学问很广,著述很多,可是他的意思很杂乱,他的话也说不到点子上。下面列举了惠施的十点辩论,又接着说:"惠施以此为大观于天下,而晓辩者。天下之辩者相与乐之。"就是说,辩者们对于惠施十点辩论,很感兴趣。下边又列举了辩者们提出的二十一点的辩论,接着说:辩者们"以此与惠施相应,终身无穷"。

在这些辩者之中,《天下》篇特别提到两个人,一个是桓团,一个是公孙龙。"桓团、公孙龙辩者之徒，饰人之心，易人之意，能胜人之口，不能服人之心，辩者之囿也。惠施日以其知与之辩（原作"与人之辩"今从古钞卷子本），特与天下之辩者为怪，此其柢也。"这里所说的"与之辩"这个"之"字指的是桓团、公孙龙。这两个人是惠施辩论的对手。惠施"日以其知与之辩"。就是说，他用他自己所有的知识同桓团、公孙龙辩论。桓团这个人没有什么言论、著作可见，公孙龙有一部《公孙龙子》传下来。从这部书的内容看，公孙龙确实是同惠施对立的。他是作为惠施的对立面而出现于历史的，他们的辩论当然不是闲磨牙，而是具有宇宙观或本体论的意义。当然这也不是一种概念的游戏，而是两种思想方法的反映。

荀况把邓析、惠施归为一类。他说："不法先王，不是礼义；而好治怪说，玩琦辞。甚察而不惠，辩而无用，多事而寡功，不可以为治纲纪。然而其持之有故，其言之成理，足以欺惑愚众。是惠施、邓析也。"（《荀子·非十二子》篇）荀况的评论不一定都对，但是认为邓析、惠施都是反传统的，并都以怪说琦辞作为反传统的工具，这一点是对的。他特别提出来邓析、惠施的怪说琦辞，认为他们都是在那里玩弄名词，制造怪论，这就是司马谈所说的"苛察缴绕"，刘向、刘歆所说的"钩䥨析乱"。这些评论大半是出于误解或不了解。可是，如果还沿用名家这个称号，真正的名家思想就是荀况、司马谈、刘向、刘歆所不了解的那些辩论。

这种思想的要点就是用"怪说""琦辞"，在宇宙观的高度进行两种思想方法的斗争。在这个意义上说，邓析是中国名家的先驱。说他是名家，因为他用以同子产作斗争的方法，似乎也是"苛察缴绕""钩䥨析乱"。说他是先驱，因为他还没有把他的辩论提到宇宙论或本体论的高度。他所进行的斗争是在法律的领域内，还没有进入哲学的领域。

第二节　惠施的法家思想

惠施据说是宋人（《吕氏春秋·淫辞》高诱注）。他曾经做过魏国的宰相，"为魏惠王为法"（《吕氏春秋·淫辞》）。法成以后，向老百姓公布，得到老百姓拥护。他所做的事跟法家的政治家是一类的。他曾经说："置猿于柙中则与豚同，故势不便，非所以逞能也。"（《韩非子·说林下》）他又说：如果一个善射的人，如羿，持弓射箭，虽不认识的越人也愿意为他拿靶子。如果一个小孩持弓射箭，他的母亲也要躲进房把门关起来。由此他得出结论说："可必，则越人不疑羿；

不可必，则慈母逃弱子。"（同上）他以此说明信赏必罚的重要。从这些资料看起来，惠施在政治方面的措施和思想与法家是一类的。

《吕氏春秋》说："匡章谓惠子曰：'公之学去尊，今又王齐王，何其倒也？'惠子曰：'今有人于此，欲必击其爱子之头，石可以代之。公取代之乎，其不与？施取代之。子头所重也，石所轻也。击其所轻，以免其所重，岂不可哉？齐王之所以用兵而不休，攻击人而不止者，其故何也？'匡章曰：'大者可以王，其次可以霸也。'惠子曰：'今可以王齐王，而寿黔首之命，免民之死，是以石代爱子头也，何为不为？'"（《吕氏春秋·爱类》）魏惠王后元年，齐、魏会于徐州，互尊为王（《竹书纪年》）。《吕氏春秋》的这段话就是指此事。匡章说："公之学去尊。"可见"去尊"是惠施的一个主要思想，而且有一定的理论根据。这一思想的内容，由于材料的缺乏，我们知道很少。但从字面的意义看，"去尊"含有去掉特权和要求平等的意义。

但是惠施并不是真要"去尊"。他自命为"治农夫者"（《吕氏春秋·不屈》）。他还是要维持等级制度的。他的"去尊"主要的是对于奴隶制的等级制度说的。他要"去"奴隶制的等级制度的"尊"，而保持封建制的等级制度的"尊"。所以他一方面主张"去尊"，一方面又自命为治农夫者。从他的阶级观点看，这两方面不但并行不悖，而且去彼之"尊"正所以立此"尊"。

就惠施的哲学思想说，他强调事物的相对性。就古代哲学发展的历史看，强调事物的相对性，可能有两种情况。一种情况是，站在拥护新事物的立场讲事物的相对性，其锋芒指向于否定旧事物的绝对权威，为新事物争取地位。另一种情况是，站在没落阶级的立场讲事物的相对性，其锋芒指向于诅咒新兴的事物，不承认新兴事物的地位。惠施是站在前一种立场的。这可能就是"惠施十事"的阶级根源。他和庄周的区别也在于此。

第三节 惠施的"万物说"

《庄子·天下》篇说：南方有个奇怪的人名字叫黄缭，提出些问题，问天为什么不塌下来，地为什么不陷下去，什么是风雨雷霆的原因（"风雨雷霆之故"）。惠施不假思索就把这些问题全回答了，并且"遍为万物说"。又说："惠施多方，其书五车。"可见他的著作是很多的。但是，他对于黄缭的回答，他的"五车书""万物说"，现在都失传了。就"万物说"这个名字以及下面的一些零碎材料看，可以推测他对于自然界各方面的现象，有许多解释。这是当时的科学知识。惠施不仅是一个政治家、哲学家，而且是一个科学家。

《庄子》中有一段话说："木与木相摩则然（燃），金与火相守则流。阴阳错行，则天地大绞（骇），于是乎有雷有霆。水中有火，乃焚大槐。"（《外物》）这就是说，两块木头相摩擦，就生出火来。金属的物质，在火中就变成液体。阴气和阳气如果互相交错，就有雷霆发出来。主张这种说法的人大概认为，交错就是阴气包住了阳气，阳气向外冲，于是发出雷霆的声音，甚至发出雷火，所以接着说，"水中有火，乃焚大槐"。这是当时关于"雷霆之故"的一个答案。我们不能断定这就是惠施的答案，但可能是惠施的答案。

《吕氏春秋·有始》篇讲到"大同"和"众异"，又说到雷电之所以生。这说明，《吕氏春秋》的这一篇可能是从惠施的"万物说"抄来的。《吕氏春秋》本来是如后来《太平御览》之类，其内容都是从当时存在的著作中抄来的。不过《太平御览》抄书，注明出处；《吕氏春秋》则不注明。先秦著作一般都不注明著作人。《吕氏春秋》也是依照当时的惯例。《有始》篇说："天地有始。天微以生，地塞以成（本作微以成，地塞以形，依陈昌齐校改）。天地合和，生之大经也。以寒暑、日月、昼夜知之，以殊形、殊能、异宜说之。夫物合而成，离而生。知合知成，知离知生，则天地平矣。平也者皆当察其情，处其形。"这里所说的也是一个宇宙形成论。天地是有始的。天地以前是什么情况，这里没有说。天空是空虚的，所以说是"微"；地是一个坚硬的实体，所以说是"塞"。天以其"微"，地以其"塞"，和合而生成万物。天地中间，有寒暑、日月、昼夜等分别（"知"）。所生成的万物，有不同的形体，不同的才能，适合于不同的环境（"异宜"）。天地由于这些情况而得到说明（"说之"）。万物是天地和合而成的，既成之后，就与天地分离而独立存在。人对于万物，要加以研究，考察它们的情况（"察其情"），处置它们的形体（"处其形"）。这就是篇末所说的，"天斟（会集）万物，圣人览焉，以观其类"。就是说，研究以后，把它们分类。"览焉"就是"察其情"，"观其类"就是"处其形"。下面接着说，"解在天地之所以形，雷电之所以生，阴阳材物之精，人民禽兽之所安平。"照这几句话看起来，有许多"解"在后面，可惜《吕氏春秋》没有都抄下来。这些"解"正是说明"天地所以不坠不陷，风雨雷霆之故"。照这些情况看起来，《有始》这一篇可能是惠施"万物说"的序论。"惠施十事"是"万物说"的十个主要论点。所以《天下》篇称之为"历物之意"。

如果真是这样，我们可以说，惠施提出了一个唯物主义自然观，而且他的唯物主义是以当时的科学知识为基础的。

第四节　惠施"历物之意"十事

惠施不但有"万物说",而且还讲"物之意"。照下面列举的十事看,"物之意"就是事物的本质和规律。"万物说"是对于事物的现象的解释,这是惠施的科学;"历物之意"就是普遍地考察事物的本质和规律,这是惠施的哲学。

《天下》篇说:"(惠施)历物之意曰",以下列举十事。

《天下》篇说:惠施与黄缭辩论,"遍为万物说。说而不休,多而无已,犹以为寡,益之以怪"。又说:惠施"特与天下之辩者为怪"。这个"怪"就是荀况所说的"怪说琦辞"那个"怪"。一般的人不能理解他的"物之意",就称之为怪。怪是他的哲学的特点。

为什么怪,因为他的哲学接触到辩证法的一个主要规律,"同一性自身中包含着差别性"。

恩格斯说:"抽象的同一性（a = a,以及否定地,a 不能同时等于 a 又不等于 a）在有机自然界中同样是不能够应用的。植物、动物,每一个细胞,在其生存的每一瞬间,既和自己同一而又和自己相区别,这是由于吸取和排泄各种物质,由于呼吸,由于细胞的形成和死亡,由于循环过程的进行,一句话,由于不休止的分子变化的总和,这些分子变化形成生命,而其综合的结果则一目了然地出现于各个生命阶段——胚胎生命,少年,性的成熟,繁殖过程,衰老,死亡。生理学愈向前发展,这种不断、无限小的变化对于它就愈加重要,因而同一性内部的差别的考察也就愈加重要,而那旧的抽象的形式的同一性观点,即把有机体当作单只和它自己同一的东西,看作常住不变的东西的观点,便过时了。然而以此为基础建立起来的思维方式及其诸范畴却还继续存在。但是甚至在无机自然界中,同一性本身在现实中也是不存在的。每一物体不断地受到机械的、物理的、化学的作用,这些作用经常在改变它,修改它的同一性。只是在数学中——即研究思想事物（纵然它们是实在的反映）的一种抽象的科学中,——才有抽象的同一性及其与差别的对立,而且甚至在这里也渐次被抛弃着。同一性在自身中包含着差别性,这一事实在每一命题中都表现出来,在这里述语是必须和主语不同的。莲花是一种植物,玫瑰是红的;这里不论是在主语或者在述语中,总有点什么东西是述语或主语所包括不了的。与自身的同一首先必须有与一切别的东西的差别作为补充,这是不证自明的。"(《自然辩证法》,人民出版社 1955 年版,第 176—177 页)

恩格斯在这里所说的是客观辩证法的一个规律。这里所说的同一和差别，若用先秦哲学的范畴表示出来，就是所谓"同"和"异"。战国时笼统的说法，都说辩者"合同异，离坚白"。其实这两个"标语"表示出惠施及其对立面的互相对立的特点。惠施主张"合同异"，其对立面公孙龙主张"离坚白"。

惠施"历物之意"的第一事说："至大无外，谓之大一；至小无内，谓之小一。"稷下黄老学派也有"其大无外，其小无内"（《管子·心术上》）的说法。惠施的第一事可能是从稷下黄老学派来的，但其意义不同。稷下黄老学派所说的"无外""无内"是形容"道"的；惠施并不讲黄老学派所讲的"道"。他所说的"无外""无内"可以说是"至大""至小"的定义。意思就是说，什么东西是至大的？只有"无外"的东西是至大的。"无外"就是说，不可能有什么东西在其外。这个大就是无限大。既然是无限大，所以就是至大。什么东西是至小的？只有在其内不可能有什么东西，不可能再分割了，这才是至小。这个小就是无限小，既然是无限小，所以说是至小。至大之所以为至大，至小之所以为至小，就是因为它是无限。至于有限的东西可能是很大，但它既然是有限那总可能有比它更大的东西，所以不能是至大。它的大只是相对于比它小的东西说的。所以它的大无论有多么大，总是相对的。关于小也是这种情况。有限的东西，无论是大是小，总都是相对的。既然是相对的也就是可以转化的。相对大的东西对于比它小的东西说它是大，但对于比它大的东西说，它就小了。这就是说，它的大可以转化为小。对于小也有这种情况。

庄周说："天下莫大于秋毫之末，而泰山为小；莫寿乎殇子，而彭祖为夭。天地与我并生，而万物与我为一。"（《庄子·齐物论》）泰山和秋毫都是有限的东西，庄周指出，泰山的大和秋毫的小都是相对的，是可以转化的，同比泰山大的东西比，泰山就是小，同比秋毫小的东西比，秋毫就是大，这是不错的。但是，泰山与秋毫比，泰山总是大，秋毫总是小。如果因为泰山的大和秋毫的小都是相对的，可以转化的，就说秋毫比泰山大而且还是最大，那就是诡辩。庄周的意思是要借此说明既然大小的分别都不是绝对的，所以也就没有分别，由此而得出"万物与我为一"的结论。

惠施"历物之意"，开宗明义，指出只有无限大才是至大，只有无限小才是至小。他可能是以此说明，有限的东西的大、小，也都是有限的，因此都是相对的，可变的，可以与其对立面互相转化的，这也就是说，就有限的东西说，其同一性中有差别性。

第二事说："无厚不可积也，其大千里。""无厚"是战国时期学术界经常讨论的一个问题。这是跟当时几何学的发展相联系的。几何学中的"面"是"无厚"的；"无厚"就没有体积，但是有面积，其大可至千里。就其没有体积说，"无厚"不能说是大，一个"无厚"加上一个"无厚"，还是"无厚"，犹如零加零还是零，但是就其面积说，其大可至千里，这是用一个科学中的例子说明自身同一中的差别。

第三事说："天与地卑，山与泽平。"老聃说："高下相倾。"这是说高下是"相反相成"的。"没有高山不显平地。"没有高也就没有下，没有下也就没有高。惠施的这个辩论注重在说明高的或下的东西，都在其自身的同一性中包含有差异。也就是说，高的东西或下的东西中，都包含它自己的对立面。这两个对立面也是相对的，也可以互相转化。从事实方面说，一般人都认为天是高的，地是低的，但是向远处看，又都好像是天与地是接联的。所以也可以说："天与地卑。"一般人认为山是高的，泽是低的。但是在海拔高的地方的湖泊，可能跟在海拔低的地方的山一样高，所以说："山与泽平。"

第四事说："日方中方睨，物方生方死。"太阳刚才升到正中，同时也就开始西斜了。一个东西刚才生出来，同时也就开始死亡了。这个命题表明生、死是相对的，事物在发展的过程中包含生、死两个方面。任何事物都含有内部矛盾，都有自己的反面和正面，有自己的过去和将来，自己的衰颓着的东西和发展着的东西。固定的、不变的同一性是没有的。

第五事说："大同而与小同异；此之谓小同异。万物毕同毕异；此之谓大同异。"这一条的意义在《吕氏春秋·有始》篇中得到解释。《吕氏春秋·有始》篇说："天地万物，一人之身也；此之谓大同。众耳目鼻口也，众五谷寒暑也；此之谓众异。"天地是大同，一人之身，应该是小同。"天地万物一人之身也"；这是大同与小同之间的同。可是大同与小同有大小的不同；这是大同与小同之间的异。这种同异只是两种东西之间的同异，所以说是小同异。大同和小同自身也都包含有差别，即众异。"众耳目口鼻"是小同中的众异；"众五谷寒暑"是大同之中的众异。惠施认识到，事物之间都是有联系的，就如"一人之身"一样；同时事物之间也都是有分别的，事物自身的同一也包含有差别。

第六事说："南方无穷而有穷。"这是借"南方"这个地理名词以说明同一性自身中的差异。南方是无穷的，又是有穷的，就当时人的地理知识说，"南方无穷"是战国时期的人常说的话。《墨子》中说："南者有穷则可尽，无穷则不可尽。"（《经说下》）在当时，一般人都认为南方是无穷的。因为中国东面有海，西有沙漠（流沙），北面有大山，只有南面，随着南方各国，如楚、越等国向南方继续扩展，没有达到止境，好像是无穷的。但随着地理知识的进步，到战国中叶，惠施的时候，人已经意识到，南方也有海。在战国后期，邹衍大九州之说已经流行。他认为中国四面都为海所环绕；在这时候，"四海"这个名词有比较确定的意义，比较具体的内容。所以就这个时候一般人的科学知识说，南方也是有穷的。《吕氏春秋·有始》篇也说："凡四海之内，东西二万八千里，南北二万六千里。"根据这种知识，惠施在此以"无穷"和"有穷"相对比，借以说明无穷和有穷自身的同一都包含有差别，都包含有对立面。这些对立面是可以互相转化的。这也可以说明，人的知识是经常变动的，是相对的。

第十事说："今日适越而昔来。"这是说"今""昔"是相对的，互相转化的。今天所谓昔，正是昨天所谓今，今天所谓今，明天就成为昔。今、昔也是互相依存的，没有昔，就无所谓今，没有今，也没有所谓昔。"今""昔"自身的同一都包含有差别。

第八事说："连环可解也。"连环是不可解的，但是当它毁坏的时候，自然就解了。事物自身的同一都包含有差别。连环存在的时候，也就是它开始毁坏的时候，也就是它开始解的时候。举连环为例，因为当时有个有名的关于连环的故事。据说，有一个外国的使臣给齐威王后一个玉连环，请她解开。齐威王后拿了一把锤子，把玉连环打碎，向使臣说：连环解开了。惠施的这个辩论，也说明，解与不可解也是相对的，有条件的。

第九事说："我知天下之中央，燕之北，越之南是也。"中国人本来以为中国是世界的中央，燕之南、越之北，是中国的中央，所以燕之南、越之北，也是天下的中央。《吕氏春秋·有始》篇说："东南为扬州，越也……北方为幽州，燕也。"随着地理知识的发展，人们已知道中国并不是世界的中央。照《吕氏春秋·有始》篇所说，"四海之内"是中国的境内。于"四海"之外还有"四极"，这是世界的极限。它说："凡四极之内，东西五亿有（又）九万七千里；南北亦五亿有九万七千里。"中国不过是"四极"之中的一小部分，决不是世界的中央。《吕氏春秋·有始》篇又说："白民之南，建木之下，日中无影，呼而无响，盖天地之中也。""白民之国"据《山海经》说，在海南边。照"大九州"之说，中国也不是世界的中央。天下之中央可以说是在"越之南"，但何以又在"燕之北"？这就不好解释。无论如何，惠施在这里所讲的，主要的不是当时人的地理知识，而是辩证法。他只是借用一个与当时一般人的见解极端相反的说法，借以说明中央与旁的分别是可以互相转化的。

第十事说："泛爱万物，天地一体也。"照上面九个论点所证明的，一切事物都是在变动之中的，有联系的。一切差别都是相对的，有条件的，也都可以互相转化的。照《吕氏春秋·有始》篇所说的，"天地万物，一人之身也，此之谓大同。""一人之身"，正是"天地一体"的意思。既然"天地一体"，所以要

"泛爱万物"。这是十事的一个结论。

有人认为，这也是一种"兼爱"之说，因此惠施是墨家的一个支流。其实，墨翟讲"兼爱"是就社会各阶级说的。他要求当时社会中的"王公大人"以及工、农群众，互相爱护，互相合作。这是阶级调和论。惠施讲的是宇宙观，或本体论，认为宇宙间的事物都是互相联系的，如"一人之身"那样。"泛爱万物"这句话可能只是用以加强"天地一体"这句话的语气。无论如何，还不是惠施的哲学思想的中心和重点。

第五节　惠施与庄周——辩证法与相对主义、怀疑论和诡辩

惠施的十事，贯串起来大意是说，大的东西可以同时是小，小的东西也可以同时是大。一个事物的兴盛，同时也就是它的衰败。一个活生生的东西同时也正在死亡。每个东西同一切别的东西都有分别，同时一切别的东西都同它有联系。要泛爱万物，整个天地都是互相联系着的，如同一人的身体一样。粗浅地看，惠施好像是在宣扬庄周的齐物论。上面所引的《齐物论》中的一段话："天地与我并生，而万物与我为一。"下面接着说，"既已为一矣，且得有言乎？既已谓之一矣，且得无言乎？一与言为二，二与一为三，由此以往，巧历不能得，而况其凡乎？"意思就是，既然是一个整体，那就不能再说什么了。因为一说就有说与所说的对立，那就不是一个整体了，而是两个。有一又有二，那就成为三了。这样加起来，那就不知有多少了。所以只好停留在"一"上。庄周认为既然事物的性质以及它们之间的分别都是相对的，那也就是不真实的，只是由于主观上的认识，不是客观上所固有的，对于它们随便怎么说都可以。这就是说，它们就只是"我"的主观的偏见，不是客观存在。唯一真实的东西，就只是我的主观的、无分别的、一片浑沌的境界。

拿庄周这段话同惠施的"十事"详细比较，就可以看出来，惠施所注重的是客观的世界，而庄周所注重的是人的主观的世界。他们虽然都讲到万物一体，但是惠施所讲的"万物一体"是就万物论万物，并不是以我为中心，庄周所讲的万物一体，则是以我为中心的。所以惠施只是讲"泛爱万物"，而不讲无差别的、一片浑沌的主观境界。庄周则把这一种境界作为他的《齐物论》的最后的结论，并且认为这种境界是"圣人"自我修养的最高成就。

这是惠施和庄周的根本的不同，因为有这不同，所以惠施讲的是辩证法和唯物主义，庄周所讲的是相对主义、怀疑论、诡辩和主观唯心主义。惠施与庄周的

哲学思想是根本对立的。

这个判断可以从《天下》篇中得到反面的说明。《天下》篇是庄周一派的人站在庄周哲学立场上写的。他把惠施写在庄周之后，作为一个附录，这表示他对于惠施相当重视。但是他认为惠施的大方向是错误的。他说："惠施之口谈，自以为最贤，曰：'天地其壮乎！'施存雄而无术。""天地其壮乎"是惠施的话，意思就是说，天地是伟大的。他重视客观世界，以客观世界为中心。而庄周则认为"我"是最伟大的，以"我"为中心。惠施认为"我"是天地的一部分，而庄周则把天地归结为"我"。"施存雄而无术"是《天下》篇的作者对于惠施的评论。意思就是说，惠施是有一种雄心要想了解天地，但是没有"术"。这个"术"就是《天下》篇所讲的"道术"，也就是庄周的相对主义和唯心主义哲学。《天下》篇的作者认为彭蒙、田骈、慎到、老聃、庄周，都有得于"古之道术"，而惠施则无所得，所以惠施是"弱于德，强于物，其涂隩矣"。就是说，惠施不讲对于内心的修养而只讲对于外物的知识，所以他的路越走越窄了。

《天下》篇对于惠施评论说："惠施不能以此自宁，散于万物而不厌，卒以善辩为名。惜乎惠施之才，骀荡而不得，逐万物而不反，是穷响以声，形与影竞走也，悲夫！"《天下》篇对于惠施的这种惋惜，也是对于惠施的批评。其实，这种批评是从反面对于惠施的赞扬。惠施对于客观世界的态度，是唯物主义者和科学家的态度。客观的世界是无穷无尽的，人类对于客观世界的认识和改造，也是无穷无尽的。人对于客观世界的每一点认识都只能是相对的真理。相对真理的总和才是绝对真理。人类只能于认识客观世界的过程中才能逐渐接近绝对真理。接近是接近了，可是永远得不到绝对真理。因为这个过程是无限的。改造客观世界也是这样。人在改造客观世界中改造主观世界也是这样。这些过程都是无限的。如果认为这些过程有一个终结那就违反了辩证法。

在这些过程中，人类不能"自宁"，"散于万物而不厌"，倒真是有点像"穷响以声，形与影竞走"，但是这有什么可悲呢！人生的意义不也正在于此吗！认为这是可悲或可乐，这是两种世界观的斗争。两种世界观也就是社会上两条路线斗争的反映。

第六节　惠施的对立面——公孙龙

恩格斯说：有"两种哲学派别：带有固定范畴的形而上学学派，带有流动范畴的辩证法学派。"（《自然辩证法》，人民出版社1955年版，第167页）又说：

"旧的形而上学意义下的同一律是旧的世界观的基本原则：a = a，每一事物和它自己相同。一切都是永久不变的……真实的具体的同一性包含着差别和变化。"（同上书，第178页）惠施的"十事"是对于形而上学意义下的同一律的一种批判。他用"十事"证明一个事物自身包含着差别，a 是 a 同时是非 a。太阳升在天中，同时就西斜了。一切事物的性质和活动都是相对的，可变的。从"十事"看，惠施是属于带有流动范畴的辩证法派。他讲的是真实的具体的同一性。以这种同一性为基础的宇宙观同形而上学宇宙观处于对立的地位。

当时带有固定范畴的形而上学派的代表人物是公孙龙。惠施把流动性范畴提到宇宙观或本体论的高度。同他作对立面的人也必须把固定性范畴提到同样的高度。这一点公孙龙做到了。要做到这一点，公孙龙也接触到辩证法的问题，对之也有片面的理解。但是这种理解的片面性使他成为惠施的对立面，成为当时固定性范畴形而上学派的代表。

公孙龙（约前319—约前252）是赵国人（《史记·孟子荀卿列传》）。关于他的政治上的主张和活动的材料很少。仅知道他反对打仗，是一个反战论者，用当时的话说：他主张偃兵。据说，他曾经"说燕昭王偃兵"（《吕氏春秋·应言》）。又说赵惠文王偃兵，说："偃兵之义，兼爱天下之心也。"（《审应》）上边讲到惠施也有主张"偃兵"之说，但是所谓惠施偃兵只是对于齐楚两国的一种外交策略，而公孙龙主张偃兵照《吕氏春秋》所讲的，是一个一般的理论，并且以"兼爱"作为其理论的根据。

他劝燕昭王和赵惠文王自己先不要有战争的思想，更不要有鼓励战争的行为。这是要使这两个国君从思想上解除武装。

他有很久的时间在赵国的一个封君（平原君）家里当食客。《吕氏春秋》又说：赵国和秦国立了一个"约"，说：秦国所要做的事，赵国帮助。赵国所要做的事，秦国帮助。过了些时候，秦国攻魏国，赵国要救魏国。秦国先对赵国说：这不合我们两国之间的约。赵王告诉平原君，平原君告诉公孙龙。公孙龙说：赵国也可以派人去谴责秦国说：赵国要救魏国，秦国不帮助，这也不合两国之间的约。（《淫辞》）公孙龙也发挥了他的善于辩论的特长，帮助赵国解决些外交上的问题。

关于公孙龙的哲学思想的材料相当多。后人把这方面的材料编辑为《公孙龙子》一书。在这部书里他的哲学思想有比较详尽的发挥。

第七节　公孙龙关于"白马非马"的辩论

公孙龙的一个有名的辩论是"白马非马"。现存的《公孙龙子》中的《白马论》有关于"白马非马"的详细的论证。

公孙龙的"白马非马"这个命题，以及他的关于这个命题的辩论，也反映辩证法中的一个重要问题——同一性与差别性的关系的问题。他从另一个出发点讨论了上面说的"同一性在自身中包含着差别性"这个问题，得出了与惠施正相反的结论。惠施是从具体的事物出发来看这个问题。公孙龙是从命题出发，他看出了，在每个命题中，如"莲花是一种植物，玫瑰是红的"等，其主语和述语的内涵和外延都不完全相同。正如恩格斯所说的："不论是在主语或者在述语中，总有点甚么东西是述语或主语所包括不了的。"但是恩格斯指出，"述语是必须和主语不同的"；这正是"同一性在自身中包含着差别性"这个客观辩证法的反映。一般人都说："白马是马。"公孙龙对于这个命题作了相当详细的分析，明确地指出主语和谓语之间的不同。但是他不知道这样的不同是必须的，是客观规律的反映，反而把二者割裂开来，加以抽象化、绝对化，由此达到客观唯心主义的结论，得出"白马非马"的结论。这就是把范畴固定化。其思想方法是形而上学的。

这里又牵涉到另外一个问题，即一般和个别的关系的问题。列宁说："从任何一个命题开始，如树叶是绿的，依凡是人，哈巴狗是狗等等。在这里（正如黑格尔天才地指出过的）就已经有辩证法：个别就是一般。……这就是说，对立面（个别跟一般相对立）是同一的：个别一定与一般相联而存在。一般只能在个别中存在，只能通过个别而存在。任何个别（不论怎样）都是一般。任何一般都是个别的（一部分，一方面，或本质）。任何一般都只能大致地包括一切个别事物。任何个别都不能完全地包括在一般之中等等。任何个别经过千万次的转化而与另一类的个别（事物、现象、过程）相联系。诸如此类等等。"（《谈谈辩证法问题》，《列宁全集》第38卷，第409页）个别自身的同一性，经过千万次的转化，而与千万类的个别相联系，也就是说，也与千万个一般相联系。这也是同一性自身所包含的差别。

在一个逻辑命题中，主词表示个别，谓词表示一般。在一个肯定的命题中，个别与一般是对立面的统一（同一）。在"白马是马"这个命题中，白马是个别，马是一般。严格地说，这个具体的马是个别。白马也是一般，白马只会与一般相连而存在，马也只能在白、黄、黑等马中存在，只能通过白、黄、黑等马而存在。这就是说：凡实际存在的马总是有白、黄、黑等颜色的，不可能有没有颜色的马。这是个别与一般这两个对立面的统一性。

就"白马是马"这个命题说，"白马"是个别，"马"是一般；但是对于这个具体的白马，那个具体的白马说，"白马"又是一般，这个马、那个马是个别。"马"这个一般是白马的本质；"白"是白马的一方面；"马"这个一般只能大概地包括一切马，因为个别的马有白、黄、黑等的颜色不同，而"马"则不表示任何颜色。因为同一理由，所以任何个别都不能完全归进一般。这是个别与一般这两个对立面的矛盾性。

个别与一般这两个对立面既有矛盾又有统一，所以"白马是马"这个命题不是表示简单的等号而是表示一种辩证的统一。公孙龙一派发现了这个辩证统一中的对立面。他用"白马非马"这个命题表示个别与一般这两个对立面的矛盾。这是他对于客观辩证法的某一方面的认识。

就逻辑学的意义说，公孙龙发现了名词的外延和内涵的关系。就"马"的外延说，"马"这个名词包括白马在内，但就"马"的内涵说，"马"这个名词指马的本质属性，和"白马"这个名词所代表的概念是有区别的。不能把这两个名词混同起来。这也是公孙龙的一个贡献。

公孙龙的《白马论》的辩论，可以分为三点：第一点是："马者，所以命形也；白者，所以命色也；命色者非命形也，故曰：白马非马。"（《公孙龙子·白马论》）这是就马之名及白之名的内涵说。马之名的内涵是马的形；白之名的内涵是一种颜色。白马之名的内涵是马的形及一种颜色。此三名的内涵各不相同。所以"白马非马"。

第二点是："求马，黄黑马皆可致。求白马，黄黑马不可致。……故黄黑马一也，而可以应有马，而不可以应有白马，是白马之非马审矣。""马者，无去取于色，故黄黑皆所以应。白马者有去取于色，黄黑马皆所以色去，故惟白马独可以应耳。无去者，非有去也。故曰：白马非马。"（同上）这是就马之名及白马之名的外延说。马之名的外延包括一切马；白马之名的外延则只包括白马。"马"对于颜色，没有肯定也没有否定（"无去取于色"），所以如果我们仅只要"马"，黄马黑马都可以满足我们的需要。但是"白马"是对于颜色有所肯定、有所否定的（"有去取于色"），所以如果我们要白马，那就只有白马可以满足我们的需要，黄马黑马都不能了。对于颜色无所肯定、否定的，跟对于颜色有所肯定、否定的，是不同的，所以白马非马（"无去者，非有去也，故曰白马非马"）。

第三点是："马固有色，故有白马。使马无色，有马如已耳。安取白马？故白者，非马也。白马者，马与白也，马与白非马也。故曰：白马非马也。"（同上）这是就马这个一般、白这个一般、白马这个一般说明它们的不同。马这个一般只是一切马所共有的性质，其中并没有颜色的性质。马就只是马，如此而已（"有马如（而）已耳"）。白马的一般是一切马所共有的性质又加上白的性质，所以白马非马。

不但白马非马，而且白马亦非白。"白者，不定所白，忘之而可也。白马者，言白定所白也。定所白者，非马也。"（同上）此白物或彼白物所表现的白，是"定所白"的白。"定"是固定的意思。此白物所表现的白，固定在此物上面，彼白物所表现的白，固定在彼物上面，白这个一般，也可以说是"白如（而）已耳"，不固定在任何东西上面，它是"不定所白"的白。"不定所白"的白不为一般人所注意；这于其日常生活并无影响，所以说"忘之而可也"。然"定所白"的白，是具体的、个别的白，不是一般的、抽象的"不定所白"的白。白马的白，是"定所白"的白，"定所白者非白也"，所以白马非白。

"白马非马"是公孙龙的一个有名的辩论。据说公孙龙曾与孔丘的后人孔穿对于这个问题进行辩论。公孙龙举了一个孔丘的故事。这个故事说：楚王遗失了一张弓，他左右的人请设法寻找，他说："楚人遗弓，楚人得之，又何求焉？"孔丘批评楚王，说："楚王仁义而未遂也，亦曰人亡弓，人得之而已，何必楚？"公孙龙说：由此可见，孔丘"异楚人于所谓人"。如果孔丘的话是对的，我"异白马于所谓马"的辩论也是对的。孔穿不能回答公孙龙的话。在另一天，孔穿又和公孙龙辩论。孔穿说：孔丘的话是"异楚王之所谓楚，非异楚王之所谓人也。……凡言人者，总谓人也。亦犹言马者，总谓马也。楚自国也；白自色也。欲广其人，宜在去楚；欲正名色，不宜去白。诚察此理，则公孙之辩破矣。"公孙龙与孔穿的这个辩论的第一段见《公孙龙子·迹府》篇。第二段只见《孔丛子·公孙龙》篇。《孔丛子》是伪书，所说未必是历史的事实。但是所记的孔穿的话，在逻辑学上是很有意义的。他是对"白马是马"这个命题作外延的解释。照这样的解释，这个命题是可以这样提的。公孙龙是对于这个命题作内涵的解释。照这样的解释，这个命题是不可这样提的。孔穿并没有完全破了公孙龙的辩论，但是他的话确是有逻辑学上的价值。

以上是公孙龙的《白马论》的基本论点。从这些论点中可以看出，公孙龙的确看到了一个命题中主语和述语的矛盾对立的方面，看到了一般和个别的差别。但是他仅仅停留在这一点上，并且把这一方面片面地夸大，因而否认了一般和个别的统一的方面，相互联系的方面。按照他的理论，既然一般和个别是相互对立的，一般也可以脱离个别而存在，一般可以不必包括个别，个别也可以不必列入一般。这就是公孙龙所说的"故可以为有马者，独以马为有马耳，非有白马为有马"（《白马论》）。这样，就割裂了一个命题中主语和述语的联系。从这种形而上学的思想出发，势必将一般看成是独立自存的实体，其结果导致了客观唯心主义。"白马非马"这个命题，本来是从对于辩证法的一定的认识出发的，可是，结果转化为辩证法的对立面。

第八节　公孙龙关于"离坚白"的辩论

公孙龙又有《坚白论》，其主要论点是"离坚白"。这个辩论是围绕着坚而白的石的例子进行的。就这个石说，应该说石是坚而且白的。石是个别，属于坚物类之中，也属于白物类之中。坚与白是一般，一般寓于个别之中。石与坚或白各是对立面的统一；坚白石的坚与白都只存在于石中。用当时辩论所用的话说，这就是"坚白域于石"，"坚白相盈"。公孙龙强调一个命题主语与述语之间的差别，强调个别与一般对立面的矛盾，认为坚只是坚，白只是白，有不为任何东西所决定的坚，也有不为任何东西所决定的白，所以坚、白是与石分离的，坚与白也是分离的。这就叫"离坚白"。

公孙龙所用以证明他的论点的辩论有两个部分。他先设问说："坚、白、石三，可乎？曰：不可。曰：二，可乎？曰：可。曰：何哉？曰：无坚得白，其举也二，无白得坚，其举也二。""视不得其所坚而得其所白者，无坚也。拊不得其所白而得其所坚者，无白也。""得其白，得其坚。见与不见离。见与不见离，一二不相盈，故离。离也者，藏也。"（《公孙龙子·坚白论》）这是从认识论方面证明坚白是离的。有一坚白石，用眼看，则只"得其所白"，只得一白石；用手摸，则只"得其所坚"，只得一坚石。感觉白时不能感觉坚；感觉坚时不能感觉白；此所谓"见与不见离"。感觉到的与感觉不到是分离的。就人的感觉说，只有坚石，只有白石，没有坚白石。所以坚、白、石三，不可；坚、白、石二，可。坚、石是二；白、石亦是二。此所谓"一二不相盈，故离"。"不相盈"是说，坚之中无白，白之中无坚，石之中也无白和坚。

公孙龙又说："且犹白以目见，目以火见，而火不见，则火与目不见，而神见。神不见，而见离。坚以手而手以捶。是捶与手知，而不知，而神与不知，神乎？是之谓离焉。"（《公孙龙子·坚白论》）这是说，眼不能直接看见白的颜色，必须靠光（"火"），手也不能直接感到坚硬，必须靠抚摸（"捶"）。可是光和抚摸都不是人的感觉，都不能感觉东西，最后只有依靠精神作用了。但如果没有眼和光，没有手和抚摸，精神也无法感觉坚和白。这说明，人的认识作用的各部分也是彼此相分离的。这样推论下去，可以达到不可知论的结论。

公孙龙也承认这些主观唯心主义的、不可知论的辩论是很容易驳倒的。公孙龙的客观唯心主义本来不依靠这些辩论。他在《坚白论》中设为批判者的话说："目不能坚，手不能白，不可谓无坚，不可谓无白。其异任也，其无以代也。坚白域于石，恶乎离？"（同上）这是说，眼和手的功用不同，不能互相替代，所以眼不能感觉坚，手不能感觉白。但不能因为不能感觉就说是无坚无白。其实坚白都在石头之内，怎么能离呢？批判者是站在唯物主义的立场，理由是很充足的。公孙龙于是又提出第二部分的辩论。

公孙龙说："物白焉，不定其所白。物坚焉，不定其所坚。不定者兼，恶乎其（原作甚，依陈沣校改）石也？""坚未与石为坚而物兼。未与为坚而坚必坚。其不坚石物而坚，天下未有若坚而坚藏。白固不能自白，恶能白石物乎？若白者必白，则不白物而白焉。黄黑与之然。石其无有，恶取坚白石乎？故离也。离也者，因是。"（同上）这是从一般和个别的关系说的。公孙龙认为坚这个一般是不定所坚的坚；白这个一般是不定所白的白。不定所白的白，不定所坚的坚，是一切白物或一切坚物的共同性质（"兼"），怎么能说是在石之内？"不定者兼，恶乎其石也？"坚不只是坚石的性质，也是任何坚物的性质。纵使没有任何坚物，而坚还是坚。不过如果天下没有坚石或任何坚物，则虽坚必坚而不是个别的坚物，好像藏起来一样；此所谓"其不坚石物而坚，天下未有若坚而坚藏"。若果不定所白之白不能自白，它怎么能使石与物白？若白能自白，则不必借他物而亦自白。黄黑各色皆是如此。白可无石而自白，坚可无石而自坚，何必待坚白石？此可见坚、白是与石离的。公孙龙企图用这些话证明，一般可以独立于个别而存在。这是客观唯心主义的辩论。公孙龙的哲学正是客观唯心主义。公孙龙看到作为事物属性的一般，是某一类事物所共有，就这一点说，他是正确的。但因此得出结论说，一般可以脱离个别而独立存在，就是把一般和个别割裂开来，成为客观唯心主义。

第九节 公孙龙关于"指""物"的辩论

公孙龙的客观唯心主义的中心，就是上面所说的"坚藏"。他还有一篇《指物论》进一步发挥这个思想。

凡名都有所指，公孙龙所谓"指"，就是名之所指。就一方面说，名之所指为个别。公孙龙说："名，实谓也。"（《公孙龙子·名实论》）名所以谓实，实是个别。就另一方面说，名之所指为一般。例如马这个名，可指此马彼马等个别，亦可以指马这个一般；白这个名可指此一白物，彼一白物，也可指白这个一般。一般亦称共相或要素。从认识论方面说，就是概念。

严格地说，有抽象的名，有具体的名。具体公共的名，指个别而涵蕴一般。其所指的个别，即其外延；其所涵的共相，即其内涵。但中国古代文字在形式上无此分别；中国古代哲学家亦未作此文字上的分别。所以指个别之马的"马"，与指马一般的"马"没有区别；指个别白物的"白"，与指白一般的"白"也没有区别。"马""白"兼指抽象的一般与具体的个别，兼有二种功用。

抽象的一般与具体的个别是对立的。唯物主义认为，抽象的一般，只能在个别之中，通过个别而存在。离开个别的一般是抽象的概念，只是人的思想的产物，没有客观的存在。公孙龙的《指物论》的主张，正是与此相反。

公孙龙认为每一个个别都是许多一般联合而成的，也就是说，个体是许多共相联合而成的。他认为天下之物，若将其分析，则惟见其为若干共相；但是共相却不是由共相组成的，不可再分析为共相。所以《指物论》开头说："物莫非指而指非指；天下无指，物无可以为物。"但共相必有所"定"，有所"与"，就是说，必通过个别的个体，通过物，才能在时、空中占有位置，成为感觉的对象，否则不在时、空之中，就不能为人所感觉，所以说："天下无物，可谓指乎？"又说："指也者，天下所无也；物也者，天下之所有也。"这两句话肯定，无所"定"、不"与物"的共相，是天下之所无；实际上是说，共相不是具体的事物，不是感觉的对象；这是正确的。不过他认为天下所无，还不就是没有，只是"藏"起来而已。这是客观唯心主义思想。

公孙龙认为，物必须在时、空中占有一定的位置（详下），所以是"天下之所有"，因此，物虽可以分析为许多共相，而物之自身却不是"指"。所以《指物论》一方面说"物莫非指"；一方面又说"物不可谓指也"。《指物论》肯定"天下无指"，是说共相自身不在时、空之中，但天下的东西都有名字。按公孙龙的说法，"名，实谓也"。就是说，名是用来称谓实的。实就是个体。名既然是称谓实的，所以不就是共相；它只可以说是具体事物中的共相的代表。因此，天下虽有名，而在时、空之中仍无共相。所以《指物论》说："天下无指者，生于物之各有名不为指也。"名既然不是指，就不能称它为指。所以《指物论》说："以有不为指，之无不为指，未可。"一个共相是该类事物所共有的，如"马"这个共相是马这类事物所共有的，白这个共相是白物这类事物所共有的。

因此，说"天下无指"，不是说天下之物没有指。所以《指物论》说："且指者，天下之所兼，天下无指者，物不可谓无指也。"

公孙龙认为，从一方面说，"物莫非指"，因为具体的物都是共相的聚合，而且在时、空中占有位置；但从另一方面说，物又是"非指"，因为在时、空中占位置的只是个体而不是共相。所以《指物论》一方面说："不可谓无指者，非有非指也；非有非指者，物莫非指。"一方面又说："指非非指也，指与物非指也。""与物"的指，即通过个别的个体在时、空占"位"而成为物者。公孙龙认为，这就是"非指"了。"与物"的指，公孙龙又称为"物指"。公孙龙认为，如果没有"指"，就不能有物；如果没有"物指"，也不能有物；如果有指而没有物，则仅有"藏"而不现的共相，物质世界就不存在，虽讲物指之人也不存在了。《指物论》说："使天下无物指，谁径谓非指？天下无物，谁径谓指？天下有指无物指，谁径谓非指，径谓无物非指？"公孙龙认为，指之所以"与物"而成为物，是它自己本身就具有这种作用，并不需要其他的力量使之如此。所以《指物论》说："且夫指固自为非指，奚待于物而乃与为指？""非指"就是个别的事物。

在《指物论》中，指与物虽然并列，但公孙龙认为，指是第一位的。他说："天下无指，物无可以为物。"这就是说，物的存在，依赖于指的存在。他也说："天下无物，可谓指乎？"似乎指也依赖物。但是他这里用的是个"谓"字，不是"为"字。这就显有差别。"天下无物，可谓指乎？"就是"天下无物，谁径谓指"的意思。

《指物论》是不好懂的。其所以不好懂是因为它企图回避物质存在的问题。具体的东西并不仅只是共相的综合。其所以能在时、空占位置，为"天下之所有"，就是因为它的物质性。时、空是物质存在的形式。公孙龙企图避免物质存在的问题，绕了许多圈子而还是不能讲通。

公孙龙"离坚白"的结果，使他认为每一个一般只是它自己，一一分离。个别是分离的；一般也是分离的；一切都是分离的。这就是他所说的："天下皆独而正"。(《公孙龙子·坚白论》) 把这种理论推到它的逻辑的结论，就可以说，有一个无影无踪的"彼岸"世界，凡名所指的一般都在其中，而在其中的一般，却未必皆有名以指之。在此世界中，坚就是坚，白就是白，马就是马，白马就是白马，"皆独而正"。此中的坚是"不定所坚"的坚，此中的白是"不定所白"的白。不过，白若"不定所白"，坚若"不定所坚"，这样的坚白是"天下之所无"。这就是他所说的"其不坚石物而坚，天下未有若坚而坚藏"(《公孙龙子·坚白论》)。"不坚石物"的坚，就是"不定所坚"的坚。公孙龙认为，如果在

"此岸"世界中没有具体的坚，还不能说是没有坚；这就是所谓"坚藏"。公孙龙认为其藏是自藏，非有藏之者，"有自藏也，非藏而藏也。"（同上）他所说的"自藏"，更明确地表示一般或共相是脱离现实世界中的具体事物而独立自存的实体。这个"彼岸"世界，公孙龙没有讲清楚。但这是他的理论的应有的含义。这就是典型的客观唯心主义。

一般本来是寓于个别之中的，但当人认识事物的属性时，通过思维的能力，可以靠抽象的作用，把一般单独地作为思考的对象。这样，人就能更加深刻地了解事物的本质。但抽象化了的一般，仅仅存在于人的思维之中。它只是客观事物的属性在人的思维中的反映；它本身却并没有独立的客观存在。公孙龙看到了一般可以单独地作为思考的对象，以及抽象在认识过程中所起的作用；但是，他把它片面夸大了。在他看来，既然一般可以抽象化而不存在于时、空（"指也者天下之所无"），可以概括许多特殊（"指也者天下之所兼"），它就可以不依赖特殊事物而独立存在（"奚待于物而乃与为指？"）。既然通过一般可以认识许多特殊（"天下无指，物无可以谓物"），特殊的东西就应该依靠一般而存在（"物莫非指"）。这些只是脱离实际的幻想，其结果把抽象化了的一般看成了客观存在的实体，从而导致了先有抽象的一般而后才有具体事物的倒因为果的结论。

这就是公孙龙这种唯心主义思想形成的认识论的根源。正如列宁所说的："智慧（人的）对待个别事物，对个别事物的摹写（＝概念），不是简单的、直接的、照镜子那样死板的动作，而是复杂的、二重化的、曲折的、有可能使幻想脱离生活的活动；不仅如此，它还有可能使抽象的概念、观念向幻想（最后＝神）转变（而且是不知不觉的、人们意识不到的转变）。因为即使在最简单的概括中，在最基本的一般观念（一般'桌子'）中，都有一定成分的幻想。（反过来说，否认幻想也在最精确的科学中起作用，那是荒谬的。）"（《亚里士多德〈形而上学〉一书摘要》，《列宁全集》第38卷，第421页）公孙龙的"彼岸"世界就是由概念转化的、脱离生活的幻想的总和。

第十节　公孙龙关于"变"的辩论

公孙龙对于"此岸"世界也有讨论。他认为在"彼岸"的共相是不变的；在"此岸"的个体是变的。或变或不变，《公孙龙子·通变论》讨论了这个问题。《通变论》说："曰，二有一乎？曰，二无一。曰，二有右乎？曰，二无右。曰，二有左乎？曰，二无左。曰，右可谓二乎？曰，不可。曰，左可谓二乎？

曰，不可。曰，左与右可谓二乎？曰，可。"这是说，二的共相只是二，不是两个一的共相，所以"二无一"，它不仅不是"一"，也不是"左"或"右"。但"左"加"右"却是两个共相，所以说，"左与右可谓二"。下面接着说："曰，谓变非不变可乎？曰，可。曰，右有与，可谓变乎？曰，可。曰，变奚（原作隻，据俞越校改）？曰，右。"这是说，共相不变，但个体常变，所以说"变非不变"。"右有与"的"与"，即《坚白论》所说"坚未与石为坚"的"与"。公孙龙认为，共相自身虽不变，但表现共相的个体却可变。所以右的共相不变，而"有与"的右则可变。例如，在这个东西的右边的东西可变而为在这个东西的左面。《通变论》中设为问者说：什么东西在变？回答说：右在变。这里所说的右是指具体的事物中的右，即"有与"的右，并不是右之共相。

下文接着说："曰，右苟变，安可谓右？苟不变，安可谓变？曰，二苟无左又无右，二者左与右，奈何？"问者不了解可变的右乃具体的事物中的右，此右虽变，而右之共相仍不变；所以发问：右如果变，怎么还能叫做右？如果不变，怎么又说它变？问者又不了解左与右相加，其数为二，所以又问：二既然不是左又不是右，何以说："二者左与右？"《通变论》接着回答说："羊合牛非马，牛合羊非鸡。"这是说，左与右相加其数为二，所以称为二。并不是说左之共相与右之共相，聚合为一，而成为二。左这个共相与右这个共相不能聚合而为二，犹羊这个共相与牛这个共相不能聚合而为马，牛这个共相与羊这个共相不能聚合而为鸡一样。下面又历举牛、羊、马的不同，加以论证。"羊有齿，牛无齿"，"羊、牛有角，马无角；马有尾，羊、牛无尾"。公孙龙认为它们中间有"类之不同"；羊、牛、马的共相也有不同的内容。所以说，羊之共相与牛之共相，不能聚合而为马。羊之共相与牛之共相，虽不能合而为马，但羊之共相与牛之共相相加，其数可为二，所以又说："羊不二，牛不二，而羊牛二。"羊、牛虽不是一类，然而不妨碍它们相加为二。左与右相加为二，也是如此。《通变论》说："若举而以是，犹类之不同，若左右，犹是举。"下面又退一步论证说，与其说牛之共相与羊之共相可聚合而为鸡，还不如说它们可聚合而为马，因为与鸡比较起来，马与牛羊还是相近的。所以说："与马以鸡，宁马。"公孙龙认为，如果一定说羊牛可为鸡，那就是"乱名"，是"狂举"。

这一篇的下文说：问者又要求"他辩"，就是请举另外的例。下文又举例说："青以（与）白非黄；白以（与）青非碧。"这就是说，青与白的共相不能聚而为黄，也不能聚而为碧。下文接着说："青白不相与而相与，反而对也；不相邻而相邻，不害其方也。不害其方者反而对，各当其所，若左右不骊。"当时的五行家认为青是五行中"木"的颜色，在东方；白是"金"的颜色，在西方，它们是"反而对","不相邻"的,如左、右的"反而对"一样。如果说它们可以相聚而成另外一种颜色,那就是使"不相与"的相与,使"不相邻"的相邻。

《通变论》又说:"青白不相与,而相与不相胜,则两明也。争而明,其色碧也。"就是说,青、白本来是"不相与"的,若使之相与,而又不能相胜,那就是两种颜色,都占主要地位("两明")。"两明"就要"争"。"争"的结果得到一种杂色,就是碧。照当时五行家的说法,黄是土的颜色,居中央,跟青、白是一类的;碧不是这一类的;它不是"正色"而是"骊色"。比较起来,黄跟青、白比较接近。所以下文说:"与其碧,宁黄。黄,其马也,其与类乎;碧,其鸡也,其与暴乎。"就是说:如果说,青与白可合而为碧,还不如说,青与白可合而为黄。黄犹如上面所说的马;碧犹如上面所说的鸡。

在这几句的上文说:"黄其正矣,是正举也;其有(犹)君臣之于国焉,故强寿矣。"这几句话的下文说:"暴则君臣争而两明也。两明者昏不明,非正举也。两明者,名实无当,骊色章焉,故曰两明也。两明而道丧,其无以有正焉。"这就是说,如果一个事物在某一方面有两种性质,其中的一种必须"胜"过其他一种而居于主要的地位,不然,就成为"两明",其结果是"昏不明"。

就认识的过程说,共相或概念的不变,只有相对的意义。当客观具体事物发生了变化,或当人对具体事物的知识进一步深入以后,一事物的共相或概念的内容是要随之改变、丰富和发展的。公孙龙不了解这一点,把共相或概念的相对固定性片面夸大,从而得出了共相永恒不变的结论。按照《通变论》的理论,变的只是现实现象,现象虽在改变,还可以有永恒的不变存在。这种理论在社会实践上就会得出这样的结论:现实社会中的君主虽然变成了臣子,但君主的共相却永恒不变;旧的社会制度的共相是永恒不改变的,具体社会中的改变只是暂时的现象。这样,公孙龙的哲学就成了为旧事物存在的合理性进行辩护的工具。从这里可以看出,公孙龙的客观唯心主义是为旧的奴隶制度服务的。

《通变论》最后说:"暴则君臣争而两明也。"他认为君臣不能"两明","两明"就是"名实无当"。因为君本来是统治臣的,如果"争而两明",那就没有最高的权威了;这就是"道丧","其无以正焉"。在当时的情况下,地主阶级本来是奴隶主贵族的"臣",现在地主阶级竟然向贵族们对立而且要取而代之了。公孙龙看起来,这就是"两明",这不是"正举"。

公孙龙在《通变论》里所举的几种颜色,并不仅是"假物取譬"。照当时五行家的说法,青是东方的颜色,东方属五行中的"木";白是西方的颜色,西方属五行中的"金"。《通变论》说:"而且青骊乎白,而白不胜也。白足以胜矣而不胜,是木贼金也。木贼金者碧,碧则非正举矣。"这就是说,西方的"金"本来能"胜"东方的"木"的。照五行家的说法,金克木。可是,"木"反而"贼金"。公孙龙认为这是反常的,其结果只能成为"骊色",不是"正举"。照当时五行家的说法,五行中的每一"行"都有自己的颜色。青、黄、赤、白、黑,就是木、土、火、金、水的颜色。五行之中,没有以碧为色的,所以碧不是正宗的颜色。

照当时五行家的说法,属于东方的春,是生物新生的季节;属于西方的秋,是生物完成的季节。青和春是新生事物的象征;白和秋是既成事物的象征。在春秋战国时期,地主阶级是新生的社会势力,奴隶主贵族是既成的社会势力。公孙龙认为既成的势力本来足以胜新生的势力,可是"足以胜矣而不胜"这就是"木贼金"。照当时五行家的说法,每一个新兴的朝代都代表五行中的某一行。它代表某一行,就以某一行的颜色为"正色"。公孙龙断定"木贼金"结果只能成为碧,就是说,地主阶级即使能暂时胜利,但是也不能持久,因为它不代表五行中的某一行。这是他对于新时代的诅咒。

公孙龙虽然用五行说,但其辩论的政治目的与五行家邹衍不同,所以仍受了邹衍的反对。邹衍五行说是为地主阶级服务的。《史记·平原君列传》说:"及邹衍过赵,言至道,乃绌公孙龙。"《集解》引刘向《别录》说:"平原君见公孙龙……论白马非马之辩,以问邹子。邹子曰:不可。彼天下之辩有五胜三至,而辞正为下。"这就是说,公孙龙专注重分析名词和概念,企图以此取胜,虽有正确的地方,但还不是好的辩论。邹衍和公孙龙在"白马非马"等辩论中的斗争是社会上新旧势力的斗争在思想上的反映。

第十一节　公孙龙关于"名""实"的辩论

《公孙龙子》中还有一篇《名实论》,集中地讨论了名实关系的问题。在这些讨论中,同样地暴露了他的唯心主义体系及其与政治的联系。

公孙龙认为一个命题中的主语和述语的关系就是名和实的关系。他说:"天地与其所产焉,物也。物以物其所物而不过焉,实也。实以实其所实而不旷焉,位也。"(《公孙龙子·名实论》)这就是说,天、地以及其中的一切东西都是物。一个物就是那个物,不多不少("物以物其所物而不过焉");这就叫实。实必定在时、空中占一定的位置,把它充实起来("实以实其所实而不旷焉");这就叫做"位"。公孙龙的这几句话所说的,倒都是唯物主义的命题。

下文说:"其名正则唯乎其彼此焉。谓彼,而彼不唯乎彼,则彼谓不行。谓此，而此不唯乎此，则此谓不行。其以当，不当也；不当而当，乱也。故彼彼当乎彼，则唯乎彼，其谓行彼。此此当乎此，则唯乎此，其谓行此。其以当而当也。以当而当，正也。"（同上）这里所说的"谓"就是名。下文说："名，实谓也。"名所以谓实。公孙龙认为每一类的东西都需要一个名以"谓"之。一名对一类，这就叫"当"。名、实当是正名，不当是乱名。一个名如果指这一种东西（"此"），就要专指这一种东西（"唯乎此"）；这样，这个名才可以使用（"行"）。如果它指这一种东西而同时也指那一种东西（"彼"），这样，这个名就不可使用（"不行"）。所以公孙龙认为，定名的时候要注意于"彼此"；"知此之非此也，（原作'知此之非也'，依谭戒甫校改。）知此之不在此也，则不谓也；知彼之非彼也，知彼之不在彼也，则不谓也。"这就是公孙龙所说的，"审其名实，慎其所谓"（同上）。这是专从逻辑方面讲正名。

公孙龙是主张名实相符的。名实不符，就是不当，这是公孙龙所反对的。从表面上看，在名实问题上，他似乎表现了唯物主义的观点，其实并非如此。在如何使名实相符的问题上，公孙龙认为不是使名符合于实，而是使实符合于名，是用名去校正实。《名实论》说："以其所正，正其所不正，不以其所不正，疑其所正，其正者正其所实也，正其所实者，正其名也。"这就是说，正名的首要任务在于纠正实而不在于改正名。这就暴露了把名看成是第一位的唯心主义观点。也正因如此，公孙龙特别强调对于词和概念的分析，推崇一般，而轻视个别，把一般和概念看成是脱离具体事物的永恒不变的实体，幻想用抽象化了的一般去纠正现实世界的变革，阻止新生事物的发展，从而达到维护旧制度和旧秩序的目的。

《公孙龙子·迹府》篇叙述公孙龙学说的宗旨说："公孙龙，六国时辩士也，疾名实之散乱，因资材之所长，为守白之论。假物取譬，以守白辩。……欲推是辩以正名实而化天下焉。"由此可见，公孙龙的"白马"、"坚白"和"青白"等辩论，都是"假物取譬"，其目的是"欲推是辩以化天下"，就是说，以实现他的政治上的企图。

第十二节　战国时期其他辩者的辩论

《庄子·天下》篇于记载惠施的"十事"之外，还举有"天下之辩者"的辩论二十一事。其中有从惠施的观点立论的，有从公孙龙的观点立论的。这二十一事可以分为两组，一为"合同异"组，一为"离坚白"组。

属于"合同异"组的有九事:"卵有毛"。"郢有天下"。"犬可以为羊"。"马有卵"。"丁子有尾"。"山出口"。"龟长于蛇"。"白狗黑"。"一尺之捶,日取其半,万世不竭"。荀况说:"山渊平,天地比,齐秦袭,入乎耳,出乎口,钩有须,卵有毛,是说之难持者也,而惠施邓析能之。"(《荀子·不苟》篇)可见这一类的辩论是属于惠施一派的。

鸟类之毛谓之羽;兽类之毛谓之毛。鸟类卵生;兽类胎生。辩者说"卵有毛",就是说,卵可以生出有毛之物,也就是说,鸟类可以产生兽类。犬不是羊,可是辩者说"犬可以为羊"。马是胎生之物,可是辩者说"马有卵",就是说,马可以为卵生之物,也就是说,兽类可以产生鸟类。"楚人呼虾蟆为丁子"(成玄英《庄子疏》);丁子本无尾,可是辩者说"丁子有尾",就是说,丁子可以为有尾之物。山本无口,可是辩者说"山出口",就是说,山亦可为有口之物。荀况所说的"入乎耳,出乎口",杨倞注说:"或曰,即山出口也,言山有口耳也。"荀况所说的"钩有须",俞樾说"钩疑姁之假字";姁有须,就是说,妇人有须。

郢是楚国的京城,跟天下比较起来,是小得多了。但其小是相对的,天下的大也是相对的,所以因其所大而大之,郢可以说是"有天下"。齐国在东方,秦国在西方,距离很远。可是远是相对的,所以因其所近而近之,齐秦可以说是很近,以至于似乎是接壤("袭")。常言道:"尺有所短,寸有所长。"长短都是相对的,所以也可以因其所长而长之,则龟可长于蛇。《经典释文》引司马彪的话说:"白狗黑目,亦可为黑狗。"说白狗是白的,是就毛说,因其所白而白之。若就其眼说,因其所黑而黑之,则白狗也可说是黑的。

"一尺之捶,日取其半,万世不竭。""一尺之捶",今天取其一半,明天取其一半的一半,后天再取其一半的一半的一半,如是"日取其半",总有一半留下,所以"万世不竭"。一尺之捶是一有限的物体,但它却可以无限地分割下去。这个辩论讲的是有限和无限的统一,有限之中有无限。这是辩证的思想。

属于"离坚白"组的有十二事:"鸡三足"。"火不热"。"轮不辗地"。"目不见"。"指不至,物不绝"。"矩不方,规不可以为圆"。"凿不围枘"。"飞鸟之影,未尝动也"。"镞矢之疾,而有不行不止之时"。"狗非犬"。"黄马骊牛三"。"孤驹未尝有母"。

"鸡三足","黄马骊牛三"。这是公孙龙自己的辩论。他说:"谓鸡足一,数足二,二而一,故三。谓牛羊足一,数足四,四而一,故五。"(《公孙龙子·通变论》)《庄子·齐物论》也说:"一与言为二,二与一为三。""谓鸡足"就是"言"。鸡足之共相或"谓鸡足"之言为一,加鸡足二成为三。依同理,谓黄马骊牛一，数黄马骊牛二。"黄马与骊牛"之共相或谓"黄马骊牛"之言，与一黄马，一骊牛，相加为三。这是一种诡辩。具体的事物和抽象的共相或说具体事物的言，不是一类的东西，是不能相加的。

"火不热。"可从认识论及本体论两方面说，从本体论方面说，火之共相只是火，热之共相只是热，二者绝对非一。具体的火虽有热之性质，而火非即是热。若从认识论方面说，则可以说火之热乃由于人的感觉，热是主观的，在我而不在火。

"轮不辗地。"可以说，轮之所辗者，地之一小部分而已。辗地的只是车轮与地相接触的那一小部分。地的一部分非地，轮的一部分非轮，犹白马非马。也可以说，辗地之轮，乃具体的轮；其所辗之地，乃具体的地。至于轮之共相则不辗地；地之共相亦不为轮所辗。

"目不见。"公孙龙说："白以目见，目以火见，而火不见，则火与目不见，而神见，神不见而见离。"（《公孙龙子·坚白论》）人之能有见，须有目及光及精神作用。有此三者，人才能有见，若只目则不能见。这是就认识论方面说。若就本体论方面说，则目之共相自是目，火之共相自是火，神之共相自是神，见之共相自是见。四者皆"离"，不能混之为一。

"指不至，物不绝。"今本《庄子》作"指不至，至不绝"。《列子·仲尼篇》引公孙龙云："有指不至，有物不绝。""至不绝"当为"物不绝"。公孙龙一派以"指""物"对举，如《公孙龙子·指物论》所说。共相是不能被感觉的；人所能感觉的只是个体。所以说："指不至。"共相虽不可感觉，但共相所"与"现于时空之物，则继续常有；所以说："物不绝。"

"矩不方，规不可以为圆。"绝对的方是方的共相；绝对的圆是圆的共相。事实上的个体的方物或圆物，都不是绝对的方或圆。就个体的矩与规说，也不是绝对的方或圆。所以若与方及圆的共相比，也可以说"矩不方，规不可以为圆"。

"凿不围枘。"凿有孔，枘是孔中之木。具体的凿和具体的枘总不能完全相合，所以也可以说"凿不围枘"。或者说，围枘的是事实上个体的凿；至于凿之共相，则不围枘。

"狗非犬"。《尔雅》谓："犬未成豪曰狗。"狗是小犬，小犬非犬，犹如白马非马。

"孤驹未尝有母。"《经典释文》引李颐注说："驹生有母，言孤则无母，孤称立则母名去也。母尝为驹之母，故孤驹未尝有母也。"孤的意义就是无母；既称之为孤驹，又说它有母，辩者认为这是自相矛盾。这也是就孤驹之共相说的。孤驹之义，即为无母之驹，故孤驹无母。事实上的个体的孤驹，则必有一时有母,不能说:"孤驹未尝有母。"

"飞鸟之景未尝动也。"这一条和下一条辩论表示,这一派的辩者企图对于运动作一定的分析。恩格斯说:"运动本身就是矛盾;连简单的机械的移动之所以能够实现,也只是因为物体在同一瞬间既在一个地方又在另一个地方,既在同一个地方又不在同一个地方。这种矛盾的连续的产生及其同时的解决,就是运动。"(《反杜林论》,人民出版社1956年版,第123页)"飞鸟之景未尝动也"这条辩论,是用形而上学的观点解释运动。它认为若果把一个运动所经过的时间及空间加以分割,分成许多点,把空间上的点与时间上的点一一相当地配合起来,就可见飞鸟之影在某一时间还是停留在某一空间的点上,所以是"未尝动也"。事实是飞鸟之影,在某一时间,不只是在一个空间的点上;它是在一个空间的点上,同时又在另一空间的点上。从形而上学的观点看,这是个矛盾。但是,这个矛盾的继续发生与同时解决就是运动。

"镞矢之疾而有不行不止之时。"这个辩论认识到运动就是一个物体于同一时间在一个地方又不在一个地方。就其在一个地方说,它是"不行";就其不在一个地方说,它是"不止"。这个辩论看到在运动中有这样的一个矛盾,但是它也不敢肯定这个矛盾的继续发生与同时解决就是运动。

恩格斯说:"按形而上学来思维的头脑绝对不能从静止的观念转到运动的观念,因为上述的矛盾在这里正挡着他的路。"(同上书,第124页)在西洋哲学史中,爱利亚学派认为运动是不合乎理性的,所以是不真实的。所谓不合乎理性,就是不合乎形而上学的思想方法。在中国哲学史中,如上面所说的两个辩论,也正是这样的形而上学的思想方法一个例证。

但是,也必须承认,这种形而上学的观点,恰好也自发地接触到构成运动的根本矛盾。可以认为,它是以颠倒的方式反映了辩证法。黑格尔在讲到芝诺关于运动的辩论时说:"芝诺主要是客观辩证地考察了运动。"列宁说:"这点可以而且应该倒转过来:问题不在于有没有运动,而在于如何在概念的逻辑中表达它。"(《哲学笔记》,《列宁全集》第38卷,人民出版社1959年版,第281页)芝诺和中国古代的辩者都看到运动中的矛盾,这就是"客观辩证地考察了运动"。他们认为,既然如此,所以运动在理论上是不可能的。如果他们知道,正因为如此,所以运动在理论上是可能的,这就"倒转过来"而得到对于运动的正确的了解。

第十三节 庄周及其一派对公孙龙的态度

从这两组辩论中,也可以看出来两派哲学思想的对立。流动性范畴派以惠施为代表；固定性范畴派以公孙龙为代表。这两派的对立也可以从庄周及其一派对于惠施和公孙龙的不同的态度上看出来。庄周讲的是相对主义、不可知论，惠施讲的基本上是辩证法。但是他们的哲学思想有相通之处。《庄子·天下》篇于叙述辩者二十一事之后接着说："辩者以此与惠施相应，终身无穷。"可见这二十一事就是惠施同辩者们辩论的一些论点。但是庄周同惠施一派的辩论，是互相启发，互相补充，而对于公孙龙一派的辩论，则是互相攻击，互相批驳。

照《庄子》书中所记载的，庄周和惠施是很好的朋友，经常互相辩论。据说庄周和惠施一起出游，走到濠水的桥上，看鱼在水中游泳。庄周说："鱼在水里边自由自在地游泳，这是鱼的快乐。"惠施说："你不是鱼，你怎么能知道鱼的快乐？"庄周说："你不是我，你怎么知道我不知鱼的快乐？"惠施说："我不是你，我固然不知道你，你不是鱼，你也不能知道鱼的快乐，这一点是可以肯定的。"庄周说："请从头说起。'你先说我怎么知道鱼的快乐？'这就是说：你已经知道我知道鱼的快乐，你故意问我。我知之濠上也。"（《庄子·秋水》）这一段问答很有哲学的意义。庄周是一个主观唯心主义者，认为外界是不可认识的。惠施指出他的话和他的哲学的矛盾，意思就是说，你既然认为外界是不可认识的，那你就不可能知道鱼的快乐。庄周答辩说："你既然提出这个问题，那你就是知道我已经知道鱼的快乐。你怎么知道呢？你无非是从我所说的话推测出来。我也是从濠溪上边的情况推测鱼的快乐。"庄周这个回答并没有解决惠施所提出的问题。主观唯心论者，若推至其逻辑的结论，必然归结为唯我论。唯我论者认为外界是不可知的，而他的生活又必须依靠对于外界的知识。这是唯我论者为自己设立的陷阱，他是不能逃出这个陷阱的。他是不能解决这个矛盾的。惠施同庄周的这个辩论说明这一点。

庄周和惠施的立场、观点是不同的，但是庄周认为惠施是了解他的，是可以在一起辩论的。庄周自己说：楚国有个人在鼻子上涂一点石灰。一个木匠拿一个斧头，像风一样向那个人的鼻子砍去，恰好把那个人鼻子上的石灰砍掉，而鼻子一点不伤。后来有人叫这个木匠表演。木匠说："配合我表演的伙伴已经死了。我不能表演了。"庄周说："现在惠施死了，我没有伙伴了，所以我也就没有一个可以在一起说话的人了。"（《庄子·徐无鬼》）庄周的这段话不一定是真有的，但是《天下》篇对惠施确是表示了这样一种情绪。

庄周及其一派对于公孙龙就不是这样。他们对于公孙龙的哲学思想，采取直接批判的态度。《齐物论》说："以指喻指之非指，不若以非指喻指之非指也；以马喻马之非马，不若以非马喻马之非马也。天地一指也；万物一马也。"这一段话显然是对于公孙龙的《指物论》和《白马论》针锋相对的批判。《指物论》

说："物莫非指而指非指。"意思就是说任何事物不都是许多共相"指"联合而成，但是一个共相却不是许多共相联合而成。这就是"以指喻指之非指"。照庄周的相对主义的论点，指和非指本来是互相转化，没有一个固定界限，这就是"以非指喻指之非指"。《白马论》说："白马非马"，这就是以马喻马之非马。照庄周的相对主义观点，不但白马非马，马也非马；这就是"以马喻马之非马"。指和非指，没有固定的界限，没有严格的分别。所以，"天地一指也"。马和非马也没有固定界限，没有严格的分别；所以"万物一马也"。这样，天地万物都混为一体，也不必再讲指和非指的分别，也不必再说马和非马的分别了。惠施说："泛爱万物，天地一体也。"这和"天地一指也"、"万物一马也"有相通之处，都是从流动的范畴出发。但惠施所要讲的主要的是各事物之间的联系，庄周所要讲的，主要是取消事物之间的分别。这就有很大的不同。惠施讲的是辩证法；庄周讲的是相对主义。

庄周一派对于公孙龙一派的辩者是很轻视的。《庄子·天地》篇说："辩者有言曰：离坚白，若县寓。"离坚白显然指的是公孙龙的《坚白论》，"若县寓"，不得其解，但总也是公孙龙一派的辩论。《天地》篇认为这种辩论是"胥易技系劳形怵心者也"。意思就是说，这是小的技术，除了可以使人身心疲劳之外，没有别的用处。

《庄子·秋水》篇记载公孙龙同魏牟的一段谈话。公孙龙说，他不懂得庄周，他不能了解庄周的话。魏牟说："且夫知不知是非之竟而犹欲观于庄子之言，是犹使蚊负山，商蚷驰河也，必不胜任矣。"就是说，公孙龙所讲的是白马非马或白马是马这一类是非的问题，但是，是非有一个范围，超过这个范围，就应该讲无是无非了。公孙龙不知这个范围，用这个有是非的思想，去了解庄周无是无非的思想，那是绝对不能胜任的。魏牟说，公孙龙是井底之蛙，说他对于庄子的无是无非的思想，"而求之以察，索之以辩"。简直是"用管窥天，用锥指地"。公孙龙听了魏牟这一番话，"口呿而不合，舌举而不下，乃逸而走"。这一段对话不一定是真实的，但是可以说明庄周一派对于公孙龙一派的攻击和鄙视。

惠施和公孙龙在过去都被称作"名家"，汉朝人所谓"名家"，意思就是诡辩家。《庄子·天下》篇也称惠施、公孙龙为辩者，辩者也是说诡辩的意思。其实公孙龙和惠施这两种辩者，并不是一回事，庄周及其一派对于这两种辩者也是区别对待的。

第十六章　慎到和稷下黄老之学

第一节　战国中后期各家的分化

慎到也是战国时期的一个名人。关于他的经历我们知道得很少，根据《史记·孟子荀卿列传》，我们仅知道他是赵人，在齐国的稷下讲学，为"稷下先生"之一，著《十二论》。

关于慎到的思想倒是有一些材料。但是这些材料之间有很大的矛盾。《庄子·天下》篇明确地说，慎到是道家。可是照现存《慎子》看，他是法家。《汉书·艺文志》也把他列入法家，并且注说："先申韩，申韩称之。"这是一个矛盾。从道家和法家的阶级立场看，矛盾就更大了。道家是从没落奴隶主阶级立场出发的，是没落奴隶主阶级的思想上的代表；法家是从新兴地主阶级的立场出发的，是新兴地主阶级思想上的代表。这两种的阶级立场是完全对立的；这两种思想也是完全对立的。它们怎么能够联系在一起呢？

春秋时期的重要各家，到战国时期都起了分化。韩非说：当时有名的学派是儒家和墨家。"孔墨之后，儒分为八，墨离为三，取舍相反不同。"（《韩非子·显学》）就是说，儒家分化为八派，墨家分化为三派。这些派所赞成的和所反对的都不相同，而且是相对立的，在儒家八派之中，韩非举有"孟氏之儒"和"孙（荀）氏之儒"。这两派确切是"取舍相反不同"。《庄子·天下》篇也说：墨翟之后，墨家分为三派，"俱诵墨经而倍谲不同，相谓别墨"，也就是说，他们也是取舍相反不同，互指为非正统（"别墨"），名家起于"刑名"，但到战国也分为"合同异"与"离坚白"两派。法家也有"齐法家"和"晋法家"的不同。

这种分化的现象是当时阶级斗争的反映。事物的发展，不是"合二而一"，而是一分为二。历史的发展也是如此。新兴地主阶级和没落奴隶主阶级之间的斗争,发展到战国时期,夺权与反夺权、复辟与反复辟的斗争日益激烈,各阶级的内部发生了分化。特别是没落奴隶主阶级及为之服务的知识分子,分化更大。其中的一些人一方面鉴于前途的无望,一方面,他们对于地主阶级新政权不合作的态度,也受到新政权的严厉制裁。韩非记载,太公望诛当时的隐士狂矞、华士,因为他们"已自谓以为世之贤士,而不为主用"(《韩非子·外储说右上》)。这虽不一定是历史的事实,但却是法家的主张。《慎子》中也有这样的主张。在这种形势下,原来站在没落奴隶主阶级立场上的人有些就转到新兴地主阶级这方面来,为地主阶级服务。

这种阶级斗争的情况,反映到思想战线上,表现为各家思想的分化。一家分为几派,"取舍相反不同"。其相反不同,在一定限度内,还是一家内部的斗争,这是一个阶级内部斗争的反映,如果超过一定的限度,那就成一家的叛逆,背叛了它原来所代表的阶级。

就儒家方面说,它分为孟轲和荀况两派。从孔丘以后,奴隶主阶级已经没落到完全丧失政权的地步。孔丘的奴隶主阶级改良派的思想不能维持下去了,于是就发生了分化,这种分化是与地主阶级内部的分化相适应的。孟轲和荀况虽然都是地主阶级的思想家,但由于地主阶级内部的分化,他们的思想也表现出不同的倾向:孟轲趋向于保守;荀况接近于法家。

道家也一分为二,分化为晋人所说的老庄和汉人所说的黄老。

《战国策》记载了一个故事,齐国有个人去见田骈,说:"先生声称不做官,风格高尚。我非常佩服,愿意跟你当个仆人。"田骈说:"你是怎么知道的?"这个人说:"我是听我的邻居的女儿说的。她声称不出嫁,可是不到三十岁就生了七个孩子。她确实没有出嫁,可是比出嫁还有过之。先生声称不做官,可是受俸禄很高,伺候的人有一百多。先生确实没有做官。可是富比做官还有过之。"(《齐策一》)田骈与慎到都是"稷下先生"。《庄子·天下》篇把田骈、慎到同列为道家。他们的行动可能是一类的。

他们声称不做官,这是原来隐士对于新政权不合作的态度。可是后来成为"稷下先生",受地主阶级优厚的待遇,但还自称是不做官,带了一个隐字的尾巴。可是实际是同新政权合作了。这就要为新政权做一点事。照司马迁的记载,齐国的"稷下先生"们,也"言治乱之事以干世主"(《史记·孟子荀卿列传》)。就是说,他们也要谈当时的政治,为当时的新兴地主阶级出谋献策。照司马迁所说,这些人都是讲黄老之术的。

他们的阶级立场转变了,政治地位转变了,他们对于事物的看法也改变了。但是他们的思想中还留有道家思想。他们就把这些思想作为资料,加以改造,在那个基础上建立起合乎当时地主阶级需要的思想。在这些人的思想中，表现了道家思想向法家思想的转化。

慎到就是一个从道家分化出来的思想家。《慎子》这部书就是道家思想向法家转化的一个例证，其中有许多转化的痕迹。

第二节 《庄子·天下》篇所说的慎到

《庄子·天下》篇是战国末年一个道家的人所写的先秦哲学发展史。他以道家为主，认为其发展有三个阶段。他没有讲杨朱，可能是认为杨朱的思想还不够一个体系。照他的看法，先秦道家发展的第一阶段的代表人物是彭蒙、田骈、慎到。第二阶段是老聃，第三阶段是庄周。

《庄子·天下》篇说："公而不党（本作当，依《经典释文》改），易而无私，决然无主，趣物而不两。不顾于虑，不谋于知。于物无择，与之俱往。古之道术有在于是者，彭蒙、田骈、慎到，闻其风而说之，齐万物以为首，曰：'天能覆之，而不能载之，地能载之，而不能覆之，大道能包之，而不能辨之。'知万物皆有所可，有所不可，故曰：'选则不遍，教则不至，道则无遗者矣。'是故慎到，弃知去己，而缘不得已，泠汰于物，以为道理。曰：'知不知。'将薄知而后邻伤之者也。謑髁无任，而笑天下之尚贤也。纵脱无行，而非天下之大圣。椎拍輐断，与物宛转。舍是与非，苟可以免。不师知虑，不知前后，魏然而已矣。推而后行，曳而后往，若飘风之还，若羽之旋，若磨石之隧。全而无非，动静无过，未尝有罪，是何故？夫无知之物，无建己之患，无用知之累，动静不离于理。是以终身无誉。故曰：'至于若无知之物而已，无用贤圣，夫块不失道。'豪杰相与笑之曰：'慎到之道，非生人之行，而至死人之理，适得怪焉。'田骈亦然，学于彭蒙，得不教焉。彭蒙之师曰：'古之道人，至于莫之是莫之非而已矣。'其风窢然，恶可而言？常反人不见观，而不免于魭断。其所谓道非道，而所言之韪，不免于非，彭蒙、田骈、慎到不知道。虽然，概乎皆尝有闻者也。"

就《庄子·天下》篇所说看起来，彭蒙等的哲学思想有五要点：

（一）"齐万物以为首"；（二）"公而不党，易而无私，决然无主"；（三）"弃知去己，而缘不得已"；（四）"无用贤圣"；（五）"块不失道"。

"齐万物以为首"，就是以"齐万物"为其学说中的第一义。这就是《吕氏春秋》所说的，"陈骈（田骈）贵齐"（《不二》）。彭蒙、田骈、慎到认为："万物皆有所可，有所不可。"所以万物虽各不相同，但就这一方面说，它们都是一样的，这就是所谓"齐"。就"大道"的观点以观万物，则见它们是平等齐一，无所谓贵贱好坏之分。这就是所谓"大道能包之，而不能辨之"。"辨"就是对事物加以种种区别。若对事物加以区别而有所选择，取舍于其间，则必顾此失彼，得一端而遗全体。所谓"选则不遍，教则不至"。盖有所选，则必有所不选，有所教，则必有所不教。这也就是《吕氏春秋》所引田骈的话所说的"火烛一隅，则室偏无光"（《士容》）。"大道"既视万物为平等齐一，"包之"而不"辨之"，所以说"道则无遗者矣"。

从这个前提出发，彭蒙、田骈、慎到认为，对待事物的最好的态度就是听其自然。这就是《吕氏春秋》所引田骈的话所说的："变化应来而皆有章，因性任物而莫不当。"（《执一》）

从这个前提出发，彭蒙、田骈、慎到认为，人也应该像"大道"一样，承认各事物一律平等，无所谓贵贱好坏的区别，对之无所用其选择。这就是所谓，"于物无择"，也就是"公而不党"。既"于物无择"，就可以"与之俱往"。

彭蒙、田骈、慎到认为，欲达此境界，则必"弃知去己，而缘不得已"。知识专对事物作区别，"弃知"则不对事物作区别而"于物无择"。执一事物为"己"；"己"就成为"主"。有"己"则不能"决然无主"，"去己"则能随顺万物而"与之俱往"。无知无己，"泠汰（郭象云：'犹听放也'）于物，以为道理"。

彭蒙、田骈、慎到认为，人能至此境界，则"无建己之患，无用知之累"。而成一"无知之物"。彭蒙、田骈、慎到形容这种人的行动说："不师知虑，不知前后，魏然而已矣。推而后行，曳而后往，若飘风之还，若羽之旋，若磨石之隧。"这就是"缘不得已"。真正无知之物的运动，就是如此。这种人的行动也就不是行动而只是一种运动了。彭蒙、田骈、慎到认为这样才合于"道，所以说块不失道"。"块"就是土块，是真正无知之物。

彭蒙、田骈、慎到的中心思想，还是"为我"。他们所特别注重的是"我"的全生免祸的方法。如说："舍是与非，苟可以免"；"动静无过，未尝有罪"；"动静不离于理，是以终身无誉"。这正是没落奴隶主贵族，在没落过程中，怕受迫害的失败情绪在思想战线上的反映。其情绪，完全是《庄子》所记载楚狂接舆的那首歌词的情绪。没落贵族失去了原有的地位，遭到新兴地主阶级的打击，自己不能掌握自己的命运。这个阶级，在社会大转变的洪流中，真是"若飘风之还，若羽之旋，若磨石之隧"。它的思想上的代表宽慰他们自己说，这是本来应该如此的。由于他们在阶级斗争中失败了，所以宣称对于事物本来不应该有所选择，什么都好，怎样都好；自己本来不必，也不可有所主张，自己要完全处于被动的地位，被推着走，这是本来就应该如此的。这种思想正是没落贵族对现实社会无可奈何的没落意识的集中表现。

这种思想，讲起来确实有点寒碜，所以《庄子·天下》篇也批评说："慎到之道，非生人之行，而至死人之理"；"其所言之韪，不免于非"。但是，《庄子·天下》篇还是推许他们，说是"概乎皆尝有闻"。《庄子·天下》篇称许墨子为"才士"，宋钘、尹文为"救世之士"，都不认为是"有闻"。可见它对彭蒙、田骈、慎到，还是引为同调的。其实老、庄所讲的也基本上都是"死人之理"，不过比较隐蔽，有更多的唯心主义的理论以为掩饰而已。

第三节　《慎子》中的慎到思想

《汉书·艺文志》法家著录《慎子》四十二篇，注云："名到，先申韩，申韩称之。"《十二论》未著录，或即在四十二篇之内。这四十二篇，现在流传下来的只有五篇，还是残缺不全的。

《慎子》说："民杂处而各有所能，所能者不同，此民之情也。大君者，太上也，兼畜下者也，下之所能不同，皆上之用也。是以大君因民之能为资，尽包而畜之，无能去取焉。是故不设一方以求于人，故所求者无不足也。大君不择其下故足。不择其下，则易为下矣。易为下，则莫不容，莫不容，故多下。多下之谓太上。"（《民杂》）（《守山阁丛书》钱熙祚校本，下同）。如果把这一段话同《庄子·天下》篇"齐万物以为首"那一段比较研究，就可以看出来，这两段话的思想基本上是一致的。不同的是，《庄子·天下》篇的那一段话讲的是"大道"和自然界中的事物；这一段话讲的是社会中的统治者和老百姓。合起来看，慎到的意思是说，统治者在社会中的地位，就好像道在自然界中的地位。万物都"有所可"，人们也都"有所能"。虽然"所能不同"，但都可为"上"之用，都是"上"的凭借（"资"）。道尽包万物，无所选择；统治者也应该"兼畜"老百姓，无所选择。这样，为他用的"下"就多了。"下"越多，"上"的地位就越稳固，力量也就越大。就是说，"大道"对于万物"包而不辨"。统治者对于老百姓也应该包而不辨。越包得多，拥护的人就越多，拥护的人越多，统治者的凭借就越大。所以称为"大君"，称为"太上"。

《慎子》接着说："君臣之道，臣事事而君无事，君逸乐而臣任劳。臣尽智力以善其事而君无与焉，仰成而已，故事无不治。治之正道然也。"（同上）这是说，人都有所能，统治者应该像"大道"那样，自己无为而让在他下面的人各自努力做他们所能做的事。这样，什么事都可以办了。这是治国的"正道"。这就是法家所主张的"君道无为，臣道有为"的道理。

《慎子》接着说："君之智未必最贤于众也。以未最贤而欲以善尽被下，则不赡矣。若使君之智最贤，以一君而尽赡下则劳，劳则有倦，倦则衰，衰则复返于不赡之道也。是以人君自任而躬事，则臣不事事，是君臣易位也，谓之倒逆。倒逆则乱矣。"（同上）意思就是说：统治者的聪明能力未必比别人高。用不必比别人高的聪明能力，而想把下边的事情都办好，那是不可能都照顾到的。即使统治者的聪明能力比别人都高，可是专靠他一个人的精力就要把下边的事情都办了，这样，他就太劳苦，劳苦就要疲倦，疲倦就要衰弱，结果还是不能都办。所以统治者不能把一切事情都作为自己的任务而亲自去办。办事是臣的任务。统治者的任务不是办事，而是叫别人去办事。所以君必须"无为"，只有"无为"才可以统治"有为"。《吕氏春秋》记载说："田骈以道术说齐王"，"因性任物而莫不当"（《执一》）。慎到在这里所说的也就是"因性任物而莫不当"的思想。

统治者要想"因性任物"，他就需要"无私"。《庄子·天下》篇说：慎到主张"公而不党，易而无私"。可是这个"无私"，实际上是为了扩大统治者的权力，巩固君主的地位，为了统治者的大私。《老子》说得很清楚，"夫唯其无私耶？故能成其私"（第七章）。

但是，在实际政治中，还需要有一个具体的标准，以决定什么是公，什么是私。法家根据地主阶级专政的经验，提出了"法"作为具体的标准。在这一点上，《慎子》中的慎到就和《庄子·天下》篇中的慎到分离了。《慎子》说："法制礼籍，所以立公义也。凡立公所以弃私也"，"法虽不善，犹愈于无法，所以一人心也"（《威德》）。就是说，法是公共的行为标准。有了法，人的思想、行动才能统一。所以没有法是不行的。不好的法，也比没有法好。统治者立了法以后，他就可以一切依法而行，可以无为。《慎子》说："大君任法而弗躬，则事断于法矣。"（《君人》）"官不私亲，法不遗爱。上下无事，惟法所在。"（《君臣》）这就是无私。

可是，法也得有人来推行。统治者凭什么推行法呢？《慎子》说："故腾蛇游雾，飞龙乘云，云罢雾霁，与蚯蚓同，则失其所乘也。故贤而屈于不肖者，权轻也；不肖而服于贤者，位尊也。尧为匹夫，不能使其邻家。至南面而王，则令行禁止。由此观之，贤不足以服不肖，而势位足以屈贤矣。故无名而断者，权重也；弩弱而矢高者，乘于风也。身不肖而令行者，得助于众也。"（《威德》）意思就是说：统治者要有绝对的权力，才可以统治。这也许就是荀况所说的，田骈、慎到"尚法而无法，下修而好作"的意义。法家"尚法"，可是慎到所强调的实际上是"势"。所以荀况认为他是"尚法而无法"。韩非说慎到认为"贤智不足以服众，而势位足以诎贤"，这也就是荀况所说的，"慎子蔽于法而不知贤"。这和《庄子·天下》篇所说的"无用贤圣"，也是有联系的。"下修而好作"，王念孙曰："义不可通，下脩当为不循，谓不循旧法也。"

《慎子》又认为天下国家并不是天子或国君的私有财产。他说："故立天子以为天下，非立天下以为天子也。立国君以为国，非立国以为君也。立官长以为官，非立官以为长也。"（《威德》）原来的奴隶主贵族的国家是和宗法制度联系在一起的。国家就是一个宗族的私产。根据"亲亲"的原则，国君率领着他的兄弟子侄，分担政权，进行统治。新兴的地主阶级要求打破这种宗族的国家，建立政治国家。上边所引慎到的话，就是说，国家并不是奴隶主贵族的私产，官长也不是奴隶主贵族为他的亲族安排的位置。他们的任务，主要的就是为国家办事。这是站在新兴地主阶级立场对于奴隶主贵族"亲亲"世袭制的批判。

《慎子》承认"法"不一定都是好的，但"法虽不善，犹愈于无法"（《威德》）。君不一定都是贤的，但是，"多贤不可以多君，无贤不可以无君"（佚文）。这是法家为新的封建统治阶级建立中央集权的统治所作的理论的根据。

《慎子》说："人莫不自为也，化而使之为我，则莫可得而用矣。是故先王见不受禄者不臣，禄不厚者不与入难。人不得其所以自为也，则上不取用焉。故用人之自为，不用人之为我，则莫不可得而用矣，此之谓因。"（《因循》）在这里，"自为"就是替自己打算，"为我"的"我"字是统治者就他自己说的，就是说，统治者用人，不靠人为他尽力的那种道德。他所靠的是人都替自己打算，趋利避害这种私心，用"刑""赏"把人组织起来，为他服务。这就叫"用人之自为"。这里所说的"为我"，不是道家所说的"为我"。道家所说的"为我"，是人精打细算的结果，认为受统治者的俸禄而为他服务，是得不偿失。这是道家的人对于新兴地主阶级消极反抗不同他们合作的一种理论。法家站在新的统治者立场也反对这种人。《慎子》的这段话所批判的，正是《庄子·天下》篇所讲的慎到的主张。同是慎到，可是他的立场变了，由没落奴隶主的立场转变为新兴地主阶级的立场。

由于这个转变，可以说，慎到的思想，总起来说，是把杨朱的和他自己的道家全生"保身"的思想，加以改造，应用到治国中，为新兴地主阶级服务。比如说，在《庄子·天下》篇"齐万物以为首"，本来讲的是"大道"与自然界事物的关系，《慎子》则说成是社会中新兴地主阶级的统治者和老百姓的关系。这就是改造。在《庄子·天下》篇，"公而不党，易而无私"，本来讲的是隐士的处世方法，《慎子》则说成是新兴地主阶级的统治术。这就是改造。

当时新兴地主阶级正在建立封建主义的中央集权的政权。新的统治者统治的范围之广及其权力之大,都不是在分封制下面的统治者所能比拟的。他们需要一种新的统治术。法家适应这种新的需要,根据当时的经验,提出一种新的统治术,其中有些是从道家思想中改造过来的。

比如"无为"这个思想吧。孔丘也讲"无为"。他说:"无为而治者,其舜也欤?夫何为哉?恭己正南面而已矣。"(《论语·卫灵公》)这种"无为",其实就是儒家所谓"德治"。道家所说的"无为",是消极的无所作为。法家则与前两者根本不同,他批判了儒家的德治,同时改造了道家的无所作为,把它改造为统治者依靠法、术、势,自己无为而臣下有为。这是"无为"这种思想的几个转变,慎到的思想则是从道家"无为"到法家"无为"的转变中的一个环节。

作为道家的一个思想家,慎到把杨朱的"重生"的思想及处世的方法提到了哲学的高度,提出"大道"这个观念。又把这个观念改造成为论证新兴地主阶级统治的哲学根据。由此,他就从道家分化出来,成为法家。这种转化完全是在当时的阶级斗争的推动下所造成的。

第四节　黄老之学的确切内容

黄老之学是从道家转来的法家,这个提法不确切。某一种事物转化为另一种事物,转化的结果是,某一种事物被扬弃而代之以另一种事物,另一种事物代替了这一种事物。黄老之学不是这样。它并不是用法家代替道家。黄老之学是道家向法家的转化,这个提法也不确切,因为转化是一个过程,黄老之学并不是一个过程。大概可以说,黄老之学是道家和法家的统一。怎么个统一法呢?

长沙马王堆出土的《十大经》,有人认为这就是《汉书·艺文志》所著录的《黄帝外经》,我赞成这个说法。《汉书·艺文志》方技略著录黄帝外经和内经。"外经"是对"内经"而言。《庄子·天下》篇说,宋钘、尹文,"以禁攻寝兵为外,以情欲寡浅为内"。"内"是指"治身","外"是指"治国"。汉朝的淮南王刘安著有《淮南内》《淮南外》,也是这种意思。道家讲保全身体、性命的道理。这是道家的一个主题。黄老之学以此为"内",又把保全身体、性命的道理推广到"治国",以此为"外"。它所讲的"治国"的道理,也就是法家的道理。这样,就改造了道家思想,使之向法家转化。

《汉书·艺文志》还著录有扁鹊的内经和外经,白氏内经和外经,这个内外是怎么分的?就无可考了。

《黄帝内经》很注重预防。它有两句名言："圣人不治已病，治未病；不治已乱，治未乱。"（《四气调神大论》）头一句讲的是"养生"，第二句讲的是"治国"，它认为"养生"和"治国"是一个道理，这就是黄老之学的要点。

不过慎到并没有明确地把这个要点讲出来，也许他讲了我们不知道。他可能是黄老之学的一个创始人。黄老之学的发展有待于他的后学。这个发展在《管子》的其他篇中可以看出来。

以上说明了关于慎到的矛盾。经过说明以后，这个矛盾恰好给我们提供了先秦学术思想发展的一个线索。这个线索就在司马迁所说的"黄老道德之术"这个名词中。

司马迁的《史记》用两篇列传基本上概括了先秦学术界百家争鸣的壮阔复杂的局面。一个是《老子·韩非列传》，一个是《孟子·荀卿列传》。前一个列传说明道家和法家的由分而合；后一个列传说明儒家的由合而分。由分而合，由合而分，这是两条线索。司马迁抓住了这两条线索。

所谓线索就是事物发展的内部联系，也就是事物发展中有规律性的东西。一个好的历史家，必须抓住这些联系，才能把历史中错综复杂的现象贯穿起来，写出好的历史。这就是从前人所说的历史家的"史识"。

司马迁的"史才"（文学的修养）和"史学"（史料的掌握）是众所周知的了，至于他的"史识"还有待于发挥。

第十七章 稷下黄老之学的精气说——道家向唯物主义的发展

第一节 黄老之学的名称的由来及史料的根据

本书第一册第三章说到齐国的稷下。齐国的国都有一个城门叫稷门。稷门附近的一个区域就叫稷下。这是当时的知识分子（"士"）居住和聚会的地方。管仲认为士、农、工、商这四民应该各自有一个居住的区域。"稷下"可能就是一个"士"之所居住的区域吧。齐国的国君有一个尊重知识分子的传统。司马迁说，齐宣王在稷下建筑了一些高级的住宅。稷下的那些知识分子，有比较出名的，宣王就每人给他一处住宅，给他"上大夫"的俸禄，叫他们"不治而议论"（《史记·田完世家》）。就是说，他对于高级知识分子的生活特别优待，而且不叫他们做什么事，只是著书立说，用现在的话说，就是研究吧。有了这样的优越条件，各诸侯国的知识分子，有资格的都到稷下去讲学或学习。稷下成了一个国际的学术中心。

在稷下讲学或学习的人各家各派都有，但也有一个比较突出的派别，那就是汉朝人所说的黄老之学。

第一册第三章说到的《管子》这部书，就是稷下学术中心的一部论文总集。那是从它的形式推断的，就其内容说，也可以作出这样一个推断。这部书中，各家各派的论文都有，但中心是黄老之学的论文。这部书还是稷下学术中心的情况的反映。

齐宣王的父亲威王，自称要"高祖黄帝，迩嗣桓、文"（《陈侯因䇒敦铭》文，转引自郭沫若《十批判书》，第152页）。黄帝是当时传说中的一个养生成仙的帝王；齐桓、晋文是春秋时期的两个执行法家路线成功的霸主。齐威王要把养生和成霸结合起来。他的这两句铭文反映了当时一部分有作为的诸侯国统治者的愿望，一直到秦皇、汉武，有作为的统治者都有这种愿望。

齐威王的这两句话，虽然不是对"稷下先生"们说的，但他的这个愿望，可能为他们指定一个方向，规定一个调子。这就是"黄老之学"的要点。它有两个方面，一个是治身（养生），一个是治国。前者以黄帝为目标，后者以桓、文为目标。其所以称"老"者，因为《老子》中讲"长生久视"之道，也有"君人南面"之术。老子也是传说中的一个长寿者。

从老聃到庄周，是道家向唯心主义的发展。这就是魏、晋人所说的老庄。老庄也讲治身与治国，但他们讲治身是要达到一种精神境界，讲治国是要使社会回到原始情况。黄老讲治身是要保持身体以达到长生不死，白日飞升。讲治国是要继续齐桓、晋文的事业，使之发展下去。黄老与老庄，在哲学上说，是唯物主义和唯心主义两大派别的对立；在政治上说，是革新、前进和保守、倒退两条道路的斗争。

《管子》中有《白心》《内业》《心术上》《心术下》四篇。近来很多学者认为这四篇为宋钘、尹文的著作，并以此四篇作为讲宋、尹学派的主要资料。我认为这是不能肯定的。其理由于上文第十四章已讲过。

我认为《管子》中的《白心》等四篇不是宋钘、尹文一派的著作。不过这四篇是很重要的。它是一个体系。这个体系就是稷下黄老之学。因为这几篇所讲的就是黄老之学的要点：治身和治国是一个道理。

于此四篇之外，还可以加上一篇，《管子》中的《水地》篇。《水地》篇的文体和四篇不同，它不用韵文。但就内容说，它所讲的问题，同所表现的要点，还是与四篇相同的。

第二节　《管子》中的《水地》篇

要讲"养生"，必须先研究生命的来源以及万物的来源。《水地》篇提出一个初步的看法。

《管子·禁藏》篇说："夫民之所生，衣与食也。食之所生，水与土地也。"就是说，人必须有穿的，有吃的，才能生存，衣食的来源又靠水和地。《度地》篇讲水害和水利，《地员》篇讲土壤。这是从农业生产上讲水和地的重要。

《问》篇说："理国之道，地德为首。君臣之礼，父子之亲，覆育万人。官府之藏，强兵保国。城郭之险，外应四极。具取之地。"就是说，社会的上层建筑以及用兵设防，都要以地为基础。这是从社会方面论地的重要性。

《水地》篇的特点，是从哲学的高度讲水和地的重要性。它所说的地，相当于五行中的土。关于五行的学说起源很早，但是明确地肯定五行或其中的某些"行"是万物的根源，则是后来时期才有的。《水地》篇关于"水、地"的思想，就作了这样的肯定。

这篇肯定："地者，万物之本原，诸生之根菀也。……水者，地之血气，如筋脉之通流者也。"万物都是从地生出来的。以人的身体作为比喻，水就是地的血气，河川就是地的筋脉。因此，水与地有同样的功用。下文说："水者何也？万物之本原也，诸生之宗室也。"《水地》篇特别强调水的重要。它认为"准"（水平仪）是用水作标准的，而"准"是"五量（权、衡、规、矩、准，说见《管子·揆度》篇）之宗"，"素"是"五色之质"，"淡"是"五味之中"。就是说，一切颜色都以白为背景，一切味道都以"淡"为基础。"水者，万物之准也，诸生之淡也，韪非得失之素也（本作'违非得失之质'，依丁士涵校改，韪非即是非）。"这是从各方面论证水的重要性。

《水地》篇认为水无所不在，"无不满，无不居也，集于天地而藏于万物，产于金石，集于诸生"。一切生物，都必须得水才可以生长发展。它说："集于草木，根得其度，华得其数，实得其量。鸟兽得之，形体肥大，羽毛丰茂，文理明著。"它由此得出结论说："万物莫不尽其几，反（返）其常者，水之内度适也。"万物中所有的水，有固定的数量（"内度"），数量合适，它们就能充分发展它们的潜力（"尽其几"），发展到它们通常所能达到的程度（"返其常"）。因为水有生长万物的功能，所以又称为"水神"。

《水地》篇认为，不仅动物和植物因水而生长发育，人也是从水来的，人的肉体和精神都是水的产物。关于人的生成的程序，《水地》篇有详细的说明，它说："人，水也。男女精气合而水流形。"据它说，人在胎中，吸收五味的营养，三月生成五脏，五脏已具而后生骨肉。由五脏和骨肉，"发为九窍。……五月而成，十月而生"。生了以后，眼就能看，耳就能听，心就能思虑。"目之所视，非特山陵之见也，察于荒忽。耳之所听，非特雷鼓之闻也，察于淑湫。心之所虑，非特知于麤粗，察于微眇"。就是说，耳目等感觉，不只是生理的反应，而且是思维的活动了。下面接着说："是以水集于玉而九德出焉。凝蹇而为人，而九窍五虑出焉。""九窍"是生理的器官；"五虑"是思维的活动。这是把上面所说的重新加以肯定。就是说，由五脏发育的结果才形成人的耳目感官，从而有感觉作用，思维活动来源于人的心脏。这就是说，感觉和思维的活动是生理器官所产生的；生理的器官是由水这种物质所构成的。这是明确的唯物主义思想。

不仅如此，《水地》篇认为许多神怪的东西也都是从水产生的。它说：龟生于水，能预测吉凶；龙生于水，能游于天上地下，变化无穷；"蚳"与"庆忌"等妖怪来于"涸川水之精"，能跑得很快，取鱼鳖吃。这些说法表明，即使那些"神圣的"动植物和"妖怪"也都是由物质的水产生的，他们的神性是水的德性的体现。这实际上是否认了这些东西具有超自然的神秘性质。

但是，谈到社会和历史，《水地》篇就倾向唯心主义了。它认为地是"美、恶、贤、不肖、愚、俊之所生也"；水也是"美、恶、贤、不肖、愚、俊之所产也"（"所产"应是"所以产"）。它自己问："何以知其然也？"它列举当时各地方的水的性质，企图以之证明各地方的人的体质性格，都是各国的水的性质所决定的。如果一个地方的水好，那个地方的人就是美的、贤的、俊的。如果一个地方的水不好，那个地方的人就是丑的、恶的、愚的。《水地》篇认为，当时各地的水是或"弱"、或"浊"、或"游滞"，所以各地方的人是或"轻"、或"愚"、或"贪"，只有宋国的水"轻劲而清，故其民闲易而好正"。

《水地》篇认为，水既然对于人的体质性格有决定性的作用，所以改造社会只要改造水就可以了。它说："圣人之化世也，其解在水。""是以圣人之治世也，不人告也，不户说也，其枢在水。"

《水地》篇也谈到水是可以为人所效法的。它说："夫水淳弱以清，而好洒人之恶，仁也。""人皆赴高，己独赴下，卑也。卑也者，道之室，王者之器也，而水以为都居。"这所说与《老子》第八章对于水的歌颂意义相同。《水地》篇和《老子》不是说水也有道德的属性；它们只是说，水有这些属性，人的道德属性可以之为法。

《水地》篇的议论包括治身和治国两个方面。它认为，无论从哪个方面说，水都起决定性的作用（"其枢在水"）。治身和治国是一个道理。这就是黄老之学的要点。

第三节　黄老之学关于"精""气"的思想

《管子·水地》篇认为水和地是万物的根源。这正是如恩格斯所说的希腊哲学家那样，"把自然现象的无限多样性的统一看做不言而喻的，并且在某种具有固定形体的东西中，在某种特殊的东西中去寻找这个统一，比如泰勒斯就在水里去寻找"（《自然辩证法》，《马克思恩格斯全集》第20卷，第525页）。这样的统一包括两个问题。一个是寻找一种东西，认为它是万物所由以产生的；一个是寻找一种东西，认为它是万物所以由此构成的。说水和地是万物所由以产生的，这在一定程度上是有事实根据的。但说水和地是万物所由以构成的，这就有很大的困难。水和地都是有形体的特殊的东西，一种有形体的特殊的东西，如何能为一切有形体的特殊的东西的所由以构成？这是很难说明的。

在希腊哲学中，阿那克西曼德企图用"未规定的物质"——"无限"以解决这个问题。但是从唯物主义的观点看，这种"无限"的说法也有很大缺点。

在希腊哲学中，于是就有阿那克西美尼，用"气"以替代阿那克西曼德所说的"无限"。黑格尔论述说："他以一个确定的自然元素（具有一个实在形式的'绝对'），来代替阿那克西曼德的无定的物质；——不过不是泰利士的水，而是空气。他深知物质必须要有一种感性的存在，而同时空气却有一个优点，就是更加不具形式；它比水更加不具形体；我们看不见它，只有在它的运动中我们才感觉到它。'一切均由空气中产生，一切又都消失于空气之中。'他也规定空气是无限的。第欧根尼·拉尔修说：'原则是空气和"无限"'，好像是有两个原则似的。只有辛普里丘明白地说：'他认为根本本质是"一"，是一个无限的自然，正同阿那克西曼德的看法是一样的，所不同的只是阿那克西曼德的是一个不定的自然，而他的是一个有定的自然，即是空气。'"（《哲学史讲演录》第1卷，三联书店1956年版，第197—198页）

在先秦哲学里，唯物主义的发展也有类似的情况。《水地》篇的主张立论有困难。彭蒙、田骈、慎到提出"道"这个观念，但没有作出说明。或者有说明而我们不知。稷下黄老之学开始用"气"以说明"道"，认为"道"就是"气"或精气。"气"是无形的，正像黑格尔说的那样，它跟《水地》篇所说的"水"比较起来，有一定的优点。

《内业》篇说："凡道无根无茎，无叶无荣，万物以生，万物以成，命之曰道。"这是认为"道"不是具体的个别东西。它认为这种未规定的"道"，不是超自然的东西，而是"一个有定的自然"——"气"。《管子·枢言》篇说："道之在天者，日也；其在人者，心也。故曰：有气则生，无气则死，生者以其气。"这几句话说明，稷下黄老之学认为"道"就是"气"；万物都是从"气"生出来的。"其在人者，心也"，似乎是说，对于人说，心是最重要的，但是心也不能离乎"气"。《内业》篇发挥这种看法说："凡物之精，此则为生，下生五谷，上为列星，流于天地之间，谓之鬼神，藏于胸中，谓之圣人。"下文说："是故此气也"，可见"此则为生"的"此"字，是指"气"而言。他们认为天上的星辰和地上的五谷，都是由气构成的；所谓鬼神，也只是气流动于宇宙中者；"圣人"所以有智慧，也是因为他胸中藏有很多气。总之，从物质现象到精神现象都是由"气"构成的，一切事物都是气的变化的结果。所以《内业》篇又说："化不易气"；就是说，事物时常在变化，但总不能离乎气，气本身就能变化而生出各种各样的东西。

"气"在中国古代有两种意义。一种意义指"天气"。《左传》说："天生六气"，六气指"阴、阳、风、雨、晦、明"等天时现象。一种意义指人呼吸的气息，《说文》说："气，息也"；息就是呼吸。天气对农业生产是十分重要的；气息对人的生命也是十分重要的。稷下黄老之学正是从对气的这种认识中，建立起以气为基础的唯物主义的自然观。

值得注意的是，稷下黄老之学特别用气来解释生命和意识的起源以及构成生命和精神的要素。《内业》篇说："凡人之生也，天出其精，地出其形，合此以为人。和乃生，不和不生。"什么是"精"呢？《内业》篇说："精也者，气之精者也。""精"字的本义是细米，引申指一切细微的东西。"精"是"气之精者"，就是说，"精"是气中更细微的部分。既然有"气之精者"，也必有气之粗者，即气之比较粗的一部分。

照《内业》篇的意思，天是比较细的一部分气所构成的，地是比较粗的一部分气所构成的。他们认为人所有的"精"是从天得来的；人所有的"形"是从地得来的。精及形配合恰好，人就生存，不然人就死亡。这种说法，有把精神和身体割裂的危险，没有完全跳出灵魂独立于身体的旧框子。

稷下黄老之学认为，就生物说，一个生物所有的精气越多，它的生命力就越大。就人说，一个人所有的精气越多，他的智力就越高。《内业》篇说："精存自生，其外安荣；内藏（内上疑缺两字），以为泉源；浩然和平，以为气渊。渊之不涸，四体乃固；泉之不竭，九窍遂通。"这是说，人有了足够的精气，不仅四肢坚固，体质健强，而且耳目口鼻也都通顺，智力也充沛。因此，他们认为人的精神作用也是由精气产生的。《内业》篇说："气道（戴望引《左传》注：道，通也）乃生，生乃思，思乃知，知乃止矣。"这就是说，人的思维（"思"、"知"）是依靠于生命，有了生命才有思维，而生命又依靠于气；气是第一性的，生命和精神意识是第二性的。因此，《心术上》说："世人之所职者，精也。去欲则寡（本作宣，依郭沫若校改），寡则静矣。静则精，精则独立（立字衍）矣。独则明，明则神矣。"这是说，人能寡欲，精气就充沛，精气充沛，就愈聪明，愈有智慧。这意味着人的精神是由身体内极细微的物质——精气发生出来的。

照《内业》等篇所说，形气构成人的身体（形）。它好比一个房子，"精"就住在这个房子里。《内业》篇说："定心在中，耳目聪明，四肢坚固，可以为精舍。""精舍"就是精所住的宿舍。保持与延长生命的方法，就是保持自己"形"中所已有的"精"不要失去，维持"精"与"形"的"和"。要达到这个目的，就要使心中安静，不为"忧乐喜怒欲利"所扰乱。《内业》篇说："彼心之情，利安以宁，勿烦勿乱，和乃自成。"如果不然，那就是"内困外薄，不早为图，生将巽舍"。就是说，精要退出（"巽"）这个宿舍。精退出，生也退出，那就是死了。

照《内业》等篇所说，人不但需要保持自己身体中本有的精气不要散失，并且还要争取吸收更多的在身外运动着的精气，集中在自己的心中。这样，自己的生命力就可以更加丰富，自己的聪明智慧，就可以更大更高。《内业》篇说："敬除其舍，精将自来。……严容畏敬，精将自定。"（本作至定，依王念孙校改）"形"是"精"的庐舍，打扫清洁了，流行于宇宙间的精气就进来了。进来以后，人再能"严容畏敬"，"精"自然就住下了。

《内业》篇又说："不以物乱官，不以官乱心，是谓中得。以有神自在身。"神也是指精气。《心术下》篇也说："正形饰德，万物毕得，翼然自来，神莫知其极。昭知天下，通于四极。是故曰，无以物乱官，毋以官乱心。此之谓内德。""内德"即"中得"，就是心中原有的"精气"。不要以外界的事物扰乱自己的感官，不要以自己的感官扰乱自己的心，这就叫"饰德"，就是说，把原有的"德"先整理一下子。照《白心》篇的说法，"精"是"同则相从，反则相距"。所以原有的"精"越多，越能吸收外边新来的"精"。新来的"精"也只有在原来有德的条件下才能安定下来。所以《内业》篇说："是故此气也，不可止以力，而可安以德；不可呼以声，而可迎以意（本作可迎以音，依王念孙校改）。敬守勿失，是谓成德，德成而智出，万物果得。"

《内业》等篇认为一个人如果能把精气集中了，就可能有很大的他们所想象的效果。《内业》篇说："乃能穷天地，被四海，中无惑意，外无邪菑。心全于中，形全于外。不逢天菑，不遇人害。谓之圣人。"又说："人能正静，皮肤裕宽，耳目聪明，筋信（伸）而骨强；乃能戴大圜而履大方，鉴于大清，视于大明。"这些是说，精气充足，身心都得到发展，而且能更加清楚明白地认识天地万物的变化。

"道"和"德"是道家的两个主要观念。稷下黄老之学根据精气的学说，对"道"和"德"作了解释。《心术上》篇说："虚而无形谓之道，化育万物之谓德。"又说："天之道，虚其（当作而）无形。虚则不屈。无形则无所位赶（王引之云：当作抵牾），无所抵牾，故遍流万物而不变。德者道之舍；物得以生，生知（衍文）得以职道之精。故德者得也，得也者，其谓（当作谓其）所得以然也。以（衍文）无为之谓道，舍之之谓德。故道之与德无间，故言之者不别也。"这是关于道与德的一个明确的说明，也明确地说明了德和道的关系。"虚则不屈"，就是说，它是无形而又是无限。有形的东西，因其有一定的形，就与别的有形的东西相抵牾。水与火相抵牾；木与金相抵牾。气是无形的东西，所以能成为水也可以成为火，能成为木也可以成为金。它可以成为任何的东西，而其本身还是气。这就是所谓"遍流万物而不变"。也可以了解为，气是无形的，所以不占一定的位置，不同别的东西冲突，因此能遍于一切事物之中，为一切事物的根本。

"德者道之舍。""舍"是什么意思呢？上文说："神者，至贵也。故馆不辟除，则贵人不舍焉。""不舍"就是不停留。"舍"字作名词用，指馆舍；作动词用，指入馆舍而停下来。《心术上》篇开始说："神将入舍"，即入舍而停留下来。"德者道之舍"，就是说，德是道在某一点上停留下来的，这一点就成为人或物。人和物都得到"精"和"气"的一部分，然后才能生存（"物得以生"）。就人和物这一方面说，它是停留在人和物之中。万物和人都有所得于道，然后才成为它那个样子（"得也者谓其所得以然也"）。人有所得于道，然后才有生命。《心术上》篇上又说："世人之所职者，精也。"（旧注："职主也"。精是生命之主。）（"生知得以职道之精。"）道和德的关系，是全体与部分的关系；按本质说，它们是一个东西（"故道之与德无间，故言之者不别也"）。这就是说，它们都是精气。按照这种解释，"道"并不是脱离具体事物独立自存的东西，而是即在于万物之中。

在《内业》等四篇中，道就是精气，也称为灵气。《内业》篇说："灵气在心，一来一逝，其细无内，其大无外。所以失之，以躁为害。心能执静，道将自定。"由此段可以看出来，稷下黄老之学认为"道"就是"灵气"。《心术下》篇说："气者，身之充也。"《内业》篇说："夫道者，所以充形也，而人不能固。其往不复，其来不舍。"由这一段可以看出来，"道"就是"精气"。它本来是要住在人的身体中的（"充形"），假使人不能保持它，它就"往而不复，来而不舍"了。

《白心》篇说："道之大如天，其广如地。……一以无贰，是谓知道。将欲服之，心一其端而固其所守。责其往来莫知其时。……故曰，吾语若大明之极。大明之明，非爱人不予也，同则相从，反则相距也。"这里所谓"明"或"大明"就是"道"，也就是"精气"。它是"往来莫知其时"，只有"一其端而固其所守"的人，才能"服之"；"服"如"服药"之"服"。

照上所引，道就是灵气，也就是精，也就是神，也就是明，也就是极细微的物质。《心术上》篇说："道在天地之间也，其大无外，其小无内。"灵气也是"其细无内，其大无外"。因为它是极细微的物质，不可能再分割了，也不可能有比它更小的东西了，所以是"其小无内"。但是它又"洒乎天下满"（《白心》），"道满天下，普在民所"（《内业》），所以又是"其大无外"。因为是极细微的物质，不能作为感官的对象，所以说："虚无无形谓之道。""道也者，动不见其形，施不见其德，万物皆得以然，莫知其极。"（《心术上》）照稷下黄老之学的理论，无论什么东西，总是得了"道"才能是它那个样子，这就是"万物皆得以然"。

稷下黄老之学认为，"其小无内，其大无外"是道所特有的属性。《宙合》篇说："天地，万物之橐也；宙合有（又）橐天地。天地苴万物，故曰万物之橐。宙合之意，上通于天之上，下泊（及）于地之下，外出于四海之外，合络天地以为一裹。散之至于无间，不可名而山是（郭沫若云：当作"而字之"），大之无外，小之无内，故曰有（又）橐天地。"这里所说的"宙合"，意思是双关的，一方面指这一篇所讲的道理，一方面指道。上文说："道也者，通乎无上，详乎无穷，运乎诸生。"可见"宙合"就是道。天地包着万物，道又包着天地，所以道是"至大无外"。道能入于"无间"，所以又是"其小无内"。稷下黄老之学依据精气的学说，明确地说明了"道"的这种属性。

《白心》篇有一段说："天或维之，地或载之；天莫之维，则天以坠矣；地莫之载，则地以沉矣。夫天不坠，地不沉，夫或维而载之也夫。又况于人，人有治之，辟之若夫擂鼓之动也。夫不能自摇者，夫或摇之。夫或者何？若然者也。视则不见，听则不闻，洒乎天下满，不见其塞，集于颜色，知于肌肤（王引之云："当作集于肌肤，知于颜色"）。责其往来，莫知其时。薄乎其方也，韕乎其圜也。韕韕乎莫得其门。故口为声也，耳为听也，目有视也，手有指也，足有履也，事物有所比也。当生者生，当死者死，言有西有东，各死其乡。"

这是用一种形象的说法，以说明道和天地万物的关系。这里提出的问题是，有什么东西在上面系着天，让它不掉下来？有什么东西在下面托着地，让它不坠下去？《白心》篇用一个"或"字，好像这里所提出的问题，并没有得到解决，而只是在那里猜测。其实下文对于"或"字，作了明确的解释。下文说，这个"或"是看不见听不见的，充满于天下，可是人也感觉不到它的障碍。它集中于人的肌肤，表现于人的颜色。它随时往来流转。它也可以是方，也可以是圆，但是人没有抓住它的门路。口之所以能出声，耳之所以能听，眼之所以能视，手之所以能指，足之所以能履，事物之所以有许多种类，当生的生，当死的死，都是"或"的作用。有这样作用的东西，而又视则不见，听则不闻，这个东西是什么呢？这就是"道"。为什么称之为"或"呢？就是因为道是"虚无无形"，"不可名而字之"。

无形的道怎么能够系着天、托着地呢？"若然"两个字，正是回答这个问题。"若然"的意思是说，并不真是像一个钩子那样地系着，也不真是像一个盘子那样地托着，只是形象地说，似乎是那种样子。

第四节 对于"精""气"说的评价

稷下黄老之学关于"精""气"的思想在以后的影响是巨大的。他们所讲的气是一种极其细微的流动性的物质。这种物质没有固定的形式，本身又能运动，可以在任何地方存在，也可以转化成各种具体的东西。用它来说明万物的物质性和世界统一的物质性，在古代自然科学知识尚不发达的阶段，具有重要的意义。所以以后的唯物主义思想都认为"气"是构成天地万物的根源，并且进一步提出了"元气"，阴阳之气、五行之气等，作为万物构成的物质元素①。就这个意义说，稷下黄老之学奠定了中国哲学中唯物主义的基础。在以后的哲学发展中，凡是主张"气"是第一性的，都属于唯物主义的阵营。

这里产生一个问题：作为物质性的东西的"气"，是否可以是无形的？有人说，气不仅可以感觉到，实在还能看到。如果不限制于什么气，而指一切气的话，鼻息的气不仅人自己呼吸时能感觉到，冬天呼出的气还分明能够看到。气既然是可以感觉到，所谓不可感觉的、无形的"气"就不是一般所谓气，也就不是一种物质性的东西。

我认为稷下黄老之学所说的无形的气就是一般的气，而又不限于一般的气。

说一般的气是无形，主要是说，它没有人所能感觉到的固定的形式。这个无形是相对的。气和别的东西，例如金、木、水、火、土等，比较起来，是比较不容易感觉到的。在天空之中，在没有风的时候，是看不见什么东西的。所以古人称天空为太虚。

作为构成万物的气，是带有一些抽象的性质。这不仅稷下黄老之学所谓气是如此，五行家所说的金、木、水、火、土，在把它们作为构成万物的元素的时候，它们也不就是直接看得见、摸得着的那些水、火、木、金、土。希腊哲学家赫拉克利特认为，世界万物是火构成的，但是这个火也不就是我们烧茶煮饭用的火，而是一种"永恒的火"。永恒的火，恐怕也不是直接可感觉的。至于他所说的构成"灵魂"的细微的火，那就更不是直接可感觉的了。但这并不表示它们是唯心主义所讲的精神性的东西。

稷下黄老之学的另一个重要的贡献，就是第一次对形、神关系的唯物主义的解决作了尝试。物质和意识的关系问题是哲学的基本问题。在这个问题上，稷下黄老之学认为人的精神意识是由物质的元素——精气组成的。精神能力的强弱决定于体内贮藏的物质元素——精气的多少。这实际上是肯定物质现象是第一性的，精神现象是派生的，第二性的。把精神现象看成是某种特殊物质，这是古代素朴唯物主义共同的特点。在古希腊的哲学中，阿那克西曼德把"灵魂"看成是空气，赫拉克利特看成是细微的火，德谟克利特和伊壁鸠鲁都把人的精神或灵魂看成是由极细微的原子组成的。恩格斯在《反杜林论》中，把这些观点称为"原始的自发的唯物主义"（《马克思恩格斯选集》第3卷，第178页）。稷下黄

---

① 冯友兰原书作"原素"，今统一为"元素"。——编者注

老之学关于精气的学说正是中国古典哲学中这种自发的唯物主义的代表。在以后的发展中，许多的唯物主义者都用精气说来阐明人的精神现象和意识作用的起源。就这一点说，稷下黄老之学同样为中国唯物主义思想和发展奠定了基础。

但是，稷下黄老之学关于精气的学说，也带有素朴唯物主义不可避免的缺点。首先，他们把精气看成是一种带有生命的活力，或是有精神的性能，因此，又称精气为"灵气"或"神"。在他们看来，日、月、星、辰所以能发光，植物所以能生长，鸟兽所以能飞走，人所以能有智慧，都是由于精气具有这种性能的结果。用这种精气来说明万物的构成，就会导致物活论。物活论认为，自然界一切东西都有生命。这个命题可以把精神归结为物质，由此导致唯物论，也可以把物质归结为精神，由此导致唯心论。它好比一把两刃刀，可以两面割。

但是我们也不能看低了物活论。普列汉诺夫说："马克思主义是一个完整的世界观。简单说来，这是现代唯物主义，也就是现今发展到最高阶段的世界观。这种世界观的基础早在古希腊就由德谟克利特奠定了，而且一部分是由德谟克利特以前的伊奥尼亚思想家们所奠定的。那些思想家的所谓物活主义，实际上也就是素朴唯物主义。"（《马克思主义的基本问题》，人民出版社1957年版，第1页）

其次，稷下黄老之学用精气来说明精神现象，并不能正确地解决物质和意识、形体和精神的关系问题。他们把精神意识简单地归结为一种特殊物质，这是错误的。精神现象是物质高度发展的结果，是物质的作用和性能，它本身不就是物质。这是稷下黄老之学所不能了解的。正因为如此，他们认为构成精神要素的精气可以脱离人的形体到处游离。这就意味着精神可以不必依赖人的肉体，精神和形体有两个来源，这就走向形神二元论，也就为灵魂不灭说开了后门。恩格斯在《反杜林论》中说："作为这样的唯物主义，它不能彻底了解思维对物质的关系。但是，弄清这个问题的那种必要性，引出了关于可以和肉体分开的灵魂的学说，然后引出了灵魂不死的论断，最后引出了一神教。"（《马克思恩格斯选集》第3卷，第178页）

恩格斯又说："在远古时代，人们还完全不知道自己身体的构造，并且受梦中景象的影响，于是就产生一种观念：他们的思维和感觉不是他们身体的活动，而是一种独特的、寓于这个身体之中而在人死亡时就离开身体的灵魂的活动。从这个时候起，人们不得不思考这种灵魂对外部世界的关系。既然灵魂在人死时离开肉体而继续活着，那么就没有任何理由去设想它本身还会死亡；这样就产生了灵魂不死的观念，……同样，由于自然力被人格化，最初的神产生了。"（《路德维希·费尔巴哈和德国古典哲学的终结》，《马克思恩格斯选集》第4卷，第219—220页）稷下黄老之学把精神或灵魂看成是一种特殊的东西寄居在人的身体内，而且又可以离开人的形体，在客观上正是支持了这种灵魂不灭的观念，虽然他们把灵魂看成是物质的东西。稷下黄老之学的这个弱点，在反对灵魂不死信仰和有鬼论的斗争中，到后来才逐渐为以后的无神论者和唯物主义者所克服。

稷下黄老之学是跟宗教作斗争的。他们认为所谓鬼神只不过是宇宙中流行的精气，实际上是不承认鬼神是有人格的主宰，把鬼神也看成是物质的产物。他们还认为人有了精气，就有高度的智慧，用不着依赖鬼神了。《内业》篇说："抟气如神，万物备存，能抟乎？能一乎？能无卜筮而知吉凶乎？……思之思之，又重思之。思之而不通，鬼神将通之；非鬼神之力也，精气之极也。"这实际上是对鬼神权威的否定。从这些材料看，他们也是无神论者。但他们对于宗教的斗争也有局限性。在他们的思想中也还有宗教中的某些思想的残余。《国语》记载楚国的观射父的话说："古者民神不杂。""民"中有特别聪明智慧的人，"则神明降之。在男曰觋，在女曰巫"（《楚语下》）。这就是说，"神"就"附"在这些人的身体上，而这些人也就更加聪明智慧。稷下黄老之学似乎也承认，有很多的"神""附"在身体上的人有更多的聪明智慧。但是稷下黄老之学认为所谓鬼神不过是流行宇宙间的精气，它可以"入于胸中"，使人成为"圣人"。"圣人""德成而智出"，能使一切东西各得其所，"万物果得"。这种超人的"圣人"思想，正是宗教思想的残余的表现。

第五节　黄老之学的法家统治术

稷下黄老之学的精气说是经过改造的道家思想。为什么说它是道家思想？因为它的主题是"养生"。为什么说它是经过改造的道家思想？因为它基本上是唯物主义的。道家思想的主流是老聃、庄周所宣扬的唯心主义思想。

《白心》篇说："故曰：欲爱吾身，先知吾情。周视（本作君亲，依俞樾校改）六合，以考内身。以此知象，乃知行情。既知行情，乃知养生。左右前后，周而复所。执仪服象，敬迎来者。今夫来者，必道其道。无迁无衍，命乃长久。和以反中，形性相葆。一以无贰，是谓知道。"意思就是说，要爱惜我们的身体，就需要先知道我们身体的实际情况。必须先观察宇宙的各方面的情况，以考察我们的身体的情况。考察了许多现象，才能知道我们的身体的情况（"行情"疑当作形情）。知道了这些情况以后，才能知道怎样保养我们的生命。围绕在我们的身体的左右前后，周而复始，运动不息的，这就是要来到我们的身体以内的精气。我们要恭恭敬敬地迎接这些"来者"。"来者"之来，是照着规律的。必须不违背这个规律，我们的生命才能长久。"和以反中"，必须使精气和形气相互适应，相互调和。这样，精神和身体才能互相保持，不相分离。《内业》篇也说："人之生也，天出其精，地出其形，合此以为人。和乃生，不和不生。"一心一意地守着这个规律，这就叫知道。

"爱身"和"养生"是道家的主题，稷下黄老之学仍然保持这个主题。但是他们已经是从奴隶主阶级分化出来的思想家。他们要为新兴地主阶级的政治服务。他们把道家的关于"爱身""养生"的理论加以唯物主义的改造，把它应用到地主阶级的政治上。

《内业》篇说："精存自生，其外安荣。内藏以为泉原，浩然和平，以为气渊。渊之不涸，四体乃固。泉之不竭，九窍遂通。乃能穷天地，被四海。中无惑意，外无邪菑。心全于中，形全于外。不逢天菑，不遇人害，谓之圣人。"这里所说的圣人，有两个方面，一个方面是他们的养生，另一个方面是他把他的养生之道应用于治国。这里所说的"穷天地，被四海"，说的就是治国。《白心》篇说："内固之一，可为长久。论而用之，可以为天下王。"前一句说的是养生，后一句说的是治国。

稷下黄老之学认为养生和治国，是一个道理的两方面的应用。改造道家的养生理论，使之同法家的治国理论结合起来，就是黄老之学的要点。

上面说过，在战国时期阶级斗争十分尖锐，社会政治方面所提出的问题，越来越多，越来越复杂。代表新的阶级的统治者需要一种新的统治的方法。新兴地主阶级的思想家，承担了这个历史使命。慎到和稷下黄老之学把这种方法跟他们所改造的道家思想、唯物主义自然观，结合起来。这也就是，从哲学的高度给这些方法以理论的根据。他们的理论的主要内容，就是把他们所讲的养生之道应用于治国，使之也成为治国之道。主要有三方面：（一）以"静"制"动"；（二）以"虚"制"实"；（三）以"形"定"名"，以"名"制"形"。

《心术上》说："心之在体，君之位也；九窍之有职，官之分也。心处其道，九窍循理；嗜欲充益，目不见色，耳不闻声。故曰，上离其道，下失其事。毋代马走，使尽其力；毋代鸟飞，使弊其羽翼；毋先物动，以观其则；动则失位，静乃自得。"这就是说，君之在国，就好像心之在身。国有百官，好比身有九窍。如果心很安静，九窍就各能尽其职务。如果心里胡思乱想，眼也就看不见颜色了，耳也听不见声音了。国也是这个样子。如果君失了为君之道，下边的臣也都不能尽他们的职务。为君之道就是要无为。"心术者，无为而制窍者也。"君应该无为而制臣，所以说："动则失位，静乃自得。"动是臣下的事；君应该以静制动。

《心术上》篇下文解释说："毋先物动者，摇者不定，躁者不静；言动之不可以观也。位者，谓其所立也。人主者立于阴；阴者静。故曰动则失位。阴则能制阳矣，静则能制动矣。故曰静乃自得。"这是"人主"的"静"。"人主"的"静"并不是毫无作为，而是要平心静气地观察，以发现事物的规律（"以观其则"），并且监视臣下的作为；这样就可以驱使臣下，替他办事。这是"心术"的要点。《心术上》说："心术者，无为而制下也"。

《心术上》篇说："人皆欲知而莫索其所以知。其所知，彼也（本作人皆欲知而莫索之，其所以知彼也，依王念孙校改）；其所以知，此也。不修之此，焉能知彼？修之此，莫能（如）虚矣，虚者无藏也。故曰：去知则奚求（本作奚率求，依王念孙校改）矣；无藏则奚设矣。无求无设则无虑；无虑则反覆（复）虚矣。"就是说，统治者对于他的臣下的作为要有知。臣下的作为，是知的对象，即"所知"。统治者的心是知的能力，即"所以知"。要知所知，必须修养所以知的能力。修养的方法就是"虚"。虚就"无藏"。譬如一个仓库其中没有什么收藏，就是虚了。"无藏"有两个方面。一方面是无求，即对于所知，没有从感情出发的要求。下文说："不怵乎好，不迫乎恶，恶不失其理，欲不过其情（实际情况）"，即指此而言。一方面是无设，即心中没有主观的成见。"反复虚矣"就是说，又复返虚了。下面接着说："天之道，虚其无形。"统治者以道为法，也应该"无形"。他们说："不出于口，不见于色，言无形也。四海之人，孰知其则，言深囿也。"统治者自己无所作为，装作神秘的样子。这样，就可吓唬被统治的人们，使他们感到统治者高深莫测，这就是以"虚"制"实"。

稷下黄老之学认为统治者的心如果能这样的"虚"了，他就可以用"名"以统治"形"。《心术上》说："名者，圣人之所以纪万物也。"万物是形。形是非常众多复杂的，必须有个什么东西把它们贯穿起来。这个东西就是名。就统治者的统治说，"形"是指臣下，以及臣下所担任的职务；"名"是指关于这些职务的规定和职权的范围。统治者把各种职务的内容都规定下来。这些规定就是这种职务的"名"的内容。有了名，他就要求担任这种职务的臣下的行动必须合乎这个名。这就是《心术上》篇所说的："诘形（本作姑形，依郭沫若校改）以名（本作以形，以意改，下文说："以其形因为之名"即"诘形以名"之义），以形侔名（本作务名，依郭沫若校改）"。下文说："执其名，侔（本作务）其所以成，此应之道也（本作：执其名务其应所以成应之道也，依王引之校改）"。就是说，统治者只需要执一个名以考察一个形，看他是否与名相适应（侔）。他的这种作为，叫做"应"。这就是以"名"制"形"。

稷下黄老之学认为，统治者这样的作为还是无为，因为名是"跟"着"形"来的，有哪一种"形"就有哪一种的"名"。《心术上》篇说："无为之道，因也。因也者，无益无损也，以其形因为之名，此因之术也。""无益无损"，就是说，"名"是"形"的如实的反映，不以主观为增加或减少。下文说，"因也者，舍己而以物为法者也"，就是说，一切都要以客观情况为转移。

《心术上》篇又说："是故有道之君，其处也，若无知；其应物也，若偶之。静因之道也。"静因之道是"无为"的总的内容。稷下黄老之学论述统治者为什么必行"静因之道"，《心术上》篇说："强不能遍立，智不能尽谋。物固有形；形固有名；名当，谓之圣人。故必知不言无为之事，然后知道之纪。殊形异势，与（本作不与，依下文，不字衍）万物异理，故可以为天下始（本无始字，依下文补）。"这就是说，无论怎样"强"的人，都不能把任何事情都树立起来；无论怎样"智"的人，都不能对于任何事都考虑周到。统治者可以执"名"以驭"形"，如果能使"名""形"相当，这就是"圣人"了。统治者自己不必，也不可有所言说；他不必，也不可有所作为。"不言、无为"就是"道之纪"。统治者的这样做法是跟一般人的做法不同，因为统治者跟他们的地位不同（"殊形异势"），所以"理"也不同（"与万物异理"），正因其不同，所以可以为天下的首领（"为天下始"）。统治者"不言、无为"而因臣下之力，使之自为。这就是"静因之道"。

以上所讲的"虚静""无为"这一类的思想，虽然讲法不一，但在《老子》中也是有的。这就是"黄老"和"老庄"都牵涉到"老"的原因。但是一说到"法"，黄老和老庄就完全对立起来了。它们对于"法"的态度的对立是它们走了完全相反的路线的反映，各为当时激烈斗争着的两个主要阶级服务。黄老为新兴的地主阶级服务，在哲学上也成为当时唯物主义的一个流派。老庄为没落的奴隶主阶级服务，在哲学上成为当时唯心主义的一个流派。

第六节　黄老之学关于法的认识

在战国时期，社会政治思想中有"法"和"礼"的对立，有"法"和"仁义"的对立，有"法""礼""仁义"和"道德"的对立。《老子》把这几种的对立排列为一种历史的程序，但是照它所说，这个程序不是向上发展的，而是向下倒退的。它说："失道而后德，失德而后仁，失仁而后义，失义而后礼。"（《老子》第三十八章）它本来应该说：失礼而后法，但是它没有说。不能认为，这是由于《老子》不反对法。它对于法是很痛恨的，它明确地说："法令滋彰，盗贼多有。"（《老子》第五十七章）在说"失义而后礼"以下，它接着说："夫礼者，忠信之薄而乱之首。""礼"已为"乱之首"，以下的"法"就不在话下，不必谈了。

稷下黄老之学也讲了一个类似的历史程序的排列，但提出了与《老子》相反的看法。《心术上》篇说："虚而无形（本作虚无无形，依王念孙校改）谓之道；化育万物谓之德；君臣、父子，人间之事谓之义；登降、揖让、贵贱有等、亲疏有体（本作亲疏之体，依丁士涵校改，丁云：体犹分也）谓之礼；简物小大（本作小未，依丁士涵校改）一道，杀僇禁诛谓之法。"下文又解释说："天之道虚其无形，……德者道之舍，……故道之与德无间，故言之者不别也。"（这一段的全文上节已引并已解释）下面接着说："无间之理者（本作间之理者，依王引之校加无字，但王删去之理二字不可从），谓其所以舍也。义者，谓各处其宜也。礼者，因人之情，缘义之理，而为之节文者也。故礼者，谓有理也。理也者，明分以谕义之意也。故礼出乎义，义出乎理，理因乎道者也（本作理因乎宜，据郭沫若校改）。法者，所以同出，不得不然者也。故杀僇禁诛，以一之也。"具体的东西有了一定的形状，就有一定的性质。这种性质叫做"理"。《韩非子·解老》篇说："理者，成物之文也。"事物之所以有一定的性质，就是因为它得（德）有一定的精气，停留在它的形体之中，所以说"无间之理者，所以舍也"。"德"是"道之舍"；"道"是"所以舍"；"舍"跟"所以舍"在本质是同一的，所以说是"无间"。

万物各有一定的性质，就有一定的作用，就是各有所宜。照稷下黄老之学的说法，在社会中，在一定的制度下，各种人，如君臣、父子等也各有所宜。这种"宜"的表现叫做"义"。礼就是义的具体的表现而又加上一定的具体的制度（"因人之情，缘义之理，而为之节文"）。礼以义为基础（"礼出乎义"）；义以理为基础（"义出乎理"）；理以道为基础（"理因乎道"）。"法者所以同出"，"出"就是参差不齐；同出就是把参差不齐的东西整齐划一起来（郭沫若说）。这也就是上面所说的"简物小大一道"。"物"是繁杂的意思（郭沫若说）。就是说，无论事物的繁、简、小、大，要用一个规定把它们划一起来。其具体的办法就是刑罚。这就是所谓"杀僇禁诛，以一之也"。稷下黄老之学认为，"杀僇禁诛"是不可少的，所以有"法"是"不得不然"的。下面接着说："故事督乎法，法出乎权，权出乎道。"这是说明"法"为什么是"不得不然"。在当时生产高度发展、阶级斗争日益激烈化的情况下，社会政治方面的事情，越来越多，越来越繁杂。新的统治者没有一种新的办法是不能应付的。"事督乎法"，就是说，一切事情都需要"法"以为统率。"法出乎权"，"权"是变化的意思。因为社会变化了，旧的办法不行了；所以要有"法"。社会之所以变化，因为"道"本来是变动的。所以说，"权出于道。道也者，动不见其形"。

照上面所讲的，可见稷下黄老之学也是把当时的社会政治思想中的对立，排为一历史的程序。他们没有提到"仁"，本来当时的儒家把"仁""义"并提，提到"义"也包括"仁"了。照他们的看法，在这些对立中，不是像《老子》

所说的，这个"失"了，才有那个，而是由这个发展为那个。每一个对立面，在整个的过程中，都是必要的环节，也就是说，在整个的社会组织中，都有一定的地位。他们更着重地说明，"法"是历史发展的必然结果，是直接与道相合的。这样的说法，就把当时法家变法的主张提到哲学的高度，给它以更高的理论基础。总的看起来，稷下黄老之学认为，历史的程序不是向下倒退，而是向上发展的。稷下黄老之学跟《老子》对于历史程序的看法，正是新兴阶级跟没落阶级的相反意识的表现。相形之下，成为鲜明的对比。稷下黄老之学认为，礼、义在历史发展程序中有一定地位。这种看法，似乎与法家相反。其实不然。商鞅、韩非实际上也有这种看法。

第七节 黄老之学的认识论的含义

稷下黄老之学讲"所知"跟"所以知"的关系，讲"名"跟"形"的关系，主要是要解决一个统治者怎样进行统治、处理事务的问题。但其中也包含有一个认识论的理论。他们在有些地方也确是以认识论的形式提出来的。

从认识论的角度看，他们认为"其所知，彼也；其所以知，此也"，以"彼""此"分清主观与客观的界限，肯定客观是与主观对立的，主观对于客观的认识就是"知"。他们着重说明"心"的认识作用，指出，"心"应该"虚""无藏"，就是说，不要有个人的私情、私欲和主观成见，这样才能全面和清楚地反映外在事物的真相，"镜大清者，视乎大明"（《心术下》）。他们特别反对主观偏见。

《心术上》篇又说："过在自用，罪在变化，自用则不虚，不虚则仵于物矣。变化则为（伪）生，为生则乱矣。"所谓"自用"，是说自以为是，"变化"是说对客观事物作有意歪曲和改变；这都妨害"心"认识客观事物。因此，他们主张"去智与故"。所谓"智"指主观的计谋，"故"指巧故、伪诈，并非指一般知识。

从这些论点看，稷下黄老之学在认识论方面达到了唯物主义的结论。他们对"心"的作用的说明，对后来的唯物主义者荀况的认识论起了一定的影响。

但是他们所讲的"虚""静"也有吸收"精气"、养生的一面，这就使他们所说的"虚""静"有一定的神秘的意义。《庄子·人间世》所讲的"唯道集虚，虚者心斋也"和稷下黄老之学的精气说在这一方面是相同的。

从上面所引的来看，稷下黄老之学也接触到感觉和思维的关系问题。在这个问题上，他们认为"心"居主宰的地位，应该控制感官，否则外物经过感官就会扰乱"心"的清静，这又表现了他们对感觉的轻视，这是道家的唯心主义认识论的残余的表现。

稷下黄老之学对名、实关系的问题也提出了唯物主义的见解。《心术上》篇说："物固有形，形固有名，此言名不得过实（本作此言不得过实，依王念孙校改），实不得延名。""以其形，因为之名，……名者，圣人之所以纪万物也。"《白心》篇又说："静身以待之，物至而名之（本作物至而名自治之，依陶鸿庆校改）。正名自治，奇名自废（本作正名自治之，奇身名废，依王念孙校改）"。这都是说，名是主观从认识客观的过程中所得来的概念，是客观在主观中的反映。

从这些话看起来，稷下黄老之学认为，"实"（物）是第一性的，"名"是第二性的，要求"名"必须与"实"相符。"名不得过实，实不得延名"，就是说，"名"要与"实"相当，即所谓"名当"。"名当"，就是"正名"。"名"和"实"不当，或者"名"多"实"少，这就是"名"过"实"；或者"名"少"实"多，这就是"实"延"名"。不当的是"奇名"；立起"正名"来，"奇名"就自废了。"正名"是客观事物的内部规律的正确的反映。有了"正名"，人就可用以驾驭万物，所以说："名者，圣人之所以纪万物也。""名"与"实"的关系的问题是战国时期认识论和逻辑学上的一个争论很大的问题。稷下黄老之学对于这个问题提出了唯物主义的解决。他们在这方面的思想对于当时及以后的唯物主义的认识论和逻辑学有很大的影响。

第八节　附录，齐法家的其他思想

稷下黄老之学是齐法家思想的核心。除此之外，《管子》的其他篇中也有一些唯物主义和辩证法的论点。它们可能是受黄老之学的影响，也可能是影响黄老之学的，也可能就是黄老之学的推广应用。今统名之曰齐法家而分述之，作为本章的附录。

（一）"重本抑末"的思想

新兴地主阶级所占有的生产资料主要是土地。这是地主阶级专政的物质基础。所以地主阶级的经济政策都是"重本（农）抑末（工、商）"。法家为这种政策提供了理论的根据。

齐法家认为，一个国家的最重要的事情就是农业生产。他们说："凡有地牧民者务在四时，守在仓廪。国多财则远者来，地辟举则民留处，仓廪实则知礼节，衣食足则知荣辱。"(《管子·牧民》)这就是说一个国家首先必须有一定的土地，把土地开垦起来；有充足的生活资料，把老百姓的物质生活维持在一定的水平；在这个物质的基础之上，才能够建立起道德和文化。

他们知道生产主要的是靠劳动力。他们说："彼民非谷不食，谷非地不生，地非民不动，民非作力毋以致财。天下之所生，生于用力。用力之所生，生于劳身。"(《管子·八观》)这段话所表示的经济思想是相当深刻的。它初步地认识到，财富都是劳动的产物，而劳动必以体力劳动（"劳身"）为基础。地主阶级由于当时还是一个上升阶级，所以能有这样的认识。但他们这样提出使农民增加劳动强度，是为了增加生产，以供他们的剥削。

齐法家认为，人有趋利避害的本性。他们说："夫凡人之情，见利莫能勿视，见害莫能勿避。其商人通贾，倍道兼行，夜以继日，千里而不远者，利在前也。渔人入海，海深万仞，就彼逆流，乘危百里，宿夜不出者，利在水也。故利之所在，虽千仞之山，无所不上，深渊之下，无所不入焉。故善者势利之在，而民自安。不推而往，不引而来，不烦不扰，而民自富，如鸟之覆卵，无形无声，而唯见其成。"(《管子·禁藏》)"善者"指善为政者，他们善于因势利导，使人各求自己的利益，各自得到收获。

根据这些认识，齐法家认为，要想发展生产，必须提高劳动人民的积极性；提高积极性的最好的办法是使他们能够得到他们劳动的一部分的果实。这就是《管子》所说的，"与民分货"。它说："与之分货，则民知正矣。审其分，则民尽力矣。是故不使，而父子兄弟不忘其功。"(《管子·乘马》)这就是说，如果劳动人民能够分得一部分的劳动果实，他们就觉着劳动有了奔头（"知正"）。他们考虑到他们能够分到一部分果实（"审其分"），他们自然尽力劳动；虽然没有人监督（"不使"），他们也不会怠工（"不忘其功"）。齐法家根据这些认识就为封建剥削制奠定了理论基础。

当然齐法家提出这种主张，是为了地主阶级的利益。他们所要的是"田畴垦而国邑实"，"仓廪实而囹圄空"，"其庶人好耕农而恶饮食。于是财用足而饮食薪菜饶。"(《管子·五辅》)这几句话里，包含有地主对于农民的剥削，也有城市对于乡村的剥削。剥削总是剥削，但这是封建制的剥削，不是奴隶制的剥削。在当时来说，是推动社会生产发展的。

重视生产，一方面发掘地的潜力（李悝所主张的"尽地力"），一方面要提高劳动人民的积极性，这是法家经济思想的一个基本要点，也是当时新的生产关系在思想上的反映。

齐法家又从地主阶级的富国强兵的政治观点和统治老百姓的需要出发，说明"重本抑末"的重要性。

《管子》中说："凡治国之道必先富民。民富则易治也，民贫则难治也。奚以知其然也？民富则安乡重家，安乡重家则敬上畏罪，敬上畏罪则易治也。民贫则危乡轻家，危乡轻家则敢凌上犯禁，凌上犯禁则难治也。"（《管子·治国》）一国的贫富，以粮食的生产的多寡为标准。下面《管子》接着说："民事农则田垦，田垦则粟多，粟多则国富，国富者兵强，兵强者战胜，战胜者地广。是以先王知众民、强兵、广地、富国之必生于粟也，故禁末作，止奇巧，而利农事。"（同上）这里所说的末作、奇巧，就是商业和手工业。

当时出现了这样一些现象，商人和手工业者的收入比农民多几倍。达到"一日作，而五日食"（同上）。就是说，工作一天的收入，就够吃五天。所以人不愿意务农。

《管子》的这一篇提出一个解决这个问题的办法。它说："故先王使农、士、商、工四民交能易作，终岁之利无道相过也。是以民作一而得均。民作一则田垦，奸巧不生。田垦则粟多，粟多则国富。奸巧不生则民治。富而治，此王之道也。"（同上）就是说，叫农、士、工、商四民轮流交换他们的才能，交换他们的工作。在一年之中，知识分子、商人、手工业者，都要用一段的时间参加一段其他职业的工作。农民也在一段时间内，做商人、手工业者所做的事。这样，任何一种职业的人的收入，都没有办法超过其他职业的人。在这种更换调配的办法之下，四种职业的人的收入都平均了。这样，田地就可以开垦。田地开垦，生产的粮食也就可以多了。粮食多就可以国富兵强。

这个想法是从管仲在齐国所推行的制度发展出来的。管仲所说的四民的次序，是士、农、工、商，以士为首。这里所说的四民的次序，是农、士、工、商，以农为首。这个次序表示他们的重要性的大小。管仲认为四民应该各守他们的职业，还要世代相传。这里所说的办法，是要四种职业的人在一定时期内互换工作，为的是要使他们的收入大致相同。这是管仲的法家思想的发展。

这种办法，在封建制的条件下，是不可能实行的，以后也没人再提出来。不过由此可以看出，代表新兴地主阶级利益的法家思想对于农业的重视。

（二）素朴唯物主义和自发的辩证法思想

由于新兴地主阶级关心农业生产，齐法家还认识到自然界有一定的规律。他们说："天不变其常，地不易其则，春夏秋冬不更其节，古今一也。"（《管子·形势》）他们也认识到自然界的规律是不随人的意志为转移的。他们说："春秋冬夏，阴阳之推移也；时之短长，阴阳之利用也；日夜之易，阴阳之化也。然则阴阳正矣，虽不正，有余不可损，不足不可益也。天也，莫之能损益也。"（《管子·乘马》）这是说，一年的四时的运行，昼夜的长短（"时之长短"）和更替，都是由于阴阳的作用。这些都有一定的规律，古今一样。即使阴阳有时有些反常的现象（"不正"），这也是由于自然（"天也"，原作"天地"，依郭沫若校改），人是不能对之有所损益的。

齐法家也认识到，人对于自然的规律，虽然不能改变，但是可以利用。他们说："万物之于人也，无私近也，无私远也；巧者有余，而拙者不足。其功顺天者，天助之；其功逆天者，天违之。天之所助，虽小必大；天之所违，虽成必败。"（《管子·形势》）这就是说，若能顺着自然的规律，加以充分的利用，就可以完成自己的事业（功）。善于利用自然规律的是巧；不善于利用的是拙。善于利用自然规律就是"顺天"，顺天的必然成功；违反自然规律的就是"逆天"，逆天的必然失败。在这一方面，自然界是大公无私的（"无私近也，无私远也"）。

在古人看起来，自然界的最基本的东西就是天和地。天的规律叫天之道或天道；地的规律叫地之道或地道；社会中伦理道德规范叫人之道或"人道"；总起来说，就叫道。这是"道"的一种意义。齐法家说："道之在天者日也，其在人者心也，故曰有气则生，无气则死，生者以其气。"（《管子·枢言》）这是"道"的另一种意义。齐法家提出了中国唯物主义哲学的一个主要概念——"气"。从先秦以至近代，唯物主义哲学家都认为"气"是天地万物的根本。这个概念，在中国古代哲学中，实际上指的就是物质。《枢言》篇提出了这个概念，但还没有加以发挥。它认为"气"是生命的来源，还没有认为它是天地万物的来源。《内业》等四篇加以充分的发挥。

齐法家的思想中也有丰富的自发辩证法。他们对于对立面相反相成的辩证法原则，有相当的认识。

齐法家说："贱固事贵，不肖固事贤。贵之所以能成其贵者，以其贵而事贱也；贤之所以能成其贤者，以其贤而事不肖也。恶者，美之充也；卑者，尊之充也；贱者，贵之充也；故先王贵之。天以时使，地以材使，人以德使，鬼神以祥使，禽兽以力使。所谓德者，先之之谓也。故（郭沫若云：当作致）德莫如先；应适（敌）莫如后。"（《管子·枢言》）这里所谓充，就是补充的意思。恶是美的补充，就是说，如果没有一个丑恶的东西作为美好的东西的对立面，美也就不见其为美了。处于"尊"位的"贵"人之所以"尊贵"，正是因为有处在"卑"位的"贱"人作为补充，作为对立面。如果没有佃户，也就没有地主。齐法家指出，一般人只知道贱的人本来要侍奉贵的人（"贱固事贵"），不贤的人本来要侍奉贤的人（"不肖固事贤"）；但是明智的人恰恰相反，他们认为"贵人"之所以能够成为"贵"，因为他能够侍奉"贱人"；"贤"人之所以能成为"贤"，因为他能够侍奉"不贤的人"。由于代表着新兴地主阶级的利益，齐法家在一定程度上看到了群众的智慧是不可轻视的。他们说："夫民，别而听之则愚；合而听之则圣。虽有汤武之德，复合于市人之言。"（《管子·君臣上》）这正是"三个皮匠合成为诸葛亮"的意思。这也是辩证法思想的应用。在智与愚的两个对立面中，在一定的条件下，智可以转化为愚，愚可以转化为智。

齐法家说："莫乐之则莫哀之，莫生之则莫死之。往者不至，来者不极。"（《管子·形势》）这是说，统治者必须在一定程度上给老百姓以相当的利益，这就是所谓"乐之""生之"。老百姓得到了这些利益，就可以为他们而忍受痛苦；这就是所谓"哀之""死之"。统治者给予人民的叫做"往"；他从人民收回来的叫做"来"。如果"往者"没有达到顶点，"来者"也不会达到顶点。当然，他们所谓"往"的顶点，也不过是一些小恩小惠，而所谓"来"的顶点，那就没有限制了。他们认为这是政治的最主要的东西。他们说："故知予之为取者，政之宝也。"（《管子·牧民》）当然他们的"予"是为达到"取"的目的的。"取"是目的；"予"是手段。

这里所讲的是统治人民的一种方法，但是我们从这里也可以看出来，齐法家在一定程度上也认识到对立面互相依存的辩证法的原则。恶和美，贵和贱，"往"和"来"，"予"和"取"，都是对立的；它们是相反的，但也是互相补充的；没有这一面，也就没有那一面。

齐法家在一定程度上认识到，对立面互相转化的辩证法原则。他们说："天道之数，至则反，盛则衰。人心之变，有余则骄，骄则缓怠。"（《管子·重令》）就具体的事例说，"爱者，憎之始也；德者，怨之本也"（《管子·枢言》）。又说："用财不可以啬，用力不可以苦，用财啬则费，用力苦则劳。"（《管子·版法》）这都是说，一个对立面的发展有一定的限度；在这限度之内叫做"有度"；超过了"度"，这个对立面就要转化为它的反面。用财节俭，本来是好事情，但是节俭过度，就成为啬了。啬就要转化为节俭的反面，转化为浪费了。努力工作本来是好事情，但是努力过度就成为苦；苦就减少生产。齐法家自己加以解释说：用力苦了，事情就做不好；做不好就要返工，返工就更浪费人力。用财啬，就不合乎人心，不合乎人心，就要引起怨恨，怨恨就会引起更多的费用（《管子·版法解》）。

从这些方面的认识，齐法家定出了指导政治措施的七条应该注意的事项（"七法"）。其中最基本的一条就是"则"。关于"则"，齐法家说："根天地之气，寒暑之和，水土之性，人民鸟兽草木之生，物虽不甚多（许维遹云：当作"物虽甚多"），皆均有焉，而未尝变也，谓之则。"（《管子·七法》）这是对于自然界规律的一个定义。规律是万物所共同遵守（"均有"）而不变的。但它又不是超乎万物之上的；它是根于"天地之气，寒暑之和"。齐法家认为，一切政治上的措施，都要合乎客观的规律，不然，就不能成功。他们说："错（措）仪画制，不知则不可。"（《管子·七法》）就是说，要制订计划制度等，必须先了解有关的客观规律。

总起来说，齐法家有一个相当完整的哲学思想体系，其中有素朴唯物主义和自发辩证法思想。这是很可宝贵的。

范蠡（详上）是在齐国发家致富的。齐法家的哲学思想可能和他有一些联系。《管子》说："持满者与天；安危者与人。"（《形势》）又说："天因人，圣人因天。天时不作勿为客；人事不起勿为始。"（《形势》）照《国语》所记载的，这些都是范蠡的话。当然我们也可以说，这是范蠡引《管子》，不是《管子》引范蠡。但是《国语》对于范蠡和管仲都有记载，它是把这些话归于范蠡，而不归于管仲。无论如何，从这些话看来，齐法家和范蠡是有渊源的。哲学史中的思想的发展，是有一定的继承关系的。

（三）关于"法""术""势"的理论

在上面所说的七项应注意的事项中，有一项是"法"。他们说："尺寸也，绳墨也，规矩也，衡石也，斗斛也，角量也，谓之法。治民一众，不知法不可。"（《管子·七法》）"法"是整齐划一的标准，例如尺寸是长度的标准，衡石是重量的标准。有了一定的标准，就可以把人统一于一个标准之下。这就是所谓"一众"。法律也是一种标准。齐法家说："法律政令者，吏民规矩绳墨也。"（《七主七臣》）这更是"治民一众"所需要的。

"法"是怎么来的呢？齐法家说："有生法，有守法，有法于法。夫生法者，君也；守法者，臣也；法于法者，民也。君臣上下贵贱皆从法，此之谓大治。"（《任法》）君是制定法的；他制定了法以后，臣就要守它；老百姓则只能服从它（"法于法"）。齐法家又说："法者，天下之程式也，万事之仪表也。吏者，民之所悬命也。故明主之治也，当于法者赏之，违于法者诛之。故以法诛罪，则民就死而不怨；以法量功，则民受赏而无德也；此以法举错之功也。""百姓知主之从事于法也，故吏之所使者，有法则民从之，无法则止。民以法与吏相距，下以法与上从事，故诈伪之人不得欺其主，嫉妒之人不得用其贼心，谗谀之人不得施其巧，千里之外不敢擅为非。"（《明法解》）

照这里所说的，"法"有两种好处。第一种好处是，有了法，办事就有一定的标准，君主只需叫臣下照着一定的标准办事，自己"若举错（措）而已"。"举错"就是把一个东西举起再放下去，不需要经过什么考虑研究，不过是一举手之劳。第二种好处是，有了"法"，老百姓可以根据法律，抗拒官吏不合法的命令，与官吏进行合法的斗争（"以法与吏相距"）。这样，官吏们就不敢欺骗君主作自私自利的行为。这两点都是中央集权的专制主义的统治所必需的。新兴地主阶级与奴隶主贵族进行斗争的一个重要武器就是中央集权专制主义的政治。他们要求把政权集中在君主个人,这样就可以削去奴隶主贵族在政治上的势力,使他们归于最后的消灭。"法"是中央集权专制主义的必需的工具。在新兴地主阶级夺得政权以前,对于奴隶主贵族统治势力说,也处于被统治地位,有了"法",可以有所凭借以直接与贵族作斗争。在这一点上,新兴地主阶级和劳动人民的斗争的对象是一致的。

新兴地主阶级需要专制主义独裁的君主。所以法家认为君主必须有绝对的威权,这种威权法家叫做"势"。齐法家说:"凡人君之所以为君者,势也。故人君失势,则臣制之矣。势在下,则君制于臣矣;势在上,则臣制于君矣。故君臣之易位,势在下也。"又说:"凡人君之德行威严,非独能尽贤于人也。曰人君也,故从而贵之,不敢论德行为高卑。有故,为其杀生急于司命也,富人、贫人,使人相畜也;贵人、贱人,使人相臣也。人主操此六者以畜其臣;人臣亦望此六者以事其君。君臣之会,六者谓之谋。六者在臣期年,臣不忠,君不能夺;在子期年,子不孝,父不能夺。"(《法法》)这就是说,君主的才能并不一定比别人高。他之所以能够统治别人,就是因为他有威权,能够叫人死,叫人活,叫人富,叫人贫,叫人贵,叫人贱。君主靠这六种东西统治他的臣;他的臣也是因为这六种东西才为他们的君服务。这六种东西就是管仲所说的"六柄"(详见第一册第三章)。如果君失掉了这六种东西,他就不成为君了,所以说,"势非所以予人也"(同上)。

当时国家的范围越来越大,所统治的地域越来越广,国君所要处理的事情越来越多,国君和贵族之间的斗争也越来越尖锐。专制主义的封建君主必须用一种方法,才能应付这样复杂情况。这种方法,法家叫做"术"。齐法家说:"明主者,有术数而不可欺也。"(《明法解》)又说:"明主者,兼听独断,多其门户。群臣之道,下得明上,贱得言贵。故奸人不敢欺。乱主则不然,听无术数,断事不以参伍。"(同上)这就是法家的"术"的内容之一。君主统治臣下,要"兼听独断",他听的话要多,各方面来的话他都听,这就是所谓"多其门户"。听了各方面的话之后,就要把各方面的话加以比较研究("参伍"),然后才下结论。结论就是"断";断要专凭自己;这就叫"独断"。

齐法家又说:"明主操术任臣下,使群臣效其智能,进其长技。故智者效其计,能者进其功。以前言督后事,所效当则赏之,不当则诛之。张官任吏,治民案法,试课成功,守法而法之。身无烦劳而分职。故明法曰:主虽不身下为,而守法为之可也。"(同上)这也是"术"的内容之一。照法家的说法,君主不必、也不可亲自处理事务。他所要做的只是叫臣下替他办事。这就叫"君道无为,臣道有为"。

齐法家包含了法家三派的思想。如韩非所说的商鞅重法，申不害重术，慎到重势（《韩非子·难势·定法》）。这在齐法家中本来是联合在一起的。

(四) 军事思想

适应新兴地主阶级斗争的需要，齐法家不仅研究了经济政治的问题，也研究了军事问题。在当时的历史条件下，齐法家认为通过兼并战争可以消灭旧的秩序和势力，可以使分散割据的中国走向统一。因此，他们特别重视战争，认为战争是使国家富强和解决当时政治问题的重要手段。他们说："国富者兵强，兵强者战胜，战胜者地广。"（《管子·治国》）他们认为，战争的胜负主要的是决定于政治力量和经济力量的对比。

齐法家说："为兵之数，存乎聚财，而财无敌；存乎论工，而工无敌；存乎制器，而器无敌；存乎选士，而士无敌；存乎政教，而政教无敌；存乎服习，而服习无敌；存乎遍知天下，而遍知天下无敌；存乎明于机数，而明于机数无敌。故兵未出境，而无敌者八。是以欲正天下，财不盖天下，不能正天下；财盖天下，而工不盖天下，不能正天下；工盖天下，而器不盖天下，不能正天下；器盖天下，而士不盖天下，不能正天下；士盖天下，而教不盖天下，不能正天下；教盖天下，而习不盖天下，不能正天下；习盖天下，而不遍知天下，不能正天下；遍知天下，而不明于机数，不能正天下。故明于机数者，用兵之势也。大者时也，小者计也。"（《管子·七法》）

八事中的"财"，即指国家的经济力量；"工"指工艺技术；"器"指兵器；"政教"指政治文化；"选士"指兵士的选择；"服习"指兵士的训练；"遍知天下"指了解天下形势和敌情；"机数"，包括战略、战术一类的东西，即所谓"用兵之势"，其中包括关于"天时"的观察和关于具体战役的计谋。

这种看法，认为战争是整个国力比赛。战争的胜负主要的是由政治、经济力量决定的。这里有唯物主义的思想，其中也有辩证法思想。因为它认为战争不是一个孤立的现象，而是与社会的各方面有密切的联系的。

第十八章 楚国的改革与屈原，稷下精气说的传播

第一节 楚国的封建化的改革

楚国是南方的一个大国。在春秋末期，在吴起的推动下，也进行了封建化的改革。

吴起是卫国人，《史记·吴起列传》说：他学于曾子。《吕氏春秋·当染》篇说：曾子学于孔子，吴起学于曾子。照这个说法，曾子是孔丘的学生曾参。也有一种说法，说这个曾子是曾参的儿子——曾申。无论怎样，他原来是个儒家的人。

他曾经在鲁国和魏国做过官，掌过兵权，是当时的一个有名的军事家。他曾对魏武侯说："治国在德不在险。……若君不修德，舟中之人尽为敌国也。"（《史记·吴起列传》）照这些话看起来，他原来是主张"德治"的。他随后到了楚国，楚悼王在位（前401—前381），用他做宰相。他当了宰相以后，"明法审令，捐不急之官，废公族疏远者，以抚养战斗之士"（同上）。就是说：他在楚国推动了"法治"，打击奴隶主贵族，在楚国实行中央集权的政治，推行富国强兵的政策。他从儒家转化为法家。

《淮南子·道应训》记吴起话说："将衰楚国之爵，而平其制禄。损其有余，而绥其不足，砥砺甲兵，以时争利于天下。"

所谓有余和不足是确有所指的。《吕氏春秋·贵卒》说："吴起谓荆王曰：'荆所有余者地也，所不足者民也。今君王以所不足益所有余，臣不得而为也。'于是令贵人往实广虚之地，皆甚苦之。"照这话看起来，"有余"指的是土地；不足指的是劳动力。贵族们已经有很多的土地，又给他们增加劳动力。吴起说：这种办法，他办不了。他主张削减贵族的土地，这就是"削其有余"。对于劳动力重新安排，这就是"绥其不足"。他还叫奴隶主贵族去开荒。这就是把奴隶主贵族当成劳动力使用，用这些有余的劳动力去开辟土地，这就是"以有所余益所

不足"。这是吴起富国的一种措施。

吴起的这些法家措施，受到楚国奴隶主贵族的反对。"故楚之贵戚，尽欲害吴起。及悼王死，宗室大臣作乱而攻吴起。"(《史记·吴起列传》) 他们用暴力复辟，杀害了吴起。这是春秋末期，楚国的一场激烈的政治斗争。吴起虽然被杀害了，这种政治斗争仍然继续。

继吴起之后，在楚国主张变法的政治家就是屈原。他是在楚国推行"法治"的政治家，是一个黄老之学的传播者。他在文学方面成就太大了。所以他的政治主张和哲学思想为他的文学成就所掩。其实他的文学作品也都是以他的政治主张和哲学思想为内容的。他的文学作品之所以伟大，正是因为它有这样内容。

第二节 屈原文学作品中所表现的进步的政治思想

屈原（前343—前299）名平，是楚王的同族，是古代一个著名的诗人。其实他不仅是一个诗人，也是一个学问家、政治家、外交家。据司马迁的记载，屈原"博闻强志，明于治乱，娴于辞令"。楚怀王很信任他，后来受上官大夫靳尚的谗言，疏远了屈原。怀王死后，顷襄王又把屈原流放到"江南之野"（现长沙一带）。屈原怨愤，"于是怀石遂自沉汨罗以死"（《史记·屈原列传》）。

屈原和靳尚一党的斗争，是围绕着革新变法这个问题进行的。司马迁记载说，怀王使屈原"造为宪令，屈原属草稿未定。上官大夫见而欲夺之，屈原不与"（同上）。这个"宪令"大概是变法的宪令。靳尚"见而欲夺之"，"夺之"就是要改变其内容，阻挠变法。屈原"不与"，就是不让他参与。靳尚的阴谋未能得逞，就设法打击屈原，把他排斥出政权机构。他的阴谋得逞了，楚国的变法失败了。屈原悲愤自杀。

这是对于司马迁的一段记载的正确解释。当然照旧日的解释，这里所说的宪令，只是一般的命令、文件，与变法不变法无关。所以单凭"造为宪令"这四个字，还不足以证明屈原的政治思想有法家思想的内容。但是屈原在自己的著作中明确说明了他自己的思想内容。

在屈原的《九章》中，有一篇开头就说："惜往日之曾信兮，受命诏以昭时。奉先功以照下兮，明法度之嫌疑。国富强而法立兮，属贞臣而日娭。"这一段讲的就是司马迁所记载的"造为宪令"那一段事情。"命诏以昭时"就是说，奉了怀王的命令，作为诏（即宪章）以布告于楚国。下边几句讲的是这个诏的内容。内容是：明法度，富国强兵。法立起来了，君主就可以任使臣下，替他依法令办事，而自己无为。这是法家的主要思想。这篇以篇首的头三字为题，就叫

《惜往日》。《惜往日》接着就说，怀王信了谗言，疏远了屈原。"君含怒而待臣兮，不清澈其然否。蔽晦君之聪明兮，虚惑误又以欺。弗参验以考实兮，远迁臣而弗思。"法家主张，君主对于臣下的话，不可轻信，要从各方面比较考察才能不受蒙蔽。韩非对于这一点特别注重。这里要用参验的办法以考察实际，这也是法家思想的内容。

《惜往日》说："乘骐骥而驰骋兮，无辔衔而自载。乘泛泭以下流兮，无舟楫而自备。背法度而心治兮，辟与此其无异。宁溘死而流亡兮，恐祸殃之有再。不毕辞而赴渊兮，惜壅君之不识。"意思就是说，骑马必须有辔头、马嚼子，过河必须有船、桨，治国必须有法度。没有法度，专凭自己的意见去治国，那就叫"心治"。心治的危险，同没有辔头、马嚼子而骑马，没有船、桨而过河是一样的。屈原说：他宁可一死也不愿看见这样的祸殃。他死了也不算什么，可惜楚王不懂得这个道理。

屈原的《九章》里边还有一篇，开头说："悲回风之摇蕙兮，心冤结而内伤。"这篇也以头三字为题目，就叫《悲回风》。这个回风就是反对变法的风。变法的成果是香花（蕙），回风一来就把香花刮坏了。屈原是香花的栽培者，所以他十分悲痛。《悲回风》的结尾说："心调度而弗去兮，刻著志之无适。曰：吾怨往昔之所冀兮，悼来者之惄惄。"就是说，他念念不忘国家的法度和自己的计划。他在临死的时候，还想着他自己过去所有的希望以及他对于将来的恐惧。

楚国的风俗着重祭祀鬼神。在祭祀的时候，有歌有舞，供鬼神观赏。屈原的《九歌》都是祭祀中的歌词。祭一种神有一首歌词。屈原就是照着当时的风俗习惯，作这些歌词。别的歌词，都是调子轻松，有时还杂一些玩笑。其中有《国殇》一首，是祭祀为国捐躯阵亡将士的歌词。到《国殇》这一首，调子忽然严肃，慷慨激昂。他首先描写战场上战斗激烈的情况，然后咏叹说："出不入兮往不反，平原忽兮路超远。带长剑兮挟秦弓，首虽离兮心不惩。诚既勇兮又以武，终刚强兮不可凌。身既死兮神以灵，魂魄毅兮为鬼雄。"这种歌颂武勇、歌颂战争的诗词，也是法家的强兵思想的表现。

从屈原这些著作中，我们可以看出来，屈原和靳尚及其一党的斗争是围绕着变法问题进行的。在政治上，屈原主张用"法治"代替"心治"，富国强兵；而靳尚等阻挠、干扰这些改革。在外交上，屈原主张联合齐国反抗秦国的侵略，用当时的话说就是主张合纵；靳尚及其一党却主张向秦国投降，用当时的话说，就是主张连横。在他们的怂恿下，楚怀王中了秦国的诡计，死在秦国。屈原为了变法、革新，一直受到迫害。但他用诗歌作武器，坚持斗争，以至于最后赴水而死。《离骚》的"乱"辞（一个乐章的总结叫乱）说："已矣哉，国无人莫我知兮，又何怀乎故都？既莫足与为美政兮，吾将从彭咸之所居。"这里所说的"美政"就是富国强兵的法家政治。

第三节 屈原《天问》中的唯物主义的宇宙发生论

屈原的一篇重要作品是《天问》，这一篇自始至终尽是提问题。它所提的问题包括哲学、天文、地理、历史各方面。这篇的题目为什么叫"天问"？它为什么提出这些问题？王逸的《序》说："屈原放逐，忧心愁悴，彷徨川泽，经历陵陆，嗟号昊旻，仰天叹息。"这几句话说明这篇的题为什么叫"天问"。"天问"就是问天，问天为的是发泄心中的气愤。王逸又说：当时楚国先王的庙和贵族的祠堂，其墙上都画有天地、山川、鬼神和历史故事。屈原在这些地方休息，"仰见图画，因书其壁"，"呵而问之。以渫愤懑，舒泻愁思"（《楚辞章句·天问》）。这一段话中所说的祠庙壁上的图画是无可考的；但其总的意思，说：屈原是提出这许多问题，为的是"渫愤懑，舒愁思"，则是正确的。这种愤懑、愁思不是个人的"叹老嗟卑"，而是在当时的政治斗争中所有的义愤。

屈原的这一篇，在其所提出的哲学方面的问题，是以当时所流行的一种唯物主义的宇宙发生论为基础的。

他问："遂古之初，谁传道之？上下未形，何由考之？""冥昭瞢暗，谁能极之？"就是说关于天地开辟以前各种说法，是谁传下来的？既然在那个时候，天地还没有分判，怎么进行考察？在那个时候，光明和黑暗还没有分别，只是漆黑一团，怎么样进行研究？这几个问，是以一种宇宙发生论为基础的。后来的《吕氏春秋》和《淮南子》都记载这种宇宙发生论。《吕氏春秋·大乐》说："太一出两仪，两仪出阴阳。阴阳变化，一上一下，合而成章。浑浑沌沌，离则复合，合则复离，是谓天常。天地车轮，终则复始，极则复反，莫不咸当。日月星辰，或疾或徐，日月不同，以尽其行。四时代兴，或暑或寒，或短或长，或柔或刚。万物所出，造于太一，化于阴阳，萌芽始震，凝寒以形。"这里所说的"太一"就是浑沌未分的气。因为浑沌未分，所以是"一"，因为是天地的根源，所以说是"太一"。《大乐》篇的作者认为宇宙开始时是浑沌未分的气（"太一"），后来分化出天地（"两仪"），从天地又生出阴阳二气。阴阳二气一上一下的运动变化，形成了各种具体的东西。这是用"气"以说明天地万物发生的过程。浑浑沌沌的气，经过剖判分化的程序，就有天地万物生出来。《天问》所问的，就是这个程序的具体过程以及人是怎样知道这些过程的。

《淮南子·俶真训》说："天地未剖，阴阳未判，四时未分，万物未生，汪然平静，寂然清澄，莫见其形。"《精神训》说："古未有天地之时，惟象无形，窈窈冥冥，芒芠漠闵，澒濛鸿洞，莫知其门"，高诱注说："皆无形之象，故曰：莫知其门也。"《天文训》说："天坠未形，冯冯翼翼，洞洞灟灟。"高诱注说："冯翼洞灟，无形之貌"。"无形"，是说，还没有具体的东西。但"无形"也有个无形之貌。这就是"惟象无形。"《天问》接着问"明明暗暗"，惟时何为？阴阳三合，何本何化？"《淮南子·天文训》说："天道曰圆，地道曰方。方者主幽，圆者主明。明者吐气者也，……幽者含气者也。……吐气者施，含气者化，是故阳施阴化。""明明暗暗"，说的就是"幽明"。《天问》问：这些幽明所干的是什么？《老子》说："道生一，一生二，二生三，三生万物，万物负阴而抱阳，冲气以为和。"（第四十二章）《庄子·田子方》篇说："至阴肃肃，至阳赫赫，肃肃出乎天，赫赫发乎地（疑当作'赫赫出乎天，肃肃发乎地'），两者交通成和而物生焉。""阴阳三合"就是阴气、阳气、和气。阳的作用是"施"，阴的作用是接受阳的"施"，化为"冲气"或"和气"以生万物。归根结底，阳的"施"是万物根源，所以阳是"本"，阴是"化"。"何本何化？"就是问：阳所施是什么，阴所化是什么？这就是，屈原以当时所流行的宇宙发生论为根据而提出的问题。这个宇宙发生论认为气是万物的根本，这同《管子》中的《内业》《白心》等篇的意思基本上是一致的，是唯物主义的。

屈原两次出使到齐国。当时在齐国的稷下学宫正在兴盛的时候，关于自然和社会问题的讨论很活跃。屈原在齐国必然受到这些讨论的影响。在楚国，这种对于自然界的讨论也很活跃。《庄子·天下》篇说：楚国的黄缭提出一些关于自然界的问题。《庄子·天运》篇有一段也提出了这一类的问题（见本册第十四章）。

像这一类的关于自然界具体事情的问题，《天问》也提出一些。它问：天有九层，是谁安排的？谁最初造成它？有什么功用？（"圜则九重，孰营度之？惟兹何功？孰初作之？"）九层天的边缘，安放在什么地方？（"九天之际，安放安属？"）太阳、月亮在什么东西上系属？众星在什么东西上排列？（"日月安属？列星安陈？"）太阳从早到晚，走多少里？月亮为什么灭了又明？（"自明及晦，所行几里？夜光何德，死则又育"？）由此可以看出，屈原的《天问》不仅反映当时流行的唯物主义的宇宙发生论；也反映当时学术界的一些情况。

第四节　屈原《远游》《离骚》中的精、气说

当时在齐国流行的黄老之学的精气说，也明确地反映在屈原的作品中。

屈原所作的《远游》说："悲时俗之迫厄兮，愿轻举而远游。质菲薄而无因兮，焉托乘而上浮？"这就是说，要想远游必定有所托乘。托乘什么呢？下边说：

"内惟省以端操兮，求正气之所由。"正气就是精气。

要得到"托乘"，必须求"正气"。求"正气"的方法是"漠虚静以恬愉兮，淡无为而自得"。"自得"就是《内业》篇所谓"中得"，也就是《心术下》篇所谓"内德"。心有了这种条件，精气就可以来了。人要是能够聚集很多"精气"，就能够离开形体，上升远游。下文说："奇傅说之托辰星兮，羡韩众之得一，形穆穆以浸远兮，离人群而遁逸。因气变而遂曾举兮，忽神奔而鬼怪。时仿佛以遥见兮，精皎皎以往来。"照这一段所说的，傅说之所以能够上升远游，因为他"托辰星"。《管子·内业》篇说："凡物之精，此则为生，下生五谷，上为列星。"它认为天上的星，也是"精气"。韩众之所以能上升远游，因为他得了"一"，"一"也就是"精气"。有了很多"精气"的人，能够离开形体，上升远游。在远游时候，也可以碰见更多的"精气"，"精皎皎以往来"。因此，它就有机会吸收更多的精气。下文接着说："餐六气而饮沆瀣兮，漱正阳而含朝霞。保神明之清澄兮，精气入而粗秽除。"这就是说，在腾空远游的时候，在空中又吸收了些精气，他的身体里边的粗秽自然就消除了。

"精气"也就是"道"。《远游》篇说："道可受兮，而不可传，其小无内兮，其大无垠。毋滑而（汝）魂兮，彼将自然。壹气孔神兮，于中夜存。虚以待之兮，无为之先。庶类以成兮，此德之门。"这所说的，跟《内业》《白心》等篇关于"道"或"精气"的说法完全一致。

据《远游》篇说，人远游到最高远的地方，就仿佛看到了天地还没有剖判的浑沌情况。它说："上至列缺兮，降望大壑。下峥嵘而无地兮，上寥廓而无天。视儵忽而无见兮，听惝怳而无闻。超无为以至清兮，与泰初而为邻。"泰初就是原始的浑沌。

有人说：司马相如的《大人赋》同《远游》有类似意思和字句。因此推断说，《远游》不是屈原作的，而是汉朝的人模拟司马相如的《大人赋》托名屈原。这个说法没有什么史料的根据，仅是一种推测。司马相如的《大人赋》或屈原的《远游》意思和字句是有些相同之处，但没有别的证据，仅靠这一点，说司马相如模拟屈原，那不更合理成章吗？汉朝以后的人用儒家思想解释屈原的作品，造成一个屈原是儒家的假象。以这种假象为前提，于是就说，儒家的人怎么会讲起黄老之学的话呢？因此就说《远游》原来不是屈原的作品。上面已经证明，屈原在当时所走的路线是法家革新、前进的路线，不是儒家的保守、倒退路线。这个假象就不攻自破了，这个前提就不推自倒了。按历史的先后只能是司马相如模拟屈原，不能是《远游》模拟《大人赋》。

《楚辞》中的《九辩》相传是屈原的学生宋玉作的，近来也有人说是屈原作的。不管怎样说总是屈原那一派作的吧。《九辩》开头说："悲哉秋之为气也，萧瑟兮，草木摇落而变衰"，"窃悲夫蕙华之曾敷兮，纷旖旎乎都房。何曾华之无实兮，从风雨而飞飚。"《九辩》的"悲秋"就是《九章》中的"悲回风"。悲的是曾经培养起来了许多香花，秋风一来都吹散了。《九辩》最后说："愿赐不肖之躯而别离兮，放游志乎云中。乘精气之抟抟兮，骛诸神之湛湛。骖白霓之习习兮，历群灵之丰丰。"意思就是说：你既然不用我的计划，你就放开我，让我们就别离吧！我要到云中游玩。下边所说的乘精气，遇诸神或群灵，同《远游》所说的相同。屈原的最有名的作品是《离骚》。《离骚》的整个结构，和《远游》是一样的，《离骚》的整个思想，就包括了《惜往日》《悲回风》和《远游》中的思想。

《离骚》开始说："皇览揆余于初度兮，肇锡余以嘉名。名余曰正则兮，字余曰灵均。"就是说：他的父亲在他出生的时候给他很好的两个名字，就是"正则"和"灵均"。他又名平，这些名字为什么是"嘉名"，就是因为他是以黄老之学的思想为根据的，《内业》篇说："凡人之生也，必以平正。"《庄子·达生》篇说："无累则正平"。《达生》篇又说："天下平均"。均跟平也是联系在一起的。屈原字灵均。《离骚》说到"灵修""灵氛"，这"灵"也就是"灵气"之灵。在《离骚》中，屈原自己说："纷吾既有此内美兮，又重之以修能。"《内业》等篇常说"中得"和"内德"。《庄子·知北游》说："德将为汝美。"《心术下》篇说："气者身之充也；充不美则心不得"。可见"内美"即"内德"，就是指他自己所有的精气。"又重之以修能"，意思是说，他有很多的精气，又加上许多的才能。

下边说："扈江离与辟芷兮，纫秋兰以为佩。汨余若将不及兮，恐年岁之不吾与。"意思就是说：他积极地培养搞革新的人才，赶快推行革新，怕的是形势不能等待。下边说："乘骐骥以驰骋兮，来吾道夫先路。"就是说：他自告奋勇为革新带路。下面说："惟夫党人之偷乐兮，路幽昧以险隘。岂余身之惮殃兮，恐皇舆之败绩。忽奔走以先后兮，及前王之踵武。荃不察余之中情兮，反信谗而齌怒。"意思就是说：除了他所走的路之外，还有一条黑暗险隘的路。有一派党人苟且偷安，要走那一条路，眼看就要翻车。所以屈原先后奔走，要照着"前王"脚印走。"前王"与"先王"不同。"先王"可以是过去很久的王，"前王"指过去不久的王。这个"前王"可能指的是悼王。他用吴起革新使楚国致于富强。可是怀王信了谗言，不用他的计策。屈原这几句话，概括了九章中的《惜往日》和《悲回风》的意思。

在《离骚》下文，屈原自叙其周游地上各处，所至均不如意，以后叙述他在天上的周游。在叙述他在天上的周游以前，他说："跪敷衽以陈词兮，耿吾既得中正。驷玉虬以乘鹥兮，溘埃风余上征。"一般的解释，都说"中正"是"中正之道"，即一般的道德原则。这恐怕也是望文生义。在这里，"得中正"和"溘埃风余上征"有因果关系。一般的道德原则怎么能使他"上征"呢？我认为这里所说的"中正"，也就是上文所说的"内美"。《白心》篇说："中有（又）有中（本作有中有中，依王念孙校改），孰能得夫中之衷乎？"《内业》篇说："心之藏心，心之中又有心焉。""中中之中"，"心中之心"，指的是人所有的精气。《远游》篇说："神儵忽而不反兮，形枯槁而独留。内惟省以端操兮，求正气之所由。""中正"的"正"，就是说正气。《离骚》下文说："抑志（帜）而弭节兮，神高驰之邈邈。"这个"神"就是屈原自己的"神"，也就是他的"精"。他因为有这许多的"精"，所以他能周游天下。

《远游》篇说："悲时俗之迫厄兮，愿轻举而远游。质菲薄而无因兮，焉托乘而上浮。"这和《离骚》所说的，比较谦虚一点。在《离骚》中，屈原说他已经有了"内美"，在《远游》中，他说："质菲薄而无因。"不过两篇都说要想"上浮"，必定有所"托乘"。所"托乘"的就是精气。

黄老之学作为一个学派是从早期道家中分化出来的。早期道家注重养生。黄老之学改造和发展了早期道家的养生的思想和方法，认为这种方法不但可以养生而且可以治国。把养生的方法扩充为治国的方法，这就为新兴的地主阶级提供了一套统治术。这种统治术和法家所提供的统治术基本上是一致的。在统治术这一方面，黄老之学其实就是法家。黄老之学以治身为内，以治国为外。这种思想在《老子》《庄子》书中也都有的。老子讲"根深固柢，长生久视之道"。《庄子》书中讲"长生久视之道"的地方也很多。《管子》中的《内业》《白心》等篇讲"治身"提出的精、气说，把这种"内外"联系讲得很清楚。在治身方面，这些篇的作者认为精、神是一种细微的气，同构成身体的气同是物质性的东西，不过有精粗之别。他又认为精神可以离开形体而独立存在。精神在形体之内，就如同一个人住在房子以内，可以随便出入。这就为原来宗教中所说的灵魂不死的迷信，留有余地。虽然说精神和形体同是物质性的，可是发展下去精神实际上仍然是精神，非物质性的东西。这样发展下去，就成为后来所说的神仙家，最后成为道教。

屈原真实相信"神"可以离开"形"而独立存在，或是仅用当时所流行的精气说为资料，作成"游仙诗"一类的作品，以发泄他的义愤吗？这就毋庸深考，也无可深考了。

无论如何，事实是后期的黄老之学，有一派流为神仙家。秦始皇和汉武帝就是突出的神仙家。

秦始皇把法家的政治推行到底，完成了法家所负的历史使命。他是法家的政治的总代表。但是他的思想另一方面就是求长生。他统一中国以后，屡次到东方巡行，到海边求不死之药。这就是屈原《远游》的实践。他又叫秦朝的博士们作《游仙真人诗》（《史记·秦始皇本纪》）。这些诗大概也是模仿《远游》和《离骚》的。

汉武帝巩固了中国地主阶级的统治。在政治上，向来的历史家都说他是"雄才大略"，但是在思想上他也是求长生。他养了许多方士，求不死之药。并叫司马相如模仿屈原的《远游》作《大人赋》。据说，他读了《大人赋》"飘飘有凌云气，游天地之间意"（《汉书·司马相如传》）。

神仙家所说的神仙，是剥削阶级的幻想的化身。剥削阶级都是好逸恶劳的，希望不劳而获的，神仙家所说的神仙都是极端享受，想有什么就有什么，想要什么就有什么。这些东西的获得，不费吹灰之力，只要那么一想，这些东西就有了。特别是他们可以长生不老永远过着不劳而获的生活。

这种思想正合乎新兴的地主阶级的口味。他们从没落奴隶主阶级手里夺得了政权，过着穷奢极欲的享乐生活。他们所怕的就是一旦死了就不能过这种生活了，所以他们硬要长生不死。秦皇、汉武就是这种思想的代表。本来说想成神仙也需刻苦修炼，后来说修炼也不必要了，只要吃一种长生药就行。于是秦皇、汉武就千方百计地找长生药。

照传统的解释，屈原的《离骚》和《远游》，不过是用一种幻想之词发泄他心中的悲愤之情。我并不是要推翻传统的解释，也不是说屈原真能够把他的精神离开肉体，到各处游玩，那是不可能的。他当然是用一种幻想之词以发泄他心中的悲愤，《离骚》《远游》是如此，《天问》也是如此。问题不在于是不是幻想之词，而在于他用什么思想资料作为他幻想之词的内容。他的幻想之词显然是有内容的，《天问》的内容，是当时的科学思想，《离骚》《远游》的内容是当时的哲学思想，即精气说。本章的目的是说明屈原的文学作品的政治内容和哲学内容，它们的政治内容是"昔往日"，"悲回风"；它们的哲学内容是精气说。

《庄子·逍遥游》说："若夫乘天地之正而御六气之辩（变），以游无穷者，彼且恶乎待哉？"这里所说的"天地之正"有似于屈原《远游》所说的"正气"。这里所说的"六气之辩"有似于《远游》所说的"气变"。这里所说的"以游无穷"，有似于《远游》所说的"远游"。可是，屈原的《远游》有神仙家的意义。《逍遥游》所说的"以游无穷"与神仙家完全不同。《逍遥游》并不需要像《远游》所说的那些理论和准备工作。它仅只说"至人无己"。它是用"无己"达到一种主观的意境，精神境界。

让我们再看一段。《庄子·山木》说："若夫乘道德而浮游则不然。无誉无訾，一龙一蛇，与时俱化，而无肯专为。一上一下，以和为量，浮游乎万物之祖，物物而不物于物，则胡可得而累邪？""乘道德而浮游"，也很像是《远游》

所说的"托乘"。"一上一下，以和为量"，好像《远游》所说的，"时仿佛以遥见兮，精皎皎以往来"。"浮游乎万物之祖"，也像《远游》所说的，"超无为以至清兮，与泰初而为邻"。但是，虽然有这些相似，可是这里所说的有跟《远游》完全不同的内容。《远游》所说的，是靠聚集精气，使"神"能够上升，《庄子》一派所说的，是否定知识，知识否定以后，就可以得到一个心理上的浑沌状态。据《庄子》一派看，这个状态和"物之初"的状态是一致的。

经过这一对比，庄周和屈原虽然都讲到"游"，但是庄之所以为庄者，屈之所以为屈者，其分别是很明显的。

第五节　古代医学中的精、气说

精气思想在战国时代的另一重要的影响，就是和养生、生理卫生以及医学知识联系起来，用以说明健康和疾病的原因。在《吕氏春秋》的《尽数》《达郁》《先己》等篇中，保存有这方面的材料。

有精气，有形气。精气是气，形气也是气。《吕氏春秋》说："精气之集也，必有入也。集于羽鸟，与为飞扬。集于走兽，与为流行。集于珠玉，与为精朗。集于树木，与为茂长。集于圣人，与为敻（大也，远也）明。……形气亦然，形不动则精不流。"（《尽数》）精气与形气的分别，在于精粗不同。

《吕氏春秋·圜道》说："何以说天道之圜也？精气一上一下，圜周复杂，无所稽留，故曰天道圜。何以说地道之方也？万物殊类殊形，皆有分职，不能相为，故曰地道方。"《吕氏春秋》这一段话，可以作为《内业》篇"天出其精"一段话的解释。照《吕氏春秋》所说的，精气在空间之中，"一上一下"，不停地运动。万物所得的精气，就是从这里得来，所以说"天出其精"。万物都是在地上生长的。既成为"物"，它们就有不同的形态，属于不同的类别，有不同的性能。这些差别，照《吕氏春秋》和《内业》篇的说法，都是它们的形所决定的。而它们的这些形是由地所决定，所以说"地出其形"。精都是精，但是在不同的形之中，就只能发生不同的作用。譬如说，精气集在鸟的身体中能使鸟飞，集在兽的身体中能使兽走，集在人的身体中能使人聪明。这正是对《心术》和《内业》的"精气"说的进一步的发挥。因此，《吕氏春秋》特别重视形体和精气的关系，认为形体对精气的作用有很大的影响。它说："流水不腐，户枢不蠹，动也。形气亦然，形不动则精不流，精不流则气郁，郁处头则为肿为风……"（《尽数》）。这里所谓"形气"，指构成形体的气。它认为形体不运动，精气在人的身体中就不能流通，由此造成人的各种疾病。《吕氏春秋》又说："凡人三百六十节，九窍五脏六腑，肌肤欲其比也，血脉欲其通也，筋骨欲其固也，心志欲其和也，精气欲其行也，若此，则疾无所居，而恶无由生矣。病之留，恶之生也，精气郁也。"（《达郁》）高诱注说："精气以行血脉，荣卫三百六十节，故曰欲其行也。"这是说，精气在人身体中是和人的血脉联系起来的。血脉不流通，精气郁滞，就产生疾病。因为形体对精气的作用有很大的影响，为了保持精气在身体中发挥作用，所以"养形"特别重要。《吕氏春秋》又说："天生阴阳寒暑燥湿，四时之化，万物之变，莫不为利，莫不为害。圣人察阴阳之宜，辨万物之利，以便生，故精神安乎形，而年寿得长焉。"（《尽数》）养形的方法，叫做"卫生之经"。"卫生"是现在我们常用的名词，可是也是一个古老的名词。《管子·内业》篇说："凡食之道，大充气伤而形戕（本作大充伤而形不臧，依许维遹校改），大摄骨枯而血沍。充摄之间，此谓和成；精之所舍，而知之所生。"这是说，饮食得当，形体、骨肉和血液，都正常而不损伤，精气才能居住在形体中，发生精神的作用。

《吕氏春秋》说："味众珍则胃充，胃充则中大鞔，中大鞔而气不达，以此长生，可得乎？"（《重己》）又说："凡食之道，无饥无饱，是之谓五藏之葆。口必甘味，和精端容，将之以神气，百节虞欢，咸进受气。"（《尽数》）这都是说，要想使精气进到身体中来，在身体内通流畅达，必须要注意生理卫生，保持身体的健康，这就是所谓"卫生之经"。《吕氏春秋》又说："凡事之本，必先治身。啬其大宝，用其新，弃其陈，腠理遂通，精气日新，邪气尽去，及其天年，此之谓真人。"（《先己》）所谓"治身"即是"养形"。通过养形，使体内陈腐的气出去，新鲜的气进来，人的生命就能长久。

从以上的材料可以看出，"精气"思想和生理卫生、医学知识联系起来，为中国古代医学奠下了理论基础。"精气"思想在疾病问题上，是跟古代的宗教迷信作斗争的。

《吕氏春秋》认为，人有疾病，是由于不讲"卫生之经"，以致体内的精气不能流通，外面的新鲜的气不能进来，体内的邪气不能排泄出去，并不是神灵安排的，因此，有病求神问卜是没有好处的。《吕氏春秋》说："今世上卜筮祷祠，故疾病愈来。"（《尽数》）这是站在医学的立场，以唯物主义的思想反对巫术的。可是，它又认为用医治病还不是最好的办法。它接着说："故巫医毒药逐除治之，古之人贱之也，为其末也。"它认为医之所以可贱，因为它仅只逐于"末"。这不是反对医学，而是反对"头痛治头，脚疼治脚"的医疗方法。

中国的一部古老的医学经典是《黄帝内经》。从其中载黄帝和岐伯关于医药的问答，可以见中国医学与黄老之学的关系。这种思想，后来成为中国医学的优良传统。《黄帝内经》说："是故圣人不治已病治未病，不治已乱治未乱，此之谓也。夫病已成而后药之，乱已成而后治之，譬犹渴而穿井，斗而铸锥，不亦晚乎？"(《四气调神大论》) 这个医学思想用现在的话说，就是防重于治。这里把治病和治乱相提并论。这也是黄老之学把治身和治国相提并论的思想。

《黄帝内经》说，有所谓真人，"呼吸精气，独立守神，肌肉若一，故能寿敝天地，无有终时"。还有所谓至人："淳德全道，去世离俗，积精全神。"还有所谓圣人，"形体不敝，精神不散，亦可以百数"。(《上古天真论》) 这就是说，"防"的最主要的方法就是保护"精气"。这里所说的"真人""至人""圣人"，也就是神仙家所说的那种仙人。中国古代医学是同神仙家有联系的。

又说："尝欲无度，而忧患不止，精气弛坏，荣泣卫除，故神去之而疾不愈也。"(《汤液醪醴论》) 这是说，不讲"卫生之经"，使精气不能流行，血液循环发生障碍，精气（"神"）就要离开，病不会好转。为了保护精气，《内经》同样强调养形。《内经》说："故养神者，必知形之肥瘦，荣卫血气之盛衰。血气者，人之神，不可不谨养。"(《八正神明论》)

每一个时代的医学，就是人们在这个时代对于疾病作斗争的知识的总结。古代的医学，本来是从巫术分化出来的。《吕氏春秋》说："巫彭作医，巫咸作筮。"(《勿躬》) 巫术是跟宗教分不开的。宗教有它自己对于自然的歪曲的看法。医学在一定程度上改正了它的歪曲。医学虽在其幼稚时代，也毕竟是跟宗教相对立的。它不相信人的生命是上帝所赋予的，不相信人的疾病是上帝给予的惩罚。它总是从物质现象中追求寻找人的疾病和健康的原因，以及防止和治疗疾病的方法。这是科学所走的唯物主义的道路。唯物主义哲学总是和科学的发展联系在一起的，彼此是互相促进的。稷下黄老之学的"精气"说，《吕氏春秋》中的养生的理论，古代著名的医学著作《黄帝内经》，都有力地证明这一规律。

《吕氏春秋》和《内经》虽然仍将精神看成是一种特殊物质、精气，但是强调精气依靠形体、血液，才能发挥自己的作用。它们把人的形体和生理器官看成了精气活动的支持者。这意味着将精神现象和形体联系起来，为克服形神二元论，走向唯物主义的形神一元论，提供了思想基础。

从屈原的文学作品看，稷下的精气说，已经从北方流传到南方。从《吕氏春秋》所记载的医学知识看，精气说已经从东方传到西方。它的流传是很广的，影响是很大的。

第十九章 墨辩——后期墨家向唯物主义的发展

第一节 关于墨经

据韩非子说:"自墨子之死也,有相里氏之墨,有相夫氏之墨,有邓陵氏之墨……取舍相反不同,而皆自谓真……墨。"(《韩非子·显学》)《庄子·天下》篇也说:"相里勤之弟子五侯之徒,南方之墨者苦获、已齿、邓陵子之属,俱诵墨经,而倍谲不同,相谓别墨。以坚白同异之辩相訾,以觭偶不仵之辞相应,以巨子为圣人,皆愿为之尸,冀得为其后世,至今不决。"这是战国时期墨家内部分化的情况。墨家的这些支派虽然有内部的争执,但是他们"俱诵墨经",而且还都"以巨子为圣人",这就是说,他们在学术观点上,虽有一些分歧,但都还是属于墨家,在组织上也都还是统一的。这是后期墨家的主力,其阶级根源是手工业者、工艺和技术工作者阶层。

照《庄子·天下》篇所说的,后期墨家所讨论的主要问题是关于"坚白同异之辩"。这就是说,他们所讨论的有许多是惠施、公孙龙及其他辩者所讨论的问题。《墨子》中有《经上》《经下》《经说上》《经说下》《大取》《小取》。六篇性质相同,前后相承;其中所谈的有一部分是关于"坚白同异之辩";所用的辞句也都可以说是"觭偶不仵之辞"。其中四篇又都称为"经"。可见它们就是《天下》篇所说的《墨经》。这六篇,特别是《经》和《经说》,是后期墨家所用以跟别家辩论的一种手册,所以墨家各派俱诵习之。这并不意味这些篇必出在后期墨家之先。

有一种说法,认为《经》和《经说》是墨翟自己作的,或者是墨翟的弟子们所记载的关于墨翟平日讲学的记录。照这种说法,墨经应该是代表墨翟和前期墨家的思想。不过,就上面所说的六篇看起来,其中有许多地方批评名家,尤其是公孙龙一派的理论,也有许多地方批评告子、老聃、庄周和五行家的某些论点。就这些材料看,这六篇的形成,应在名家和庄周以后。它们并非作于同一年代，也不是出于一人之手，其中可能也保存了墨翟本人的某些思想，但大体说来，应该是后期墨家的作品。

在第七章中，我们曾谈到，墨翟很重视辩论，提出了"三表"的学说，对逻辑学也有一定的贡献。墨翟说："能谈辩者谈辩，能说书者说书，能从事者从事。"（《墨子·耕柱》）可见在墨翟的学生中，也有一部分人是特别从事辩论的。到了战国中期以后，由于部分名家中的诡辩思想的流行，墨家在反对诡辩学说的斗争中，特别研究了关于辩论、逻辑学和认识论方面的问题，形成了后期墨家学说的一个特点。就现存六篇的材料看，后期墨家是在继承了前期墨家学说中的唯物主义思想和重视辩论的精神，反对部分名家中的诡辩学说、公孙龙一派的唯心主义和庄周的相对主义、不可知论的斗争中形成和发展起来的。他们在斗争中对中国古代逻辑学的发展作出了重大的贡献，并且建立了唯物主义的思想体系。

第二节　后期墨家思想的阶级根源和社会根源

后期墨家的唯物主义思想的发展，也有其阶级根源和社会根源。战国时代也是工商业空前发展的时期，手工业生产技术空前提高了。这个时期，除了官营的手工业和豪民经营的盐铁等大手工业外，还出现了个体经营的手工业。这时的个体手工业包括有车工、皮革工、陶工、冶金工和木工等。这些个体手工业者，当时称之为"百工"或"工肆之人"。他们一方面制造产品，一方面又拿产品到市场上交易，维持自己的生活。随着商品经济的发展，个体手工业逐渐成了社会上一种重要的经济力量。《吕氏春秋》记载说，宋国贵族子罕想叫邻家制鞋的工人搬走，鞋工说："吾恃为鞔以食，三世矣。今徙之，是宋国之求鞔者不知吾处也。吾将不食。愿相国之忧吾不食也。"（《召类》）结果子罕让步，并没有叫他们搬家。这个故事所描写的虽是春秋时期宋国的情况，但实际上也反映战国末期的个体手工业者的社会地位和力量。随着社会经济的发展，手工业者的社会地位也随着手工业产品需要的增长而提高了。

《周礼》这部书，据说是周公旦所作，后来的儒家人说是"周公致太平之书"。其实这部书是战国时人的拟作，其中讲的主要是政府组织、官僚机构等。这部书的"冬官"一部分原缺，后人用《考工记》补充。

《考工记》大概是当时的手工业所用的一种制造器具方法的手册。这个文件开始说："国有六职，百工与居一焉。"六职中，第一是高级统治集团（"王公"），其职务是"坐而论道"。第二是官僚或小贵族（"士大夫"），其职务是"作而行之"，就是执行"王公"所"论"的"道"。第三是手工业者（"百工"），其职务是"审曲面势（郑玄注："审查五材曲直方面形势之宜以治之"），以饬五材（郑玄注："金、木、皮、玉、土"），以辩（郑玄注："具也"）民器"。第四是大商小贩（"商旅"），其职务是"通四方之珍异"。第五是农民（"农夫"），其职务是"饬力以长地财"。第六是女工（"妇功"），其职务是"治丝麻以成之"，就是说，她们对于土地的产品（"地财"）作一定的加工。手工业者本来是被称为"小人"的，现在是与"王公""士大夫"并列了，而且地位仅次于他们。劳动的妇女也被列为六职之一，尤其是这篇文件特殊之处。

这篇文件并且说："知者创物，巧者述之，守之世（郑玄注："父子世以相教"），谓之工。百工之事，皆圣人之作也。烁金以为刃，凝土以为器，作车以行陆，作舟以行水，此皆圣人之所作也。"在古代用手的人向来是被贱视的。荀况说："恃手而食者，不得立宗庙。"（《荀子·礼论篇》）手工业者当然也是"恃手而食者"。可是在这篇文件里，他们不但与"王公大人"同列为"六职"之一，而且认为"百工之事，皆圣人之作"。直接从事生产的劳动者的社会地位空前地提高了，后期墨家思想是当时地位提高了的手工业者的意识的反映。

把直接从事生产的劳动者的社会地位提到这样高，这是奴隶社会中所不可能有的。在汉朝以后的封建社会中，直接从事生产的劳动者的地位，也是很低的。《考工记》的这样的提法，是地主阶级在其上升时期，重视生产的反映，是战国时期革命解放生产力的反映。随着手工业的发展，手工业生产者在劳动过程中，积累了丰富的生产技术的经验。后期墨家总结了这方面的经验和认识并且把它提高到理论的水平，对古代自然科学的发展作出了重大的贡献。这是后期墨家学说的另一个特点。

在墨经中，有许多自然科学的知识，特别是关于几何学和光学的知识。

第三节 墨经中的科学知识

墨经中有许多几何学的定义和定理，例如："平，同高也"（《经上》）；又："中，同长也"（《经上》），《经说》："中心，自是往，相若也。"（"中心"原作"心中"，依谭戒甫校改）又："圆，一中同长也。"（《经上》）

《经下》和《经说下》中有依次连续的八条，论述关于影和反射镜的理论，形成一个相当完整的光学系统。这是极其珍贵的古代科学史料。例如，《经下》有讲"倒影"一节；《经说》："光之人，照若射。下者之人也高，高者之人也下。足蔽下光，故成影于上，首蔽上光，故成影于下。"照这段所讲的，作墨经的人，必已作过一种实验，使人影从一小孔中反映在屋子里。在这种情况下，屋子里的人影,就是个倒影。为什么是倒影?因为"光之人,照若射"。这里的"之"字作"往"或"到"解,意思是说,光到人身上,如箭射出来,是照直线进行的。下面的光倒是照在高的地方,即人的上部;上面的光倒是照在低的地方,即人的下部。脚遮蔽了下面的光,所以成影于上;头遮蔽上面的光,所以成影于下,于是就成为倒影了。

墨经不仅是后期墨家思想的辉煌记录,也是战国时代自然科学和手工业生产技术知识的光辉的记录,是我国古代文化的宝贵的遗产。

后期墨家特别重视自然科学的研究,这对墨家学说的发展起了重要的影响。在这样的基础上,他们抛弃了前期墨家思想中关于天、鬼的宗教迷信成分(在墨经中,只有《大取》篇一次提到天),把前期墨家认识论中唯物主义成分加以发展,鲜明地建立了唯物主义的体系。

墨经就是后期墨家思想的辉煌记录,其内容是中国哲学史的光辉的一页。它跟当时手工业者地位的提高是完全相称的。

后期墨家的思想反映了战国后期富足起来的个体手工业者和与个体手工业有密切联系的商人阶层的意识。从墨经可以看出,他们不仅研究了当时手工业生产的技术,而且也探讨了物价的法则。墨经说:"买无贵,说在仮(反)其价";《经说》:"刀籴(据谭戒甫、高亨说,当作粜,即谷米)相为贾(价)。刀轻则籴不贵,刀重则籴不易,王刀无变,籴有变。岁变籴,则岁变刀。若鬻子。"(《经下》,《经说下》)"刀"是古代的钱,像刀形,"王刀"是指政府所铸的钱币。"粜"指谷米。这是说,钱与米互相为价;可以说米值多少钱,也可以说钱值多少米("刀籴相为价")。钱值低,则米虽贵而不贵("刀轻则籴不贵");钱值高则米虽贱而不贱("刀重则籴不易")。如果钱的价值不改变,粮食的价格因年成的好坏也可能有变动("王刀无变,籴有变")。如果粮价变动,钱的价值也要随之变动("岁变籴,则岁变刀")。钱的价值和粮食的价格的变动,如同卖孩子一样,因买主的需要不同而身价不同。还有一条说:"贾(价)宜则雠(售),说在尽。"《经说》:"尽也者,尽去其所以不雠也,其所以不雠去,则雠,舌(正)贾也,宜不宜舌欲不欲,若败邦鬻室嫁子。"(《经下》,《经说下》)这是说,价钱合适了,货物就可以出卖。把货物的不能出售的原因都去掉,自然就卖出去了。但价钱合适不合适不仅由卖主自己决定,也在于买主是否需要("正欲不欲")。如同破产以后卖妻子一样;如果没有人需要,价格虽便宜,也卖不出去;墨经这两条初步揭露了商品在流通过程中的价格的法则,这在古代经济思想史上占有重要的地位。

第四节　后期墨家的反映论的认识论

在中国哲学史里，墨经首先提出了一个比较有系统的认识论。这个认识论，基本上是唯物主义的。就认识的来源和过程说，墨经肯定认识是由于人的认识能力跟外界的事物相接触而起的。它说："知，材也"（《经上》）；《经说》："知也者所以知也，而不必知（原作而必知，从梁启超校改），若明。"就是说，人都有所以知的能力，但是仅有这种能力，还未必就有知识。例如眼有看见东西的能力，这是眼的"明"；眼虽有"明"，不必即有"见"的认识；必须还有合适的对象，才能有认识发生。

墨经又说："知，接也"（《经上》）；《经说》："以其知遇物而能貌之，若见。"这就是说：人的能知，即"所以知"的官能，与合适的对象，即所知，相接触，即可以有一种对于对象的摹写（"貌"）。例如如能见的眼与所见的对象相接触，即有"见"的认识。"见"是对于所见的客观事物的摹写。

但是这样的认识还是初步的，还需要进一步的深化。墨经说："恕，明也"（《经上》）；《经说》："恕也者，以其知论物而其知之也著，若明。"这是说，更进一步的认识，是以感官所得的认识为基础，再加上思维的作用，使认识提高一步。有了这样进一步的认识，我们对于某一认识对象，不但能摹写其态貌，且能知其是什么东西。例如见一树，我们不但能摹写其态貌，且知其为树。这就是靠思维把这个有这样态貌的东西，跟过去经验比较，加以综合，使之列于我们经验中的树之类中，也就是把它跟"树"的概念联系起来，这就是"以知论物"。如此则对于所认识的对象，有更明确的认识，即所谓"其知也著"。毛泽东同志说："感觉到了的东西，我们不能立刻理解它。只有理解了的东西才更深刻地感觉它。"（《实践论》，《毛泽东选集》第1卷，人民出版社第2版，第275页）"其知也著"就有这样的意思。

墨经的认识论承认感觉的作用，也承认思维的作用。它说："知，以目见，而目以火见，而火不见；惟以五路知。"（《经说下》）五路就是人的感觉器官。人对于外界的知识，都是经过感觉器官得来的，好像有五条通路。例如，人有了眼，才能看见东西。当然，必须有光（火）眼才能看见，但是，光不能有感觉，能有感觉的还是眼。墨经又说："闻，耳之聪也"，"循所闻而得其意，心之察也"（《经上》）。"言，口之利也"，"执所言而意得见，心之辨也"（《经上》）。这是说，听觉仅能给我们一种声音，要了解这种声音的意义，必须依靠思维（"心"）的作用，依靠思维对于那种声音所作的分析和综合。

墨经也承认，有些知识不是直接从感觉得来的。它说："知而不以五路，说在久。"（《经下》）久就是时间，对于时间的知识，是一种抽象的知识。抽象主要是思维的作用。

总的说起来，墨经认为，认识就是主观认识能力和客观事物相接触的一种关系。其过程是，感觉摹写客观事物的态貌；思维再在这个基础上，对于感觉的内容加以分析和综合，使认识从感觉达到思维。墨经的话是很简略的。上面所说的，有些是我们的解释和加工，但基本上是墨经的认识论的主要观点。这是一种自发的唯物主义反映论的观点。

墨经又说："知，闻、说、亲、名、实、合、为。"（《经上》）这是墨经对于知识所作的分类。"闻、说、亲"，是就知识的来源把认识分为三类。"名、实、合、为"是就知识的内容把认识分为四类。

什么是"闻、说、亲"呢？《经说》说："传受之，闻也；方不障，说也；身观焉，亲也。"毛泽东同志说："一切真知都是从直接经验发源的。但人不能事事直接经验，事实上多数的知识都是间接经验的东西，这就是一切古代或外域的知识。这些知识在古人在外人是直接经验的东西。"（《实践论》，《毛泽东选集》第一卷，人民出版社第2版，第276—277页）"亲知"就是直接经验的知识；"身观焉"就是本身亲自看到。古人外人所直接经验的东西，用语言文字等方式传授给我们。这些知识，就他们说是"亲知"；就我们说是"闻知"。墨经又把"闻知"分为"传闻"和"亲闻"两种。"说知"是由已知推到未知的知识。《经说》以"方不障"解释"说知"。"方"是比方，有比方类推的意思。墨翟说："谋而不得，则以往知来，以见知隐。"（《墨子·非攻中》）就过去的东西（"往"）比方推测未来的东西（"来"）；就看得见的东西（"见"），比方推知看不见的东西（"隐"）。由此得来的知识就是"说知"。能有"说知"，就不受时间和空间的障碍，所以说"不障"。

墨经中有一条，说："闻所不知若所知，则两知之。说在告。"（《经下》）《经说》解释说：假使有一个人在房子外边，不知道房子里面是什么颜色。另一人告诉他说，里面的颜色跟外面的颜色一样。这个人已知外面的颜色是白的，因此也就知道里面的颜色也是白的了。这个人对于房子外面的颜色的知识是"亲知"。由另外一个人告诉而得的知识是"闻知"。以房子外面的颜色是白的这个"亲知"，及"房子里面的颜色跟房子外面的颜色是一样"这个"闻知"，作为前提，就得出一个结论：房子里面的颜色是白的；这是"说知"。

《经说下》的这一段接着说："夫明，以所明正所不知，不以所不知疑所明。若以尺度所不知长。外，亲知也；室中，说知也。"这就说，以已知（"所明"）推未知（"所不知"），就好比用一把尺去量未知的长度。尺的长度是我们所已知道的，用尺量了以后，我们所未知的长度也就可以知道了。

这些解释表明，后期墨家非常重视"亲知"。他们认为，就知识的来源说，认识虽有三种，可是归根到底，一切都要以"亲知"为泉源。正是如《实践论》所说的，"一切真知都是从直接经验发源的"。

"名、实、合、为"，《经说》："所以谓，名也；所谓，实也；名实耦，合也；志行，为也"。这是就知识的内容分认识为四类。"名知"是对于名词或概念的知识。有些人对于某些名词或概念分析得很清楚，可是遇见这些名词所指的东西，他倒不认识。这样的知识就仅只是"名知"。小孩子遇见些东西，看得很仔细，但是不知其名，他的知识就仅只是"实知"。名是所以谓实的。实是主体，名是称谓它的宾词。"所以谓，名也；所谓，实也。"见了一个东西能认识它，知道它叫什么东西。这就是能把名实正确地配合起来；这就是"名实耦"，就是"合知"。还有一种关于行为的知识，就是"为知"。

"志行，为也。"我们做一事情，必有一定的目的，也必有一定的行动，前者谓之"志"，后者谓之"行"。两者合起来，就谓之"为"。墨经说："为：存、亡、易、荡、治、化。"（《经上》）《经说》："为：甲（原作早，依孙诒让校改）台，存也。病，亡也。买鬻，易也。消（原作霄，依孙校改）尽，荡也。顺长，治也。蛙鼠（原作买，依孙校改），化也。"（《经说上》）这是依"志"的不同，把"为"分为六种。"为"有以"存"为目的，例如制甲，修台，目的是使其能经久耐用。"为"有以"亡"为目的，例如治病，目的是要使人无病。做生意买卖（"买鬻"）目的在于交易（"易"）。消灭一个东西，目的在于使其净尽（"荡"）。培养一个东西，目的在于使其能正常发展（"治"）。对于事物有时需要使其自己变化（"化"）。这就需要另外一种方式，如蛙鼠之化为鹑（古有此传说）。

四种知识的排列，"名"在最先，"为"在最后。这表示，知识开始于对于"名"的知识，而完成于对于"为"的知识。墨经说："知其所以不知，说在以名取"；《经说》："智，杂所智与所不智而问之，则必曰：是所智也，是所不智也。取去俱能之，是两知之也。"（《经下》，《经说下》）就是说，仅有对于"名"的知识还不算完全的知识，必须能"以名取"，"去取俱能之"，才算完全的知识。墨翟说："我故曰，瞽不知黑、白者，非以其名也，以其取也。"（《墨子·贵义》）墨经的这一条，正是墨翟分别"名"和"取"的理论的发挥，表明它同样重视实践对认识的检验作用。

儒家也重视行为（"行"），但与墨家重视行为（"为"）有原则的不同。儒家所重视的"行"主要的是对于封建道德的实践；墨家所重视的"为"是变革客观现实的实践。这样的不同就是唯心主义与唯物主义的对立的一种表现。

177

只有直接生产者经常在生产中得到知识才能认识改革现实的实践的意义。当然，墨家所了解的改革现实，其范围还是狭小的，还不是科学意义上的生产实践和社会实践。但他们认识到改革现实的重要性，并且承认对于改变现实的知识是人类知识的重要部分。这在当时说是很进步的思想，是中国唯物主义思想的优良传统。

第五节　后期墨家的逻辑思想

在战国时代，社会阶级矛盾异常尖锐，阶级斗争异常剧烈。各家各派所进行的思想斗争，就是阶级矛盾与斗争的反映，同时也就是阶级斗争的工具。进行思想斗争的一个武器就是"辩"。孟轲是一个反动的斗争性特别强烈的人，当时都说他"好辩"。他说："余岂好辩哉，余不得已也。"（《孟子·滕文公下》）他自命为能"知言"："诐辞知其所蔽，淫辞知其所陷，邪辞知其所离，遁辞知其所穷。"（《孟子·公孙丑上》）凡是批判他所卫护的东西的学说，他都认为是"诐辞，淫辞，邪辞，遁辞"，站在没落奴隶主阶级的立场，他都要进行反击。为什么要反击呢？他继续说："生于其心，害于其政，发于其政，害于其事。"这就是说，如果这些思想盛行起来，必然影响到政治上的措施，政治上的措施必然影响到社会上的各项事业。他很坦白地表明，他所进行的思想斗争就是为政治斗争服务，也就是说，是阶级斗争的一部分。

墨翟最先向儒家展开了反"周道"的思想斗争，这就成为庄周所说的"儒墨之是非"。墨经继续墨翟的精神，强调"辩"的重要，并且在名家的影响下，在反对各种诡辩学说和庄周的相对主义思想的斗争中，把墨翟所已有的关于方法论的思想发展成为一个逻辑体系，成为中国哲学史中光辉的一页。

墨经说："辩也者，或谓之是，或谓之非，当者胜也。"（《经说下》）双方对于一个论题有不同的意见，"或谓之是，或谓之非"。因此，必须有辩。辩的结果是与事实相符合的这一方面的胜利，"当者胜也"；"当"就是与事实相符合。墨经深信，客观世界是可知的，真理是有客观性的，客观事实是真理的最后的标准。这些思想都是唯物主义的。这些论点是针对庄周的相对主义和不可知论而提出的。

墨经认为两个是非相矛盾的论题，不可能都正确，其中必有一个不正确，"是不俱当，不俱当，必或不当"（《经说上》）。根本不可能有像《庄子·齐物论》所说的"俱是""俱非""异乎我与若""同乎我与若"的那些情况。两个是非相矛盾的命题也不可能都不正确，"彼（原作攸，依张惠言校改），不可两不可也"(《经上》)。"是不俱当","必或不当"接触到形式逻辑中的矛盾律；"不可两不可"接触到形式逻辑中的排中律。墨经的这些论断，就逻辑学方面说，接触到形式逻辑的两个重要规律，从思想斗争说，表现了不妥协的精神。

《小取》篇对于"辩"的功用及方法，又是系统的说明。它说："夫辩者，将以明是非之分，审治乱之纪，明同异之处，察名实之理，处利害，决嫌疑焉（"焉"字孙诒让读属下句，伍非百读属上句，今从伍）。摹略万物之然，论求群言之比。以名举实，以辞抒意，以说出故，以类取，以类予，有诸己不非诸人，无诸己不求诸人。"这一段极精粹的话，前半段是说辩的功用，后半段是说辩的方法。

上面已经说过，墨经确切地指出，辩就是所以分别是非；这就是"明是非之分"。分别是非就是进行思想斗争；这是与社会的整个制度和秩序有关系的。辩就是要分别哪一方面的意见引到"治"，哪一方面的意见引到"乱"，这就是"审治乱之纪"。是非之所以分歧，由于两方面的主张反映客观实际中的差别，辩就是要搞清这些差别，这就是"明同异之处"。在辩的过程中，必须先把名实的关系搞清楚。假使在辩论中，双方所用的相同的名并不指相同的实，或相同的实而双方用不同的名来指，辩论就无法进行，所以辩要"察名实之理"。辩发生了这些作用，就可以看出来两方面的主张中哪一方面符合于"国家百姓人民之利"，哪一方面于国家百姓人民有害，这就是"处利害"。因此，有些似是而非的言论也不能迷惑人民，发生欺骗作用，这就是"决嫌疑"。这六项是辩的功用与目的。墨家认为辩论的目的在于追求真理，这就和诡辩思想坚决地对立起来。

在辩中，两方面的胜负是决定于事实。哪方面与事实相符合，哪方面就胜，"当者胜也"。所以进行一个辩论，必须先搞清事实的真实情况（"摹略万物之然"）。同时还要搜集各方面的意见，以供参考（"论求群言之比"）。这是辩的胜利的先决条件。墨家认为，辩论必须依据客观事实，这就和辩者专玩弄名词和概念的诡辩对立起来。

以上讲辩的目的和任务。《小取》篇于以下接着讲辩的方法的原则。原则共有四项。头一个原则是"以名举实"。"名"就是名词或概念。"举，拟实也"（《经上》）；就是说，名词或概念是摹拟客观实在的事物。先有实，然后有名。"名，实名；实不必名。"（《大取》）这是说，凡名都是实的名，可是有实不一定有名。有许多的实还没有名，但是没有没有实的名。

墨经把名分为三类，它说："名、达、类、私"（《经上》）；《经说》："名：物，达也；有实必待之（原作文，依孙诒让校改）名（原作多，依孙校改）也。命之马，类也；若实也者，必以是名也。命之臧，私也；是名也，止于是实也。""物"这个名指一切的物，是最高类之名，即所谓"达名"；所有的东西都必用此名（"有实必待之名也"）。"马"是指马一类的东西，这是"类名"；仅这一类的东西用这个名（"若实也者，必以是名也"）。"臧"是固有名词，即所谓"私名"；这个名仅一个人可用（"是名也，止于是实也"）。这样对于"名"的分类，也完全是以"实"为基础的。

在先秦，关于"名""实"的问题，是认识论中的一个主要问题。关于这个问题，墨经认为，"实"是第一性的，"名"是第二性的，肯定"名"是摹拟"实"的。这就是认为，概念是客观事物的反映；概念是由客观事物决定的。这种见解是唯物主义的。

第二个原则是"以辞抒意"。由名排成辞，即语句或命题。辞所表达的"意"，就是判断；判断是反映客观实际的。判断（意）合于客观实际，表达判断（抒意）的语句或命题（辞）也符合客观实际；这个判断就是"当"，也就是真的；不然就是"不当"，也就是不真。

第三个原则是"以说出故"。在辩论中，辩论者不仅要用一个"辞"表达判断，还要说出所以达到这个判断的理由，这就是"以说出故"。"故"是根据或理由，"说"是把一个"辞"所以是"当"的理由阐述出来的论证。有了论证，才能说服别人。这个"辞"就是这些论证的结论，这些论证就是这个"辞"的前提。

在推论过程中，结论倚赖于前提。思维中的这种倚赖关系，是客观世界中的因果关系的反映。一现象所以产生的条件，包括产生这一现象的原因（即有决定性的条件），墨经称原因为"故"；它给"故"的定义是："故，所得而后成也。"（《经上》）就是说，有了它，某一个现象才能成其为某一现象。《经说》又提出"小故""大故"的分别。"小故，有之不必然，无之必不然"。"大故，有之必然，无之必不然（原作有之必无然，依孙诒让校改），若见之成见也"。现象甲得现象乙而后成其为现象甲，现象乙就是现象甲的"故"。"小故"是一现象所以发生的必要条件；没有它这一现象就不能发生（"无之必不然"）。但"小故"只是这一现象所倚赖的许多条件之中的一部分，有了它，这一现象还不一定发生（"有之不必然"）。"大故"是一现象所倚赖的条件的总和，有了"大故"，这一现象必然发生；没有它这一现象必然不能发生。例如"见之成见"需要很多的条件：例如人的视力、光线、对象与人的眼的中间的距离等。这些条件具备了，这人一定能见物，如果不具备，他一定不能见物。

《大取》篇有"语经"，就是辩论所必须遵守的规律。可惜《大取》篇辞句散乱，照下文推测，《语经》内容应该是，"三物必具然后足以生。""夫辞，以故生，以理长，以类行者也"。"故""理""类"，就是"三物"。"故"就是上面所说的"故"。凡能把结论（"辞"）证明的"故"，必根据一定的客观规律，与结论相联系。这客观规律就是"理"。"理"使我们确信,从这样的"故"一定可以得出这样的结论来。我们怎样可以得到客观规律并且知道它是可靠的呢?这是从类推("类")得来的。人的知识从个别开始,对于某一类的个别有了认识,就推到同类的其他事物。这就是初步的归纳法;归纳是比较有系统的类推。

在一个演绎的推论中,"理"就是大前提,"故"就是小前提,"辞"就是由大前提、小前提推出来的结论。为了加强说服力,更可以举几个与结论相类似的例作为大前提的例证。结论是直接依靠小前提,所以"辞"是"以故生"。再加上大前提,结论的可靠性就增长了,所以是"以理长"。再加上附加的举例,更有说服力;这就是"以类行"。

毛泽东同志在第一届全国人民代表大会第一次会议上说:"我们的事业是正义的。正义的事业是任何敌人也攻不破的。"得到的结论是:"我们的事业是任何敌人也攻不破的。"照印度因明的论式列为演绎推论:

我们的事业是任何敌人攻不破的("辞",因明称为"宗",形式逻辑称为"结论");

因为我们的事业是正义的("以故生",因明称为"因",形式逻辑称为"小前提");

正义的事业是任何敌人攻不破的("以理长",因明包括在"因"之内,形式逻辑称为"大前提");

例如各个历史时期的革命斗争("以类行",因明称为"喻")。

《大取》篇所说的"语经",只有几十个字,可是把墨经所已达到的逻辑学上的成就,简要而精确地总结出来。

《大取》篇接着说:"立辞而不明于其所生,忘(妄)也。今人非道无所行,唯(虽)有强股肱而不明于道,其困也可立而待矣。夫辞,以类行者也;立辞而不明于其类,则必困矣。"这三句强调"三物"的重要。第二句所谓"道"指理而言。

"类"是墨经中的一个主要概念,推论要用类,辩论也要用类。《小取》篇讲,辩的方法的第四个原则是"以类取,以类予,有诸己不非诸人,无诸己不求诸人"。这是辩论中的类比推论。甲与乙同类,对方承认了甲,就不得不承认乙,不承认甲,就不能承认乙;这是"以类取"。甲与乙同类,对方承认了甲,我就把乙提出来,看他是不是也承认,这是"以类予"。甲与乙同类,我承认了甲,对方主张乙,我就不能反对;这就是"有诸己不非诸人"。甲与乙同类,我不承认甲,我就不能要求对方承认乙;这就是"无诸己不求诸人"。

《小取》篇讲了辩的方法的四项原则以后,又讲辩的具体的方法。方法共有七种。

第一种方法是"或"；《小取》篇说："或也者，不尽也。"《经上》说："尽，莫不然也。""尽"表示全称命题；在这种命题，主词莫不是谓词所表示的那种样子。就是说，主词的外延尽包括在谓词的外延之中。例如我们说"马尽四足。""或"表示特称命题；在这种命题中主词的外延只有一部分包括在谓词的外延之中。例如我们说："马或白。"

第二种方法是"假"；《小取》篇说："假者，今不然也。""假"表示假言命题，假设一种现在还没有发生的情况（"今不然"）而预言其后果。例如我们说："如果天下雨，地就要湿。"

第三种方法是"效"；《小取》篇说："效者，为之法也；所效者，所以为之法也。故中效则是也，不中效，则非也。"《经上》说："法，所若而然也"；《经说》："法，意、规、圆，三也，俱可以为法。"《经下》说："一法者之相与也尽类（类字本脱，依孙诒让校补），若方之相合也，说在方"；《经说》："一方尽类，俱有法而异，或木或石，不害其方之相合（本作台，依王引之校改）也。尽类犹方也。物俱然。"照这些定义看起来，法就是公式，或某一类事物之所以为某一类事物的标准。对于一类事物的公式，可以适用于这一类中的任何个体。例如方物一类，有方木，方石；木、石虽有不同，然而不妨碍它们为方。加以引申，凡仿效一物而能成为那类事物中的一物（"所若而然"），其所效者就是法，仿效所成立之物就是"效"。譬如作圆，或以意象中的圆，或以作圆的规，或以已成的圆东西，都可以为作圆的"法"。法确定了，则效此法的都可成为圆形。"故中效"的故，即上文"以说出故"的故。故是成事的原因，也是立论的理由。要想知道立论的理由是否是真故，是否"有之必然，无之必不然"的"故"，最好的办法是，以此故作为法，看它是否"所若而然"，如果"所若而然"就是"中效"，如果"中效"，这个故就是真故。反之，如果"不中效"，这个故就不是"真故"。例如我们说：甲是乙的原因。要想知道这个命题的真假，最简便的办法是把这个命题作一个可以仿效的"法"，照着这个"法"做个实验。如果甲真是乙的原因（"故"），在实验中有甲必然有乙；这就是"故中效"。如果如此，这个命题就是真的，否则就是假的。这个方法就是墨翟所说的第三表的发展。

第四种方法是"辟"（譬）；《小取》篇说："辟也者，举也（他）物而以明之也。"譬就是用一个别的东西作为说明。墨翟说："以其非吾言者，是犹以卵投石也。尽天下之卵，其石犹是也，不可毁也。"（《墨子·贵义》）这一段话表示墨翟对于他的论敌的蔑视。他用石这个"他物"以"明"他自己的论断的坚强，用卵这个"他物"以"明"论敌的论断的脆弱。

第五种方法是"侔"；《小取》篇说："侔也者比辞而俱行也。"《小取》篇下文说："白马，马也；乘白马，乘马也。骊马，马也；乘骊马，乘马也"。这就是"比辞而俱行"。这也就是形式逻辑中所说的直接推论；从"乘白马"直接推论出来"乘马"。

第六种方法是"援"；《小取》篇说："援也者，曰：子然，我奚独不可以然也？"下文说："盗人，人也；多盗，非多人也；无盗，非无人也。奚以明之？恶多盗，非恶多人也；欲无盗，非欲无人也。世相与共是之。若若是，则虽盗人，人也；爱盗非爱人也；不爱盗非不爱人也；杀盗人非杀人也；无难矣。此与彼类，世有彼而不自非也，墨者有此而非之，无也（他）故焉，所谓内胶外闭欤！"这个辩论就是"援"的方法。墨家主张"兼爱"，但又主张"杀盗"。批评墨家的人认为这两个主张相矛盾。墨经指出，这里并没有矛盾。你们承认，"多盗非多人也"，我也可以主张"杀盗非杀人也"。这样的推论是错误的，详见下文。

上章讲到公孙龙与孔丘的后人孔穿的辩论。公孙龙指出，孔丘认为"楚人"跟"人"是有分别的，孔丘既然可以认"楚人"跟"人"不同，我为什么不可以说，"白马"跟"马"不同？这就是用"援"的方法，进行辩论。

"多盗非多人"跟"杀盗非杀人"，是一类的论断。"白马非马"跟"楚人非人"，是一类的论断。你既然承认"多盗非多人""楚人非人"，你也就需承认"杀盗非杀人""白马非马"。这也就是"以类取"。

第七种方法是"推"；《小取》篇说："推也者，以其所不取同于其所取者予之也。是犹谓也者，同也；吾岂谓也者，异也。""其"是对方。我把对方的主张（"其所取"）用作类比推论的前提，得出一个本质上与之相类似但是荒谬的结论，提出来给对方（"予之"），看他接受不接受。这样的荒谬结论，也是对方所不能承认的（"其所不取"）；这样，对方之"所取"，也就不能坚持了。《墨子·公孟》篇载有墨翟与一个儒者公孟子的辩论。公孟子说："无鬼神"，但又说："君子必学祭祀"。墨翟说：你们认为没有鬼而还要祭祀，就好像没有客而行客礼，没有鱼而下鱼网。"没有鱼而下网"跟"没有鬼而行祭祀"是一类，你如果不承认"没有鱼而下网"是正确的，你也不能承认"没有鬼神而行祭祀"是正确的。这就是"以类予"。在这种辩论中，"是犹谓"表示两个命题相同，"吾岂谓"表示两命题的相异。例如在上面所引的墨翟跟公孟子的辩论中，墨翟说："执无鬼而学祭祀，是犹无客而学客礼也，是犹无鱼而为鱼罟也。"其中两个"是犹"就是"是犹谓"。公孟子如何回答墨翟的质问，我们不知道，但是，他可以回答说：我仅只"执无鬼而学祭祀"，"吾岂谓""无客而学客礼，无鱼而为鱼罟？"

墨经说："止，因以别道"；《经说》："以人之有黑者、有不黑者也，止黑人；与以有爱于人者，有不爱于人者，止爱人，是孰宜止？（后两'止'字原作'沚'，依张惠言校改）""彼举然者，以为此其然也，则举不然者而问之。"（《经上》，《经说上》）"止"的意思是反驳使之停止，用此以分别正确和错误的道理。有人说："人都是黑的。"对于这种错误的全称命题，就用"有的人是不黑的"这个特称命题"止"之。有人援引这个办法反驳墨家兼爱之说，企图用"有的人不兼爱"这个特称命题"止"之。其实，"止黑人"那个"止"是适当的，"止爱人"这个"止"是不适当的。因为"有的人不是黑的"这个命题，是说"人都是黑的"这种人也不能否认的。至于墨家兼爱的主张则不是这种情况。墨家也承认有些人主张"交相别"。墨家主张兼爱是说人都应当兼爱，不是说人都实际上已经兼爱。墨经又说："止，类以行之"；《经说》："彼以此其然也说是其然也，我以此其不然也疑是其然也。"（《经下》，《经说下》）这所讲的都是"推"的辩论方法。就上面的例说，公孟子所说的，"无鬼神"，"君子必学祭祀"就是彼所举的"其然者"。墨翟举同类的"无客而行客礼"就是"其不然者"。

在上面所讲的七项方法中，辟、侔、援、推，都是依靠不同命题的相同之点，以作推论。《小取》篇指出，这样的推论是很可能犯错误的。它说："夫物有以同而不率遂同。辞之侔也，有所至而止（原作正，依孙诒让校改），其然也，有所以然也；其然也同，其所以然不必同。其取之也，有所以取之；其取之也同，其所以取之不必同。是故辟、侔、援、推之辞，行而异，转而危，远而失，流而离本，则不可不审也，不可常用也。故言多方，殊类，异故，则不可偏观也。"这是说，语言的意义是多方面的（"多方"），事物的性质也是多方面的，在某一方面的同样事物可以在另一方面属于不同的类（"殊类"），也可以起于不同的原因（"异故"），所以不可以片面的观察（偏观）概括全面。辟、侔、援、推，所以容易犯错误，其原因就在于此。如果以"偏观"概括全面，本来是正确的命题就可以转化为错误的命题。"行而异，转而危，远而失，流而离本"，都是这种转化的各种形式。

《小取》篇在这里指出了辩论和事物本身的复杂性，片面观点的危险性，也提出了正确和错误的转化问题。是墨经中的这种思想有辩证法的意思。

墨家是反对诡辩的，所以《小取》篇于讨论了辩的方法之后，特别提出正确可以转化为错误这一点。对于当时的辩者说，这也是一种批判。可是在"杀盗人非杀人"这个辩论中，墨家自己也陷入诡辩中。《小取》篇肯定，我们不能从"盗人，人也"推论出"多盗，多人也；无盗，无人也"；因此也不能推出"杀盗，杀人也"。我们可以说，"爱盗，非爱人也，不爱盗，非不爱人也"，当然也可以说"杀盗，非杀人也"。《小取》篇的这个辩论是诡辩。多盗不是多人，无盗不是无人，因为判断某地的盗是多或少与判断某地的人是多或少，所用的标准不同。我们不能说，人是动物，所以大人是大动物，因为用以判断人的大小和用以判断动物的大小的标准不同。

"爱盗非爱人也"这个命题中的"人"是泛指，可能就是指人类。"杀盗非杀人也"这个命题中的"人"就是指被杀的这个人。两个命题中的"人"所指不同，也就是说，其意义不同。这两个命题是不能相提并论的。荀况把"杀盗非杀人"列为诡辩的第一种，认为是"惑于用名以乱名"，就是说，这个辩论犯了偷换概念的错误。

《小取》篇在这里所用的"侔"式的推论，正是没有注意到它自己所说的，"夫物有以同而不率遂同，辞之侔也有所至而止。""侔"是"比辞而俱行"，"俱行"有一定的限度；过了限度就成为错误。"杀盗非杀人"之所以成为诡辩，就是因为"俱行"过了一定的限度。

墨经中的这些错误是个别的。总起来说，后期墨家对于中国古代逻辑学的发展，作出了重大的贡献。他们对于概念、判断和推理都进行了研究，其中有很多合乎科学的论断。其整个的体系是建立在唯物主义的认识论的基础上。这是中国古代逻辑学的优良传统。

第六节 后期墨家的唯物主义的自然观

照上面所说，墨经中的科学思想已有相当高的程度，逻辑思想更有相当完整的系统。以这些思想为武器，墨经去掉了早期墨家思想中的落后部分。"天志"、"明鬼"在早期墨家思想里，占相当重要的地位。墨经六篇中，只有《大取》篇提到"天"；至于鬼神，则各篇均未言及。

墨经没有提出一个有系统的自然观，但是，它在自然观方面提出了一些重要的哲学范畴并给以明确的定义。上面讲过，它认为"物"是一个"达名"，包括一切存在的东西。它又说："久，弥异时也"；《经说》："久，合古今旦莫（暮）"（原作今久古今旦莫）。"宇，弥异所也"；《经说》："宇，蒙东西南北。"（原作东西家南北）（《经上》，《经说上》）这是给时间和空间的定义。"异时"指古今旦暮等特定的时间；遍（"弥"）于一切特定时间的时间，即作为哲学范畴的时间。"异所"指东西南北等特定空间；遍（"弥"）于一切特定空间的空间，即作为哲学范畴的空间。

墨经说："动，或（域）从（徙）也"（《经上》）；这是说，运动是物体在空间（"域"）中的移动（"徙"）。这是很重要的一条，可惜关于这一条的经说，残缺不可解。墨经也讲到运动和空间、时间的关系。它说："行脩以久，说在先后";《经说》:"行者必先近而后远。远近，脩也；先后，久也。民行脩必以久也。"(《经下》,《经说下》)"久"是时间；"脩"是空间。这是说，运动不能离开空间和时间。

墨经又说:"宇或徙（原作从，依经说改），说在长宇久";《经说》:"长，宇徙而有（又）处，宇宇南北（当作宇南宇北），在旦有（又）在莫（暮），宇徙久。"(《经下》,《经说下》)徙就是运动。运动必须有一定长的时间和一定长的空间("长宇久")。在一个时间的点上，物体是在一个空间的点上又不在一个空间的点上；这就是所谓"徙而又处"。运动，在空间说，是由此处至彼处，例如由南到北；在时间说，是此时至彼时，例如由旦至暮。恩格斯说:"它（运动）的本质是空间和时间的直接的统一；速度，运动的量，就是和一特定的流过的时间成比例的空间。"(《自然辩证法》,人民出版社 1955 年版，第 205 页)墨经似乎在一定程度上猜测到了这个真理。

墨经又说:"生，刑（形）与知处也。"《经说》:"盈之生，商（常）不可必也。"(《经上》,《经说上》)"盈，莫不有也。"(《经上》)形体和知觉，两者莫不有，这就有生命。但一个人的生命能保持多么久，这是不能必定的。这就驳斥了儒家的"死生有命"的说法。形而有知为生，反过来也就是说，死是有形而无知。这就改正了前期墨家的有鬼论。

墨经又说:"卧，知而无知也";"梦，卧而以为然也"(《经上》)。这就是说：卧是有知的才能而没有知的事实。梦是睡眠中所有的幻想。"卧而以为然"，就是说，实际并不然。

恩格斯说:"在远古的时代，人们丝毫不知道自己身体的构造，还不会解释梦见的事，便以为他们的思维和感觉不是他们身体的活动；而是某种独特东西，即寄居在这个身体内而在人死亡后即离开人的身体的灵魂的活动……"(《费尔巴哈与德国古典哲学的终结》,人民出版社 1959 年版，第 13 页)后期墨家初步正确地解释了梦的现象。他们以"形与知处"为生命的要素；这就意味着他们认为"知"和"形"是不可分离的。稷下黄老学派认为精神是一种细致的物质，这是对于宗教迷信的打击。但是它还是认为这种细致的物质是寄居在身体之内，可以离开身体而"远游"的。这在另一方面又帮助了灵魂不死的迷信。后期墨家比稷下黄老学派又前进了一步，在形、神关系这个问题上，得出了更能体现唯物主义的结论。后来荀况发挥这个论点说:"形具而神生。"(《荀子·天论》篇)这就是认为知是形的活动的结果；这就又进了一步。前期墨家学说中的宗教思想还是比较浓厚的。后期墨家差不多完全清除了这些迷信，使墨家思想在战国时期的唯物主义阵营中占一个主要的地位。

第七节　后期墨家的进步的社会政治思想

对于前期墨家的社会政治思想，墨经也作了重要的改正和补充。

前期墨家的"尚同"说，强调"尚同而不下比"，把君权绝对化。墨经说："君，臣萌（氓）通约也"（《经上》）；《经说》："君，以若民者也。"一方面说：君可以约束臣民，一方面又说君需要顺从（若）人民的意志；这是对于"尚同"学说的一个有进步意义的改正。

原来墨翟的社会思想中所有的重要概念，墨经都加以分析，作出定义。墨翟以利害为善恶的标准，但是，什么是利害，墨翟没有说明。墨经发挥了墨翟的思想，给利害以明确的定义。它说："利，所得而喜也"；《经说》："得是而喜，则是利也；其害也非是。""害，所得而恶也"；《经说》："得是而恶，则是害也，其利也非是。"（《经上》，《经说上》）利害有了定义以后，墨经又以利的定义为基础，给各种道德以定义。它说："忠，利君也；孝，利亲也；功，利民也。"还有具有更一般性的道德，例如"义"，其内容就是利。墨经说："义，利也。"（以上均见《经上》）这是一种功利主义的社会伦理观点。它反映了后期墨家代表上升的手工业者和商人的阶级特性。

墨经以人的喜爱与憎恶规定利害；又以利害规定善恶。西方近代唯物主义的伦理学家有与此相类似的思想。普列汉诺夫叙述霍尔巴赫的伦理思想说："照霍尔巴赫看来，人走进世界的时候，只带着感觉的能力；从感觉能力中，发展出一切的所谓心智能力。人从对象感受到一些印象或感觉，其中有一些使他愉快，有一些使他痛苦。他认为使他愉快的感觉是合理的，希望它们永远存在，或者在他身上推陈出新。他认为使他痛苦的感觉是不合理的，并且尽可能避免它们。换句话说：他喜爱使他愉快的感觉和造成这种感觉的对象，厌恶使他痛苦的感觉和产生这种感觉的东西。……他们把一切使他们快乐的叫做好，把一切使他们痛苦的叫做坏。他们把一切经常对他们有益的叫做德行。"（《唯物论史论丛》，人民出版社1953年版，第14—15页）霍尔巴赫的这段话，跟墨经的意思是相类似的。

英国的功利主义者边沁说："'天然'使人类为二种最上威权所统治；此二威权，即是快乐与苦痛。只此二威权能指出人应做什么，决定人将做什么。功利哲学即承认人类服从此二威权之事实，而以之为哲学的基础。此哲学之目的，在以理性法律维持幸福。"（边沁：《道德立法原理导言》英文本，第1页）这种说法跟墨经也是相类似的。

霍尔巴赫和边沁所谓快乐、苦痛，相当于墨经所说的"喜""恶"，即对于快乐和苦痛的感受。他们所谓理性，相当于墨经所说的"智"。无论快乐、苦痛，或喜、恶，最后都归结于人的欲望的满足和不满足。欲望是盲目的，必须智的指导，方可趋利而避害。霍尔巴赫在《自然系统》中说："情欲是另一些情欲的平衡物；我们不要毁灭它们，而要指导它们……理性。经验的效果，只是选择这些情欲的艺术。"（转引《唯物论史论丛》，第13页）后期墨家有类似的思想，墨经说："为，穷知而悬于欲"；《经说》："为，欲薪（斫也，本作韡，依孙诒让校改）其指，智不知其害，是智之罪也。若智之慎之（本作文，依孙诒让校改）也，无遗于其害也，而犹欲薪之，则离之。是犹食脯也，骚之利害（孙诒让云：'疑言臭之善恶'），未可知也；欲而骚，是不以所疑止所欲也。墙外之利害，未可知也；趋之而得刀（本作力，依孙诒让校改，刀即钱币），则弗趋也，是以所疑止所欲也。观为穷知而悬于欲之理，薪脯而非智也，薪指而非愚也。所为与所不为（原作所为与不所与为，依张惠言校改）相疑也，非谋也。"（《经上》，《经说上》）这段文字，有些不可解，其主要意思是说：人有欲有智。智有所疑则可以止欲之所欲。智的作用，在于推测现在行为的结果。根据预料的结果，智就可以引导人以趋利避害，使人有所为，有所不为。这就是"谋"。

"谋"的结果，人可以舍目前的小利而避将来的大害，或受目前的小害而趋将来的大利。这种斟酌取舍也称为"权"。《大取》篇说："于所体之中而权轻重之谓权。权非为是也，亦（本作非，依孙诒让校改）非为非也；权，正也。断指以存掔，利之中取大，害之中取小也。害之中取小也，非取害也，取利也；其所取者，人之所执也。遇盗人而断指以免身，利也；其遇盗人，害也。……利之中取大，非不得已也；害之中取小，不得已也。所未有而取焉，是利之中取大也。于所既有而弃焉，是害之中取小也。"《经上》说："欲正权利；恶正权害"（恶上原有且字，依孙诒让校删）；《经说》："权（原作仗，依孙诒让校改）者，两而勿偏。"智"于所体之中而权轻重"，"两而勿偏"。这就是说，人的所取及所应取的利，不是目前的小利，而是将来的大利；人所避及所应避的害，不是目前的小害，而是将来的大害。例如，断去一个指头，以保存手掌，这就是取目前的小害，以得将来的大利。这也就是说，对于目前利益，必须从长远利益的观点加以考虑，以定取舍。作这种决定的是"智"；取舍的标准是"权"。

墨经这里所讲的，其实就是个人的眼前利益和长远利益的关系问题。墨经所说的智的指导，相当于霍尔巴赫所说的"选择情欲的艺术"。墨经所说的在智指导下的"欲"相当于边沁所说的"正确理解了的利益"。墨经认为，正确理解了的目前利益必然与长远利益相结合。

当然，墨经所说的，远没有霍尔巴赫和边沁所说的那样详细、明确。墨经和霍尔巴赫、边沁处于不同的历史发展阶段。墨经的说法是自发的，不可能有详细的论证。我们在这里,并不是要把墨经和霍尔巴赫、边沁相提并论。我们主要的是说明,墨家,特别是后期墨家的道德学说是属于唯物主义阵营的。

后期墨家把趋利避害看成是人的行为的准则和动力。这种观点认为,人是一种有感觉、心智的实体;人的道德行为和人的这种特点是分不开的。这种思想,普列汉诺夫在《唯物论史论丛》中,称之为唯物主义的道德学说;这是因为它肯定了肉体的感受对人类行为所起的重要作用。当然,这种观点把人看成是自然的人,没有看到人的行为的社会根源。在阶级社会中决定人的行为的选择最后的原因是一个人的阶级性。这是马克思主义以前的唯物主义者所不能了解的。但是这种观点,在当时历史条件下,却有十分重要的进步意义。这种观点意味着人的行为不是受"上帝"或"鬼神"支配的,像宗教家所说的那样;也不是受天赋的道德观念支配的,像唯心主义者所说的那样。人的道德行为的基础,是人自己的感觉经验和建立在感觉经验基础上的理智作用。从这一方面看,后期墨家的伦理思想是和当时的宗教道德以及孟轲一派的唯心主义道德学说根本对立的,是对于它们的反击。就墨家自身说,后期墨家对于前期墨家的伦理思想作了一种扬弃,继承了它的功利主义而抛弃了它的宗教意味,否定了"上帝""鬼神"在人类生活中的地位。这是一个重大的改正。这在中国伦理学史上,具有重大的意义。

后期墨家对于前期墨家的"兼爱"的学说,也作了进一步的补充。他们认为,正确理解的个人利益也必然会与公众利益相结合。墨经认为爱己和爱人并不冲突。它说:"爱人不外己,己在所爱之中。己在所爱,爱加于己,伦列之爱己,爱人也。""义可厚,厚之,义可薄,薄之,之(原无此字,依孙诒让校加)谓伦列。"(《大取》)这就是说,适当的爱己和爱人并不矛盾。爱人而己亦在所爱之中,由此可见,公众利益与个人利益并不是相矛盾的,而是相结合的。

墨经的这个意思是正确的,不过它的辩论的形式可能类似诡辩。荀况所批判的诡辩的第一种中,有"圣人不爱己"这个例子。这可能就是墨经所说,"伦列之爱己,爱人也"的辩论形式。荀况认为,这是"惑于用名以乱名"(《荀子·正名》篇)。专就这个辩论的形式说,荀况的批评是正确的。与"己"相对的"人",跟人类之"人",意义不同。"爱己"可以是爱人类中的一员,因此也是爱人,但绝不能是爱与"己"相对的"人"。这个"人"照定义就是不包括"己"在内的。

离开墨经的这个辩论的形式,专就其思想实质说,墨经这个思想也是唯物主义的。恩格斯说:"既然正确理解的利益是整个道德的基础,那就必须使个别人的私人利益符合于全人类的利益。……这种唯物主义(法国唯物主义)正是以爱尔维修所赋予的形式回到了他的祖国英国。边沁根据了爱尔维修的道德学建立了他那正确理解的利益的体系,而欧文则从边沁的体系出发去论证英国的共产主义。"(《神圣家族》,《马克思恩格斯全集》第 2 卷,第 167 页)

有一点也必须注意到,18 世纪法国唯物主义者强调公众利益与个人利益相结合,其意义是反对封建制度对个人的压迫。边沁的正确理解的个人利益的功利主义是为资产阶级个人主义作理论的根据。二者的社会作用不同。后期墨家所讲的关于个人利益的与公众利益相结合的思想,其意义是反对奴隶主贵族抹杀个人利益的道德学说,其在当时的社会作用是进步的。

儒家的孔丘和孟轲都认为,个人利益和公众利益是相矛盾的,这是他们把"利"和"义"完全对立起来的主要原因。他们为了维持没落奴隶主阶级的利益,提倡去"利"存"义",企图使个人的行为完全符合于没落奴隶主阶级的要求。后期墨家认为,正确理解的个人利益与公众利益是一致的。他们指出,利就是义的内容,"义,利也"。这就把义和利统一起来。他们站在当时进步阶级的立场,对中国哲学史上十分重要的义利之辩作了具有唯物主义因素的解释。

要想使个人利益与公众利益相结合,就要实行墨翟所提倡的"交相利"。墨经认为,"交相利"必须以真正的利他为基础,不可以利他为手段以达到自利的目的。"交相利"是"兼相爱"的表现。墨经说:"仁,体爱也。"(《经上》)《经说》:"仁,爱己者非为用己也,不若爱马。""体爱"就是以别人与自己为一体,爱别人就如爱自己。爱自己就是爱自己,不是像爱马一样。爱马是因为马对于自己有用,但是爱自己并不是因为自己对自己有用。有了"兼相爱"的感情,必然发生出"交相利"的实际表现。"兼相爱"是仁;"交相利"是义。

"兼相爱"是主观上的一种道德情操;"交相利"是由这种道德情操发出来的实际行为。《大取》篇说:"以臧为其亲也而爱之,爱(原作非爱,依孙诒让校改)其亲也。以臧为其亲也而利之,非利其亲也。以乐为利其子而为其子欲之,爱其子也。以乐为利其子而为其子求之,非利其子也。"这是说,一个人误认臧(人名)为父亲而爱他,这还是爱父亲,因为爱本来只是一种道德情操;但误认臧为父亲而给他许多实际的好处,得到实际爱好处的就只是臧不是他的父亲了。墨翟非乐,认为音乐歌舞是有害的。墨经也继承了这种狭隘的观点,认为如果一个人觉得音乐对于他的儿子有利而替他儿子希望有音乐,这在主观上还是爱其子;但是如果因此实际上真为他的儿子搞来音乐,那就在客观上不利于其子了。

因为爱只是主观上的一种道德情操,所以爱一切人是可能的,而且必须爱一切人才可以算是爱人。《小取》篇说:"爱人必待周爱人,不爱人不待周不爱人。"这就是说,必须遍爱一切人,才算爱人;但是不必须遍不爱一切人,才算不爱人。这与乘马不同。"乘马不待周乘马,不乘马待周不乘马。"这就是说,不必须骑一切马才算骑马，但是必须不骑一切马，才算不骑马。《大取》篇说："爱众世与爱寡世相若。兼爱之有（又）相若。爱尚世与爱后世，一若今之世人（今世之人）也。"这就是说：无论对于多数人或少数人，都是一样地爱。爱人也不必限于现在的人，对于将来（"后世"）及过去（"尚世"）的人，也是一样地爱。

利人是在实际上作出于人有利的行为；利一切人是不可能的，譬如对于过去的人，就没有法子使他受利。所以墨经只说必须周爱人才算爱人，不说必须周利人才算利人。但是墨经也反对只空讲爱人而不在实际上尽可能地去利人。《大取》篇说："圣人有爱而无利，伣日之言也，乃客之言也。""伣日"二字，未明其义。但是这句话的大意是说："有爱而无利"，是错误的，是别人的话（"客之言也"），不是墨翟的话。

墨经说："任，士损己而益所为也"；《经说》："任，为身之恶，以成人之所急。"（《经上》，《经说上》）这就是体现"兼爱"的道德。

墨翟和前期墨家认为，爱人和利人就是一件事。墨经把爱和利分开，认为"爱"是一种心理状态。这固然是对于爱和利作了进一步的分析，但也陷于烦琐的理论中。虽然墨经也说"爱而不利"不是墨家的主张，但是在墨经中讨论最多的，不是用什么具体的措施实际上去利人，而是用什么辩论以证明"周爱人"是可能的。

就墨经中的材料看，当时对于墨家"周爱人"的学说，有二种疑难。一种是"无穷害兼"，就是说，天下的人数是没有穷尽的，如何能尽爱之？一种指责是"杀盗即杀人"，就是说，墨家既主张兼爱，何以又主张杀盗？墨经对于这二种疑难，都有解答。墨经说："无穷不害兼，说在盈否"；《经说》："无，南者有穷则可尽，无穷则不可尽，有穷无穷未可知，则可尽不可尽不可尽（毕沅云：此三字疑衍）未可知。人之盈之否未可知，人之可尽不可尽亦未可知，而必人之可尽爱也，悖。人若不盈无（原作先，依孙诒让校改）穷，则人有穷也；尽有穷，无难。盈无穷，则无穷尽也；尽有穷，无难。"（《经下》，《经说下》）又说："不知其数，而知其尽也，说在问（原作明，依孙校改）者。"《经说》："不，不（原作二，即不字。王闿运改作不，曹耀湘曰："二当作＝，乃重文之标识。"）智其数，恶智爱民之尽之（旧作文，依孙诒让校改）也？或者遗乎其问也，尽问人则尽爱其所问。若不智其数而智爱之尽之（旧作文，依孙诒让校改）也，无难。"（《经说下》）又说："不知其所处，不害爱之，说在丧子者。"（《经下》）这几条都是对于"无穷害兼"的解答。难者说：南方有穷则可尽，无穷则不可尽。有穷无穷尚不可知，则可尽不可尽更不可知。墨家肯定，人必可尽爱；这是瞎说。回答说：如果人不能盈满无穷的南方，是人数有穷。人数既有穷，尽爱之没有什么困难。如果人竟能盈满无穷的南方，可见南方并不是无穷。地既有穷，尽爱人也没有困难。难者又说：你们不知人的数目，怎么知道是否已尽爱？回答说：不知人数，可以见人就问。尽问人，必尽爱其所问。虽遗其所问之数，也没有妨碍。难者又说：不知尽人之所处，何以能尽爱之？回答说：不知其所处，也不妨碍爱他们。譬如失掉儿子的，其父虽不知道他的儿子在什么地方，但不妨爱之。

墨经在这里先提出疑难者的话，然后回答。可见这些辩论在当时是很激烈的。墨经的回答并没有解答疑难者所提的问题。疑难者所说的爱人，是包括利人而言，这也确切是原来墨翟的意思。他们问，地域是无穷的，既不知人口的数目，又不知人都在什么地方，怎样实际地爱？墨经把爱人限于一种心理状态，把"兼相爱"和"交相利"割裂开，所以认为无论人数多少，也不管他们都在什么地方，都可以爱。可是这样的爱，就是抽象的爱，脱离了实践的爱；这种辩论，也就成为文字上的争执了。就这一点说，后期墨家的伦理思想，又陷入了唯心主义。

《大取》篇说："天之爱人也，薄于圣人之爱人也。天之利人也，厚于圣人之利人也。大人之爱小人也，薄于小人之爱大人也。大人之利小人也，厚于小人之利大人也。"这是把爱与利分开，也是前期墨家的宗教迷信和阶级调和的思想的残余。这些都是手工业者阶层的局限性的表现。

第八节 后期墨家对于当时诡辩学说的批判

《小取》篇提出的"杀盗非杀人"，跟公孙龙的"白马非马"，都是一类的命题。但公孙龙对于"白马非马"这个命题的分析，在客观辩证法上，有一定的根据。《小取》篇的"杀盗非杀人"这个命题，完全是从错误的"侔"式推论推出来的，是一种诡辩。

墨经中的诡辩，只是个别的。基本上它是站在唯物主义的立场对于当时所流行的诡辩进行批判。当时"辩者"中最流行的辩论是"合同异"和"离坚白"。名家中的惠施用"合同异"的辩论，证明事物是经常变化的，事物的性质是相对的。他的思想基本上是辩证法。但辩者二十一事中的"合同异"的辩论，有些就是诡辩了。墨经对于"同异"作了分析。它说："同，异而俱之一也。"《经说》："同（原作侗），二人而俱见是楹也。"（《经上》，《经说上》）这是墨经给"同"的定义。不同的东西在某一方面同一了，比如二人都看见这个柱子，这就是同。墨经由"异"的同一来对"同"下定义；这里包含了辩证法的因素。

墨经又说:"同,重、体、合、类";《经说》:"同:二名一实,重同也;不外于兼,体同也;俱处于室,合同也;有以同,类同也。"(《经上》,《经说上》)又说:"异,二、不体、不合、不类";《经说》:"异:二,必(孙诒让云:读为毕,古通用)异,二也;不连属,不体也;不同所,不合也;不有同,不类也。"(《经上》,《经说上》)又说:"同异交得,放有无";《经说》:"同异交得,于福家良。恕,有无也。比,度多少也。兔蚼还园,去就也。鸟折用桐,坚柔也。剑尤早,死生也。处室子,子母,长少也。两绝胜,白黑也。中央,旁也。论行行行学实,是非也。难宿,成未也。兄弟俱适也。身处志往,存亡也。霍为姓,故也。贾宜,贵贱也。"(《经上》,《经说上》)

《小取》篇说:"凡物有以同而不率遂同。"上面所引,正是发挥这一点。《经上》指出,"同"和"异",各有四种。如果说此物与彼物同,彼物与此物同,其同同,而所以同不必同。例如墨子与墨翟,两名同指一实("二名一实");这样的同是"重同"。凡相"连属"的东西,如手、足、头、目,同为人的身体的一部分("不外于兼");这样的同是"体同"。"同所","俱处于室",指同在一处的东西,如同室的人同在一室之中;这样的同是"合同"。同类的东西都有相同的性质,在某一方面相同("有以同");这样的同是"类同"。异也有四种。关于同异的辩论,必先说清楚,所谓同是哪一种的同,所谓异是哪一种的异。这样才可以有所推论而不致陷于错误。

"同异交得"一节,《经说》的错字很多,有许多不可解之处。但其大意是说,一切东西都可以有相反的性质。如有无、多少、去就、坚柔、死生、长少、白黑、中央与旁、是非、存亡、贵贱等。例如一女子先为"处室女",后为"子之母",是一个人而亦长亦少。一人对其弟为兄,对其兄为弟,是一个人而亦兄亦弟("兄弟俱适")。一人可身在此而志在彼("身处志往"),按"身"说为存,按"志"说为亡。"合同异"一派的部分辩者,利用此点,作"白狗黑","龟长于蛇"等诡辩。实则白狗虽也可说是黑(眼睛是黑的),龟也可说是长,蛇亦可说是短,黑白、长短,虽无绝对的标准,但在一定范围内,黑白、长短,须用同一的标准。如龟跟比它短的东西比,固然也可以说是长,但对于蛇则一般总是短的。

墨经在这里所讲的,也是事物同一性本身中差别性的问题。但是,它对于"同""异"作了比较细致的分析,既明确地指出了事物的性质是相对的,但又封闭由此倒向相对主义的后门。"合同异"派的部分辩者和庄周利用事物的性质的相对性,歪曲客观辩证法,宣传他们的相对主义和诡辩思想。墨经则肯定事物性质的相对固定性,这正是针对他们的相对主义进行批判。

从后期墨家关于同异的说法中可以看出,他们一方面肯定同中有异,一方面也肯定异中有同；一方面猜测到了同一性中的差别性，另一方面也猜测到了差别性中的同一性。他们看到，一方面不能把同和异等同起来，另一方面也不能把同和异对立起来。他们是比较全面地和辩证地处理了同和异的关系问题。这就堵塞了诡辩的后门。

公孙龙一派的辩者，主张"离坚白"，墨经则主张"合坚白"。它说："坚白不相外也"；《经说》："坚白（此白字据孙诒让校补），异处不相盈，相非，是相外也。"（《经上》，《经说上》）这是主张"合坚白"，即"坚白不相外"，以反驳公孙龙的"离坚白"，即"坚白相外"的主张。

墨经从唯物主义的观点出发，认为坚、白这些性质都是客观事物所固有的属性。《大取》篇说："苟是石也白，败是石也，尽与白同"，就是说，如果这块石头是白的，把这块石头毁了，白也就没有了。所以说各种性质的"相离"，只能是指它们为不同的事物所具有，例如白雪中之白，与坚石中之坚，则"异处不相盈"，坚非白，白亦非坚，坚白"相非"，可以说是"相外"。但是就坚白石说，坚白俱"域于石"，合为一体，坚内有白，白内有坚，所以不能"离"。墨经又说："不坚白，说在无久与宇。"（《经下》）这是说，若果没有时间、空间，也就没有坚白。这似乎是驳公孙龙的"天下未有若坚而坚藏"的论断。以上是墨经反驳公孙龙对于"离坚白"的客观唯心主义的论证。

墨经又说："坚白，说在因"；《经说》："无（梁启超曰，读为抚）坚得白，必相盈也。"（《经下》，《经说下》）又说："盈，莫不有也。"（《经上》）"撄，相得也"；《经说》："坚白之撄相尽。"（《经下》，《经说下》）这是说：人手抚石而得其坚，目视石而得其白，但坚和白都是石的性质，"相盈"，"相撄"，就是说，坚有白，白也有坚。墨经又说："于一，有知焉，有不知焉，说在存"；《经说》："于石一也，坚白二也，而在石，故有智焉有不智焉，可。"（《经下》，《经说下》）又说："不可偏去而二，说在见与俱，一与二，广与修（原作循，据俞樾校改）"；《经说》："见不见离，一二不相盈，广修坚白"。（《经下》，《经说下》）这是对于公孙龙的《坚白论》的批评。《坚白论》说："视不得其所坚，而得其所白者，无坚也。拊不得其所白，而得其所坚者，无白也。……得其白，得其坚，见与不见离，见与不见离，一二不相盈，故离"。这是公孙龙就认识论上对于"离坚白"的论证。《坚白论》中又述难者的话说："目不能坚，手不能白，不可谓无坚，不可谓无白。……坚白域于石，恶乎离？""石之白，石之坚，见与不见，二与三，若广修而相盈也，其非举乎？"这一段话，可能引自墨经。墨经认为，坚白相盈，不相外，同在于石；这就是"存"。我们用眼看石，得白不得坚；用手拊石，得坚不得白。这是我们的"知与不知"，与石之有无坚与白无关。"坚，一也"；"白，二也"；因为"见不见离"，就说"一二不相盈"；但见与不见，与石之有无坚白无关。一块石头有一定的宽度（"广"）和一定的长度（"修"）。坚白在石，犹如广修之纵横相涵；这就是所谓"不可偏去而二"。以上是墨经反驳公孙龙对于"离坚白"的客观唯心主义的论证。

从对"离坚白"学说的批判中可以看出，后期墨家坚持了唯物主义的原则，肯定物体的属性是独立于人的感觉而存在的，是依赖于客观存在的物质实体，寓于具体的事物之中的。这样，就有力地驳斥了公孙龙的主观唯心主义和客观唯心主义的各种谬论。

墨经又说："有指于二而不可逃，说在以二絫"；《经说》："有指，子智是，有（同又）智是吾所无（原作先，依孙诒让校改）举，重。则子智是而不智吾所无（原亦作先）举也，是一谓，有智焉，有不智焉，可。若智之，则当指之（同此）智告我，则我智之。兼指之，以二也。衡指之，参直之也。若曰，必独指吾所举，毋指（原作举，依梁启超校改）吾所不举，则者（犹此也）固不能独指，所欲指（原作相，依孙诒让校改）不传，意若未校（原作校，依梁启超校改）。且其所智是也，所不智是也，则是智是之不智也。恶得为一谓，而有智焉，有不智焉？"又说："所知而弗能指，说在春也"；《经说》："所，春也，其执固不可指也。"（《经下》，《经说下》）这两条似乎是对于公孙龙的《指物论》的批判。公孙龙所谓指，是名所指的共相（见本册第十五章）。名一方面指个体，一方面指寓于个体中的共相，如"坚"这个名一方面指诸坚物，一方面指寓于诸坚物中的"坚"的共相。这就是所谓"有指于二而不可逃"，"兼指之以二"。公孙龙一派说："一谓有智焉，有不智焉，可。""一谓"即一名。他们认为，言共相时，我们只知其名所指的共相，不知其所指的个体；这就是所谓"必独指吾所举，毋指吾所不举"。墨经认为，共相即在个体之中，共相不能单独为名所指，名若是仅指共相，则其意义就不完备；这就是所谓"此固不能独指，所欲指不传，意若未校"。所以墨经质问说："恶得为一谓，而有智焉，有不智焉？"墨经追问说，名所专指的共相，能不能指出来叫人看？公孙龙一派所说的无所"与"的坚、白，如果有，当指以示人。这就是所谓"若智之，则当指之智告我，则我智之"。公孙龙一派认为，个体可指以示人，共相不可指以示人。墨经批判说："所指而弗能指，说在春也。""春"作蠢字解。公孙龙所说的共相，本不可指以示人，所谓"其执固不可指也"。墨经认为，既不可指以示人而又执其为有；这是蠢事。《经下》的这两条中，有几句不可解，但其大意如此。

从这段的批判中可以看出，后期墨家肯定一般是寓于个体之中的，不能脱离个体独立存在，并且从尊重感觉经验的唯物主义认识论的观点出发，驳斥了关于共相独立存在的虚构。

墨经说："牛马之非牛，与可之，同，说在兼"；《经说》："故曰，牛马，非牛也，未可；牛马，牛也，未可；则或可或不可。而曰牛马，牛也，未可亦不可。且牛不二，马不二，而牛马二，则牛不非牛；马不非马，而牛马非牛非马无难。"（《经下》，《经说下》）这是说，如果以"牛马"为一词（荀况称为"兼名"），说"牛马"是牛，这是不可以的，因为"牛马"中的牛固是牛，而牛马中的马则不是牛。另一方面，说"牛马"不是牛也不可以，因"牛马"之中固有牛。然"牛不二，马不二，而牛马二"，所以牛固不可以说是非牛，马固不可以说是非马，而"牛马"却可以说是非牛非马。这条辩论与公孙龙的"白马非马"的说法，有类似的地方。但公孙龙断言"白马非马"。墨经认为，"牛马"，就其内涵方面说，可以说是非牛非马；但就其外延方面说，也不能说是非牛或非马。公孙龙只强调名辞的内涵方面，得出"白马非马"的命题。后期墨家从名辞的内涵和外延两方面，分析了"牛马是牛"和"牛马非牛"之类的命题，这就从逻辑上堵塞了诡辩的后门。

关于后期墨家的这条辩论，荀况曾提出批评，认为说"牛马非马"也是错误的。他把这条辩论列为诡辩的第三科，认为是"惑于用名以乱实"。仅就"牛马非马"这个命题说，荀况的批评是正确的。但就上面的材料看，这并非墨家的原来的全部的论点。

后期墨家与公孙龙一派的名家，在关于共相的问题上，存在着唯物主义和唯心主义的对立。但在"正名实"的问题上，也有些论点是相似的。墨经"狂举不可以知异"（《经下》）一条，与《公孙龙子·通变论》中所谓"狂举"相合。墨经又说："彼（原作循，依孙诒让校改）此彼此，与彼此同，说在异"；《经说》："彼，正名者，彼此。彼此可，彼彼止于彼，此此止于此。彼此不可，彼且此也。（孙诒让云："疑当云，彼且此也，此亦且彼也"。）彼此亦可，彼此止于彼此，若是而彼此也，则彼亦且此此也（孙诒让云："疑当作：则彼亦且此，此亦且彼也"）。（《经下》，《经说下》）墨经正名的主张，与公孙龙相似。这一条的文字也跟《公孙龙子·名实论》大致相同。但是，这些论点，在公孙龙的体系中，是用以论证实要符合于名，而在墨家的体系中，是用以论证名要符合于实。这同样表现了唯物主义和唯心主义的对立。

这一条的大意是说，彼只是彼，此只是此，这是正名，这样就是"彼此可"。如果彼此的意义不定，彼的意义有时为此，此的意义有时为彼，这就不是正名，这样就是"彼此不可"。但是，即使在正名之后，彼此的名的意义虽定，而彼此的名所指的事物则不是固定不移的。自一方面看，此物可以成为彼，自又一方面看，彼物也可以成为此。此以彼为彼，彼亦以此为彼，彼此本来是相对的。这就是所谓"彼此亦可"。《庄子·齐物论》论"彼是"，就是就这一点说的。《齐物论》说："物无非彼；物无非是。……故曰：彼出于是，是亦因彼，彼是方生之说也。"专就事物的个体说，各种东西都互为彼此；它们互为彼此，也不是固定不变的。庄周一派将这一点片面夸大，以宣扬其相对主义，从而也否定了辞或概念的相对的固定性，认为大的东西也可以称为小，小的东西也可以叫做大，又成了诡辩。墨家认为，尽管事物的彼此是相对的，并非固定不变的，但彼此之名的意义，还可以使之确定下来，否则人们就无法称谓事物了。使彼此的名的意义确定下来，就是正名的事。

墨经对于其他辩者的诡辩也提出了批判。墨经说："火（原作必，依孙诒让校改）热，说在顿"；《经说》："火，谓火热也，非以火之热我有。若视白（原作曰，依梁启超校改）。"（《经下》，《经说下》）这是驳当时辩者的"火不热"的诡辩。"火不热"的诡辩可有一个认识论的论据，把火的热归结为人的感觉；热是主观的，在我而不在火。墨经驳斥说：热是火的性质，在火而不在我。譬如视白，白是在白物而不在我。这一条也是从唯物主义观点驳斥唯心主义的诡辩。

墨经说："知狗而自谓不知犬，过也，说在重。"（《经下》）又说："狗，犬也。而杀狗非杀犬也，（不）可（原作'可'，张纯一云：'当有不字'），说在重"。（《经下》）这两条都是驳辩者的"狗非犬"的诡辩。这里所说的"重"，指重同，"二名一实，重同也"。墨经认为狗和犬是异名而同实。因此，知狗也就是知犬，杀狗也就是杀犬。

墨经说："可无也，有之而不可去，说在尝然"；《经说》："可无也，已然（原作给，依孙诒让校改）则尝然（原作当给，依孙诒让校改），不可无也。"（《经下》，《经说下》）这就是说天下的事物，若其未有，本亦可无。但既已经有的事物，则即永远尝有，不能使去。这一条似乎是驳当时辩者的"孤犊未尝有母"的诡辩。就孤犊这个个体说，不可能本来就没有母。若果昔有母，虽今无母，亦不可说它是"未尝有母"。

墨经又说："景（影）不徙，说在改为"；《经说》："景，光至景亡，若在，尽古息。"（《经下》，《经说下》）有人认为，这与辩者的"飞鸟之影未尝动也"的辩论有相同的意思。其实不然。辩者所说的是"飞鸟之影"；这里所说的只是影。譬如一日晷上指午时的影，并不是指巳时的影。因为生这个影的针是不动的，指巳时的影因光至而消灭，指午时的影是一新生的影。墨经认为指巳时的影，若果还在，当尽古停留，因其本是一不动的影。"飞鸟之影"本是一动影，所以与此所说的影不同。墨经的这一条与辩者的一条意思虽不同，但都是关于运动的问题，墨经的这一条也可能是为辩者而发。若果如此，则辩者的辩论有见于运动的相对性，飞鸟之影，对于别的事物说是动的，但对于飞鸟说，则是不动的。墨经的辩论认为影若在，可以万古长存，这倒是形而上学的见解。也可能，墨经这里所说的"尽古息"可能就是上面所引一条的"有之而不可去"的意思。

墨经又说："非半弗䂺则不动，说在端"；《经说》："非，䂺半，进前取也。前，则中无为半，犹端也。前后取，则端中也。䂺必半，毋与非半，不可䂺也。"（《经下》，《经说下》）这是驳当时辩者"一尺之捶，日取其半，万世不竭"的说法。端就是点。"端，体之无厚（原作序，依王念孙校改）而最前者也"；《经说》："端，是无间（原作同，依梁启超校改）也。"（《经上》，《经说上》）就是说，端至小极微，其中没有空隙，不可再加分析。墨家认为，"一尺之捶，日取其半"，取之不已，到最后剩下了不能再分的点，这就不能再䂺为半而取之了。墨家认为，凡可䂺开的，都是可以分为半的；如果没有半与非半，就不能再䂺了。墨家的这条辩论不承认物质是可以无限分割的，关于这一点，墨家的论点是错误的，其错误在于，把数学上抽象化了的点和客观存在的点混而为一。在这个问题上也反映了后期墨家的形而上学的观点，没有认识到物质是无限大和无限小的统一。

第九节　后期墨家对于当时老、庄学说和其他各家的批判

墨经中还有许多论证批判了当时其余诸家特别是老聃、庄周的学说。墨经说："在诸其所然未者（诸）然，说在于是推之。"《经说》："在，尧善治，自今在诸古也；自古在之（诸）今，则尧不能治也。"（《经下》，《经说下》）"尧之义也，生（依经说当作声）于今而处于古而异时。说在所义二"；《经说》："尧霍，或以名视（示）人，或以实视（示）人。举友富商也，是以名视人也；指是霍也，是以实视人也。尧之义也，是声也于今，所义之实处于古。"（《经下》，《经说下》）儒家"言必称先王"，认为尧舜是最大的"圣王"。墨经的这两条是针对这种复古倒退的思想进行批判。"在诸其所然"一条的意思是说，即使承认尧"善治"，那也是由今看古；如果把古代换成现代，尧也是不能"治"的。"尧之义也"一条的意思是说：尧的"善治"只是一种声名。这种声名生于今，尧的实际行为在于古。古今异时；声名和实际完全是两回事。如说某友是富商，这是以富商之名示人，如指此是霍，是以霍这个人的实示人。名和实并不是一回事。墨经对于儒家的复古倒退思想的批判有两点：一是，古今的情况不同，在古代合适的东西在现代未必合适。另一点是，古今在时间上距离很远，传说中的古代人的声名未必跟古代的实际相符合。"古今异时"，这是法家反对复古、倒退的一个主要论据，也是后期墨家反对复古、倒退的一个主要论据。这种批判同样表现出后期墨家所代表其阶级走的是当时的革新、前进路线。

墨经说："仁义之为外内也，非（旧作内，从孙诒让校改），说在仵颜"；

《经说》："仁，仁爱也；义，利也。爱利，此也；所爱所利，彼也。爱利不相为内外；所爱所利亦不相为外内。其为（谓）仁内也义外也，举爱与所利也，是狂举也。若左目出右目入。"（《经下》，《经说下》）"仁内义外"是告子一派的学说。《管子》中也说："仁从中出；义从外作。"（《管子·戒》篇）墨经批判这个说法，指出，能爱能利是主观的能力；所爱所利是客观的对象。能爱、能利都是"内"，不能说能爱是"内"，能利是"外"。所爱、所利都是"外"，不能说，所爱是"内"，所利是"外"。"仁内义外"的主张，于爱则举主观的能力，于利则举客观的对象。这譬如说，左眼专管发挥看的能力，右眼专管接收外界的印象。这都是错误的命题（"狂举"）。在这个批判中，墨经明确地分别主观能力和客观对象的不同。这是后期墨家的唯物主义认识论的应用。

在古代，明确地提出"仁内、义外"这个主张的，是告子（见《孟子·告子上》）。墨经这里的批评，可能是对告子而发。但其论点并不与告子的论点针锋相对。墨经对于爱、利所作的分别（见本章第八节）倒是可以说是"仁内、义外"，不过与告子的主张是有不同。

墨经说："五行毋常胜，说在宜"；《经说》："五，金（旧作合，依谭戒甫校改）水土火木（旧作火，依谭戒甫校改）。离（高亨云：'"离"字涉下文而衍。'）然（燃）火铄金，火多也。金靡炭，金多也。金之府（同腐）木，火（原作木，依谭戒甫校改）离木。"（《经下》，《经说下》）这是对于邹衍等五行家的学说的批判。五行家认为木、金、水、火、土，五行"相生"也"相胜"。水胜火，火胜金，金胜木，木胜土，土胜水。这就是所谓"常胜"。他们认为在任何条件下，水总是胜火，土总是胜水等等。这是一种神秘思想，也是形而上学的观点。墨经指出，"五行无常胜"。五行之中，哪种多就可以胜其他种，火多的时候能把金销化为液体，但火少的时候，金也可以把炭上的火压灭。墨经的这个批判，不仅驳斥了五行家对于五行的神秘思想，也驳斥了他们的形而上学思想。

墨经说："学之益也，说在诽者"；《经说》："学也，以为不知学之无益也，故告之也。是使智学之无益也，是教也。以学为无益也，教悖。"（《经下》，《经说下》）又说："无不必待有，说在所谓"；《经说》："无，若无马（原作焉，依孙诒让校改），则有之而后无。无天陷，则无之而无。"（《经下》，《经说下》）这是对于老聃的批判。老聃说"绝学无忧"（《老子》第二十章），认为学是无益的。墨家指出，既然认为学为无益，又何必以学无益为教？有教必有学，是仍承认学有益。老聃又说："有无相生"（《老子》第二章）；这就是说，无必待有。墨经指出，"无不必待有"。如说："无马"之无，有待于有，因为世界必有马然后才可以说"无马"。若说"无天陷"之无，则不必待有，因为不必真有天陷之事，而后才可以说"无天陷"。

墨经中批判最多的是庄周的相对主义的观点。《庄子·齐物论》认为，"辩"不能决定是非，提出了一大篇诡辩，企图论证"辩无胜"。针对着这个诡辩，墨经驳斥说："谓辩无胜，必不当，说在辩"；《经说》："谓，所谓，非同也，则异也。同则或谓之狗，其或谓之犬也。异则或谓之牛，其（原作牛，依梁启超校改）或谓之马也。俱无胜，是不辩也。辩也者，或谓之是，或谓之非，当者，胜也。"（《经下》，《经说下》）墨经认为，凡是一个辩论，总是有不同的意见，成为对立面。对于它们所辩论的东西，一个方面认为它是如此，另外一个方面认为它不是如此（"或谓之是，或谓之非"）。这两方面的意见，只能有一方面是跟事实相合的（"当"），这一方面就是胜利的一方面。墨家的这条辩论，是根据唯物主义的反映论和形式逻辑中的排中律，驳斥庄周的相对主义和不可知论观点。墨经指出，就是主张"辩无胜"的人，也是用辩提出他的主张，也是希望他的主张得到胜利，可见实际上他也主张"辩有胜"。

墨经又说："以言为尽悖，悖。说在其言"；《经说》："以悖，不可也。之人（原作出入，依孙诒让校改）之言可，是不悖，则是有可也；之人之言不可，以当，必不审"。（《经下》，《经说下》）"知，知之否之是同（原作足用，依伍非百校改）也，悖，（原作谆，依张惠言校改）说在无以也"；《经说》："智，论之，非智无以也。"（《经下》，《经说下》）"非诽其悖（原作谆，依张惠言校改），说在弗非"；《经说》："非（原作不，依孙诒让校改）诽，非己之诽也。不非诽，非可非也。不可非也，是不非诽也"。（《经下》，《经说下》）

这都是对于庄周的批判。庄周的这些论点，在本册第十四章中已讲过。墨经认为，"一切论断都是错误的"这句话本身就是错误的论断（"悖言"）。"以言为尽悖"之言本身就是悖言。若果这句话是正确的，则至少这句话不错误（"非悖"），怎么能说"言尽悖"？如果这句话是不正确的，则言仍不是"尽悖"。"知之否之是同也"，也是悖言。因为这句话本身即代表一种见解（知）；这种知不同于不知。这句话本身就是一个论断；有知才可以有论断，无知就不可能有论断。墨家认为，"凡批评别人都是错误的"（"非诽"）这句话本身也是错误的（"悖"）。因为这句话本身就是对别人的批评，也是一诽。以"诽"为非这句话否定了它自己。

庄周的这些论点，是以相对主义为基础的诡辩。墨经从逻辑上揭露了这些说法自身中的矛盾，肯定一个命题或论断有是非、正错的区别，表现了追求真理的积极态度。但是一个命题所论断的是它的对象；它的对象不能反过来又包括它自己。例如"一切的论断都是错误的"（"言尽悖"）这个命题的对象是一切其他的论断，但不能反过来包括这个命题本身。墨经的批判则假定这个命题也包括它自身，由此得出结论说"以言为尽悖，悖"。这并不能彻底驳倒庄周一派的诡辩。

上面所举的这些批判，虽然也有不十分正确的，但都表现墨家学说的战斗精神。这种精神从墨翟开始，到后期墨家有了更辉煌的发展。墨经围绕着"同异，坚白之辩"，对于公孙龙的客观唯心主义思想和惠施可能导致的相对主义和唯心主义思想，以及辩者和庄周的诡辩，进行激烈的斗争。这是先秦唯物主义与唯心主义斗争的一个激烈的战役。也正是在这样的战斗中，后期墨家发展了他们的唯物主义体系。

就其阶级根源说，前期墨家是手工业小私有者，即手工业主思想上的代表。这个阶层是软弱的。所以前期墨家在开始的时候，还是要倚靠宗教的力量，推行它的理想。但是宗教跟科学是违反的，而科学是手工业生产所依据的。因此，在发展的过程中，后期墨家，作为直接从事于生产劳动的手工业者思想上的代表，就逐渐抛弃了宗教，而以自然科学知识为基础，使墨家思想终于成为先秦唯物主义思想的一个重要堡垒，一面光辉的旗帜。

自然科学是人对于自然作斗争所得的成果。后期墨家重视对于自然的研究。他们的关于自然科学的知识，对他们的哲学思想的发展，起了巨大的影响。他们当时所研究的主要范围，是关于简单的机械力学、物理学和数学方面的问题。这些是和他们的手工业生产技术直接联系着的。这些科学的研究，促进了他们对人类知识本身和逻辑思维的探讨，因此使他们由研究自然转到研究人的认识和逻辑学。这样的发展，也是合乎哲学发展的规律的。通过这些科学知识，坚定了他们的唯物主义观点，在一定程度上也表现了辩证法的因素。但也正是因为如此，他们的唯物主义思想在某些问题上也比较突出地表现了一种机械的和形而上学的观点。这也是和当时的自然科学知识的水平相适应的。

就后期墨家的方法论说，他们所使用的战斗的武器，主要是形式逻辑的思维方法。正因为如此，他们突出地提出了不少的逻辑学的理论，成为中国逻辑学史中的一个重要的环节。但是也正因为如此，他们的思想也常受到形式逻辑的限制。如果将形式逻辑的思维方法绝对化，就会导致形而上学的观点。墨经中确有一些辩证法思想，但总的说来，后期墨家的思想体系和指导他们体系的理论思维不是从辩证法出发的。因此，对于部分名家的诡辩，他们能提出正确的批判，而对于名家思想合乎辩证法的部分，则认识不足。例如关于"一尺之捶"的辩论，辩者的说法是与辩证法暗合，墨经的辩论倒是受了形而上学的局限。

虽然如此，墨经中的科学思想、唯物主义的认识论以及逻辑学都是中国哲学史的宝贵遗产。

第二十章 阴阳五行家的具有唯物主义因素的世界图式

墨家的哲学思想，特别是后期墨家的哲学思想，主要是以当时的手工业生产劳动为基础而发展起来的。毛泽东同志说："人的认识，主要地依赖于物质的生产活动，逐渐地了解自然的现象，自然的性质，自然的规律性，人和自然的关系……"（《实践论》）墨家的哲学思想，就是这个认识论规律的一个例证。阴阳家的思想提出了一个世界图式。这个图式基本上是以当时农业生产为基础而发展起来的。

第一节 关于阴阳五行家

在《墨子》书里边有一个故事，说：墨翟要往北边齐国去，遇见一个看日子吉凶的人（"日者"）。这个人说："'帝'于今天在北方杀黑龙，先生的颜色是黑的，不可以往北边去。"墨翟不听他的话，还是往北边走。到淄水，过不去，又转回来。这个看日子的人说："我本来说你不能往北边去。"墨翟说："淄水不能过，南边的人不能往北边去，北边的人也不能往南边来。这些人的颜色，有黑的，有白的，为什么都不能过呢？并且照你的说法，'帝'于甲乙日在西方杀青龙，于丙丁日在南方杀红龙，于庚辛日在西方杀白龙，于壬癸日在北方杀黑龙。如果照你的说法，天下人的行动都要受到限制，'是围心而虚天下也'。"（《贵义》）"围心而虚天下"，这一句话的确切意义不清楚，大概是说，把天下人的心都拘束起来，使人的活动受到限制。无论如何，墨翟反对这样的迷信，这一点是明确的。

这个故事说明，古代有像这个"日者"这一类的人和像这一类的方术。这些方术对于自然界的现象作了一些基本上是歪曲的解释，虚构了一个宇宙图式，其中大部分是宗教、巫术，但是其中也有些科学的成分。在古代，巫术和科学本来是混杂在一起的。

这种巫术和科学混杂一起的东西，汉朝的人称为"术数"。刘向、刘歆《七略》中有《术数略》，分术数为六种：天文，历谱，五行，蓍龟，杂占，形法。其中有些种完全是巫术，有些是科学与巫教的混合。例如术数的第一种，天文，"天文者，序二十八宿，步五星日月，以纪吉凶之象，圣王所以参政也。"（《汉书·艺文志》）"序二十八宿，步五星日月"，是天文学；"纪吉凶之象"，就是占星术了。在古代，天文学和占星术是混在一起的。术数的第二种，历谱，其中包括有历法，历史年代学，也有算学，这些是科学。但是其中也讲不少的"凶厄之患，吉隆之喜"，这些就是巫术。一直到清朝的末年，封建政府每年所发的年历都还掺杂有许多的巫术的"禁忌"。

在战国时期，以"术数"为基础而发展起来的一种哲学流派，就是汉人所称的阴阳五行家，或称为五行家，或称为阴阳家。司马谈论述这个学派说："尝窃观阴阳之术，大祥而众忌讳，使人拘而多所畏，然其序四时之大顺，不可失也。"（《论六家要旨》，《史记·太史公自序》）刘向、刘歆也说："阴阳家者流，……敬顺昊天，历象日月星辰，此其所长也；及拘者为之，则牵于禁忌，泥于小数，舍人事而任鬼神。"（《汉书·艺文志》）这些论述都说明，阴阳五行家掌握有科学特别是天文学的知识。古代的天文学是从事农业生产的劳动者从长期的经验中所积累起来的知识，但五行家的思想中也有许多宗教、巫术和迷信。这正是古代术数的特点。

司马迁叙述当时关于天文的知识说："仰则观象于天，俯则法类于地。天则有日月，地则有阴阳。天有五星，地有五行。天则有列宿，地则有州域。三光者，阴阳之精，气本在地，而圣人统理之。"（《史记·天官书》）这说明，"术数"中的"天文"和"五行"是联系在一起的。天上的水、火、木、金、土五星，就是"法类"于地上的五行而得名。水、火、木、金、土是"术数"中的"五行"的范畴，也是"术数"中的"天文"的范畴。

关于术数的迷信在上古是很流行的。照上面所引的故事看起来，墨翟是反对术数的。孔丘与他相反，相信术数。

他说："凤鸟不至，河不出图，吾已矣夫。"（《论语·子罕》）照当时的迷信，如果天下太平，自然界就会出现据说是好的现象；这就是所谓"祥瑞"。所谓"凤凰至""河出图"，就是这一类的东西。这正是术数中所讲的。孔丘就因为"凤鸟不至，河不出图"，而断定天下太平没有希望了，自己的前途也没有希望了。这就是对于术数的迷信。

孟轲说："五百年必有王者兴。"（《孟子·公孙丑下》）司马迁说："夫天运三十岁一小变，百年中变，五百载大变。三大变为一纪，三纪而大备。此其大数也。"（《史记·天官书》）司马迁所说，就是战国以来的术数家之言。孟轲的话也是以术数家之言为根据的。孟轲的这些话说明他对于"术数"的迷信。荀况在《非十二子》篇里，对于当时的重要学派都提出了批评。孟轲说："略法先王而不知其统，然而犹材剧志大，闻见杂博，案往旧造说，谓之五行。甚僻违而无类，幽隐而无说，闭约而无解。"这是荀况对于孟轲迷信术数的批评。

第二节 《洪范》以五行为基础的自然观

在第一册第一章第七节中，我们讲到《洪范》。这是《书经》中的一篇。照传统的说法，周武王于克商以后，向商朝贵族箕子问统治国家的"大法"（"洪范"）。箕子作了这一篇，题目就是"洪范"。据近来学者的考证，这篇是战国时期阴阳五行家的作品。其中关于五行的思想可能是商周之际就已有的，我们在第一章中已经讲过。但是以"五行"为基础发展成为一个包括自然和社会的体系，这是战国时期的思想。

这篇开始就说，禹的父亲鲧治水不好，惹恼了上帝，因此不能得到"大法"。禹治水成功，感动了上帝，上帝就给他这个"大法"。"大法"共有九条，称为"九畴"。后来人又附会说，上帝叫在洛河里出了一个大龟，其背上有文字，就是这个"大法"，称为"洛书"。篇中首先列举了"九畴"的名目。据传说，这就是"洛书"的原文。篇中以下对于"九畴"的解释，后来称为"洪范传"。

《洪范》首先肯定这个"大法"是上帝所赐予的，就如有些宗教说它们的"圣经"是上帝所启示的一样。《洪范》肯定，统治者是社会的主宰，是人民言论、行动的最高标准（"皇极"）。统治者的命令就是上帝的教训（"于帝其训"）。只有统治者可以有赏罚之权（"惟辟作福，惟辟作威"），也可以有特殊的享受（"惟辟玉食"）。

《洪范》肯定"筮龟"的作用。国家的大事都要用卜、筮决定。统治者（"辟"），贵族（"卿士"），庶民群众（"庶人"），卜和筮都是国家决策的参与者。五方面都同意的事，才算是大吉。

从这一方面看，《洪范》是一篇宣扬皇权神圣的著作，并且肯定了上帝的地位和威权。但《洪范》的精神并不止乎此。更重要的是，它用五行的观念，对一些自然现象、社会现象和精神现象作了分类，企图说明它所认为是世界的秩序。五行就是水、火、木、金、土。在这五者之中，水、木、金、土，都是与农业有关系的。这是人在农业生产劳动中所得到的对于自然界的认识。

《洪范》认为，既然自然界中有水、火、木、金、土五种物质，对人的生活是不可缺少的，其他自然现象和社会现象，也都可以分成五大类，甚至具有五行的性质。就天时方面说，《洪范》认为有所谓"五纪"："一曰岁，二曰月，三曰日，四曰星辰，五曰历数。"就人的社会现象和精神现象说，《洪范》提出了"五事"和"五福"。"五事"是："一曰貌，二曰言，三曰视，四曰听，五曰思。"这五事各有其应该遵循的标准："貌曰恭，言曰从，视曰明，听曰聪，思曰睿。"合乎标准的五事可以发生应有的作用："恭作肃，从作乂，明作哲，聪作谋，睿作圣。""五福"是"一曰寿，二曰富，三曰康宁，四曰攸好德，五曰考终命。"

《洪范》肯定，社会的阶级与阶层，跟自然界的东西是相应的。统治者（"王"）相对于"岁"；大贵族（"师尹"）相对于日；贵族（"卿士"）相当于月；庶民群众（"庶民"）相当于星。这就是说，社会中的阶级的划分，是在自然界有其根据的。

《洪范》认为，社会现象和自然现象是相互影响的。上面讲到合乎标准的"五事"所发生的作用。据《洪范》说，一个统治者的"肃"可以使雨得其时（"肃时雨若"）；他的"乂"可以使晴得其时（"乂时旸若"）；他的"哲"可以使暖得其时（"哲时燠若"）；他的"谋"可以使寒得其时（"谋时寒若"）；他的"圣"可以使风得其时（"谋时风若"）。它称这种臆想的征验为"休征"。反过来，一个统治者的"狂"就会引起多雨（"狂恒雨若"）；他的"僭"就会引起干旱（"僭恒旸若"）；他的"豫"可以使天气过于热（"豫恒燠若"）；他的"急"可以使天气过于冷（"急恒寒若"）；他的"愚"可以引起大风（"愚恒风若"），它称这种臆想的征验为"咎征"。这都是说，一个统治者的行动、性格和思想的好坏，可以引起自然现象的变化。

为什么人事会影响天时的变化呢？《洪范》的作者没有明确的说明。依据后来的解释，"肃"属水，"乂"属火，"哲"属木，"谋"属金，"圣"属土。雨属水，旸属火，燠属木，寒属金，风属土。同类的东西具有共同的属性，所以可以互相感应。这些分类显然是出于附会。不过，从这种解释中可以看出，阴阳五行家企图用五行把自然现象和社会现象联系起来，用以说明世界是一个有秩序的统一的整体。在这种思想中含有一种唯物主义的因素，即肯定五行是世界的基础，事物的性质都体现了水、火、木、金、土五种物质的性能。这正是西周以来五行思想的一个发展。《洪范》的作者虽然肯定了上帝的地位，但当他具体地说明世界的变化时，实际上已经抛弃了上帝，而代之以五行了。

贯穿于《洪范》的这些论点中，有一个阴阳五行家所谓"天人感应"的思想。这是阴阳五行家的一中心思想，当于下文论之。

《洪范》这篇著作对于后来封建时代的哲学起了相当大的影响。唯物主义者和唯心主义者都从不同的立场和角度，向这篇著作吸取合乎自己的思想资料。洪范传和易传提供了两种宇宙论的架子。后来封建哲学思想的发展，分别以这两种架子为根据而形成不同的哲学体系。

第三节 《月令》的世界图式

战国时期的阴阳五行家的一个重要著作是《月令》。《吕氏春秋》有十二纪。每一纪里的第一篇专讲某一个月的天文、气候和其他方面的情况。根据这种情况，决定在农业生产方面所应该做的事情以及统治者在宗教政治方面所应有的活动。十二月纪有十二篇，综合起来，就成为一年十二个月的月历。汉朝人把这十二个月的月历编入《礼记》，称为《月令》。以下就用这个名称。

《月令》牵涉到自然界和人类社会中的很多问题，对于这些问题的处理，一部分是科学，一部分是巫术和宗教。它似乎是把在它以前的两个著作综合起来，而又加以发展。这两个著作就是《管子》里边的《幼官》篇和后来被编入《大戴礼记》中的《夏小正》。

《管子》中的《幼官》和《幼官图》，经过后来学者的考证，"幼官"乃"玄宫"之误。"玄宫"就是所谓"明堂"，古代统治者举行宗教仪式和发号施令的地方。"明堂"代表一种具有宗教意义的社会、政治制度，包括有很多古代的宗教迷信。

《孟子》记载说："齐宣王问曰：'人皆谓我毁明堂，毁诸己乎？'孟子对曰：'夫明堂，王者之堂也。王欲行王政，则勿毁之矣！'"（《梁惠王下》）当时齐国主张革新的人，主张"毁明堂"以为革新的表示，孟轲反对这种主张。

在古代社会里，一个部落或一个国家的统治者是政治上的首领，同时也是宗教上的首领。宗教靠巫祝跟它所说的上帝交流，而统治者自己也就是巫祝的首领。照他们自己所说的，一个政治上的统治者，同时作为一个宗教的领袖，有一定的住的地方，这个地方就叫玄宫或明堂。这是一个包括许多房间的建筑，四面都有门。在一年四个季节里，某一个季节，统治者应该住在哪一个房间里，走哪个门，穿什么颜色的衣服，吃什么味道的饭，听什么样的音乐，发布什么样的号令，施行什么样政策，都是有一定的。据说，如果有错误，就要影响自然界，引起自然界的非常变化，成为灾害。《管子》的《幼官》，就是这样的一个月历，这是一个带有宗教、巫术性质的月历。《月令》吸收了这个月历。

《夏小正》是一个科学的月历，其中所记载的，是每月天文和气候的变化以及农业生产方面所应做的工作。这个月历虽然不一定是夏朝的产品，但总也是一个相当古的文件。《月令》也吸收了这个月历。

在这方面,《月令》比较系统地总结了春秋战国以来关于四时气节的变化和农业生产的关系的经验,反映了我国古代天文学和农业生产知识发展的水平,在我国的科学史上占有重要的地位。而且,它并不仅是关于这些科学和生产知识的简单记录。《月令》的作者们在总结这些经验时,对四时气节的变化和农业生产的关系作了理论的解释。这样,这篇著作就具有了哲学的意义。他们依据阴阳五行的理论对四时气节的变化作了说明,同时,通过对四时气节的变化和农业生产知识的总结,又丰富和发展了阴阳五行的学说。他们在进行理论的说明时,提出了一种基本上具有唯物主义性质的自然观,标志着阴阳五行思想发展的一个新的阶段。

《月令》的体系首先把时间上的东西和空间上的东西配合起来。在时间方面,一年有春、夏、秋、冬的四时,在空间方面,有东、南、西、北的四方。把四时和四方配合起来,春配东方,夏配南方,秋配西方,冬配北方。这样的配合,也是可以理解的。在一日之中,上午太阳从东方出来,人们感觉舒畅;到下午,太阳在西方落了,人们就感觉到要收拾东西,准备过夜。古代的人认为春季有似于一天的上午,秋季有似于一天的下午,所以把春季配东方,秋季配西方。中国处在地球赤道以北,往北走越来越冷,往南走越来越热。所以古代的人把夏季配南方,冬天配北方。这样的配合实际上也反映了地理区域和气节变化的关系。

一年为什么有四时的变化呢?《月令》认为,一个原因是五行的盛衰。阴阳五行家认为五行都有盛的时候,也都有衰的时候;它们轮流在自然界占主导地位。四时的变化,就是这种"轮换"在自然界的一种表现。

《月令》认为,春季"盛德在木",就是说,木是这个季节的自然界的主导力量。夏季"盛德在火",秋季"盛德在金",冬季"盛德在水"。五行有五个;四时只有四个。土没有"时"可以配,《月令》就把它放在夏、秋之交。木、火、金、水,配了四时;四时的方位,也就是木、火、金、水的方位。木在东方,火在南方,金在西方,水在北方,土便在中央。

照阴阳五行家的说法,四时的变化,是照着"五行相生"的次序进行的。五行"相胜"也"相生"。木生火(木料的燃烧生火),火生土(无论何物经火即成为灰),土生金(矿物由土挖出),金生水(金属能变为液体),水生木(水的灌溉使植物生长)。土在夏秋之交,说明它是从夏季的火生出来,又转而生秋季的金。

在生活的经验里,火是热的,所以阴阳五行家认为,在"火德盛"的时候就成为夏。水是冷的,水成为冰就更冷了,所以在"水德盛"的时候就成为冬。在春季草木都生长起来,这是春天气候的结果。阴阳五行家把它反过来,认为在

"木德盛"的时候就成为春。在古代，金属的一个主要用途是做兵器，其作用是杀伤。阴阳五行家认为，"金德盛"的时候，就成为秋天，因为秋天对于生物也有杀伤的作用。

在这里，《月令》企图用五种物质所具有的属性及其相互作用（"相生"）以说明四季气节的变化。这种说明是牵强附会的，但却是一种唯物主义观点。

关于五行和四季的关系，还有一种解释。照这一种解释，《月令》中所讲的"盛德在木"等说法，实际上是指五大行星的运行。《淮南子·天文训》说："何谓五星？东方，木也。其帝太皞，其佐句芒，执规而治春，其神为岁星（木星）。……南方，火也。其帝炎帝，其佐朱明（祝融），执衡而治夏，其神为荧惑（火星）。……中央，土也。其帝黄帝，其佐后土，执绳而治四方，其神为镇星（土星）。……西方，金也。其帝少昊，其佐蓐收，执矩而治秋，其神为太白（金星）。……北方，水也。其帝颛顼，其佐玄冥，执权而治冬，其神为辰星（水星）。"这是说，五大行星主管春、夏、秋、冬四时。《史记·天官书》对五大行星运行的周期，也都作了说明，也认为它们主管春、夏、秋、冬四时的变化。《淮南子·天文训》和《史记·天官书》所记载的，都是关于战国以来天文学知识的总结。其中，特别用木星当令说明春天，这是和岁星纪年的历法联系在一起的。

认为五星的运行支配四时的变化，这是一种虚构。但是，这种虚构实际上反映了对五大行星的观测在古代历法中的重要地位。《月令》的作者就是从地上的五行和天上的五星等现象中吸取了思想的材料，用以建立起自己的自然哲学的体系。

《月令》认为，四时的变化，除了五行的盛衰这个原因之外，还有一个原因，就是阴阳二气的衰退和生长（"消息"）。每年五月夏至，《月令》说："是月也，日长至，阴阳争，死生分。"从春到夏，白天越来越长，气候越来越热。照《月令》所说：这就是阳气越来越盛的表现。夏至这一天，是一年白天最长的一天，过了这一天，白天就越来越短了，白天的长，至此达于极点（"日长至"）。这就是，阳气开始由"息"而"消"，阴气由"消"而"息"的一个转折点，是阴阳斗争的环节（"阴阳争"）。阳气盛的时候，生物生长；阴气盛的时候，生物死亡；所以夏至这一天，也是生物死生的分界（"死生分"）。十一月冬至，《月令》说："是月也，日短至，阴阳争，诸生荡。"冬至是一年白天最短的一天（"日短至"）。这是阴气由"息"而"消"，阳气由"消"而"息"的转折点。这是阴阳斗争又一个环节。随着阳气的开始生长，万物也都开始活动起来（"诸生荡"）。

《月令》还有一种说法，认为四时的变化是由于阴阳的交合或不交合。在

"孟春之月"下面，它说："天气下降，地气上腾，天地和同，草木萌动。"在"孟冬之月"下面，它说："天气上腾，地气下降，天地不通，闭塞而成冬。"所谓天气和地气，就是阳气和阴气。这是用阴阳解释四时变化的另外一种说法。

《管子》中的《形势解》有同样的说法。它说："春者，阳气始上，故万物生；夏者，阳气毕上，故万物长；秋者，阳气始下，故万物收；冬者，阳气毕下，故万物藏。故春夏生长，秋冬收藏，四时之节也。"这也是说，一年四季的变化和生物的生长衰落，是阴阳二气的势力相互盛衰的结果。

以上这些说法，同样是一种唯物主义的观点，企图用（它所认为是）自然界所固有的两种对立的物质势力的性质和作用，以说明四时的运行和万物生灭变化的过程。阴阳五行家不用一种物质而用一种以上的不同甚至于对立的物质的性质和作用，以说明自然现象变化的过程和原因。这含有一种辩证法的因素，更加有利于说明自然现象变化的复杂的过程。这在古代唯物主义思想史上说，是一个进步。

四时气候的变化决定人的生产活动。《月令》中每一个月，都规定有统治者指挥农业和手工业生产活动的程序。例如，它说，当"盛德在木"时候，东风解冻，草木繁动，人应该耕种树艺，不要伐木，不要打猎。当"盛德在火"的时候，万物都在继长增高，人不要大兴土功，不要伐大树。当"盛德在金"的时候，凉风生，候雁来，人应该准备收割，可以打猎。当"盛德在水"的时候，河水结冰，人应该修理农具，砍伐木材等等。这些都是古代生产知识的记录。这些记录，实际上是我国劳动人民农业生产经验的总结。这是《月令》科学的一面。

《月令》认为，不仅人的农业生产活动要按着四时气节的不同而有不同的措施，人的日常生活，特别是统治者的生活，也应随着四时气节的变化而有所不同。照它的说法，每一个月，都有主宰的"帝"和"神"，十二个月有十二个"帝"。还有一个最高的神"皇天上帝"。统治者在某一个月，应该祭什么东西，用什么东西祭，穿什么颜色的衣服，吃什么东西，住什么地方，这些月令都明确地规定出来。例如"孟春之月"（正月）的"帝"叫太皞；它的神叫句芒。这个月的祭祀主要对象是门；祭品主要是动物的脾脏。统治者要住在明堂东北角的那个房间内，穿青色的衣服，打青色的旗，吃麦和羊肉。因为春天是和东方配合的，东方的颜色据说是青，它的味道是酸，它的气味是膻。因此统治者的衣、食、住，都需要根据说是这个月的特点配合起来。这些大部分是宗教和巫术的思想。

《月令》又规定，最高统治者每年十二个月在政治上所应做的事情。在这里，它有一个原则："凡举大事，毋逆大数，必顺其时，慎因其类。"大事指政治和社会方面的重大措施。《月令》认为社会里面的某些事情和自然界的某些现象是同类的。照阴阳五行家的说法，统治者的庆赏跟阳气是同类的；他的刑罚跟阴气是同类的。庆赏一类的措施，最好在阳气盛的时候举行；刑罚一类的措施，最好在阴气盛的时候举行。这就是所谓"慎因其类"，也就是所谓"必顺其时"。这样，就不至于违反阴阳消息的"大数"。

《月令》认为，如果统治者的措施能够合乎天时，这就直接对于自然界有所帮助。例如，在十一月，人就要把各种东西收藏起来，减少活动。《月令》说："是月也，可以罢官之无事，去器之无用者。涂阙廷门闾，筑囹圄。此所以助天之闭藏也。"反过来说，如果统治者的措施，不顺天时，这就会引起自然界不正常的变化。例如它说，仲春"行冬令，则阳气不胜，麦乃不熟，民多相掠"。冬天所应该办的事情，跟阴气是同类的；如果在春天办了这些事，据说就会招来阴气。阴气多了，阳气不胜，所以麦也就不会熟。这是阴阳五行家的一个基本原理；这就是所谓"天人感应"。

《管子》有几篇也是这样说的："是故阴阳者，天地之大理也；四时者，阴阳之大经也。刑德者，四时之合也；刑德合于时则生福，诡则生祸。"（《四时》）这也是说，统治者的庆赏和刑罚要跟四时相配合；能配合就有福，不能配合的就有祸。

农业生产活动不能违背四时气节的变化，否则农作物不能有好的收成，甚至引致灾荒。这些论点是《月令》中的科学成分。但是，它又认为，人的行动，特别是统治者的行动以及他的政治措施，都应该随着气节的变化而有所不同，否则就要引起自然界不正常的变化。这又是阴阳五行家的迷信。

阴阳五行家还把许多别的东西，都配入十二个月的"月令"之内。用五色配：春木，色青；夏火，色赤；秋金，色白；冬水，色黑；中央土，色黄。以甲、乙、丙、丁等十天干配：春木配甲乙；夏火配丙丁；中央土配戊己；秋金配庚辛；冬水配壬癸。以五音、十二律配：春木，音角；夏火，音徵；中央土，音宫；秋金，音商；冬水，音羽。孟春之月律太簇，仲春之月律夹钟，季春之月律姑洗，孟夏之月律中吕，仲夏之月律蕤宾，季夏之月律林钟，孟秋之月律夷则，仲秋之月律南吕，季秋之月律无射，孟冬之月律应钟，仲冬之月律黄钟，季冬之月律大吕。

此外又有所谓"五虫"：鳞（鱼类），羽（鸟类），毛（兽类），介（介壳类），倮（人类）；五脏：脾、肺、心、肝、肾；五味：酸、苦、甘、辛、咸；《月令》都把它们配合五行，分属于四时。

比较有哲学意义的是，数目与五行的配合。阴阳五行家认为，春木数八；夏火数七；中央土数五；秋金数九；冬水数六。这些数目是怎样得来的呢？原来照

《洪范》所说五行的次序是，"一曰水，二曰火，三曰木，四曰金，五曰土。"阴阳五行家认为，这个次序就是一、二、三、四、五和六、七、八、九、十这些数目的次序。他们认为，数目也有神秘的意义，一、二、三、四、五，是水、火、木、金、土的"生数"，六、七、八、九、十是水、火、木、金、土的"成数"。配入四时的数目，是用五行的所谓"成数"，所以是六、七、八、九、十。不过照数目的次序，每年的四季，应该先冬（水），次夏（火），次春（木），次秋（金）。为什么五行的次序与四时的次序不合？关于这点，他们没有解释。

《月令》没有把子丑寅卯等十二支配入。《淮南子·时则训》以"夏正"（略如现在的农历）的十一月为子月，十二月为丑月，正月为寅月，二月为卯月，三月为辰月，四月为巳月，五月为午月，六月为未月，七月为申月，八月为酉月，九月为戌月，十月为亥月。

这些配合，大部分都是原来术数中所有的。上面所说的关于墨翟的故事中，那个"日者"就是用这样的配合。

这些配合大部分是牵强附会的。阴阳五行家以传统的术数为资料，以五行观念为基础，用以解释他们所日常接触到的一些自然现象和社会现象。他们由此虚构了一个架子。在他们的体系里面，这是一个空间的架子，也是一个时间的架子，总起来说，是一个世界图式。

第四节　邹衍的地理学说和历史观

邹衍（约前305—约前240）是战国末期五行家的一个重要领袖。他是齐国人，在当时很受各国统治者的重视，他思想也有相当大的影响。据说，他著述"十余万言"（《史记·孟子荀卿列传》）。《汉书·艺文志》著录："邹衍四十九篇，邹子终始五十六篇"，现在都不存在了。据《史记》所说，邹衍"深观阴阳消息，而作怪迁之变"，可见他有一个相当大的自然观体系。他对于天文也有丰富的知识，当时人称他为"谈天衍"。我们现在所有的，只是《史记》和《吕氏春秋》等书中的一些资料，主要是他关于地理的学说及历史观。

关于地理方面，邹衍认为，中国只是全世界的八十一分之一。中国的地理名称是"赤县神州"。中国分为九州，就是《禹贡》中所说的九州。在世界中的一区中，像中国这样大的地方共有九个，这是大九州。这个大九州共为一区，有"裨海"环绕着。在全世界中，像这样大的区又有九个，有"大瀛海"环绕着。所以中国是全世界的八十一分之一。

这是战国末期人对世界地理的推测。《吕氏春秋·有始览》说："凡四海之内，东西二万八千里，南北二万六千里。""凡四极之内，东西五亿（十万）有（又）九万七千里，南北亦五亿有九万七千里。""四海之内"，是指中国之内；"四极之内"，是指全世界之内。《淮南子·地形训》所说"九州"，其中"东南神州曰农土"；这个九州可能就是邹衍所说的"大九州"。《地形训》说："阖四海之内，东西二万八千里，南北二万六千里"，与《有始览》所说相合。但照《地形训》所说，东极至西极，北极至南极，各只有二亿三万三千五百里七十五步。当然，这都是些揣测之词，可能都是与邹衍有关的。

汉代的桓宽引桑弘羊的话说："邹子疾晚世之儒墨不知天地之弘，昭旷之道，将一曲而欲道九折，守一隅而欲知万方，犹无准平而欲知高下，无规矩而欲知方圆也。于是推大圣终始之运，以喻王公列士。"（《盐铁论·论邹》）可见邹衍的学说，在秦汉时代是很有影响的。

《史记》说，邹衍的思想方法是"先验小物，推而大之，至于无垠"。在地理方面，他"先列中国名山、大川、通谷、禽兽，水土所殖，物类所珍，因而推之，及海外人之所不能睹"。他的这种方法，是由已知推到未知；他的推测也有一定的经验基础（"先验小物"）。以前的人所想象的世界是很小的。孟轲说："孔子登东山而小鲁，登泰山而小天下。"（《孟子·尽心上》）泰山并不是很高的山，孔丘所说的天下，范围是很有限的。随着工商业的发展，交通的扩大，人所想象的世界也逐渐扩大。邹衍更指出，中国不过是全世界的一小部分。这就大大地超过了以前的人的地理知识的局限性。照邹衍看起来，以前的人，真是"不知天地之弘，昭旷之道"。邹衍的地理学说，扩大了人的心胸。这是很大的一个进步。他的方法及主张，都有一定的科学精神与唯物意义，不过在一定的经验基础上，"推"有一定的限度；"推"得太远，就成为主观的幻想了。

对于历史，邹衍用同一的方法，"先序今以上至黄帝，学者所共术（述），大并世盛衰，因载其禨祥制度，推而远之，至天地未生，窈冥不可考而原也"（《史记·孟子荀卿列传》）。"天地未生"的时候是个什么样子呢？《史记》说：邹衍"称引天地剖判以来，五德转移，治各有宜，而符应若兹"。可见他认为天地未生之时，只有浑沌的"气"；天地是从"气"分出来的，这就是所谓"天地剖判"。"五德转移，治各有宜，而符应若兹"，是他所认为是历史发展的规律。邹衍的关于历史观的著作，叫《主运》，也佚失了。别书所引的有几条："邹子终始五德，从所不胜，木德继之，金德次之，火德次之，水德次之"（李善《文选》，左思《魏都赋》注引《七略》）。"五德从所不胜，虞土，夏木，殷金，周火"（李善《文选》，沈休文《故安陆昭王碑》注引《邹子》）。根据这些佚文，我们知道，邹衍认为：历史的变化是受"五德转移"支配的；每一个朝代受一种"德"的支配，也可以说是支持。所谓"五德"就是五行水、火、木、金、土的"德"。照他的说法,每一个"德"都有盛的时候和衰的时候。在它盛的时候,它支持一个朝代,到它衰的时候,为它所支持的这个朝代也就灭亡;另外一个"德"就支持另一个朝代,起而代替。这样的代替,是照着五行相"胜"的次序。五行中,木胜土,金胜木,火胜金,水胜火,土胜水。每一"德"衰的时候,能胜它的那一德就支持另一个朝代来代替它,这就是所谓"从所不胜"。"虞土",就是说舜"以土德王","夏木",就是说夏"以木德王";"商金",就是说商"以金德王";"周火",就是说周"以火德王"。

照阴阳五行家的说法,在某一"德"盛的时候,自然界就有一种现象,作为某一德盛的象征。一个将兴的朝代,就根据这个象征决定它是受某德的支持。这种象征叫做"符应"。

《吕氏春秋》说:"凡帝王者之将兴也,天必先见祥乎下民。黄帝之时先见大螾大蝼。黄帝曰:土气胜。土气胜故其色尚黄,其事则土。及禹之时,天先见草木秋冬不杀。禹曰:木气胜。木气胜故其色尚青,其事则木。及汤之时,天先见金,刃生于水。汤曰:金气胜。金气胜故其色尚白,其事则金。及文王之时,天先见火,赤乌衔丹书,集于周社。文王曰:火气胜。火气胜故其色尚赤,其事则火。代火者必将水。天且先见水气胜。水气胜故其色尚黑,其事则水。水气至而不知,数备将徙于土。"(《应同》)这一段所说的基本上就是邹衍的历史观。

这种历史观在当时很有影响。秦朝统一中国,就自以为是"得水德","以水德王"。秦始皇认为应照着"水德"作社会政治上的措施,以黑色为正色,"数以六为纪","事皆决于法,刻削毋仁恩和义。"(《史记·秦始皇本纪》)邹衍这一派认为每一个"德"都有一些跟它相应的社会上、政治上的措施,这就叫"治各有宜"。

这种历史观认为历史是常变的,朝代不是永恒的;历史的变动和朝代的交替,是受一些不以人的意志为转移的力量的支配。认为历史的变动,不是决定于大人物的行动,也不是以人的意志为转移,这是邹衍的历史观中合理的成分。但是,他用"五行相胜"说明历史上朝代的变化,这就肯定,历史的变化是循环的。朝代的变革不过是历史变革的一些表面现象;邹衍把这种现象认为是有本质的意义。他又把这种现象归结为"五行相胜"的机械运动的结果。这就完全混淆了自然和社会的界限,完全忽视了历史演进的社会的、经济的原因。这就完全陷入了历史唯心主义和神秘主义。

但是,这种历史观,在当时说来,是为地主阶级的新政权作理论的根据。秦国经过商鞅的改革,本来是"事皆决于法";"法"替代了"礼"。这些社会上、政治上的措施,跟"水德"配合起来,好像就得了一个理论的根据。这种历史哲学在当时还是为历史的进步趋势服务的。

这个学说也为地主阶级对于劳动人民的统治制造出一个法权的根据。后来封建王朝的最高统治者都自称为"奉天承运皇帝",就是说,他自以为是奉了"天的意志"及五德的运行来统治劳动人民。邹衍这一派学说,后来成为封建统治阶级欺骗劳动人民的一种工具。

第五节 阴阳五行家思想对于中国哲学和科学发展的影响

阴阳五行家思想是一个科学和巫术相混合的体系。阴阳和五行这些概念,本来都是指一些物质的东西。在战国时代的阴阳五行家的体系里,所谓阴阳五行,还保持原来的意义,就是说,他们所说的五行和阴阳基本上还是物质性的东西。

邹衍称五行为五德,就是五种性质。所谓五德的内容究竟是什么呢？邹衍没有说明。照《管子·四时》篇所说：东方属春,属木,"其德赢育"。南方属夏,属火,"其德施舍修乐"。中央属土,"其德和平用均"。西方属秋,属金,"其德忧哀,静以严顺"。北方属冬,属水,"其德淳越温怒周密"。这是五种"德"的一部分的内容。照这样说起来,五德就是五种道德的性质。如果五气也有道德的性质,那它们就不一定是物质性的东西了,不过关于这一点,我们还不能太认真。因为用有道德意义的形容词形容物质的东西,在古代也是常见的。例如稷下黄老学派也用有道德意义的形容词形容水,我们并不能因此说他们认为水不是物质性的东西。

《吕氏春秋》称五行为五气。五气就是具有五种性质的气。这五种气,经常流动运行于世界之中,所以称为五行。五行在本质上都是气。阴阳也都是气,那就是说,它们都是物质性的东西。在这个意义上,阴阳五行的概念,对于中国科学的发展,有很大的影响。

就中国古代科学发展的历史看,阴阳五行的思想对古代的天文学、医学、化学的发展都起了一定的影响。古代的科学家们或者把阴阳和五行看成是具有不同性质的物质元素,用以说明物质的构成；或者用阴阳五行的相互作用,说明物质现象间的相互联系。

就医学而论,中国古代医学认为人身的内部,与自然界有密切的联系；人身的组织,是与自然界的阴阳、五行相适应的。因此阴阳五行家的世界图式,也成为生理学的根据。《黄帝内经》说,有天之阴阳,有人之阴阳。"平旦至日中,天之阳,阳中之阳也(按四时说是夏)。""日中至黄昏,天之阳,阳中之阴也

（秋）。""合夜至鸡鸣，天之阴，阴中之阴也（冬）。""鸡鸣至平旦，天之阴，阴中之阳也（春）。""人亦应之"，"阳中之阳，心也"；"阳中之阴，肺也"；"阴中之阴，肾也"；"阴中之阳，肝也"；"阴中之至阴，脾也"（《金匮真言论》）。照这样说起来，人的五脏，跟四时和四方是完全配合的。

《黄帝内经》说："五藏应四时，各有收受。"就是各有"收"于自然界而"受"之。例如"东方青色入通于肝，开窍于目，藏精于肝"，"其类草木"。"南方赤色入通于心，开窍于耳，藏精于心"，"其类火"。"中央黄色入通于脾，开窍于口，藏精于脾"，"其类土"。"西方白色入通于肺，开窍于鼻，藏精于肺"，"其类金"，"北方黑色入通于肾，开窍于二阴，藏精于肾"，"其类水"。（《金匮真言论》）"五藏应四时"，肝应"春气"，心应"夏气"，肺应"秋气"，肾应"冬气"。这一种的生理学完全是以阴阳五行家的世界图式为基础的。

因此从卫生方面说，也有"月令"。例如《黄帝内经》说："春三月，此谓发陈，天地俱生，万物以荣。夜卧早起，广步于庭，被发缓形，以使志生。""此春气之应，养生之道也"，"逆之则伤肝"。"夏三月，此谓蕃秀，天地气交，万物华实。夜卧早起，无厌于日。""此夏气之应，养长之道也"，"逆之则伤心"。"秋三月，此谓容平，天气以急，地气以明，早卧早起，与鸡俱兴。""此秋气之应，养收之道也"，"逆之则伤肺"。"冬三月，此谓闭藏，水冰地坼，无扰乎阳。早卧晚起，必待日光。""此冬气之应，养藏之道也，逆之则伤肾"（《四气调神大论》）。一年四季的变化使生物有生、长、收、藏的反应。人也应该随着四季的变化，对于自己的身体，作生、长、收、藏的适应。《黄帝内经》认为，人若是能照着这个"月令"去行，就可以祛病延年。"圣人不治已病治未病，不治已乱治未乱"。"夫病已成而后药之，乱已成而后治之，譬犹渴而穿井，斗而铸锥，不亦晚乎？"（同上）这是以预防为主的医学理论。

古代医学认为，四时气节的变化可以影响人的生理变化，这就是认为，人的健康、疾病和气候的变化有着一定的联系。他们认为五脏也是相互影响的，五脏和人的五官也有一定的联系，这意味着，有一种器官发生了疾病就会影响其他的器官，人身各部分的疾病可以互相影响。在他们看来，这是由于体现了阴阳五行的相互作用。这种解释是不科学的，但是包含了辩证法的观念。

在这些理论中，有很多牵强附会的地方，但其中也有正确的因素。尤其值得注意的是这些理论的总倾向。它的总倾向是以生理说明病理，以自然解释自然，向物质现象中寻找疾病和健康的根源。这是一种唯物主义的思想。它打破了疾病由神的惩罚和鬼的作祟的迷信。这代表中国医学发展的一个阶段，在科学史中占重要的地位。

第六节 对于阴阳五行家的估价和批判

阴阳五行家企图对于宇宙作一个有系统的全面的说明。在他们看来，整个宇宙是有秩序的，万物的变化都是受着阴阳五行的性质和作用的支配进行的，因此各种现象的变化也都是相互制约和影响的，如果有一种现象不按着阴阳五行所规定的秩序进行，就会引起整个宇宙的失调。《月令》虽然也提到五帝和五神，但这些神，是和宇宙中的其他现象并列的，或者就是"五行"的同义语。《月令》也还说到"皇天上帝"。可是照它的说法，四时的变化主要的是由于五行的盛衰和阴阳的消长，"皇天上帝"并不起什么作用。这就是说，世界的变化，实际上是按着物质势力的物理性能和作用而进行的，不是按着神的意志。因此阴阳五行家所讲的世界图式，如《月令》所表示的，实质上是一种和目的论相对立的、机械的宇宙论。他们认为有了这个图式，就可以把自然界和社会中的一切事物都归入其中，这是一种虚构的幻想。

他们所讲的各种现象间的联系，其中有的反映客观世界的一些真实的联系，如四时气节的变化和农作物生长的联系；但大部分是荒唐无稽的。这是可以理解的。

恩格斯说："由于有这三个伟大发现和其他自然科学上的巨大成就，我们现在不仅能把自然界个别领域内所有各个过程间的联系揭示出来，而且一般整个说能把那将这些个别领域结合为一的联系揭示出来。这样，依靠经验性自然科学本身所提供的材料，可以对作为连贯性整体看的自然界总情景给一个颇有系统的说明。对自然界总情景给一个这样的说明，在从前是所谓自然哲学的任务，而自然哲学所能用以执行这个任务的唯一的办法，就是拿理想的、幻想的联系来代替它还不知道的真实的现象联系，拿虚构来代替缺乏的事实，单只在想象中把真实的缺陷填补起来。这样做时，自然哲学吐露了好多天才的思想和猜到了好多后来的发现，但也有过不少的废话和胡说。这在当时也不能不如此。"（《费尔巴哈与德国古典哲学的终结》，《马克思恩格斯文选》（两卷集）第2卷，第388页）

阴阳五行家的企图，就是要把宇宙各部分结合为一的联系揭示出来，对作为连贯性的整体看的自然界总情景给一个总的说明。但是在他们的时代，不但还没有三大发明，而且还没有经验性自然科学所提供的资料。他们只好以更多的虚构代替事实，以更多想象代替真实的缺乏，因此有了更多的废话和胡说。但是他们担负了自然哲学的任务。他们所讲的世界图式，其实就是恩格斯所说的自然哲学体系。其中诚然有许多废话和胡说，但这是和当时科学不发达的水平相适应的。他们的这种尝试是古代人要求说明宇宙统一性的表现。在战国末期，中国社会在经济上、政治上、文化上日益趋向统一。阴阳五行家这种对于宇宙统一性的说明，也是这种趋势在哲学思想方面的反映。

阴阳五行家企图用一个体系，对于自然界和人类社会作一种统一的解释，用一些原则把自然界和人类社会贯穿起来。邹衍的历史观就是这种企图的突出的表现。他们虚构了一个原则，就是"天人感应"。

从一种意义说，社会也是自然的一部分，但它又是与自然相对立的。人受自然界事物的限制和影响，但同时又改造自然界。从这种意义上说，人与自然是互相影响的。五行家所谓"天人感应"，在有些方面是从这种意义说的；有些方面则不是从这种意义上说的。照他们所说，人与自然之间有一种神秘的联系。人的行动，特别是统治者的行动，可以神秘地"感动"自然界，使之有正常的或不正常的现象。这是一种唯心主义的观点，也是巫术思想的一种表现。巫术认为人的身体如果作出一定的姿态，发出一定的声音，例如掐诀、念咒之类，就可以感动自然界，叫它起一定的变动。阴阳五行家"天人感应"的思想，就是这种巫术思想的发展。

阴阳五行家给这种巫术思想一种理论的根据。他们企图用"类"的观念解释这种虚构的联系。上面已经说到《月令》的"慎因其类"的理论。《吕氏春秋》在叙述据说是从黄帝以来的"符应"后，接着解释说："类固相召，气同则合，声比则应。鼓宫而宫动，鼓角而角动。平地注水，水流湿；均薪施火，火就燥。山云草莽，水云鱼鳞，旱云烟火，雨云水波，无不皆类其所生以示人。故以龙致雨，以形逐影；师之所处，必生荆楚；祸福之所自来，众人以为命，安知其所？夫覆巢毁卵，则凤凰不至；刳兽食胎，则麒麟不来；乾泽涸渔，则龟龙不往。物之从同，不可为记。"（《应同》）

这段话所举的事例，有些是真实的，有些是虚构的。两个乐器，如果震动数相同，可以引起共鸣，这就是所谓"同声相应"，"鼓宫而宫动，鼓角而角动"，这是真实的；这可以说是"类固相召"。至于说，从山里出来的云彩有草木的形象，从水里出来的云彩有鱼鳞的形象，旱天的云彩有烟火的形象，雨天的云彩有水波的形象等等；这些都是毫无根据的虚构。

主要的问题在于人类社会和自然界不是同类的。人类社会是物质世界的一个特殊领域。它和自然界有本质的不同。在社会中起作用的是具有意识、意志和目的的人；而在自然界中起作用的是无意识的力量。所以，人类社会和自然界不是同类的，虽然照另一个意义说，人类也是自然界的一部分。因此，社会中的事情和自然界中现象也不是同类的。人类的活动，可以受自然规律的限制和影响，人也可以运用自然规律改变自然界，但人类活动不能感动自然界，使它违反自己的规律。

认为自然界和人类社会是同类的这个说法，逻辑地推论下去，可能有两个结论。一个是，着重从自然方面来看人类，把人类看成一种自然物，企图用自然界的规律说明社会、历史现象。这是一种自然主义思想。列宁说："无论是人本主义原理，无论是自然主义，都只是关于唯物主义的不确切的肤浅的表述。"（《费尔巴哈宗教本质讲演录一书摘要》，《列宁全集》第38卷，第78页）一个是，着重从人的方面去看自然，把自然现象拟人化，认为在自然界中起作用的力量，也是有意识、意志和目的的。这是神秘主义和唯心主义思想。就阴阳五行说，唯物主义路线的特点在于把阴阳和五行看成是物质的东西，把事物间的互相影响看成是机械性的"感应"，认为世界的变化是没有意识和目的的，是按着阴阳和五行的机械性的法则进行的。神秘主义和唯心主义路线的特点在于把阴阳和五行看成是具有精神、意识和道德属性的实体，从道德的意义去了解阴阳五行相互作用的法则，把现象间的相互影响看成是一种精神性的"感应"或上帝意志的体现，认为世界的变化是有意识、有目的的。这两种路线的对立，构成汉代哲学发展的一个主要方面。

就阴阳五行家以后的发展说，它也是照着这两条路线进行分化的。古代的术数本来是科学和巫术相混合的东西。阴阳五行家从术数发展起来，有唯物主义的和科学的因素，也有唯心主义和宗教的因素。

战国时期的阴阳五行家，就其自然观方面说，唯物主义的成分是占主导的一面。这种情况到了秦汉以后，发生了分化，形成了两条对立的路线。一条路线是，和自然科学的发展紧密联系起来，抛弃了原来的神秘主义成分，特别是"天人感应"的迷信，坚定地走向了唯物主义的道路，这就是，如上节所讲的，如《黄帝内经》所讲的阴阳五行的思想。另一条路线是，发展了战国以来阴阳五行学说中神秘主义成分，抛弃了原有的唯物主义的观点，进一步和宗教迷信结合起来。这就是以董仲舒为代表的唯心主义和神秘主义所讲的阴阳五行的思想。

第二十一章　易传的具有辩证法因素的世界图式

在战国末期，另有一个有辩证法因素的世界图式，易传所提出的世界图式。

第一节　关于《易经》和易传

现在我们所有的《周易》这部书，包括两部分，一部分是经，一部分是传。经包括卦、卦辞、爻辞，分为上、下两部分，这是殷周之际的作品；传包括彖辞、象辞、系辞、文言、序卦、说卦、杂卦等篇，因为彖辞、象辞、系辞，又各分为上下，所以统共十篇，旧日称为十翼，我们总称之为易传。传是对经而言，是用以解释经的。

照传统的说法，十翼都是孔丘所作。宋朝的欧阳修就怀疑这个说法（见欧阳修《易童子问》）。清朝的崔述举了更多的证据，证明十翼不是孔丘所作（见《洙泗考信录》）。其实事情是很清楚的。在十翼中，有许多地方据说是引孔丘的话，冠以"子曰"二字。有这两个字的话是不是真是孔丘说的，还要待考。不过这可以反证，没有"子曰"两个字的话，显然就不是孔丘所说的了。十翼中的思想，有许多显然是战国时期才可能有的。老聃说："道常无名朴"（《老子》第三十二章），又说："朴散则为器"（《老子》第二十八章）；道与器是相对的。《系辞》也说："形而上者谓之道，形而下者谓之器"，道与器也是相对的。这一对术语是战国以前所没有的。乾《文言》说："同声相应，同气相求；水流湿，火就燥；云从龙，风从虎；圣人作而万物睹。本乎天者亲上，本乎地者亲下，则各从其类也。"这种思想是上章所讲的阴阳五行家的思想。根据这类材料，可以证明十翼并不是一个人作的，也不是一个时候的作品，其时代的下限是战国末。

从《易经》到易传中间有个过程。《汉书·艺文志》所说的"术数"，其第四种是蓍龟。龟指龟甲，用龟甲占，这种方法叫"卜"。蓍是一种草，用这种草占，这种方法叫"筮"。《易经》本来是为筮用的。用蓍草占得某一卦、某一爻，查《易经》看其卦辞、爻辞是怎样说的，用以断定吉凶。后来，《易经》的影响越来越大，很有些人虽不占卦，也引用彖辞和爻辞的话，加以引申发挥，作为他们的言论的根据。例如《左传》宣公十二年，在晋国和楚国的战争中，晋国的先縠不服从命令，率领自己的部队过黄河追击楚军。晋国的一个人知庄子说："此师殆哉！《周易》有之，在师䷆之临䷒曰：'师出以律，否臧凶。'"这是说，出兵以纪律为主，如果部队不守纪律，必定有很大的灾祸。《左传》襄公二十八年楚王要求郑国的国君亲自到楚国聘问，郑国的子展批评楚王说："楚子将死矣！不修其政德而贪昧于诸侯，以逞其愿，欲久得乎？《周易》有之，在复䷗之颐䷚曰：'迷复凶。'其楚子之谓乎！欲复其愿而弃其本，复归无所，是谓迷复，能无凶乎？"知庄子和子展都没有占卦，可是他们引用《易经》的师卦和复卦的爻辞，以为其推断的根据。这样《易经》就不仅是一部占筮的书，而且是一部道德教训的书了。

孔丘说："假我数年，五十以学易，可以无大过矣。"（《论语·述而》）他学易是怎样学的，他没有说。但是，他学易的目的在于"无大过"。大概他的学法跟知庄子和子展也差不多。还有一个证据，孔丘说："南人有言曰：'人而无恒，不可以作巫医。'善夫！'不恒其德，或承之羞。'子曰：'不占而已矣。'"（《论语·子路》）"不恒其德，或承之羞"，是恒卦九三的爻辞，孔丘引以证明人必须有恒，又说"不占而已矣"，就是说，不必占卦就可以引用这一爻作为教训。上面所引的知庄子和子展，也都可以说是"不占而已矣"。

荀况也经常引用《易经》中的卦、爻辞，并将其意义加以引申发挥。他说："括囊无咎无誉，腐儒之谓也。"（《荀子·非相》篇）"括囊无咎无誉"，是坤卦六四爻辞，荀况引以批评庸俗的儒者。荀况又说："复自道，何其咎，春秋贤穆公，以为能变也。"（《荀子·大略》篇）"复其道，何其咎"，是小畜卦初九爻辞，荀况引以解释《春秋》。荀况又说，"易之咸见夫妇，夫妇之道不可不正也。君、臣、父、子之本也。咸，感也。以高下下，以男下女，柔上而刚下"。这是用《易经》咸卦的卦象说明一个道理。咸卦的卦象是䷞艮下兑上，艮为少男，兑为少女；艮下兑上，所以说是"以高下下，以男下女，柔上而刚下"。易传里边的咸卦《彖辞》，跟荀况在这里所说的意思相同而文字不同。可见《彖辞》跟荀况所说的话是一类的东西。

《系辞传》说："易有圣人之道四焉。以言者尚其辞，以动者尚其变，以制器者尚其象，以卜筮者尚其占。"又说："是故君子所居而安者易之序也，所乐而玩者爻之辞也。是故君子居则观其象而玩其辞，动则观其变而玩其占，是以自天祐之，吉无不利。"这就是说，君子有什么行动的时候，占个卦，预测事情结果的吉凶；在没有行动的时候，仔细体会《易经》的卦象以及卦爻辞的意义，这样就可以"吉无不利"。就上面所引荀况的话，他引坤卦和复卦的爻辞，这就是所谓"以言者尚其辞"或"玩其辞"；他关于咸卦的讲法，就是"观其象"。

春秋、战国时代，用这种方法学易的人，大概不少。筮占人把这一类的人的言论，汇集、综合起来，就成为易传这一类的著作。

《汉书·儒林传》说，在汉朝初年，王同、周王孙、丁宽、服生等皆"著易传数篇"。我们不能断定，现在所传的十翼是否就是他们所作的"易传"。但是我们可以断定，十翼就是这一类的著作。在晋朝的时候，从魏安厘王墓里发现《周易》，并有一篇类似《说卦》。可见，像十翼这一类的著作，在战国末期就已经有了。这一类的著作，可能不止十翼这几篇，不过没有都保存下来。

这些易传在对于《周易》的解释中，表达了自己的哲学观点，并且形成了一种世界观体系。这样，易传就成了一套具有哲学体系的著作。这个体系特别表现在《系辞传》中。本章讲易传，即以《系辞传》为主。

第二节　筮法和易传中的"数"

易传中有一大部分专着重发挥《易经》卦、爻辞的道德的意义，更确切一点说，附会卦、爻辞，使其有道德的意义。易传中的《象辞》就专是这样的著作。例如乾卦的《象辞》说："天行健，君子以自强不息"；坤卦的《象辞》说："地势坤，君子以厚德载物"，就是说，天的运动有刚健的性质，君子以天为法，也要"自强不息"；地的形势有宽厚的性质，君子以地为法，也要"厚德载物"。六十四卦的《象辞》都是先指出某一卦的特点，然后说"君子以……"或"先王以……"，就是说，君子要以此为法，有某种道德品质。这里所谓君子，当然都是指当时统治阶级和它的知识分子。

从哲学史的角度看，易传的重要不在于这些道德教训，而在于它的宇宙观和辩证法思想。上面引《系辞传》说："以动者尚其变，以卜筮者尚其占。"又说："动则观其变而玩其占。"易传的宇宙观中最重要的概念都是从"动"和"变"得出来的。这些概念是和筮法分不开的。要想具体地了解易传中的这些概念，必须先知道筮法的大概情况。

《系辞传》里有一段就是讲筮法的，它说："大衍之数五十，其用四十有九。分而为二以象两，挂一以象三，揲之以四以象四时，归奇于扐以象闰，五岁再闰，故再扐而后挂。……乾之策二百一十有六；坤之策百四十有四；凡三百有六十，当期之日。二篇之策，万有一千五百二十，当万物之数也。是故四营而成易，十有八变而成卦，八卦而小成。引而伸之，触类而长之，天下之能事毕矣。"

这一段话的意思大概是这样的：占用五十根蓍草，可是实际只用四十九根。先取出一根不用，放在一边（"大衍之数五十，其用四十有九"）。以后要经过四次经营，才可以得到一个初步的结果（"四营而成易"）。第一营是把四十九根蓍草随意分为两大部分（"分而为二"）。第二营是从右边大部分中取出一根放在一边（"挂一"）。第三营是把两大部分的草各自分开，每四根为一组（"揲之以四"）；两部分中有不够四根或仅有四根的小部分，放在一边（"归奇于扐"），这是第四营。总这四营为第一变。这样除了"归奇"的草以外，剩下的草只能是四十四根。把这些草混合起来，同样经过四营，这是第二变。这样，除了第二次"归奇"的以外，剩下的草的根数只能是四十或三十六或三十二。然后再把这些根混合起来，照样经过四营，这是第三变。经过三变以后，剩下的草的根数，只能是三十六，或三十二，或二十八，或二十四。如果剩下的根数是三十六，这就得到老阳之数；老阳的数是九，三十六有九个四，所以三十六是老阳之数。如果剩下的根数是三十二，这就是少阴之数；少阴之数是八，三十二之中有八个四，所以是少阴之数。如果剩下的数是二十八，这就是少阳之数；少阳之数是七，二十八中有七个四，所以是少阳之数。如果剩下的根数是二十四，这就是老阴之数；老阴之数是六，二十四之中有六个四，所以是老阴之数。这样经过三变，就可以得到一个阴爻和阳爻；每卦有六爻，所以经过十八变才得出一个卦（"凡十有八变而成卦"）。

九是老阳之数，六是老阴之数，为什么是如此，《系辞传》没有说明。照后来的说法，阳是主进，进到九，就达于极点，就要开始转变为阴。阴是主退，退到六也达于极点，就要开始转变为阳。少阳和少阴是不变的。在占的时候，所得的阳爻和阴爻，如果是九和六，它就要变成它们的对立面，阴爻变成阳爻，阳爻变成阴爻。在它们变的情况下，就又得到一卦；原来的卦叫本卦，变成的卦叫之卦。在占得结果以后，看《易经》主要的是要看变的那一爻或几爻的爻辞，所以《易经》里面凡阳爻都称为九，凡阴爻都称为六。

在第一节所引的例中，知庄子所说的"在师☷之临☷曰：'师出以律，否臧凶'"。如果是在占的时候遇见这种现象，师卦是本卦；临卦是之卦。在占的时候，师卦的初爻是个六，阴爻变为阳爻，就成为一个临卦。在"师之临"这种情况下，主要的要看师卦初爻的爻辞，这个爻的爻辞就是，"初六，师出以律，否臧凶"。子展所说的"在复☷之颐☷"，也是这种情况。复卦是本卦；颐卦是之卦。在占的时候，复卦的上爻是六，阴爻变为阳爻，这就是颐卦。在"复之颐"的情况下，主要的是看复卦的上爻，这爻的爻辞是："上六，迷复凶，有灾眚，用行师，终有大败。以其国君凶，至于十年不克征。"

筮法的关键在于变爻，从变爻中可以看出将来的吉凶，这就叫"以变为占"。易传从这个启发中，得到变的概念，以为它的辩证法思想的基础。这是本书所要说明的一个要点。此外，当然还有些技术问题，例如：得到变爻以后，在什么情况下要看本卦的哪一爻的爻辞，在什么情况下要看之卦的哪一爻的爻辞；如果变爻不止一个，要以哪个变爻为主？诸如此类的问题，在先秦的著作中，没有明显的例子以为依据，也和易传的辩证法思想没有直接关系，本书作为一个哲学史的著作，对于这些问题就存而不论了。

《系辞传》下面说，"乾之策二百一十有（又）六，坤之策百四十有（又）四"。这是按每一卦的六爻算的。每卦六爻，按老阳算，老阳的数是三十六，三十六乘六，得二百一十六。如果按老阴算，老阴的数是二十四，二十四乘六，得一百四十四。《易经》上下两篇，六十四卦，总有三百八十四爻，阴阳各半；阳爻一百九十二乘三十六得六千九百一十二；阴爻一百九十二乘二十四得四千六百零八，两下加起来就是一万一千五百二十。《系辞传》说，"当万物之数也"，就是说，这个数目可以代表万物的数目。《系辞传》也是像希腊的毕达哥拉斯学派一样，认为数目有一种神秘的意义。后来讲《易经》的有所谓"象数之学"，其所谓"数"基本上就是这些东西。

《系辞传》中还有一段讲"数"的；它说："天数五，地数五，五位相得而各有合。天数二十有（又）五；地数三十。凡天地之数五十有（又）五，此所以成变化而行鬼神也。"这是说，一、三、五、七、九这五个奇数是属于天的数；加起来等于二十五；二、四、六、八、十这五个偶数是属于地的数，加起来等于三十。照后来的解释，天一与地六相"得"，"合"而为水。地二与天七相"得"，"合"而为火。天三与地八相"得"，"合"而为木。地四与天九相"得"，"合"而为金。天五与地十相"得"，合而为土。照这个说法，一、三、五、七、九是五行的"生数"；二、四、六、八、十是五行的"成数"。这就是所谓"五位相得而各有合"。这个说法，并不是《系辞传》的原意，因为无论是《易经》或易传，都不讲五行。五行和八卦，一直到战国末还是两个体系。上面所说的五行和十个数目的关系是阴阳五行家的说法。《月令》以数目记四方和四时的时候，正是用这个说法。《系辞传》认为，奇数和偶数相合，就可以发生作用。"天地之数，五十有五"可以"成变化而行鬼神"。数目本来是物质的量的性质。照易传所说的，数目有神秘的作用；它不但有离开物质的独立的存在，而且可以有发生万物的作用。

第三节 易传中的"象"

占卦的人，用上面所说的筮法，占得某卦某爻以后，就在卦、爻辞中找寻他所提出的问题的解答。因此卦、爻辞要活看，不能照字面了解。例如同人卦的九五爻辞说："同人先号咷而后笑，大师克相遇。"照字面讲，这是说一支军队先败后胜。但是占得这个爻辞的人不必完全照字面理解。不管他问的是什么事，他都可以理解为，他的事大概是先凶后吉。这个爻辞是一个套子。凡先凶后吉的事都可以套进去。凡是占卜一类的书都是这个样子，例如近代的牙牌神数。如果用牙牌占得下下、下下、上上，其占辞是："三战三北君莫羞，一匡天下霸诸侯。"在字面上，此占辞也是说一个军人先败后胜。但实则凡是先凶后吉的事，都为这个占辞所包括。这个占辞是一个套子，凡先凶后吉的事，都可以套入这个套子。

《易经》中的卦、爻辞，本来都是这个样子的东西。易传的作者们因套子而引申到范畴和公式的作用。照他们所说的，每一个卦都代表一个范畴，每一条卦、爻辞都代表一个公式，每一公式都表示一个或许多关于自然界和社会的原则。这些原则，他们称为"道"或"理"。照他们说，总《易经》中的卦、爻，卦辞和爻辞，可以完全表示所有的"道"。

《系辞传》说："易者，象也。"又说："圣人有以见天下之赜，而拟诸其形容，象其物宜，是故谓之象。"照这个说法，"象"是摹拟客观事物的复杂（赜）情况的。又说："象也者，像此者也"；象就是客观世界的形象。但是这个摹拟和形象并不是如照相那样照下来，如画像那样画下来。它是一种符号，以符号表示事物的"道"或"理"。六十四卦和三百八十四爻都是这样的符号。它们是如逻辑中所谓变项。一变项，可以代入一类或许多类事物，不论什么类事物，只要合乎某种条件，都可以代入某一变项。《系辞传》说："方以类聚，物以群分。"它认为事物皆属于某类。某类或某某类事物，只要合乎某种条件，都可以代入某一卦或某一爻。这一卦的卦辞或这一爻的爻辞也都是公式，表示这类事物在这种情形下所应该遵行的"道"。这一类的事物遵行"道"则吉，不遵行"道"则凶。

《系辞传》说："夫易，彰往而察来，显微而阐幽。开而当名辨物，正言断辞，则备矣。其称名也小，其取义也大。其旨远，其辞文，其言曲而中，其事肆而隐。因贰以济民行，以明失得之报。"这一段文字似有脱误，但其大意则是如我们于上段所说的。《系辞传》认为，《易经》的卦辞、爻辞，都是些公式，可以应用于过去，亦可以应用于未来，所以说："夫易，彰往而察来。"说出的公式是显，其所表示的道是微，是幽。以说出的公式表示幽微的道，所以说："显微而阐幽。"其公式是关于某类事物的。按一类事物之名，以分别事物，叫做"当名辨物"。（"开而"二字疑有误，未详其义）用某公式的辞，应用于某种事物，叫做"正言断辞"。一卦或一爻的象，可套入许多类。其名或不甚关重要，但其则甚关重要；所以说："其称名也小，其取义也大。"其义可能是不易了解的，所以说："其旨远。"在辞中，常不直说彼类，由此类可以见彼类；所以说："其辞文"，"其言曲而中"。辞中所说或只是事物，但其所表示的则是"道"；所以说："其事肆而隐。"《系辞传》认为，《易经》表示"道"以为人的行为的指导，所以说："因贰以济民行。"贰是副本。易是"道"的副本。照《系辞传》所说，人遵照此指导则得，不遵照此指导则失；所以说："以明失得之报"。得是吉，失是凶。《系辞传》说："吉凶者，言乎其失得也。"

每一卦或每一爻皆可代入许多类事物。《系辞传》说："引而伸之，触类而长之，则天下之能事毕矣。"王弼《周易略例》说："义苟在健，何必马乎？类苟在顺，何必牛乎？爻苟合顺，何必坤乃为牛？义苟应健，何必乾乃为马？"（《明象》）《说卦》说，乾为马，坤为牛。照王弼所说的，马、牛可代入乾、坤之卦；但乾坤之卦不只限于可代入马、牛。照易传的说法，凡有"健"之性质的事物，均可代入乾卦；凡有"顺"之性质的事物，均可代入坤卦。坤卦《文言》说："阴虽有美，含之以从王事，弗敢成也。地道也，妻道也，臣道也。"照易传的说法，地、妻、臣，都是以"顺为正"，所以都可以代入坤卦。坤卦是地之象，是妻之象，是臣之象；坤卦的卦、爻辞所说的，是"地道"，是"妻道"，是"臣道"。与坤卦相对的卦是乾卦，乾卦是天之象，是夫之象，是君之象。乾卦的卦、爻辞所说的，是"天道"，是"夫道"，是"君道"。《系辞传》认为，《易经》中的卦、爻都不是只表示一类事物；其卦辞、爻辞也都不是只说一种事物的"道"。所以说："神无方而易无体。"又说："易之为书也，不可远。其为道也累迁。""不可为典要，惟变所适。"

照《系辞传》所说的，整个的易，就是一套"象"。它说："是故易者，象也。象也者，像也。"又说："圣人有以见天下之赜，而拟诸其形容，象其物宜，是故谓之象。圣人有以见天下之动，而观其会通，以行其典礼，系辞焉以断其吉凶，是故谓之爻。言天下之至赜，而不可恶也。言天下之至动，而不可乱也。"这就是说，宇宙间的事物是繁杂的、变动的。有象及其辞所表示的"道"，就可以于繁杂中见"简"，于变动中见"常"。见"简"则见"天下之至赜而不可恶"；见"常"则见"天下之至动不可乱"。

《易纬》《乾凿度》及郑玄的《易赞》和《易论》都说："易一名而含三义。易简，一也；变易，二也；不易，三也"（孔颖达《周易正义》引）。《系辞传》对于《易经》就是这样了解的。它认为"易"于繁杂中见简易。它说："乾以易知，坤以简能。易则易知，简则易从。""易简而天下之理得矣"。这是"易"的易简之义。《系辞传》也认为，"易"于动中见常；它说："动静有常，刚柔断矣"；又说："天下之动，贞夫一者也。"这是"易"的不变之义。《系辞传》认为，简、常是易中的象及公式，但象及公式不只可以代入某类事物，所以"易"又是"不可为典要，惟变所适"。这是"易"的变易之义。

照《系辞传》的说法，《易经》虽只有六十四卦、三百八十四爻，但因其可以"引而伸之，触类而长之"，所以《易经》的象及其中的公式，已包括所有的"道"。《系辞传》说："易与天地准，故能弥纶天地之道。""与天地准"就是说，其中的道理跟自然界和社会的规律是一一相当的。"弥纶天地之道"，就是遍包天地之道。《系辞传》说："夫易，何为者也？夫易，开物成务，冒天下之道，如斯而已者也。""冒天下之道"，也就是遍包"天下之道"。

《系辞传》认为，所有事物不能离开"道"，也不能违反"道"。事物可有过差，"道"不能有过差。《易经》的"象"包括所有的道。所以《易经》中的象及其所代表的范畴、公式，都是事物所不能离开，不能违反的，也是不能有过差的。《系辞传》说："与天地相似故不违。知周乎万物而道济天下，故不过。"又说："范围天地之化而不过，曲成万物而不遗。"又说："夫易广矣，大矣，以言乎远则静而正，以言乎天地之间则备矣。"又说："易之为书也，广大悉备。""其道甚大，百物不废。"这都是说，《易经》中的象及其所代表的范畴、公式，表示所有的"道"。

《系辞传》中有两套话。一套是说"道"；另一套是说《易经》中的"象"，及其中所代表的范畴、公式，与道相"准"者。例如它说："易有太极，是生两仪，两仪生四象，四象生八卦，八卦定吉凶，吉凶生大业。"这一套话所讲的是以筮法为基础的"易"的体系的架子。所谓"太极"相当从五十根蓍草中预先提出放在一边不用的那个"一"。"两仪"相当于把四十九根随意分开的那两部分。"四象"相当于"揲之以四"或者是由揲之以四而得的老阳少阳，老阴少阴。由此得出八卦；由八卦可以决定事情的吉凶。这些事情，就是所谓大业。

《系辞传》又说："一阴一阳之谓道。继之者善也；成之者性也。仁者见之谓之仁；智者见之谓之智。百姓日用而不知，故君子之道鲜矣。显诸仁，藏诸用，鼓万物而不与圣人同忧。盛德大业，至矣哉。富有之谓大业，日新之谓盛德。"这一套话所讲的就是"天地之道"。这两套话都说"大业"，但其意义不同。"太极"的大业是六十四卦，三百八十四爻所表示的"象"及公式。"道"的大业是宇宙间所有的事物。这两个"大业"是不同的。但照《系辞传》的说法，虽不同，而又是完全相"准"的。《系辞传》说："易，广大配天地，变通配四时，阴阳之义配日月，易简之义配至德。"所谓"配"，也是所谓"准"的意思。

易传的作者和阴阳五行家有类似的企图。他们都打算，像上章所引的恩格斯的话所说的，"对作为连贯性整体看的自然界总情景给一个颇有系统的说明"。他所了解的整体不仅是自然界而且也包括社会在内。这都是当时越来越趋向统一的政治、社会情况在哲学中的反映。

阴阳五行家是以当时的工、农业生产为基础的，跟当时的科学的联系比较多，它具体地说明了他们的"自然界体系"。易传没有这种基础，主要的是受筮法的启示，它由筮法引申到范畴、公式的作用。照易传的解释，《易经》可以说是一部事物规律的"代数学"。它认为，六十四卦、三百八十四爻及其卦辞、爻辞可以代入事物的一切规律。当然，如恩格斯所说的，这也是一种"理想和幻想，废话和胡说"，但是，也猜测到不少有价值的东西。

在中国哲学史中，易传首先比较自觉地、系统地讲到范畴、公式的作用。人类在能作抽象思维的时候，就已不自觉地应用范畴和公式。但是，自觉地应用范畴和公式，这还是以后的事情。这样的应用是人类认识发展的一个进步，表示人类认识提高了一步。在中国哲学史中，易传就是这步提高的表现。

从现代辩证唯物主义的水平看，易传对于范畴、公式的认识还是很不科学的，其中有很多的"废话和胡说"；但是就当时的知识水平说，易传在这一方面是有贡献的。它不仅自觉地应用范畴和公式，并且提出了它认为是哲学中的一些主要范畴、公式的内容。

《系辞传》说："一阴一阳之谓道。"这是和"易有太极是生两仪"相应的一个论断。"道"相当于"太极"，阴阳相当于"两仪"。易传认为，"易有太极是生两仪"是"易"的体系中的总原则；"一阴一阳之谓道"是一切事物构成和发展的总规律。阴阳是周易的重要的概念，《庄子·天下》篇说："易以道阴阳。"易传所说的阴阳，有时也有如阴阳五行家所说的阴阳的意义，但这不是其主要的意义。其主要的意义是指两个对立面的范畴。它认为筮法中的阳爻和阴爻就是对立面的范畴的"象"，就是说，是其在"易"的体系中的代表。例如，剥卦䷖，《彖辞》说："剥，剥也。柔变刚也，不利有攸往，小人长也。"照易传的解释，剥卦下五爻都是阴爻，上一爻是阳爻，表示阴性的东西正在生长，阳性的东西正在衰退。阴性的东西是"柔"的东西，也是社会中的小人。剥卦意味着"小人"

得势，以"柔"变"刚"。复卦☷☳的卦象与剥卦正相反，《彖辞》说："复，亨。刚反，动而以顺行。是以出入无疾，朋来无咎。"这是说，复卦下一爻是阳爻，表示阳性东西的复生，虽然只有一爻，但是一种新生的力量是正在发展的东西。

易传认为，在"易"的体系中，表示"阳"的范畴和"阴"的范畴的，就是"乾""坤"两卦。《系辞传》说："乾，阳物也；坤，阴物也。阴阳合德，而刚柔有体，以体天地之撰，以通神明之德。"这是说，乾代表阳性的东西（"阳物"），具有刚健的性质；坤代表阴性的东西（"阴物"），具有柔顺的性质。照易传的说法，"乾"，"坤"是"易"的体系中的两个主要的卦；阴阳是宇宙事物构成发展的两个主要范畴。

第四节 易传的宇宙发生论及世界图式

易传认为，在物质世界中，最大的阳性的东西就是天；最大的阴性的东西就是地。在很多地方，易传所谓阴阳，就是指天地。易传认为，最能体现阴阳的性质的东西，也就是天地。乾卦《文言》说："大哉乾乎！刚健中正，纯粹精也。"坤卦《文言》说："坤至柔而动也刚，至静而德方。……坤道其顺乎！承天而时行。"易传用它所认为是天和地的性能以说明阴阳的性质。这种看法，是和当时人们对于天体的理解联系在一起的。古时以为天圆而地方，天运转而地不动；动是刚健的表现，不动是柔顺的表现。

咸卦的《彖辞》说："咸，感也。柔上而刚下，二气感应以相与"；"天地感而万物化生"。这里所说的"二气"，就是阴阳二气。咸卦☱☶艮下兑上；艮是少男；兑是少女。女在男上，意味阴在阳上。阴气经常在下，阳气经常在上；现在上下交换，这就是"二气感应"的象征。照易传的说法，在自然界中，阴阳二气的具体表现就是天地。二气的"感应"，就是天地的"感应"。万物都是从天地"感应"化生出来的。

《系辞传》说："天地絪缊，万物化醇；男女构精，万物化生。"它是从男女配合生出子女这个生物学的现象，作一种类比，推出天地配合生出万物。它认为自然界的根本是天地；万物中最主要的东西是在天上的日、月、风、雷，在地上的山、泽及人生最急需的水、火。按八卦说，乾坤代表天地，其余六卦则分别代表其余的这些东西。天地比如父母，其余的东西比如天地的子女。

天地的这六个最初的子女，辅助天地，化生万物，例如，仅只有天地，万物还不能长大，还要"鼓之以雷霆，润之以风雨"（《系辞传》）。又说："天地解而雷雨作，雷雨作而百果草木皆甲坼。"（解卦《彖辞》）从前的人认为雷对于万物的生长，有惊醒鼓动的作用；雨对于万物的生长的作用，是更明显的。这是《易经》中的原始的、素朴的唯物主义思想，易传也把它保存下来。

易传也像阴阳五行家那样，把八卦分配于四方、四时，从空间和时间两方面立一世界图式。《说卦》说："帝出乎震，齐乎巽，相见乎离，致役乎坤，说言乎兑，战乎乾，劳乎坎，成言乎艮。"下文解释说："万物出乎震，震东方也。齐乎巽，巽东南也。……离也者，明也；万物皆相见，南方之卦也。坤也者，地也；万物皆致养焉，故曰致役乎坤。兑，正秋也，万物之所说（悦）也，故曰说言乎兑。战乎乾，乾，西北之卦也，言阴阳相薄也。坎者，水也，正北方之卦也，劳卦也，万物之所归也，故曰劳乎坎。艮，东北之卦也，万物之所成终而所成始也，故曰成言乎艮。"照这个说法，震位于正东，于时为春；一切生物都在春季生长出来。巽位于东南，于时为春夏之交。离为火，位于正南，于时为夏；一切生物都在夏季成生长。坤位于西南，于时为夏秋之交。兑位于正西，于时为秋；一切生物皆在秋季因收成而喜悦。乾位于西北，这是一年阴盛阳衰的开始，阴阳相薄而战。坎位于正北，于时为冬；一切生物都在冬季藏起来，所以说，"万物之所归也"。艮位于东北，于时为冬春之交；一年四季，又在开始，所以说，"万物之所成终而所成始也"。

在这个世界图式中，离为火居南方，于时为夏；坎为水，居北方于时为冬；这是跟阴阳五行家的世界图式相合的。其余六卦的方位和季节，照《说卦》的解释，都很不明了，大都是些"废话与胡说"。

《序卦》说："有天地然后万物生焉，盈天地之间者唯万物。"又说："有天地然后有万物，有万物然后有男女，有男女然后有夫妇，有夫妇然后有父子，有父子然后有君臣，有君臣然后有上下，有上下然后礼义有所错。"照这个说法，物质的天地是万物的根本；天地之间，除了万物之外，没有别的东西（"唯万物"）。照这个说法，在万物之中，有人类的男女。男女的配合原来只是一种生理关系。在夫妇关系还没有确定的时候，人不能知道谁是他的父，也不能知道谁是他的子，所以"有夫妇然后有父子"。以父子的关系为基础，建立了君臣的关系，这就有了"上下"的分别。根据这种关系，制定出来一些制度，这就是所谓"礼义"。《序卦》的这种说法，猜测到社会的发展，由家庭的建立到阶级的分化。这在一定程度上是符合于事实的。《序卦》没有说在没有天地的时候是什么样子。它似乎认为天地是无始的。这一点不很明确。但是，从《序卦》对"未济"卦的解释（见下）看，它显然认为世界是无终的。

易传认为，事物经常在变化之中，"天地之道，恒久而不已者也"（恒卦

《彖辞》)。恒久不已，就是永恒的运动。其最明显的表现就是日月的运行及四时的变化。"天地革而四时成"（革卦《彖辞》）；革就是变革。天地的变化照着一定的规律，"天地以顺动，故日月不过，而四时不忒"（豫卦《彖辞》）。"不过"，"不忒"，就是没有差错，其所以没有差错，就是"以顺动"，"顺"着规律运动。运动虽是多种多样，但是统一于规律，"天下之动，贞夫一者也"（《系辞传》）。易传所说的"道"，就有规律的意义。它认为每一类的东西都有它们的"道"。天有"天之道"，地有"地之道"，人有"人之道"。

关于八卦的起源，《系辞传》说："古者包牺氏之王天下也，仰则观象于天，俯则观法于地，观鸟兽之文，与地之宜，近取诸身，远取诸物，于是始作八卦，以通神明之德，以类万物之情。"这就是说，创始八卦的人，对于自然界作了充分的观察，首先观察天地，其次观察鸟兽，以及自己的身体。从这些观察中，得到对于规律的知识；八卦就是用以表示这些规律的"象"。易传认为，有了八卦这些"象"，就可以解释自然界的神秘（"以通神明之德"），并且说明各种事物不同的情况（"以类万物之情"）。易传对于八卦起源的见解，是不符合历史事实的；对于八卦作用的说法，是十分夸张的。但是，从认识论的角度看，它的这种见解似乎有反映论的观点。上面说过，易传认为"圣人"所取的"象"是摹拟客观事物的情况。这似乎也有认识论上的反映论的观点。

上面引《系辞传》所说的，"易有圣人之道四焉"，其中之一就是"以制器者尚其象"。《系辞传》说："黄帝尧舜垂衣裳而天下治，盖取诸乾坤。""天尊地卑，乾坤定矣；卑高以陈，贵贱位矣。"阶级社会确立治者与被治者的分别，贵者与贱者的分别，据说这是取法于"天尊地卑"，所以是"取诸乾坤"。又说，舟楫的发明是取法于"涣"。涣卦☴巽上坎下，木在水上。船也是木在水上，所以"圣人"由涣卦的启示而制造船。又说：人"服牛乘马"利用畜力，以"引重致远"，是取法于"随"。随卦☱震下兑上，"下动上说（悦）"。"圣人"由这个启示而驯养家畜牛马，以为人服务。《系辞传》说："形而上者谓之道，形而下者谓之器。"卦象表示道；器是把道应用于实际而制造出来的。

易传中这种"观象制器"的思想，实际上是说，通过对自然现象的规律的观察，人类发明生产工具；这有以人力改造自然的意义。这也是一种唯物主义的观点，不过这种观点被它用卦象说歪曲地反映在他们的体系中。它又认为这些增加生产力的发明都是很重要的事，是圣人的重大的责任。"备物致用，立成器为天下利，莫大乎圣人。"（《系辞传》）《系辞传》中提到了伏羲氏发明网罟，教民渔猎；后来出现了神农氏，发明耒耜，教民稼穑；再后来出现了黄帝、尧、舜，发明衣裳、舟车、宫室、棺椁以及文字等，使人民脱离了野蛮时代的生活。易传所说的这些观象制器的圣人，实际上象征着上古时代社会经济的发展阶段和古代文明起源的过程。这都是进步的思想。不过它不承认，这些发明都是劳动人民从生产实践中得来的，认为是"圣人"从学习卦象中得来的，这是唯心主义的思想。

第五节 易传的客观唯心主义体系

上节说，从认识论的角度看，易传似乎有反映论的观点。说"似乎是"，因为易传的体系基本上是一个客观唯心主义的体系，它所认为是客观的东西不一定是物质的东西。真正的反映论必须是主观反映客观，精神反映物质。

易传的作者们和阴阳五行家有一点是相同的，他们都企图证明宇宙，包括自然界和人类社会，是一个"有连贯性的整体"，并且企图对这个有连贯性的整体作一套有系统的说明。这是当时社会、政治统一的趋势在哲学中的反映。《系辞传》说："天下同归而殊涂；一致而百虑。"这两句话就是这种反映的表现。他们的这样的企图也是人类知识发展的要求。这都是应当肯定的。

易传认为《易经》的六十四卦、三百八十四爻都是范畴和公式，代表宇宙事物的"道"，"道"就是宇宙事物的规律，是宇宙事物间的联系，也就是它们之间的连贯性的表现。这里有一个问题，就是，"道"和事物有什么样的关系呢？是"道"依附于事物，在事物之中；或者"道"是事物的主宰，在事物之上？前者是唯物主义的思想；后者是唯心主义的思想。

在易传中，前者的思想是有的。如《系辞传》说："天尊地卑，乾坤定矣。"这是以天地为主，乾坤两个范畴是依天地的性能而定的。这是前者的思想。第四节中所讲的宇宙发生论和世界图式也有这样的思想。但易传中表现更多的，是上面所说后者的思想。就它的整个体系说，是一个客观唯心主义的体系。

照易传的解释，《易经》可以说是一部事物规律的"代数学"。它虽然也认为，事物的发展是没有穷尽的，但是它认为这部"代数学"可以包括过去、现在和未来一切可能有的规律。这就是认为规律是有限的，不是无限的。这样的体系是一个封闭的体系。其所以封闭是为《易经》的卦、爻辞的体系所决定的。易传的作者们，受了筮法的启示，对于自然现象和社会现象，作了一定的观察，对世界及其规律有一定程度的认识。《系辞传》说："古者包羲氏之王天下也，仰则观象于天，俯则观法于地。观鸟兽之文与地之宜，近取诸身，远取诸物，于是始作八卦，以通神明之德，以类万物之情。"这一段话说的就是这个意思。在这个基础上，他们建立了他们所谓"易"的体系。他们的哲学思想的一部分，是从经验、观察得来的。可是，人无论有多么多的经验，多么多的观察，都不可能得到一个体系，使他可以说："天下之能事毕矣。"易传的作者们认为他们的"易"的体系就是整个的客观世界及其规律的缩影。整个客观世界是照着他们的"易"的体系存在和变化的。这就是唯心主义的思想方法。在这种方法的指导和支配下，易传在哲学的基本问题上，不得不走向客观唯心主义。

上面所讲的"代数学"的方法，对筮法说是必要的。由此而形成的"易"的体系，用以"范围"天地之化，这就导出事物的规律不在事物之中而在事物之上的结论。《系辞传》中表现了这种观点。它说："形而上者谓之道，形而下者谓之器。"这里所说的"道"，即"一阴一阳之谓道"的"道"，指事物变化的法则；"器"指具体的事物。"形而上"是说无形，"形而下"是说有形。这里将"道"和"器"作了明确的区别。这种区别，意味着"道"在"器"之上，是可以脱离具体事物而存在的，也就是说，承认有不依赖于具体事物的规律。这就是认为规律是第一性的，而具体的事物是第二性的。

《系辞传》说："一阴一阳之谓道。……鼓万物而不与圣人同忧。""不与圣人同忧"是说不可把"道"拟人化。但是，"道"作为规律而又可以"鼓万物"，这就是说，万物生长变化的动力是"道"，这就认为"道"是主宰；万物是服从于"道"的。乾卦《彖辞》说："大哉乾元！万物资始，乃统天。云行雨施，品物流形。大明终始，六位时成，时乘六龙以御天。乾道变化，各正性命。保合太和，乃利贞。首出庶物，万国咸宁。""乾元"就是"乾道"，有它"统天""御天"，才可以有"云行雨施，品物流行"。这也是说，"道"是主宰，万物是服从于"道"的。

《系辞传》说："一阴一阳之谓道，继之者善也，成之者性也。"这和乾卦《彖辞》所说的"乾道变化，各正性命"是一致的。这就是说，人的"性"是直接从"道"分出来的。从"道"说，这分出来的是"道"给予人的"命"；从人说，这分出来的是人所受的"性"（"成之者性也"）。因为"性"是直接从"道"分出来的，所以是善的（"继之者善也"）。这个说法，基本上和孟轲的性善说是一致的，不过是讲得更抽象，更玄虚。

易传认为，"圣人"作"易"的目的，就是"穷理尽性，以至于命"（《说卦》）。照它的说法，能够"至于命"，也就是掌握了"道"。它认为掌握了"道"的圣人可以"先天而天弗违"（乾卦《文言》），因为"道"是"统天""御天"的，是"天"的主宰。

这都是客观唯心主义的思想。易传的这种发展，有其一定的程序。易传企图用对立面统一的观点说明世界的形成及其所遵循的规律。这是受筮法的"分而为二"的启示。比较早的对于《易经》的解释，如《左传》《国语》中所记载的，认为"二"就是天地。这种解释，用神话的方式说明天、地是父、母，万物是天、地生出来的子女。就"易象"说，乾、坤两卦是天、地的象征。从乾、坤两卦中，生出其余的六卦，又由八卦配合为六十四卦。这其中有素朴的唯物主义的思想。这在第一章第六节中已经讲过。

对于《易经》的解释的进一步的发展，就是上面所讲"代数学"的思想。这种思想的开始还可以认为"道"是在事物之中，不在事物之上；这是上面所讲易传哲学的唯物主义的一面。但是这种思想的发展，必然使其对于世界的唯物主义的理解逐渐减少，走到上面所讲的唯心主义的道路上去。于是，易传最后构成了它的客观唯心主义体系。

易传的世界图式同五行家的世界图式的根本不同就在于此。五行家的图式是在物质世界之中，在具体事物之中，这是唯物主义的思想。易传的图式是在物质世界之上，具体事物之上。这就是唯心主义的思想。

第六节　易传中的辩证法思想

易传的作者，在筮法的启发下，在一定程度上，对自然现象和社会现象作了观察，发现了一些事物变化的规律，得到了比较丰富的辩证法思想。在中国哲学史中，这是古代辩证法思想的进一步的发展。这是易传的主要贡献。

筮法的一个特点，就是变。"凡十有八变而成卦。"直到现在，我们还说事情的变动是"变卦"；"某某事情变卦了"。这可见筮法中的变的观念对人的印象是很深的。

照汉代学者的解释，"易"本有"变易"的意思。易传极重视变易，前面所说的"易有圣人之道四焉"，其中之一即是"以动者尚其变"（《系辞传》）。下面接着说："参伍以变，错综其数。通其变，遂成天地之文；极其数，遂定天下之象。非天下之至变，其孰能与于此？"这是说，卦爻的变化，错综复杂，形成了各种卦象。又说："易之为书也不可远，其为道也屡迁。变动不居，周流六虚；上下无常，刚柔相易。"这是说，六爻变动无常，阴爻、阳爻互相转化。"爻者言乎变者也"（《系辞传》）。正是由于卦爻的变化无常，才生出各种不同的卦象，由此断定各种事情的吉凶祸福。离开了卦爻的变化就不能进行占筮了。

在这种启发下，易传对自然现象和社会现象作了一定的观察，由此认识到，一切事物也都处在变动之中。《系辞传》说："在天成象，在地成形，变化见矣。""在天成象"是说，天上形成了日月星辰；天象有明有晦，月亮有盈有亏。"在地成形"是说，地上形成了山川、草木、禽兽等有形的东西；山川有流动变迁，生物有枯荣生死。丰卦《彖辞》又说："日中则昃，月盈则食，天地盈虚，与时消息，而况于人乎，况于鬼神乎？"这是说，从自然界到人类，没有不变化的。易传认为，卦爻的变化就是效法天地的变化。"爻也者效天下之动者也"；"天地变化，圣人效之"（《系辞传》）。这也就是说，"易"的体系中的卦、爻的变动是宇宙事物变动的反映。

易传认为，卦、爻的变化是神妙莫测的。《系辞传》说："阴阳不测之谓神。"这句话也可以了解为，具体事物的具体变化是极端复杂不可预测的。《说卦》说："神也者，妙万物而为言者也。"这是说，"神"的意思是万物的变化神妙莫测。但是《系辞传》又说："知变化之道者，其知神之所为乎？"这是说，具体的变化虽不可测，但有一个"变化之道"，就是说，卦象和事物的变化有其规律。了解这些规律，也就可以了解"神之所为"，"神"也就不是不可测了。因此，易传十分强调研究和掌握变化的规律，认为，"圣人"作"易"的目的在于"通神明之德"，"圣人"的最大的能力，在于穷究事物变化的规律，"穷神知化，德之盛也"（《系辞传》）。明确肯定事物永远处在变化的过程中，有意识地研究事物变化的法则，这是易传哲学的一个特点。这是辩证法思想。

事物的变化有哪些规律呢？首先，易传的作者接触到事物变化的根源问题，认为事物的变化，是由于事物本身包括有对立面；由于对立面的相互作用，才有事物的变化。就易象方面说："观变于阴阳而立卦，发挥于刚柔而生爻。"（《说卦》）这是说，有阴爻和阳爻的对立，才有卦的变化。易传认为，一切事物的变化也都是如此。一切事物都有对立着的两个方面，也就是说，都有阴阳两个方面，而且是相反相成的。《系辞传》说："天尊地卑，乾坤定矣；卑高以陈，贵贱位矣；动静有常，刚柔断矣。"就尊卑的对立说，尊是阳，卑是阴。就贵贱的对立说，贵是阳，贱是阴。就动静的对立说，动是阳，静是阴。就刚柔的对立说，刚是阳，柔是阴。尊卑、贵贱、动静、刚柔，都是相反的东西，且是必须在一起。易传认为，正是由于事物自身包括有对立面的统一，所以事物自己才有变化。《系辞传》说："日月运行，一寒一暑。"又说："日月相推，而明生焉"；"寒暑相推，而岁成焉"。这是说，日月是相反的，但它们必须互相推移，才能成为昼夜；寒暑是相反的，但它们必须互相推移，才能成岁。总起来说，这就是"一阴一阳之谓道"。

第二节说到，筮法"四营"中一个重要的"营"，就是把一束蓍草分为二。

在这种启示下，易传的作者得到了一分为二的观念，提出了"太极生两仪，两仪生四象，四象生八卦"的说法。这种说法也可以理解为，在"太极"中本涵有对立面；由此分化出两个对立面；两个对立面的相互作用，产生了其他的各种现象。这意味着，事物的发展过程是统一物分裂为对立面和对立面相互作用的过程。关于对立面的相互作用，易传认为有相互推移（"刚柔相推"），有相互摩擦（"刚柔相摩"），也有相互冲击（"八卦相荡"）等各种表现形式。这些材料表明，易传的作者猜测到，事物变化的根源，在于其自身存在着内部的矛盾。

照易传的解释，睽卦说明事物中的对立面的差异。睽卦☲兑下离上。《彖辞》说："睽，火动而上，泽动而下。二女同居，其志不同行。"火的性质是"炎上"；水的性质是"润下"。火在上更往上，水在下更往下，背道而驰，差异越来越大。离为中女，兑为少女；所以"二女同居"，但"其志不同行"，一个是"炎上"，一个是"润下"。但是睽卦《彖辞》认为，对立面的统一还是主要的。它说："天地睽而其事同也；男女睽而其志通也，万物睽而其事类也。睽之时用大矣哉！"睽卦《象辞》说："上火下泽，睽，君子以同而异。"同之中有异，就是说，统一之中有差异，有矛盾。

关于上面所讲的思想，《系辞传》有一个概括的论断："乾坤其易之缊邪？乾坤成列而易立乎其中矣！乾坤毁，则无以见易。易不可见，则乾坤或几乎息矣！"这段话，就"易"的体系说，是说没有乾（阳）坤（阴）的对立，就看不到易象的变化。就宇宙观的体系说，是说没有对立面的矛盾，也就没有变易；没有变易，对立面的相互作用也就要终止了。易传的作者猜测到事物的变化是对立面的统一和矛盾的过程。

易传在这里接触到辩证法的最根本的法则。毛泽东说："事物的矛盾法则，即对立统一的法则，是唯物辩证法的最根本的法则。列宁说：'就本来的意义说，辩证法是研究对象的本质自身中的矛盾。'列宁常称这个法则为辩证法的本质，又称之为辩证法的核心。"（《矛盾论》，《毛泽东选集》第1卷，第287页）又说："列宁对于对立统一法则所下的定义，说它就是'承认（发现）自然界（精神和社会也在其内）的一切现象和过程都含有互相矛盾、互相排斥、互相对立的趋向。'"（同上，第293页）在中国哲学史中，易传第一次接触这个原则，而且自发地在这个原则上建立它的体系。这是易传的最大的贡献。但是它以为这个法则的重点是统一而不是矛盾。这是它辩证法思想不彻底之处。下文详论。

易传的辩证法思想的另一个要点就是主动，以动为主。在易象中象征动的卦是乾。乾是易中的第一个卦，也是最主要的卦。

乾卦的《彖辞》说："大哉乾元！万物资始，乃统天。云行雨施，品物流形。大明终始，六位时成。时乘六龙以御天。乾道变化，各正性命。保合太和，乃利贞。首出庶物，万国咸宁。"《文言》解释说："乾始能以美利利天下，不言所利，大矣哉！大哉乾乎！刚健中正，纯粹精也。六爻发挥，旁通情也。时乘六龙，以御天也。云行雨施，天下平也。"这是用一种形象的语言对于乾卦作的赞歌。也就是对于动的赞歌。大意是说，动是刚健的表现。宇宙间一切作为，一切成就，都是从动开始的（"万物资始"），也都是动的成果（"各正性命"）。这就是"以美利利天下"。一切作为，一切成就，都是由动所生的美利。其利非常广泛，以至于不能具体地说是什么利（"不言所利"）。

乾卦的《象辞》说："天行健，君子以自强不息。"就是说，人要学习乾的美德，不停止地发挥自己的能动性。

旧说："易、老相通。"这是极表面的看法。其实《老子》和易传，在其根本观点上是完全相反的。《老子》主静，以静为主。易传主动，以动为主。举个例说，《老子》和易传，都重视"复"。复卦《彖辞》说："复其见天地之心乎"；就是说，"复"是宇宙的秘密。《老子》也说"万物并作，吾以观复。"（第十六章）不过《老子》所谓复，是"归根复命"的意思。《老子》说："夫物芸芸，各归其根。归根曰静，是谓复命。"（同上）这是说：万物皆出于"道"，并复归于"道"。《老子》"吾以观复"，王弼注说："凡有起于虚，动起于静，故万物虽并动作，卒复归于虚静。"易传"复其见天地之心乎？"王弼注说："复者，反本之谓也。天地以本为心者也。凡动息则静，静非对动者也。语息则默，默非对语者也，然则天地虽大，富有万物，雷动风行，运化万变，寂然至无，是其本矣。"王弼讲的是《老子》的"复"，不是易传的"复"。他以老解易，不合易传的本义，但由此可见《老子》与易传的不同。《老子》所谓"复"，是所谓"归根复命"，其所注重是在"无"，把静止看成是事物变化的最终归宿。易传所谓"复"，讲的是阴阳的消长。与复卦相对的是剥卦，艮上坤下☷，阳消阴长，只剩了上面的一个阳爻。复卦☷将最后消尽的阳在初爻（最下一爻）中又生出来，所以谓之复。意思是说，阳又恢复起来了。易传注重"有"，认为动是万物生成成就的根源。《老子》认为静是第一位的，由静而动，动止复归于静。静是绝对的，动是相对的。易传认为动是第一位的，由动而静，虽静而动也未尝停止。动是绝对的，静是相对的。这是《老子》和易传的根本不同。这个不同是它们所代表的阶级不同的反映（详下）。

易传还认为事物的变化也是对立面相互转化的过程，这也是从筮法得到启发的。筮法用"老阴""老阳"为占，不用"少阴""少阳"为占。用易学家的话说，它用九、六，不用七、八。照它的说法，"老阴""老阳"是正在向它们的对立面转化。阴阳的发展，达到一定的限度就要转化为它的对立面；"老阴""老阳"正是处在转化的前夜。筮法认为这才是最重要的契机；筮法自以为它就是要抓着这个契机。筮法是一种巫术迷信，但是其中的这个思想有很大的启发性。易传就是在这种启发下，对客观事物的变化进行观察，从而得到"物极必反"的辩证思想。

《易经》中本有"无平不陂，无往不复"的话（泰卦九三爻辞）。这是《易经》中原有的辩证思想的萌芽。易传对这个思想更大加发挥。易传说："日中则昃；月盈则食。"（丰卦《彖辞》）又说："变化者进退之象也。"（《系辞传》）由进而退，由退而进，就是变化的过程。又说："易，穷则变，变则通，通则久。"（《系辞传》）"穷"就是事物发展到极点；"变"就是变为其反面；"通"是变为反面以后的新的发展；"久"是新的发展所经的时间。这个"久"也不是永远的，在不久的时间内，它还要达到"穷"的阶段。这就叫"往来""屈伸"。

《系辞传》说："阖户谓之坤，辟户谓之乾，一阖一辟谓之变，往来不穷谓之通。"又说："往者，屈也；来者，信（伸）也。屈信相感而利生焉。"易传认为，宇宙间的变化，其内容不过是事物的成毁。就卦象说，事物的成毁，也就是乾、坤的开、阖。事物的成是其来，其毁是其往。一来一往就是变。这种往来是无穷的；惟其无穷，所以世界无尽。这就是所谓"往来不穷谓之通"。

"往来不穷"就是说，来者往，往者再来。再来谓之"复"。"无平不陂"就是说，无来者不往。"无往不复"就是说，无往者不再来。

易传认为，"物极必反"是事物变化所遵循的一个通则。照《序卦》所说，六十四卦的次序，即表示这种通则。六十四卦中，相反的卦常是在一起的。例如，泰卦䷊和否卦䷋，剥卦䷖和复卦䷗，震卦䷲和艮卦䷳，既济卦䷾和未济卦䷿，在卦象上都是相反的；可是在六十四卦的排列次序中，它们是在一起的。专就这个次序说，这可能是《易经》中原有的辩证法思想。《序卦》发挥这个思想说："泰者，通也；物不可以终通，故受之以否。""剥者，剥也；物不可以终尽，剥穷上反下，故受之以复。""震者，动也；物不可以终动，动必止之，故受之以艮；艮者，止也。"六十四卦的最后一卦是"未济"。《序卦》说："物不可穷也，故受以未济终焉。""通"的事物"不可以终通"；动的事物"不可以终动"；这就是说，它们必然要转化为其对立面。"物不可穷"，就是说，事物是无尽的；世界无论在什么时候总是未完成（"未济"），就是说，永远处在转化的过程中。这些都是易传中的辩证法思想。

照易传的解释，有些卦爻的次序，也表示"物极必反"的规律。例如，乾卦的六爻说明，一个有"圣人之德"的人，由下位逐步上升到君位。初九代表下位，九二、九三、九四，依次上升，到九五就是"飞龙在天"，成为最高的统治者了。上九比九五还高一层，可是到上九就成为"亢龙"而"有悔"了。为什么是如此呢？《文言》解释说："亢龙有悔，穷之灾也"；到上九就要"穷则变"了。《文言》说："亢之为言也，知进而不知退，知存而不知亡，知得而不知丧。"进与退，存与亡，得与丧，都是矛盾着的对立面。它们在一定条件下是可以互相转化的，"亢龙""知进而不知退"，结果就是退；"知存而不知亡"，结果就是亡；"知得而不知丧"，结果就是丧。易传认为这是事物变化所遵循的一个通则。

易传认为，人应该对于对立面的转化，取积极的态度，应用对立面转化的法则促进事物的发展。《系辞传》说："尺蠖之屈，以求信（伸）也；龙蛇之蛰，以存身也。""屈"和"蛰"是消极的动作，但"尺蠖之屈"和"龙蛇之蛰"是为更好地前进。《老子》虽有类似的话，但他的所谓进是反抗新兴地主阶级，实际上是反对前进。这是《老子》与易传之间的一个根本不同之处。

和《老子》的辩证法比较起来，易传还特别强调变革。易传在有些地方认为"化"与"变"是不同的。"化"是指自然的变化和逐渐的变动；"变"指人为的变革和激烈的变动。《系辞传》说："化而裁之谓之变，推而行之谓之通。"所谓"化而裁之"是说，顺着自然变化的趋势加以人为的推动；这就是变革的意思。革卦《彖辞》说："革，水火相息，其志不相得曰革。"革卦☲离下兑上，跟睽正相反。睽卦离上兑下，水"润下"，火"炎上"，二者的距离越来越远，差异越来越大，所以为"睽"。革卦也是"二女同居"，但是水在上而"润下"，火在下而"炎上"，二者互相企图消灭对方，所谓"水火相息"；"息"在这里是熄灭的意思。这就是说，对立面的双方之间，展开了"你死我活"的斗争。这就是"革"的"象"。革卦《彖辞》接着说："天地革而四时成。汤武革命，顺乎天而应乎人，革之时大矣哉！"这是说，天地必有变革，才有春、夏、秋、冬；社会政治的变革，是合乎事物发展的规律和人们的要求的。我们现在使用的"革命"一词，就是从这里来的。认为经过变革，事物才能更好地发展，这是易传对辩证法思想的一个重大的贡献。

依据以上的思想，易传认为，事物变化和对立面转化的过程，不是消极后退的过程，而是不断更新和前进的过程。《系辞传》说："富有之谓大业，日新之谓盛德，生生之谓易。"这是说，阴阳的互相转化，有"富有"的"大业"，也有"日新"的"盛德"；它的"大业"，即成就于"日新"之中。所谓"日新"，即不断地更新。《系辞传》又说："天地之大德曰生。""生"，也就是"日新"。这里所说的"日新"，不一定就是质的飞跃。但易传的这种思想，和《老子》的消极倒退的发展观，成为鲜明的对比。

易传与《老子》皆认为如欲保持一物，最好的办法是不要使它发展到极点，经常预备接受其反面；如此，则可不至于变为其反面。但是易传所采取的是积极的态度，其目的在于使自己在前进中不至于失败，以保持已得的果实。既济卦是成功的"象"；可是它的《象辞》说："君子以思患而预防之。""君子"如能如此，就可以保持着他的"既济"。《系辞传》说："危者，安其位者也；亡者，保其存者也；乱者，有其治者也。是以君子安而不忘危，存而不忘亡，治而不忘乱，是以身安而国家可保也。易曰：'其亡其亡，系于苞桑。'""安不忘危""思患预防"，就是"知几"。《系辞传》说："知几其神乎？……几者，动之微，吉凶之见者也。"又说："夫易，圣人所以极深而研几也。"知几的人，安不忘危，则可以保持安；存不忘亡，则可以保持存；治不忘乱，则可以保持治。事物经常处在转化的过程中，好事也有可能成为坏事，因此要时常警惕考虑到坏的一方面，事先加以克服，这就可以保持胜利。

易传认为"知几"是《易经》的一个重要教训。

第七节　易传哲学的阶级根源

地主阶级是一个剥削阶级，所以即当其在上升的时期，也是有两面性的。它一方面与奴隶主贵族有矛盾，一方面与劳动人民有矛盾。易传反映了地主阶级的这种两面性。它一方面与奴隶主贵族的社会秩序和等级制度作斗争，认为地主阶级应该取奴隶主贵族的政权而代之，所谓"汤武革命，顺乎天而应乎人"（革卦《象辞》）。易传哲学的辩证法的一面，是为向奴隶主的斗争服务的。地主阶级另一方面又要建立和巩固封建社会的社会秩序和等级制度。易传也反映地主阶级的这个要求和愿望。它把封建社会中的秩序硬加在自然界上，硬说它也是自然界中的秩序。以后它又反过来拿这种所谓自然秩序，说明封建统治阶级的社会秩序是合理的，永恒的。例如封建社会的四大绳索中的政权规定君尊臣卑，族权规定父尊子卑，夫权规定夫尊妻卑，这是封建社会中所谓秩序。尊卑的关系就是统治与被统治的关系，易传用乾、坤两卦以说明这种关系。《系辞传》说："乾知大始，坤作成物。""知"是主管的意思。在封建社会的官僚系统中，主管一府的事的官叫"知府"；主管一县的事的官叫"知县"。《系辞传》这里所谓"知"也是这个意思。乾所主管的是创始；坤所主管的是完成。又说："成象之谓乾，效法之谓坤。"这都是说，乾是主动的，是统治者的"象"；坤是被动的，是被统治者的"象"。坤卦的卦辞说:"坤,元亨,利牝马之贞。君子有攸往。先迷后得主,利。西、南得朋,东、北丧朋,安贞吉。"《彖辞》解释说:"牝马地类,行地无疆。柔顺利贞,君子攸行。先迷失道,后顺得常。西、南得朋,乃与类行。东、北丧朋,乃终有庆。安贞之吉,应地无疆。"这就是说,坤是被统治者的"象",有"柔顺"的性质。如果在前面领导,它就要迷惑而失掉方向("先迷失道");只有在后边跟随,才是它的正常状态("后顺得常")。西方的卦是"坤""兑";南方的卦是"巽""离",这些卦都是阴卦("坤"是母,"兑"是少女,"离"是中女,"巽"是长女)。所以"坤"于西、南两方,可以"得朋",因为是与同类的卦在一起("乃与类行")。东方的卦是"艮""震";北方的卦是"乾""坎";这四卦都是阳卦("乾"是父,"艮"是少男,"坎"是中男,"震"是长男)。所以坤于东、北两方,只是"丧朋"。但正因没有朋友,才终于"有庆";就是说,坤只有随顺乾,才可不"迷"而得"常"。《文言》更发挥说,"坤至柔而动也刚,至静而德方;后得主而有常,含万物而化光,坤道其顺乎,承天而时行"。这些话都明确地说明,坤和乾的关系是被统治与统治的关系。

乾卦所讲的是天道,君道,父道,夫道。坤卦所讲的地道,臣道,子道,妻道。照易传这样一讲,好像四大绳索都是出于自然,因此是合理的不可改变的。易传以这种思想为封建的社会秩序作根据。也正因为如此,它终于将乾坤、阴阳说成是脱离具体事物而存在的范畴和原则,企图由此更有效地说明封建制度是永恒的,合理的。这是易传哲学的客观唯心主义的阶级根源。

旧日易学家讲易传中有三个重要观念:位、时、中。从上面所引易传的话看,所谓"位"、"时"、"中"有这样的意义,就是说,如果一事物有所成就,它的发展必须合乎它的空间上的条件("位"),及时间上的条件("时"),其发展也必须合乎其应有的限度("中")。易传认为事物的发展是和时间、地点、限度联系在一起的。不过它所说的"位",只是就某一爻在某一卦中的地位说的,跟实际情况根本没有联系,这是一种抽象的说法。至于它所说的"时"更是抽象,一个爻为什么是得时或失时,也都没有说明。

从马克思主义的现代唯物主义辩证法看起来,易传关于运动和对立统一的思想中,本来有很大的形而上学的成分。它所认识的运动的总的过程,还基本上是循环的。所谓"往来不穷",归结于"复";"复"就是循环。它说:"日往则月来;月往则日来,日月相推而明生焉。寒往则暑来,暑往则寒来,寒暑相推而岁成焉。"(《系辞传》)宇宙间事物的"往来"都是这样"相推"。照这种说法,虽"相推"而并没有真正新的事物出现。也就是说,看不见有质的飞跃。

恩格斯论西方18世纪的唯物主义者说:"自然界是处在永久的运动中;这点

是当时人们也曾知道的。但根据当时人们的想法，这种运动是永远在同一个圈子内旋转着，从而也就永远停留在同一地点上；它总是导致同一的结果。这种想法在当时是不可避免的。……不能拿这个缺点去责备 18 世纪的哲学家们，因为这个缺点甚至连黑格尔也是免不了的。"（《费尔巴哈与德国古典哲学的终结》，《马克思恩格斯文选》（两卷集）第 2 卷，第 371 页）这是跟当时的科学水平相联系的。

易传虽接触到辩证法的核心、对立统一的法则，但它讲得最多的是对立面的统一；关于对立面的斗争它讲得很少。它更没有看到对立面的斗争是变化和发展的泉源；斗争是绝对的，统一是相对的。毛泽东说："无论什么事物的运动都采取两种状态，相对地静止的状态和显著地变动的状态。两种状态的运动都是由事物内部包含的两个矛盾着的因素互相斗争所引起的。当事物的运动在第一种状态的时候，它只有数量的变化，没有性质的变化，所以显出好似静止的面貌。……事物总是不断地由第一种状态转化为第二种状态，而矛盾的斗争则存在于两种状态中，并经过第二种状态而达到矛盾的解决。所以说，对立的统一是有条件的、暂时的、相对的，而对立的互相排除的斗争则是绝对的。"（《矛盾论》，《毛泽东选集》第一卷，第 320—321 页）这是对立统一规律中最重要的一点；易传的辩证法思想所没有见到的也正是这一点。正因为如此，所以它不能看出真正新事物的发生，所以在它看来，事物的运动，总的说来只是一种循环。

易传认为在对立面的对立中，主要的不是它们的矛盾，而是它们的调和。乾卦《彖辞》说："保合太和，乃利贞。"它认为"乾"的一个重要作用是保持宇宙的协和。这个和与普通的和不同，所以称为"太和"。

在儒家思想里，"中"跟"和"是联系在一起的。《礼记》里《中庸》一篇，有许多意思，甚至于有些字句，都与易传相同。《中庸》也发挥"中"及"和"的思想，它说："中也者，天下之大本也；和也者，天下之达道也。致中和，天地位焉，万物育焉。"它鼓吹"万物并育而不相害，道并行而不相悖"。这样的和，就是易传所谓"太和"。西方资产阶级哲学家称之为"预先立的和协"。

马克思主义唯物辩证法有一个重要的范畴，就是"度"。度就是事物存在的界限，超过了这个界限，这个事物就不是这个事物而要转化为别的东西了，就是说，量变就要引起质变。"度"是一种范围，在这个范围之内，量变不致引起质变。

马克思主义唯物辩证法认为量变超出了事物的"度"，是合乎世界发展规律的，只有在这种情况下，旧质才会消失，新质才会产生。新质又有新的"度"，新质又发展，又打破了"度"，又有新质产生。这样发展下去，才有无穷的真正的新事物继续出现，这样才是真正的"未济"。

儒家所说的"中"，在一定程度上有似于这里所说的"度"，一种事物的发展，如果超过了"中"，它就要变成它的反面，它与别的事物关系也失去了平衡，就是说失去了"和"。

在儒家的思想中，"时"和"中"是联系在一起的。易传的"时""中"等概念，正是儒家的这种思想的表现。易传把它们跟卦、爻辞结合起来，这就似乎是在自然界也有一定的根据，因此在后来的封建社会中更扩大这些思想的影响。

第二十二章　荀况——儒家思想向唯物主义的发展

第一节　荀况与《荀子》

荀况字卿，亦称孙卿子（约前298—前238）战国时期赵国人。他曾在齐国游学，是"稷下先生"之一，并成为他们的领袖（"祭酒"）。他到过秦国、楚国。楚国的春申君叫他做兰陵令。后来他死于兰陵（《史记·孟子荀卿列传》）。

荀况自称为儒，当时的人也称他为儒。韩非说："世之显学，儒墨也。儒之所至，孔丘也；墨之所至，墨翟也。自孔子之死也，有孟氏之儒……有孙氏之儒……故孔墨之后，儒分为八，墨离为三，取舍相反不同，而皆自谓真孔墨。"（《韩非子·显学》）这里所说的孟氏之儒就是孟轲的那一派，孙氏之儒就是荀况那一派。这两派确实是"取舍相反不同"，而且都自以为是孔丘的真正继承人。

荀况的著作有《荀子》三十二篇，基本上保存着刘向编辑这部书所有的内容和面貌。

先秦传下来的私人著作，题为某子某子者，都是经过汉朝人，特别是刘向、刘歆编辑过的。题为某子，意思不过是说，这是以某人为首的某一个流派的人所作的文章。它实际上是一个总集，不是一个人的别集。所以其中有前后不一致，甚至自相矛盾的观点和论点。这种情况在《庄子》和《老子》里面都是有的。在《孟子》书中也是有的。

在宋朝人的一个笔记中记载一个故事。有几个大人物谈论《孟子》。有一个小人物坐在下面不发言。大人物问小人物说："你读过《孟子》吗？"回答："读过。""懂得吗？""不懂。""怎么不懂，说出来我们给你讲讲。""头一句'孟子见梁惠王'，我就不懂。""这有什么难懂？""孟子后面说：古者不为臣不见。"大人物不知所答。孟轲自以为不是梁惠王的臣，为什么见梁惠王？这是《孟子》前后矛盾的一个例子。

《荀子》三十二篇应该分为三类。第一类是唯物主义思想，旗帜鲜明，立场明确，确切是可以解放思想，解放生产力，确切是和孔丘、孟轲针锋相对，这是古代哲学中极有价值的著作。这是荀之所以为荀者，是《荀子》的主要部分，是其精华。第二类是因循没落奴隶主旧制度，但也给以新的解释，使之继续为新兴地主阶级服务。既然能为新兴地主阶级服务，在当时也还是有价值的著作。第三类是荀况或其学生从儒家带来的包袱。

第二节　荀况论"王""霸"

秦国是当时最富强的国家，实行法治最彻底的国家，是战国时期新兴地主阶级政权的典范。荀况到过秦国，会见过秦昭王（《儒效》篇），会见过当时秦国的宰相应侯范雎，也会见了他的老学生李斯。同他们谈了他到秦国以后所见所闻，对于秦国的成就作了很高的评价。

李斯问荀况，秦国应该怎么办。荀况说："力术止，义术行。"（《强国》篇杨倞注，据刘向《新序》认为这一段话是荀况对李斯说的）荀况说："秦国威强乎汤武，广大乎舜禹。"就是说，秦国的威力的强大和统治地域的广大，都是以前所没有的。然而秦国还有很多的问题，"常恐天下之一合而轧己也"。就是说，经常恐惧其他强国联合，一起来反对它，这就叫"力术止"，就是说，专靠武力的方法其胜利是有止境的。

什么是"义术行"？荀况说："节威反文，案用夫端诚信全之君子治天下焉，因与之参国政，正是非，治曲直，听咸阳。顺者错之，不顺者而后诛之。若是，则兵不复出于塞外，而令行于天下矣。若是，则虽为之筑明堂于塞外（杨倞认为此三字衍）而朝诸侯殆可矣。假今之世，益地不如益信之务也。"（《强国》篇）意思就是说：武力的威力是有止境的。用武力要有一定的节制，要回过来用文德。要用有文德的人治国，叫他们参预国家的政事，叫他们定出是非曲直的标准。然后叫各诸侯国都听咸阳（秦国都）的号令。对于已经顺从的诸侯国，就不必伐了。如果有不顺的再用兵伐它们。这样不必出兵而秦国的命令就行于天下了，这样就可以筑明堂朝诸侯。在现在这个时候，开拓土地不如提高道德威望更为重要，这就叫"义术行"。

荀况在这段话里所说的秦与六国的斗争的形势，基本上就是战国时期"合纵""连横"的形势。秦国的战略是用"连横"打破"合纵"，以达到统一的目的。但是照荀况的办法所达到的统一，还是周天子式的统一，有一个天子位于诸侯国之上，坐在"明堂"（据说明堂是周天子发号施令的场所）之上，朝见诸侯国的国君，向他们发号施令。这样的统一不是废除分封制而是保留分封制的残余，与秦始皇所要的统一是不同的。这是荀况从儒家带来的一个包袱。

在荀况见范雎的时候，范雎问他"入秦何见"。荀况回答说："其固塞险，形势便，山林川谷美。天材之利多，是形胜也。入境，观其风俗，其百姓朴，其声乐不流污，其服不挑，甚畏有司而顺，古之民也。及都邑官府，其百吏肃然，莫不恭俭敦敬，忠信而不楛，古之吏也。入其国，观其士大夫，出于其门，入于公门，出于公门，归于其家，无有私事也。不比周，不朋党，倜然莫不明通而公也，古之士大夫也。观其朝廷，其朝闲，听决百事不留，恬然如无治者，古之朝也。故四世有胜，非幸也，数也。是所见也。故曰：佚而治，约而详，不烦而功，治之至也。秦类之矣。"（《强国》篇）

这句话的第一段讲的是秦国的自然形势，秦国在地理方面所占的优越地位。这就是形胜。第二段讲的是秦国的老百姓以及他们的风俗习惯。他们都很朴实，不听不正当的音乐，不穿奇装异服。他们很怕他们的官长，很服从他们的官长。荀况说这是"古之民也"，其实这是在法家政治统治下的老百姓的精神面貌。第三段讲的是秦国下层官僚，他们都是恭恭敬敬地认真办他们的职务所规定的事。荀况说是"古之吏也"，其实这是在法家统治下的下层官僚的精神面貌。第四段讲的是秦国的中上层的官僚。他们都是奉公守法，不结党营私。荀况说是"古之士大夫也"，其实这是在法家统治下的中上层官僚的精神面貌。第五段讲的是最高统治者。他不办什么事而什么事都办了。荀况说是"古之朝也"，其实这是法家的"君上无为，臣下有为"，"无为无不为"原则的表现。第六段是荀况的结论。他认为秦国四代都战胜其他的诸侯国，这是理之当然，并不是侥幸。荀况最后说："故曰，佚而治，约而详，不烦而功。"他在《王霸》篇也说，"人主之职"是任贤使能，而不是自己亲自办事。所以"人主者，守至约而详，事至佚而功"。就是说，统治者"无为无不为"。这是荀况所常讲的，所以用"故曰"两个字。这三句话说出法家的政治的主要精神。荀况认为这是最好的政治。秦国的政治和最好的政治是类似的。

荀况在另一篇中说，如果一个国具有四个条件，就可以无敌于天下。这四个条件是，"其法治，其佐良，其民愿（老实），其俗美"（《王霸》篇）。照他对范雎所说的话看起来，当时的秦国，几乎已经具备这四个条件了。

但是，荀况向范雎表示，秦国还应当再往前进以达到他所理想的地步。他同范雎的谈话最后说："粹而王，驳而霸，无一焉而亡。"荀况把他理想的政治叫做"王"，其次等的叫做"霸"，按霸的标准说，秦国已经登峰造极了。但是同

"王"比起来，还差一层。王道的内容是什么？就是义。他对李斯说："力术止，义术行。"就是说只有义术才可以没有止境地行下去。

荀况认为，霸也还不错，仅只是在程度上比王还差一层，没有王那么"纯粹"，还有一点"杂驳"。王和霸是一类的东西，仅只是走得彻底和不彻底而已。王和霸的不同是程度上的不同，不是种类的不同。这也是荀况的王霸之辨。他的王霸之辨和孟轲是不同的。孟轲认为王霸的不同是种类的不同，是互相对立的。

这一点表现在荀况和孟轲对于齐桓公的评价上。孟轲对于齐桓很轻视，认为他不但没有什么大的功绩，而且他所走的路线根本上是错误的。他说："仲尼之门无道桓、文之事者。"就是说，齐桓、晋文根本不值一提。荀况也说：仲尼的门人羞称五霸，但是他说：齐桓公有天下大节。"俊然见管仲之能足以托国也，是天下之大知也。安忘其怒，出忘其雠，遂立以为仲父，是天下之大决也。立以为仲父，而贵戚莫之敢妒也；与之高国之位，而本朝之臣莫之敢恶也；与之书社三百，而富人莫之敢距也，贵贱长少，秩秩焉莫不从桓公而贵敬之，是天下之大节也。诸侯有一节如是，则莫之能亡也。桓公兼此数节者而尽有之，夫又何可亡也？其霸也宜哉，非幸也，数也。"（《仲尼》篇）

荀况在这里赞美齐桓，因为他能用管仲，所以虽是赞美齐桓，实际上是也赞美了管仲。齐桓以管仲为仲父，而贵戚大臣都不敢妒，因为管仲的法家政策是任人唯贤而不是任人唯亲。高氏和国氏本来是齐国的世卿。齐桓叫管仲夺了他们的权而没有人敢反对，因为管仲的法家政策本来就是反对世卿世禄。桓公给管仲土地而富人不敢反对，因为管仲的法家政策本来就是打击奴隶主富人。

从上边引文可以看出荀况对于当时的新兴地主阶级政权的态度。当时新兴地主阶级政权称为霸。齐桓是春秋时代的第一个霸主，秦国是战国末期的最大的霸国，荀况对于齐、秦两国的政治都加以肯定。不过他认为当时的霸业还可以再进一步的完善。这进一步的完善，他称为"王"。

荀况说："子产取民者也，未及为政也。管仲为政者也，未及修礼也。故修礼者王，为政者强，取民者安，聚敛者亡。"（《王制》篇）这里对于管仲的评论也就是对于齐桓霸业的评论。荀况的意思是说，子产企图用一些小恩小惠以得到老百姓的拥护。但是他没有一套整个的政策。管仲有他一套整个的政策，但是他还没有修礼。能"修礼"的就是王，能"为政"的就是霸，能够"取民"的可以维持现状，只向老百姓要钱就要亡国。照这段话看起来，"修礼"就是霸的进一步地完善。

荀况称齐桓、晋文、楚庄、吴阖闾、越勾践为五霸。他说：五霸之所以能称为霸，由于他们能"乡方略，审劳佚，谨畜积，修战备，齰然上下相信而天下莫之敢当"。但是，五霸还有很大的缺点。荀况说：这五霸"非本政教也，非致隆高也，非綦文理也，非服人之心也"（《王霸》篇）。这就是说，霸还需要进一步地完善。怎么完善呢？就是"修礼"。他所说的政教、隆高、文理都包括在礼之内。用现在的话说，礼包括文化、道德、意识形态等方面的上层建筑。要用这些东西改变人的思想，这就是所谓"服人之心"。人的思想必须改变了，一个新的经济基础才能巩固。

总的说来，认为王、霸有所不同，王是以德服人，霸是以力服人，王优于霸，这是儒家的共同认识。孟轲认为这个不同是种类的不同，荀况则认为是程度上的不同。这是他们的"取舍不同"。这个取舍不同，是当时地主阶级内部两种不同派别对于当时政治的不同态度的反映。

第三节 "法先王"和"法后王"

在一个时期内，有人认为，孟轲主张"法先王"，荀况主张"法后王"，这是二人之间的一个主要的不同。这个说法是不对的。

荀况对于齐国和秦国的霸业的评价，可以帮助我们理解他所讲的"法后王"的意义。如果说，他所说的"后王"就是春秋战国以来代表地主阶级利益的统治者，那么齐桓、管仲和当时秦国统治者应该就是最可以为法的了。可是，照上节所讲的，荀况明确地说，他们好是好，但是还不足为法。这是什么道理呢？而且在《荀子》书中，讲"法后王"的有几处，讲"法先王"的地方也不少。在他评论邓析、惠施的时候，明确地指责说，他们"不法先王"（《非十二子》篇），如果不法先王是错误的，如果"后王"指的就是春秋战国以来的霸主，那么，法后王岂不就是不法先王吗？

荀况说："王者之制，道不过三代，法不贰后王。道过三代谓之荡，法贰后王谓之不雅。衣服有制，宫室有度，人徒有数，丧祭械用皆有等宜。声则凡非雅声者举废。色则凡非旧文者举息。械用则凡非旧器者举毁。夫是之谓复古，是王者之制也。"（《王制》篇）如果说他所讲的"后王"就是春秋战国以来的霸主，为什么又说"复古"？这岂不是在一段话之内就自相矛盾吗？

荀况说："故曰欲观圣王之迹，则于其粲然者矣，后王是也。彼后王者，天下之君也。舍后王而道上古，譬之是犹舍己之君而事人之君也。故曰：欲观千岁，则数今日；欲知亿万，则审一二；欲知上世，则审周道；欲知周道，则审其人，所贵君子。"（《非相》篇）在这一段话里，荀况明确地说明，他所说的"后王"指的就是周朝的文王、武王。"欲知上世，则审周道"，"周道"就是周文、武之道。周道是就上世而言，不可能有别的解释。"后王"指的是三代之王中最后之王，那就是周文、武。

在同一篇中，荀况说："五帝之外无传人，非无贤人也，久故也。五帝之中无传政，非无善政也，久故也。禹汤有传政而不若周之察也。非无善政也，久故也。传者久则愈（原作论，依俞樾校改）略，近则愈详，略则举大，详则举小。愚者闻其略而不知其详，闻其详而不知其大也。是以文久而灭，节族久而绝。"（同上）这一段话就是荀况在《王制》篇中所说的"道不过三代，法不贰后王"的解释。

总的说来，荀况所说的"先王"和"后王"都是指的周文、武。荀况在有些地方称他们为"先王"，因为他们距离战国时代有七八百年之久。在有些地方称他们为"后王"，因为他们是三代之王中的最后之王。在《非相》篇的同一篇中，在"文久而灭，节族久而绝"以下，紧接就说："凡言不合先王，不顺礼义，谓之奸言。虽辩，君子不听。"可见荀况所说的"先王"和"后王"，称呼不同，但都是指周文、武。

所以荀况批判孟轲，并不是说他法先王而不法后王，而是说他"略法先王而不知其统"（《非十二子》篇）。意思就是说，孟轲仅知法先王的枝叶皮毛而不知先王的精神，不知先王的根本意思。荀况和孟轲的对立，并不在于"法先王"或"法后王"这两个名词上。他们意思都是说要法周文、武，都是要法"周道"。

这里有两个问题，一个问题是荀况所说的后王指的是历史上什么人。另一个问题是他所说的后王之道内容是什么。不能因为荀况是为新兴地主阶级服务的，因此他所说的后王一定指的是春秋战国时期新兴的霸主。也不能因为荀况所说的"后王"是周文、武，因此荀况必定和孟轲一样。这就如同荀况所称道的仲尼，确切指的是孔丘，但不能因此就说荀况和孟轲一样，也不能因为荀况和孟轲不同，因此说他所称道的仲尼就不是历史上的孔丘。这是两个问题，如果分不清楚，讨论起来，就纠缠不清。

第四节 礼 和 法

在春秋时期礼和法是对立的，因为当时所谓礼就是周礼，就是西周奴隶制的上层建筑。在战国时期，礼和法并不是对立的而是平行的。照《商君书》所记载的，秦孝公说："今吾欲变法以治，更礼以教百姓。"商鞅赞成说："三代不同礼而王，五霸不同法而霸。……各当时而立法，因事而制礼。礼法以时而定，制令各顺其宜，兵甲器备各便其用。"（《更法》篇）商鞅把礼、法并称。他还是需要礼，他并不反对礼，他反对的是循礼。法也是一样，只讲法不讲变法，他也是反对的。

荀况讲礼也讲法。他说："法而不议，则法之所不至者必废。……有法者以法行，无法者以类举。"（《王制》篇）这里所说的法就是商鞅、韩非所说的法。他也是礼、法并称。他说："下之亲上欢如父母，可杀而不可使不顺，君臣、上下、贵贱、长幼，至于庶人，莫不以是为隆正。然后皆内自省以谨于分，是百王之所同也，而礼、法之枢要也。"又说："然后农分田而耕，贾分货而贩，百工分事而劝，士大夫分职而听，建国诸侯之君分土而守，三公总方而议，则天子共己而已矣。出若入若，天下莫不平均，莫不治辨，是百王之所同而礼法之大分也。"（《王霸》篇）

"礼法之枢要"，"礼法之大分"，都是礼、法并举。荀况的意思是说，礼和法有相同的中心思想和主要原则（"枢要"），那就是规定贵贱、上下等社会秩序。从这个前提出发把老百姓按职业分类，这是礼和法的最大的职分（"大分"）。在这里，荀况说明了礼和法的共同点，也暴露了礼和法的剥削阶级的阶级本质。

"礼"和"法"这两个名词的意义都是比较广泛的。大致说来，法是政治方面的上层建筑，礼是文化、道德等方面的上层建筑。在同一经济基础上面的礼和法都是为同一经济基础服务的，是互相补充，互相为用的。在奴隶社会向封建社会转变的时期，有新的法为新的经济基础服务。但是，要巩固新的经济基础，还需要礼。荀况对管仲的评论就说明这一点。荀况所说的礼是以他的唯物主义哲学为基础的。所以在表面上看起来他似乎是像孔丘、孟轲一样主张"循礼"，但是，实际上他是变礼或更礼。当然其中也有不少的儒家思想残余。如他仍然主张分封制这一类的东西。上面已经说过，这是荀况从儒家带过来的一种包袱。

在《荀子》中，对于礼、法也有不同的说法。在有些地方，荀况认为要维持封建社会的社会秩序，主要的是靠"礼"而不是靠"法"。荀况也常用"法"这个名词，可是，他所谓法，与法家所谓法，意义不尽相同。他说："有乱君，无乱国；有治人，无治法。羿之法非亡也，而羿不世中。禹之法犹存，而夏不世王。故法不能独立，类不能自行。"（《君道》篇）法家所谓"法"是"编著之图籍，设之于官府，而布之于百姓者也"（《韩非子·难三》）。这样的"法"，当然不是荀况所谓"羿之法"和"禹之法"。荀况又说："礼者，法之大分，类之纲纪也。"(《劝学》篇)礼是法的一部分。这里所谓"法"只是标准或规范的意思。荀况主张"君君、臣臣、父父、子子、农农、士士、工工、商商"(《王制》篇)。君、臣、父、子、士、农、工、商，都是"类"，每一"类"都有一个规范或标准。照荀况的说法这些规范就是"法"。照规范定出来的具体的项目就是礼，是"类之纲纪"。

荀况又有"法度"与"法数"的名称，他说："（圣人）为之起礼义，制法度，以矫饰人之情性而正之。"(《性恶》篇)又说："由士以上，则必以礼乐节之，众庶百姓，则必以法数制之。"(《富国》篇)"法度"与"法数"，近似法家所谓法。荀况也在一定程度上承认法家所谓"法"的重要，但是认为，"法"只能用于"众庶百姓"，就是说，只能用于"小人"，至于"士以上"的"君子"，则还是"以礼乐节之"。这有似于奴隶主贵族的"礼不下庶人，刑不上大夫"的说法。但是荀况认为，"制""众庶百姓"，主要的是用"法"而不是用"刑"。这是新的生产关系在他的思想中的反映。

第五节 荀况的唯物主义的自然观

阴阳五行家和易传的哲学思想都提出一个世界图式，企图对世界总体作一个统一的说明。荀况哲学的特点是，完全不提世界图式。天地是怎样构成的，万物是怎样发生的，对于这一类的问题，荀况也用当时唯物主义哲学家所共同承认的理论以为说明。他说："天地合而万物生；阴阳接而变化起。"(《礼论》篇)又说："水火有气而无生；草木有生而无知；禽兽有知而无义。人有气、有生、有知、有义，故最为天下贵也。"(《王制》篇)这就是说，气是万物的根本。但这些并不是荀况所着重讲的，他着重讲的是自然观、认识论和逻辑学中的一些根本问题。

荀况说："故明于天人之分，则可谓至人矣。"(《天论》篇)这就是所谓天人关系的问题，也就是人与自然的关系的问题。"天人之分"，"分"读如职分的分，也有分别的意思，所以也可读如分别的分。荀况所说的"天"就是自然界。这个唯物主义的"天"与孔丘和孟轲所说唯心主义的"天"是对立的。

天人关系问题，是中国古代哲学史上的一个重要问题，唯物主义和唯心主义围绕着这个问题展开了尖锐的斗争。荀况把天人之分提到哲学的高度。他把"天"和"人"的界限严格地划分开来；这就把自然和社会、物质和精神、客观和主观的界限，严格地划分开来。这样划分的一个主要的含义，就是承认自然、物质世界是独立于人的主观意识而存在的，也就是说，自然、物质和客观世界是第一位的，社会、精神和主观世界是第二位的。荀况的"明于天人之分"这句话就把唯物主义哲学的一个最主要的命题明确地树立起来。

从这些方面看，就可以认识荀况注重"天人之分"的深刻意义。这是他的自然观的一个中心命题。他从几个方面说明这个命题。

他说："天行有常，不为尧存，不为桀亡。"（《天论》篇）这就是说，自然界的运行有它自己的规律（"常"），并不因为社会上有好人而存在，也不因为社会上有坏人而消灭。这就是说，自然界的规律是独立于人类社会的。社会中的事情，无论是好是坏，都不能感动自然界，使它改变它的规律。由此可见，宗教和神秘主义的"天人感应"的说法，是完全虚构的。

他说："天不为人之恶寒也辍冬；地不为人之恶远也辍广。"（《天论》篇）这就是说：自然界的运行是不依人之意志和愿望为转移的。它有它自己的规律，自己的因果性。

他说："不为而成，不求而得，夫是之谓天职。"又说："列星随旋，日月递炤，四时代御，阴阳大化，风雨博施，万物各得其和以生，各得其养以成。不见其事而见其功，夫是之谓神。皆知其所以成，莫知其无形，夫是之谓天功（原脱"功"字）。"（同上）这就是说，自然界的运行并不是像人那样有所作为（"不为而成"），也不是像人做事那样有一定的目的（"不求而得"）。万物虽然都从自然界得到它们所需要的营养，但是自然界是无所作为的。自然界有它的职务（"天职"），但是它的职务就是依照它自己的规律，无目的地运行。自然界也有它的功用（"天功"），但是它的功用就是于无形之中使万物都能生成。这叫做"神"，即神妙的意思。荀况在这里改造了老聃所说的道"无为而无不为"的思想，又驳斥了认为自然有意识的有神论，否定了意志的天和目的论。

在首先肯定了自然界的客观性之后，荀况接着指出，人也是自然界的一部分，是自然界所直接产生出来的，人的各种活动体现着自然的规律。他说："天职既立，天功既成，形具而神生，好、恶、喜、怒、哀、乐臧焉，夫是之谓天情。"（同上）这就是说，由于自然界的功用，人有了形体；由形体有了精神。人的原始的情感，如喜、怒、哀、乐等，就是精神的内容的一部分，好像藏在其中一样（"臧焉"）。荀况认为这也是自然直接产生出来的，所以称为"天情"。稷下黄老之学认为，精神思维是比"形气"更细微的"精气"；它居于"形"之中，可以离开"形"而独立存在。后期墨家认为："生，刑（形）与知处也。"（《墨子·经上》）专就这个命题说，不能断定"形"和"知"哪一个是第一性的。荀况认为，"形"具备了，"神"自然生出来。这就明确地承认"形"是第一性的；"神"不能离形而独立存在。这就使中国唯物主义的发展，大大地前进了一步。

荀况又说："耳、目、鼻、口、形、能（态），各有接而不相能也，夫是之谓天官。"（《天论》篇）这就是说，人生来都有各种感官。这些感官各自能够跟外界相接触，但是不能互相代替，也不能互相贯通。这些感官也是自然界直接生出来的，所以称为"天官"。

荀况又说："心居中虚以治五官，夫是之谓天君。"（同上）这就是说，因为各个感官不能互相贯通，所以需要一个统治五种感官的器官，把它们所得的感觉综合起来。这个综合的器官就是心。它统治五官，像个国君一样。它也是自然界的直接产物，所以称为"天君"。

荀况在这里所说的心，就是五脏之一的心。他似乎认识到，人类的思维也是一种物质器官的产物。现在科学肯定脑是人类用以思维的物质器官，思维是脑的作用。在荀况那个时候，还不知道脑的作用，但是他认为思维必须依靠一个物质器官，这是一个辉煌的唯物主义思想。

荀况又说："财（裁）非其类以养其类，夫是之谓天养。"（同上）这就是说，在自然界中，人要和其他万物"竞争生存"，利用非其类的东西，以自保其类。这就是说，人的"养"都是自己争取来的，并不是出于上帝或鬼神的恩赐。这种"养"是人在自然状态中的"养"，所以称为"天养"。

荀况又说："顺其类者谓之福，逆其类者谓之祸，夫是之谓天政。"（同上）这就是说，人和其他万物一样，在自然界中，都要遇见与它的类合适的东西（"顺其类者"），也都要遇见跟它的类不合适的东西（"逆其类者"）。前者是它的"福"；后者是它的"祸"。这是自然界的制裁，不是上帝或鬼神的赏罚，所以称为"天政"。

这是荀况所描写的一幅自然界的图画，在这个图画中，物质世界和其中的自然物都按着自己的规律生长变化。人也是万物之一，人的身体及其机能也是自然界的直接产物。在自然界中，人也跟其他动物一样，在自然状态中"竞争生存"。这个图画彻底否定了上帝的存在。这是荀况《天论》篇的一大贡献，也是他"明天人之分"的一个主要收获。

人类是自然界的产物，不能违反自然的规律。这是荀况的唯物主义自然观的一个重要的思想。但人类在自然界中应占有什么样的地位，应如何对待自然界的事物及其规律，关于这一方面的讨论构成了荀况《天论》篇的另一部分的内容。在这个问题上，荀况进一步批判了道家的宿命论，提出了人利用和改造自然的思想。荀况说："圣人清其天君，正其天官，备其天养，顺其天政，养其天情，以全其天功。如是则知其所为，知其所不为矣，则天地官而万物役矣。"（同上）这就是说，如果人能使他自然具有的"心"保持"清明"的状态（"清其天君"），充分利用自然所赋予的器官，充分发挥这些器官的能力（"备其天官"），尽可能地利用自然界的东西以养活自己（"备其天养"），使福越来越加多，祸越来越减少（"顺其天政"），也就是使快乐越来越加多，痛苦越来越减少（"养其天情"）。这样，人才算是充分发挥了自然所赋予他的能力（"全其天功"）。这样，天地也为人所任用（"天地官"），万物也都为人所役使（"万物役"）。人本来也是自然界的一部分，万物中之一物，可是他又能做天地万物的主人。

荀况又说："唯圣人为不求知天。"（《天论》篇）他所谓"不求知天"，一方面是对于庄周的批评，一方面也是对于术数迷信的批评。庄周也讲"知天"，不过他所谓"知天"，只是"大天而思之"，"从天而颂之"。术数迷信所讲的"知天"，一部分是些"废话与胡说"。荀况主张"明于天人之分"，知道"天职"，知道什么东西是自然所本有的，什么东西是人力所创造出来的，这样就可以"不与天争职"。"知天"，"明于天人之分"以后，就专注于发挥人的自觉能动性，不必对"天"有什么幻想。这就是"知其所为，知其所不为"。"不求知天"就是"知其所不为"。

荀况认为，就一种意义说，人是与天、地并立的。荀况说："天有其时，地有其财，人有其治，夫是之谓能参。"（同上）"能参"就是能与天地并立而为三。

恩格斯说："动物所能作到的最多不过是搜集，而人则能生产，他制造（最广义的）生活资料，这是自然界离开了人便不能产生出来的。"（《自然辩证法》，人民出版社1955年版，第263页）动物不过是能把自然界所已有的东西搜集起来，作为生活资料。人能生产出来自然界所没有的东西。这些东西，也不只限于生活资料，"而且要包括享乐资料和发展资料"（同上）。到现在人类已经能够在太阳系里增加了卫星。以前人所创造的新的东西还只限于在地面上，现在人所创造的新的东西可以说是真在天上了。由这个意义说，人真可以说是与天地并立而为三。

荀况所说的"与天地参"还不完全是这个意思。荀况所说的"人有其治"，主要是说，人能有社会组织，建立社会秩序。这种组织和秩序，也是离开了人便不能有的。社会也是在自然界之中，但是它又是与自然界对立的。它是自然界的一个特殊领域。就这一方面看，人也可以说是与天地并立而为三。

荀况说："大天而思之，孰与物畜而制之？从天而颂之，孰与制天命而用之？望时而待之，孰与应时而使之？因物而多之，孰与骋能而化之？思物而物之，孰与理物而勿失之也?"(《天论》篇)这是中国古代哲学中最明确、最响亮的以人力改造自然的口号。

荀况这里所提出的批判,是确有所指的。"大天而思之"和"从天而颂之",都是指庄周一派说的。荀况指出,与其"大天而思之",不如以"天"为物,加以畜养和制裁;与其"从天而颂之",不如制裁"天命"使它为自己使用。庄周也涉及"天人之分"的问题。他主张"无以人灭天"(《庄子·秋水》)。庄周一派把自然界的规律神秘化了,把它看成是人力无可奈何和无法认识的势力,认为人只有绝对服从自然界规律,认为这就是"命"。庄周说:"无以故灭命。"(同上)就是说,不要用智慧改变自然界规律和人服从自然界的命运。荀况指出,与其"从天而颂之"不如制裁天命而加以利用。

"思物而物之"也是指庄周一派说的。庄周常说所谓"物物而不物于物"。就是说,所谓"圣人"自以为超越于万物之上,能役使"物"而不为物所役使。可是,这里所谓役使,都是想象或思维中的东西,就是所谓"思物而物之"。荀况指出,与其"思物而物之"不如对于"物"加以实际的管理,而确实有所收获。

"望时而待之","因物而多之",是说,要等待天时,因万物自然的生长而增多。这也是道家的思想。荀况总结这一段所说的思想说:"故错(措)人而思天,则失万物之情。"(《天论》篇)这就是说,舍置人为而专对于自然作冥思幻想,这就不能知道万物实际情况。

"与天地参"本来是儒家的思想。孟轲说:"万物皆备于我矣。反身而诚,乐莫大焉。"(《孟子·尽心上》)《中庸》说:"唯天下至诚为能尽其性,能尽其性则能尽人之性,能尽人之性则能尽物之性,能尽物之性则可以赞天地之化育,可以赞天地之化育则可以与天地参矣。"这就是孟子的那一句话的含义。子思、孟轲一派的唯心主义思想,认为人和自然界有一种神秘的联系。他们不认为人是自然界的一部分,反倒把自然界说成是人的一部分,特别是"我"的一部分("万物皆备于我矣")。他们认为,如果一个人能够真正体会到这种情况("反身而诚"),那就有最大的快乐("乐莫大焉")。这样的"诚",就是《中庸》所说的"至诚"。《中庸》认为有这样"至诚"的人,就可以"赞天地之化育","与天地参"。可是这种"与天地参"是一种主观的幻想;这实际上是把个人的主观意识错误地扩张到与天地并立甚至包容天地的地步。这种唯心主义思想的作用,就是叫人在这种主观幻想中自我陶醉,不作对于自然的斗争。

荀况在反对道家宿命论的斗争中,批判地改造了儒家唯心主义关于人的主观能动作用的思想。他所说的"与天地参",是发挥人的主观能动性,与自然进行斗争，使自然为人类服务。自然是无意志的，自然界的规律是不以人的意志为转移的。但是，人可以利用这些规律，生产自然界所没有的东西，以为自己之用（"制天命而用之"）。如果了解自然界的东西的规律，就可以把它们管理起来，成为自己所有（"物畜而制之"）。这都是发挥主观能动性的效果（"骋能而化之"）。这是唯物主义的"与天地参"。这种唯物主义思想指导人类走上战胜自然的光明大路。

毛泽东说："思想等等是主观的东西，做或行动是主观见之于客观的东西，都是人类特殊的能动性。这种能动性，我们名之曰'自觉的能动性'，是人之所以区别于物的特点。一切根据和符合于客观事实的思想是正确的思想，一切根据于正确思想的做或行动是正确的行动。我们必须发扬这样的思想和行动，必须发扬这种自觉的能动性。"（《论持久战》，《毛泽东选集》第二卷，第467页）照上面所讲的，荀况的思想，正是企图发扬人类的自觉能动性。在先秦，他在这条大路上走了一大步。

荀况的《天论》篇，一方面指出，人依靠于自然，自然是第一性的，由此批判了唯心主义和神秘主义；另一方面，又指出，人可以控制自然，改造自然，又批判了因循自然的宿命论。他比较正确地处理了天人关系的问题。这是荀况在哲学史上的一个最大的贡献。荀况的《天论》篇，是战国时代生产技术和科学知识发展的产物。他的人定胜天的思想，解放人的思想，解放生产力，这又适合了地主阶级发展生产的积极的要求。

以这样的唯物主义的自然观为根据，荀况对于古代的迷信，进行了坚决的斗争。古代的巫术和迷信中有"形法"，其中的一种就是"相人"，认为观察一个人的相貌和骨骼，就可以知道一个人的贵贱、祸福。荀况作《非相》篇批判了这种迷信。他说："相人，古之人无有也，学者不道也。"又说："故相形不如论心，论心不如择术。形不胜心，心不胜术。术正而心顺之，则形相虽恶而心术善，无害为君子也；形相虽善而心术恶，无害为小人也。君子之谓吉，小人之谓凶。"荀况这里所说的"术"，就是一个人的思想方法和他在行为上所遵循的道路。一个人如果选择了正确的思想方法和正确的道路，这就可以成为一个善人；善人也就是吉人。至于形相是个什么样子，那是没有关系的。反之亦然。

当时人对于自然界偶然出现的不正常现象有很大的迷信，认为自然界不正常现象就是社会中将有灾祸的预兆。荀况批判了这种迷信。他说："星坠、木鸣，国人皆恐，曰：是何也？曰无何也。是天地之变，阴阳之化，物之罕至者也。怪之可也，而畏之非也。"（《天论》篇）这就是说，像"星坠、木鸣"这一类的事情，也还是在自然规律之内的，不过是不常出现。人们看见这种现象觉得奇怪，这是可以的。若对于它有所畏惧，那就错了。

荀况又指出，社会的"治乱"与"天"没有关系，因为日月星辰的运行，在禹的时候和在桀的时候是完全相同的，可是在禹的时候社会就"治"，在桀的时候社会就"乱"；与"时"也没有关系，因为春、夏、秋、冬的运行，在禹的时候和在桀的时候，也完全是一样的；与"地"也没有关系，因为无论在禹或在桀的时候，任何生物都是有了地就能生存，没有地就要死亡（同上）。

荀况又确定无鬼（说见下文）。他是一个战斗的无神论者，对宗教、迷信的批判在当时达到很高的水平。

总起来说，荀况认为，人的吉凶、祸福完全是人自己行为的结果。人只要自己努力，发挥自觉能动性，他就可以战胜自然界，得到自己的幸福。他说："强本而节用，则天不能贫。养备而动时，则天不能病。修道而不贰，则天不能祸。故水旱不能使之饥（原作饥渴，依刘台拱校改），寒暑不能使之疾，祅怪不能使之凶。"（《天论》篇）"人定胜天"，荀况是深信不疑的。

荀况的唯物主义思想在先秦是最彻底的，但是也有一定的局限性。

在荀况划分"天"和"人"的界限的时候，他认为人的感觉器官（"天官"）和思维器官都是自然界的产物，在一定意义下，这是对的。但是他认为，这些器官的发展也纯粹是自然方面的事情，完全是属于"天"的一方面，这就不对了。人类的进步主要是依靠生产劳动。在这种社会实践中，人不断地发展他的各种感觉器官，所以感觉器官的发展，是和社会实践分不开的。至于人对于自然界的认识，更是在社会实践中逐步完善起来的。荀况很重视社会组织，可是他所强调的只是封建社会统治者的社会秩序和被统治者与统治者之间的隶属关系。在这一点上，荀况充分暴露了他的地主阶级的本质。

第六节 荀况的反映论的认识论和思想方法

在战国时代"百家争鸣"的高潮中，荀况通过对各家学说的批判，也着重地研究了认识论的问题。

荀况的认识论也是中国哲学史的辉煌的一页。他接受以前唯物主义认识论的一些正确的观点而又加以提高和发展。他说："凡以知，人之性也；可以知，物之理也。"（《解蔽》篇）这是"明于天人之分"的原则在认识论上的应用。根据这个原则，荀况明确了人的主观认识能力和认识对象的关系。荀况又说："所以知之在人者谓之知，知有所合谓之智。"（《正名》篇）"所以知之在人者"即人所有的认识能力；"有所合"即是与外物，即认识对象相接触。人的认识能力与认识对象相接触，即有认识发生。这里所谓"智"即指认识。

这个基本的唯物主义的反映论观点，是墨经中所已有的。墨经也讲到人的能知的才能，但什么是人所有的能知的才能，墨经讲得不够具体。荀况明确地指出这些才能就是人的感觉器官（"天官"）和思维器官（"天君"）。他认为，人对于外界的不同事物的认识，都起始于人的各种感官所有的不同的感觉（"缘天官"）。从眼感觉到各种不同的形体颜色，从耳感觉到各种不同的声音，从口感觉到甘、苦、咸、淡等滋味，从鼻感觉到香、臭、腥、臊等气味（《正名》篇）。荀况肯定认识的本源是外物，也肯定从感觉器官得来的对于外物的感觉是认识的初级形式。

感觉仅能反映外物的态貌，可是人的认识并不停止于此。荀况指出，还需要思维的器官，"心"，加以辨别、证明；经过辨别、证明的认识，荀况叫"征知"。我们的眼与一树相接触，不但能感觉其态貌并知其为树，这就是"征知"的作用。"征知"必须以感觉所得的材料为根据。荀况说："征知必待天官之当簿其类，然后可也。"（同上）"五官"各有所接受的对象；眼能接受形状；耳能接受声音。每一种感觉器官接受与其相当的对象并将其按类记录下来（"当簿其类"）。在这样的基础上，心才可以有"征知"。荀况说："五官簿之而不知，心征之而无说，则人莫不然谓之不知。"（同上）这就是说，对于外物，"五官"虽接受而不能使感觉上升为知觉。"心"加以辨别使感觉上升为知觉，但如果不能加以说明，这还不算完全的知识。

知道树是树，认识就从感觉上升到知觉。有了知觉，就有言语，也就有概念。荀况说："凡同类同情者，其天官之意物也同。故比方之疑似而通，是所以共其约名以相期也。"（同上）这就是说，人的感官是相同的，所以对于外物有相同的反映，由相同的感觉得到相同的知觉。可是知觉与外物还不是完全相同，只是比方相似。但既有外物以为共同的基础，人的认识基本上是可以相通的。所以人就互相约定给某种知觉以某种名字。这样人就可以互相了解。

荀况认为感觉和知觉是对外界的反映。反映就是一种摹写，就是所谓"比方"。他的认识论是以反映论为基础的。

荀况承认，人的感觉有时可能错误。因时间、地点或其他条件，感官对于同一事物，可能有不同的或错误的反映。荀况举例说：在夜间走路，可以把一块大石当做老虎，把树当做人。但是人的心可以认识到，这是由于黑夜使眼不能充分发挥作用。用手指按眼，用手掩耳，可以把一个东西看成两个东西，把很小的声音听成很大的声音。但是人的心也可以认识到，这是由于感官受了扰乱（《解蔽》篇）。这就是说，心对于错误的感觉，有校正的作用。

依据以上的观点，荀况揭露了有鬼论思想的错误根源。他说："夏首之南有人焉，曰涓蜀梁。其为人也，愚而善畏。明月而宵行，俯见其影，以为伏鬼也；仰视其发，以为立魅也；背而走，比至其家，失气而死，岂不哀哉。"（同上）这是说，"鬼"是由于人心有所畏惧而形成的一种幻觉。他又说："凡人之有鬼也，必以其感（撼）忽之间，疑玄（眩）之时，正（定）之，此人之所以无有而有无之时也。"（同上）这就是说，人的心在恍惚疑惑的时候，就可能把本来没有的东西认为是有，把本来有的东西认为是无。说人看见鬼，正是把本来没有的东西认为是有。在这种情况下，就需要依靠心的作用加以纠正。这实际上是从认识论方面批判了墨翟的有鬼论。荀况肯定思维（"心"）在认识中的地位和作用，克服了墨翟的单纯经验论的狭隘性和片面性。

荀况说："不闻不若闻之；闻之不若见之；见之不若知之；知之不若行之。学至于行而止矣。行之，明也，明之为圣人。……故闻之而不见，虽博必谬；见之而不知，虽识必妄；知之而不行，虽敦必困。"（《儒效》篇）荀况在这里指出"行"在认识中的重要性。荀况指出，从别人的经验（"闻"）得来的知识，不如从亲身经验（"见"）得来的知识。一个人虽有某种经验但对于它未必能有了解（"知"）；所以"见"还不如"知"。或者虽有了解而还不能实行（"行"）；这样的知识还不是十分明确。只有能够实际运用的知识才是完备的知识。如果仅"闻"而不"见"，所闻虽多，也必有荒谬；仅"见"而不"知"，虽经验很多，也必然有虚妄；仅"知"而不"行"，虽了解切实，也还是不免于失败。荀况所说的"行"还只是个人在道德方面的"身体力行"，其所谓道德也是剥削阶级的道德；这不是我们所谓实践。但是他认识到，与实际行动没有联系的知识不能算完整的知识。这是唯物主义的论点。

荀况说："善言古者必有节于今；善言天者必有征于人；凡论者，贵其有辨合，有符验。故坐而言之，起而可设，张而可施行。"（《性恶》篇）这是说，对于一种言论，必须从各方面考验，看其是否合于客观实际。考验的最后标准是"可施行"。这与墨翟的"三表"是相合的。

荀况的认识论的另一个重要论点是，反对认识过程中的片面性和主观性。他认为，当时各家的学说的共同的缺点在于只见到问题的一个方面，因此都不能得到真理。他作有《解蔽》篇专讨论这个问题。《解蔽》篇开始就说："凡人之患，蔽于一曲而暗于大理。""一曲"就是局部；"大理"就是全面。很多的人往往都不知道全面地看问题。他们只片面地看问题，只看见局部，看不见全体，只看见树木，看不见森林。他们并且坚持自己的看法，不容纳异己的意见。正是如荀况所说的"私其所积,唯恐闻其恶也;倚其所私以观异术,唯恐闻其美也"(《解蔽》篇)。这样,他们当然要"蔽于一曲而失正求"(同上)。

荀况接着说:"故为蔽,欲为蔽,恶为蔽,始为蔽,终为蔽,远为蔽,近为蔽,博为蔽,浅为蔽,古为蔽,今为蔽,凡万物异则莫不相为蔽。此心术之公患也。"(同上)"凡万物异则莫不相为蔽"这句话接触到一个辩证法的真理。事物之间的每一个差异,都因这个差异而构成一对矛盾的对立面。人在认识这对矛盾面的时候,往往都只看见矛盾面的一方而看不见其对立的一方。正因其看见一方,所以为这一方所"蔽"而更看不见其对立的一方。荀况所举的"欲""恶","始""终"等都是矛盾着的对立面。有人对于一件事情,只看见其可欲的一面,而不知其可恶的一面;正因为他只看其可欲,所以为其所"蔽",而更看不见其可恶的一面。荀况指出,客观的事物是复杂的,人所欲的利跟人所恶的害经常是联系在一起的。他说:"凡人之取也,所欲未尝粹而来也;其去也,所恶未尝粹而往也。"(《正名》篇)就是说没有绝对纯粹的东西,因一个东西有利而取它,可是它并不是纯粹可欲的东西;因一个东西有害而去它,可是它也并不是纯粹可恶的东西。因此荀况指出,人对于事物的认识必须全面。"见其可欲也,则必前后虑其可恶也者;见其可利也,则必前后虑其可害也者;而兼权之,孰(熟)计之,然后定其欲恶取舍,如是,则常不失陷矣。"(《不苟》篇)荀况指出,如果只见一事的可欲而不见其可恶,只见其利而不见其害,那就是"偏"。他说:"凡人之害,偏伤之也。"(同上)偏就是片面性,认识有片面性,就必然为其所"蔽"。

荀况主张"解蔽",和宋轻、尹文主张"去宥"是相同的。"宥"即"囿",也就是"蔽"。不过宋、尹"别宥"只着重主观方面。荀况则更多地注重客观方面的情况。他所举的五项矛盾对立面,其"欲、恶"是主观方面的事情;"始、终"等四项都是客观方面的情况。这也是荀况的唯物主义思想的一种表现。

荀况所谓"心术"其实就是思想方法。"心术"二字,专从字面看,也可以翻译为思想方法。荀况说,"蔽于一曲"是"心术之公患",就是说,这是人的思想方法所共同有的毛病。

荀况接着说:"圣人知心术之患,见蔽塞之祸,故无欲、无恶、无始、无终、无近、无远、无博、无浅、无古、无今,兼陈万物而中县(悬)衡焉。是故众异不得相蔽以乱其伦也。"(《解蔽》篇)"兼陈万物"就是说,要从各方面看问题。只从各方面看还不够,还必须自己能从对各方面的观察作出判断和结论。这就必须掌握一种原则作为判断的标准。这个原则和标准就是所谓"衡"。能这样做,事物之间的复杂矛盾现象("众异"),就不能互相隐蔽而自乱其类。伦就是类。

"衡"也就是"权",就是"欲、恶、取、舍之权"(《不苟》篇)。荀况认为,可以作为正确的"权"的就是"道"。他说:"道者,古今之正权也。离道而内自择,则不知祸福之所托。"(《正名》篇)"道"在这里的意思是真理。就荀况说,真理的具体内容,就是封建的道德标准和当时对于事物的知识。荀况认为,"道"是客观的标准。如果离开了客观的"道",而专凭主观的见解以作判断,这就是"离道而内自择"。"内"就是主观。荀况反对片面地看问题,也反对主观地看问题。荀况指出,专凭主观还是要"偏",还是不能清楚地分别祸福。因为可欲的东西之中也常有祸("祸托于欲"),可恶的东西之中也常有福("福托于恶")。离了"正权"是很难分析清楚的。

"道"是客观的,人要掌握它,还需依靠"心"的作用。荀况说:"何谓衡?曰:道。故心不可以不知道。心不知道,则不可道而可非道。"(《解蔽》篇)就是说:"心"所作的判断必须以"道"为根据。如果心不知"道",它就会作出错误的判断,以本来合乎"道"的为不可,以本来不合乎"道"的为可。这就要陷入错误。

荀况说:"人何以知道?曰:心。心何以知?曰虚壹而静。"(同上)"虚壹而静"是"心"知"道"的必要条件。这里表明荀况所受稷下黄老学派的影响。

稷下黄老学派吸取老聃的"无为而无不为"的思想,发挥出一种关于君上统治臣下的方法的理论。从这种理论也可以得出一种认识论的结论。荀子的认识论受了这种结论的影响,吸取其正确部分,抛弃了其不正确的部分。稷下黄老学派说:"心而无与于视听之事,则官得守其分矣。"(《管子·心术上》)荀况也说,耳目等是"天官",心是"天君"。但是心不能不"与于视听之事"。他说:"心不使焉,则白黑在前而目不见,雷鼓在侧而耳不闻,况于蔽(原作使,依俞樾校改)者乎。"(《解蔽》篇)又说:"心有征知。征知则缘耳而知声可也,缘目而知形可也。"(《正名》篇)这就是说,没有心的注意,就不可能有感觉,没有心的综合,就不可能把感官所得的感觉上升为知觉。稷下黄老学派所说的这些话,本来是用以比喻君上不可预于臣下之事,但作为认识论的理论看,则是错误的。

稷下黄老学派主张"不以物乱官,不以官乱心"(《管子·内业》),不要感觉等知识去扰乱心,这样心就可以保持虚静和专一的状态。有了这种状态,"精"就可以来了。"敬除其舍,精将自来。"(同上)荀况的唯物主义自然观不用稷下黄老学派的精气说。他也说:"心者,形之君也,而神明之主也。"(《解蔽》篇)可是他所说的"神明"并不是"精气",而是心所发生的作用。荀况也认为心要保持"虚壹而静"的状态。但是他认为,这并不是为使"精将自来",

而是为的更好地反映外物。因此他所说的"虚壹而静",与稷下黄老学派所说的不同。他是批判地继承稷下黄老学派所主张的虚、静和专一。

荀况说:"心未尝不臧也,然而有所谓虚……人生而有知,知而有志;志也者臧也。然而有所谓虚;不以所已臧害所将受,谓之虚。"(同上)稷下黄老学派说:"虚者,无臧也。"(《管子·心术上》)他们认为必须心里绝对地空空洞洞,才能算是虚。他们说这话,主要的也是说,君上对于事情不可先有成见,要完全任臣下之自为;但作为一个认识论的理论说,这样的心理状态是不可能的。荀况认为虚和臧并不是绝对地对立的,只要不以所已有的知识妨碍将要接收的知识就是"虚"。荀况认为,人的知识和道德品质都是逐渐积累起来的。他说:"积土成山,风雨兴焉。积水成渊,蛟龙生焉。积善成德,而神明自得,圣心备焉。故不积跬步,无以至千里;不积小流,无以成江海。"(《劝学篇》)积累其实就是"臧"。在一定条件下,"臧"有助于接受新的东西,在一定条件下,也有害于接受新的东西。荀况注重积累,又注重"虚",其意思是,"不以所已臧害所将受"。

荀况又说:"心未尝不两(原作满,依杨倞注)也,然而有所谓一。……心生而有知,知而有异;异也者,同时兼知之;同时兼知之,两也。然而有所谓一,不以夫一害此一,谓之壹。"(《解蔽》篇)稷下黄老学派说:"专于意,一于心。"(《管子·心术下》)又说,"持而待之,空然勿两之。"(《管子·白心》)荀况也是注重专一的;他说:"行衢道者不至;事两君者不容。目不能两视而明;耳不能两听而聪,……故君子结于一也。"(《劝学》篇)但是他认为,一和两并不是绝对地对立的。"一"是指认识或学习一件事情说的。人所要认识或学习的不止一件事情("知而有异")。对于这些事情,可以"同时兼知之"。知彼一件事情须要彼一个一("夫一");知这一件事情需要这一个一("此一")。荀况注重"两",也注重"一";其意思是"不以夫一害此一"。

荀况又说:"心未尝不动也,然而有所谓静。……心卧则梦,偷则自行,使之则谋;故心未尝不动也,然而有所谓静,不以梦剧乱知,谓之静。"(《解蔽》篇)稷下黄老学派认为"静乃自得","静则不变,不变则无过"(《管子·心术上》)。荀况认为动和静不是绝对地对立的,心不能不动。荀况说:"心者,形之君也,而神明之主也,出令而无所受令。"(《解蔽》篇)照上面所讲的,心有综合过去经验和现在经验的作用,有校正错误的作用。还有掌握"正权",指导行为的作用。它所发生的作用就是它的动。心是经常动的,但是不以胡思乱想扰乱正常的思想活动,就是静。

荀况这样继承了稷下黄老学派所说的"虚壹而静"在认识论上的含义,但批判了它的极端性和片面性。他认为"虚壹而静，谓之大清明"（《解蔽》篇）。"大清明"也是稷下黄老学派的名词。他们说："鉴于大清，视于大明。"（《管子·内业》）

荀况认为，如果心能保持这种"大清明"的状态，就可以认识事物全面的情况，而不为片面所"蔽"。荀况的认识论的这些论点，大部分都是正确的，他的《解蔽》篇集中地讨论了关于真理性质问题，实际上是从认识论的角度，对当时的"百家争鸣"作了一个总结。因此，他的认识论更多地带有唯理论的倾向。也正因如此，他的认识论也有很多的缺点。

第一，他把"大清明"的作用夸大了，据他说，"心"得了"大清明"之后，"万物莫形而不见，莫见而不论，莫论而失位。坐于室而见四海；处于今而论久远。疏观万物而知其情；参稽治乱而通其度。经纬天地而材官万物；制割大理而宇宙里（理）矣"（《解蔽》篇）。荀况这一段话的意思，也还是说，如果"心"有了"大清明"，就可以正确地反映外界（"万物莫形而不见"），也就可以有效地统治外界事物（"经纬天地而材官万物"）。这个思想基本上还是反映论的。但是，要达到这些目的，还需要一定的过程。包罗一切的绝对真理，也仅只是人类在认识世界的过程中的一个奋斗的目标。照荀况的说法，只要"心"有了"大清明"，似乎就可以无所不知，无所不能。这就过分地夸大了"心"的作用，这是受了道家神秘主义的影响。

荀况接着说："心者，形之君也，而神明之主也。出令而无所受令。自禁也，自使也，自夺也，自取也，自行也，自止也。"（同上）人类意识以人的身体为其存在的物质基础，这也是荀况所主张的。他说："形具而神生。"（《天论》篇）反过来，在一定条件下，意识对于身体也有主宰的作用。不过意识的活动也是受一定规律的支配，经常为身体的情况所影响，也为外界的事物所制约。照荀况的这个说法，心的领域好像成了一个不受任何影响的独立王国。这显然也是夸大了"心"的作用。这和他的政治思想强调君权的重要是相联系的。

第二，荀况很注重人的主观能动性，但是他讲到"虚壹而静"的时候，还是认为心在这种状态下，只是消极地接受外物。当然，对于外物的认识就是对于外物的反映，不过反映也是一种积极的作用。荀况说："故人心譬如槃水，正错而勿动，则湛浊在下而清明在上，则足以见须眉而察物理矣。"（《解蔽》篇）庄周也有这样的说法。庄周说："水静则明烛须眉，平中准，大匠取法焉。水静犹明，而况精神！圣人之心静乎！天地之鉴也，万物之镜也。"（《庄子·天道》）这都是认为心在"虚壹而静"的状态下，只是消极地反映外界，好像一面镜子；这是不正确的。不过荀况在别处的主要论点还是认为，心在人的认识中的作用是积极的，主动的。它对外界的反映包括了许多分析、综合和判断的作用，与镜子和水的反映完全不同。

这是由于荀况虽然了解到动与静不是完全对立的，但是还没有了解到动与静的相矛盾而又相互为用的辩证关系。他对于"虚"和"壹"的了解，也有这种情况。他比稷下黄老学派进了一步，但是他还没有了解到，"所已臧"和"所将受"，"夫一"与"此一"的相矛盾而又互相为用的辩证关系。荀况只注意到"所已臧"可以不"害所将受"，"夫一"可以不"害此一"。但是，他还没有注意到有许多的"所已臧"正是"所将受"的准备条件；在许多条件下，彼一与此一可以互相启发，互相补充。荀况对于"虚壹而静"，主要的还是从消极方面了解。在这一方面，他是批判地接受稷下黄老学派的思想；但是批判得还不够彻底，因此接受的还不完全正确。

第三，荀况的关于"解蔽"的理论有辩证法的因素，但是他的思想方法也有其形而上学的一面。他认为自然界与社会中的变化都是循环的，变来变去总还是一个样子。他说："天地始者，今日是也。百王之道，后王是也。"（《不苟》篇）他所说的后王，就是周王。他说："欲知千岁，则数今日；欲知亿万，则审一二；欲知上世，则审周道。"（《非相》篇）他从新的地主阶级的立场出发，认为社会虽然有变化，但是变之中有不变者；不变者是基本的。他说："百王之无变，足以为道贯；一废一起，应之以贯。"（《天论》篇）他认为这个不变，可以应万变。

因此荀况认为，只用演绎类推的方法，就可以知道和应付自然界及社会中的变化的事物。这种方法他叫做"术"。他认为"操"了这个"术"，就可以"治海内之众，若使一人"，因为"千万人之情，一人之情是也"。"故操弥约而事弥大。五寸之矩，可以尽天下之方也。故君子不下室堂，而海内之情举积此者，则操术然也。"（《不苟》篇）《吕氏春秋》也有类似的说法，它说："故察己则可以知人，察今则可以知古。古今一也，人与我同耳。"（《察今》篇）

这种"术"的理论根据是"类不悖，虽久同理"（《非相》篇）。所以可以"以类行杂，以一行万"（《王制》篇）。"以近知远，以一知万。"（《非相》篇）他的这种见解，有其合理的部分。"类"和"一"是一般；"杂""万"是个别。知道一般，在一定程度上也知道个别。但个别也还有它的特殊情况，不包括在一般之内。照荀况的见解，只要知道一般，就不必对于具体事物作具体的研究和分析。这是形而上学的思想方法。他还认为"千万人之情，一人之情是也"。这"一人之情"，就是统治者自己的"情"。他说："圣人以己度者也。"（《非相》篇）他认为统治者专从自己的主观的"情"作类推，就可以"不下室堂而海内之情举积此"，这又是主观主义的方法了。

毛泽东说："形而上学家认为，世界上各种不同事物和事物的特性，从它们一开始存在的时候就是如此。后来的变化，不过是数量上的扩大或缩小。他们认为一种事物永远只能反复地产生为同样的事物，而不能变化为另一种不同的事物。"（《矛盾论》，《毛泽东选集》第一卷，第289页）荀况的思想方法恰好就有这样的一面。

荀况认为人不必深入研究自然。他说："其（'圣人'）于天地万物也，不务说其所以然而致善用其材。"（《君道》篇）又说："凡以知，人之性也；可以知，物之理也。以可以知人之性，求可以知物之理，而无所疑（凝）止之，则没世穷年不能遍也。其所以贯理焉，虽亿万，已不足以浃万物之变，与愚者若一。"（《解蔽》篇）他的狭隘的实用观点不知道，了解自然和统治自然是分不开的，如果不知万物之所以然，就不能"善用其材"。他认为，事物的规律（理）都是可以认识的；人又都有认识这些规律的能力；这是唯物主义的命题。可是他又认为，人无论如何不能对于自然界有完全了解（"浃万物之变"），虽有很多的了解，但还是"与愚者若一"，所以倒不如不求很多的了解。这种论证也是他的形而上学的思想方法的表现。

第七节　荀况的逻辑思想

荀况在反对当时诡辩学说的斗争中，进一步发展了古代的逻辑思想。荀况有《正名篇》，讨论与逻辑有关的问题。他分名为四种，一刑名，即刑法上用的名词；二爵名，即分别封建等级的名词；三文名，即封建社会礼节上用的名词；四散名，即一般事物的名称。关于名的讨论，荀况提出三个问题：一、"所为有名"；二、"所缘以同异"；三、"制名之枢要"。

关于第一个问题，即为什么要有名。荀况说：因为社会上有贵、贱的等级；事物有同、异的分别。如果没有名来表示这些等级与分别，一个人的意思就不能使别人了解（"志必有不喻之患"），而社会上的事情也就没法进行（"事必有困废之祸"）。所以要"制名以指实，上以别贵贱，下以别同异。此所为有名也"（《正名》篇）。

荀况认为"别贵贱"是名的主要作用；"别同异"是次要的。这是儒家"正名"思想的传统，是荀况从儒家带来的包袱。孔丘所讲的"正名"，主要是就政治和道德方面说的。荀况把孔丘的"正名"的范围扩大了。他说："君君，臣臣，父父，子子，兄兄，弟弟，一也；农农，士士，工工，商商，一也。"（《王制》篇）"君君，臣臣"等是关于社会、家族中的等级，"农农，士士"等是关于社会中职业的分工。孔丘所讲的"正名"只包括前者；荀况所讲的"正名"，也包括后者。在《正名》篇中，荀况又把"正名"扩充到关于"名"的一般的讨论；"正名"又有了逻辑的意义。这是荀况对于儒家的"正名"理论的改造。

荀况主要的贡献，在于他坚持"制名以指实"的理论。这就是认为"实"是首要的，第一性的；"名"是从属的，第二性的，是为"实"服务的。墨经说："名，实谓也。"荀况的论点与墨经是相同的。这都是唯物主义的论点。荀况正名的理论，虽然是带了一些儒家的包袱，但是它接受了墨家的唯物主义的逻辑思想，纠正了孔丘认为"名"可以校正"实"的唯心主义思想，也反驳了公孙龙认为"名"可以离开"实"而独立存在的唯心主义思想。

上文我们已经谈到，荀况认为人的认识开始于感觉。人的感官与外物接触有或同或异的感觉，因此人知道外物也有同有异（详上第七节）。外物就是"实"。"异实"就给它"异名"，"同实"就给它"同名"。这就是为什么要有同名和异名（"所缘以同异"）。

荀况又说，一个字就可以使人知道某一"实"的，就用一个字的名；这就是"单名"。两个字才可以使人知某一"实"的，就用两个字的名；这就是"兼名"。又说：名有"共名"与"别名"的不同，要想举一类东西而言，就用"共名"。要想举一类中的一部分东西而言，就用"别名"。一类的东西之上，还可以有更大的类，所以一个"共名"之上，还可以有更大的"共名"，"推而共之，共则有共，至于无共然后止"（《正名》篇）。最大的"共名"就是"物"，"故万物虽众，有时而欲遍举之，故谓之物"（同上）。"物"就是最高的类。一类的一部分之中，还可以有部分，所以"别名"之下，还可以有"别名"，"推而别之，别则有别，至于无别然后止"（同上）。至于无别的名，就是个别事物的名字，例如北京、上海。一类东西的名对于比它高的"共名"说，也是"别名"，但是这种"别名"与个体的名字又有不同，所以荀况称为"大别名"。荀况说："万物虽众"，"有时而欲徧（俞樾曰：此徧字乃偏字之误）举之，故谓之鸟兽，鸟兽也者大别名也"（同上）。

荀况对于名的这种分别，与墨经是一致的。荀况所说的"大共名"，墨经称为"达名"。荀况所说的"大别名"，墨经称为"类名"。荀况所说的"至于无别"的"别名"，墨经称为"私名"。

荀况在这里所讨论的问题，就是单一、特殊和普遍的关系问题。普遍就是现实事物客观存在的共同性；这就是荀况所说的"共名"之所指的。一切现实事物客观存在的共同性，就是荀况所说的"大共名"之所指的。单一是自然界和社会中的各个事物现象、过程和实践；这就是荀况所说的"别名"之所指的。特殊是单一和普遍之间的联系环节，对单一说，特殊是普遍，对普遍说，特殊是单一；这就是荀况所说的"大别名"之所指的。

荀况说："物有同状而异所者，有异状而同所者，可别也。状同而为异所者，虽可合，谓之二实。状变而实无别而为异者谓之化，有化而无别，谓之一实。"（《正名》篇）譬如说，有两匹马，形状相同，可是占了两个地方的空间，在形状上说虽然可以相合，但是还要认为是两个"实"。又譬如一匹马，从幼到老，虽然形状上有所不同，但是只占一个地方的空间，它的形状虽然有变化，但是还要说是一个"实"。

把"实"的各种情况分析、研究以后，就可以"制名以指实"。"名"是随"实"的改变而改变的。"实"有改变或出现了新的"实"，就应该制定新的名，"有作于新名"（同上）。什么"名"指什么实，本来是没有一定的。荀况说："名无固实，约之以命实。约定俗成，谓之实名。"（同上）例如，马本来也可以叫做狗，狗本来可以叫做马。可是在制名的时候，大家有个共同的谅解，马叫马，狗叫狗；后来大家都是这样叫，成为习惯。以后，再叫马是狗，狗是马，那就是错误的了。荀况认为："名无固实"，但"有固善，径易而不拂，谓之善名"（同上）。就是说，简单明了使人易解的"名"是好的。荀况认为什么"实"用什么"名"，是由于"约定俗成"。荀况的这个思想，表示他认为"名"是社会的产物，是具有社会性的，也表示他承认，"实"是固有的，是第一性；"名"是人为的，是第二性的。这些观点都是唯物主义的。荀况认为这些就是制定"名"所根据的原则（"制名之枢要"）。

有了名，人就可以表达思想，进行辩论。荀况说："名也者，所以期累（当作异）实也。辞也者，兼异实之名以论一意也；辨说也者，不异实名，以喻动静之道也；期命也者，辨说之用也；辨说也者，心之象道也；心也者，道之工宰也；道也者，治之经理也。心合于道，说合于心，辞合于说；正名而期，质请（情）而喻；辨异而不过，推类而不悖；听则合文，辨则尽故；以正道而辨奸，犹引绳以持曲直。是故邪说不能乱，百家无所窜。"（《正名》篇）这是荀况的一个逻辑思想体系。

在自然界和社会中，有很多不同的事物，这就是"异实"。有了异实，就需要不同的"名"以为表示（"名也者，所以期累（异）实也"）。把不同"实"的"名"联系在一起，说明一个意思，这就叫"辞"，也就是命题（"辞也者，兼异实之名以论一意也"）。《正名》篇的这一段的上文说："实不喻然后命，命不喻然后期，期不喻然后说，说不喻然后辨。"这四句中第一句是说的"名"的作用；"命"就是给一种"实"一个"名"。第二句是说"辞"的作用；只用一名还不能使人了解，这就要用"辞"。第三句中的"说"，可能就是墨经所说"以说出故"的"说"。只有一"辞"还不能使人了解，这就要举出理由（"故"）；这相当于形式逻辑的三段或因明的四支。这样还不能使人了解，这就需要"辨"，就是大段的辩论。一个名所指的"实"，有它在运动中和静止中的各种情况和规律。对于这种情况和规律作充分的叙述和讨论，就是"辨说"（"辨说也者，不异实名，以喻动静之道也"）。"不异实名"就是说，一个"辨说"所叙述和讨论的，是同一事物，是一个主题。"辨说"的作用，是使人了解（"期命也者，辨说之用也"）。"辨说"所作的叙述和讨论，是心对于某一事物所作的分析和研究的表现，也就是心作的分析、研究的形象和道路（"辨说也者，心之象道也"）。荀况认为，"辨说"必以"道"为标准，"道"是政治的原则（"道也者，治之经理也"）；"辨说"是为政治服务的。掌握和了解"道"的是心，所以说："心也者道之工宰也。"

荀况认为，正确的"辨说"必须合乎下面的条件：心的认识跟"道"相合（"心合于道"）。所立的"说"跟心的认识相合（"说合于心"）。所有的命题跟主题相合，为主题服务（"辞合于说"）。所用的名词都能正确地表示事物（"正名而期"），能反映实际情况并且易于了解（"质请〔情〕而喻"）。分析和类推都合乎规律（"辨异而不过，推类而不悖"）。听取别人的话，能够吸取它的合理的一部分（"听则合文"）。发表自己的主张，要把原因和根据都讲出来（"辨则尽故"）。这是荀况对于一个正确的合乎逻辑的思考和辩论的总的要求。

从上面所讲的看起来，荀况的逻辑思想，有一根红线贯穿于其中，那就是认为，客观实在是基本，是第一性的；名、辞和辨说都必须以客观实在为基础，是第二性的。在这一点上，荀况的唯物主义思想是很彻底的。

在战国时期，百家争鸣，各家往往滥用逻辑理论，作出一些诡辩。荀况根据他的逻辑理论，对于这些诡辩作了批判。他称这些诡辩为"惑"，把这些"惑"分为三种。

第一种是"惑于用名以乱名"。荀况所举的例是，"见侮不辱"；"圣人不爱己"；"杀盗非杀人也"；前一条是宋钘、尹文的主张；后二条是墨经的主张。其实，"侮"这个名就包括有辱的意义；受侮就是受辱。"盗"这个名，也包括有是人的意义；说盗就是说是人而为盗。硬说，"见侮不辱"，"杀盗非杀人"；这里所谓"侮"和"盗"虽然在名词上和一般人所谓"侮"和"盗"相同，但是所指的概念已不同了，概念已被偷换了。《墨子·大取》篇说："伦列之爱己，爱人也",所谓"人",如果指人类,"己"当然也在其中,但是与"己"相对的"人",只能指与"己"相对的"别人","己"不可能包括于其中。这两个"人",字相同而所指的概念不同。凡是概念不同的"名",虽表面上相同而实际上是另外的"名"。用另外的"名"以扰乱原有的"名";就是"用名以乱名"。荀况说:"验之所以(王引之曰:以字衍)为有名而观其孰行,则能禁之矣。"就是说,有名为的是使大家可以互相了解;只要看大家对于某一名所承认的究竟是哪一意义("孰行"),这种"惑"就可以禁止了。

第二种是"惑于用实以乱名"。荀况所举的例是,"山渊平";"情欲寡";"刍豢不加甘,大钟不加乐"。第一条是惠施的主张;第二条是宋钘、尹文的主张;第三条是墨翟的主张。就个别的情况说,譬如在海拔线低的地方的山,跟海拔线高的地方的渊,可能是相平的;也可能有个别人,情是欲寡而不欲多;也可能有个别的人不喜欢吃肉、听音乐。但是就一般情况说,山总是比渊高;人的情总是欲多而不欲寡;人总是喜欢吃肉和听音乐。名所概括的是一般,具体的实则是个别。这些诡辩用个别的例外,反对一般规律,以"偏"概括"全";也就是,以名的外延的某些特殊情况歪曲名的内涵的意义。这都是"用实以乱名"。荀况说:"验之所缘无(王懋竑曰:无字衍)以同异,而观其孰调,则能禁之矣。""缘"就是"缘天官"之缘。就是说,只要用感官直接观察事物之间的同异,就可以看出哪些是符合事实的("孰调");这种惑就可以禁止了。

第三种是"惑于用名以乱实"。荀况所举的例是,"非而谒楹";"有牛马非马也"。这两条都见于墨经("非而谒楹"墨经作"若矢过楹")。前一条的意思不清楚。后一条的意思是说,有一个牛马群,按"名"说,这是个"牛马群",所以既非牛也非马。但是,按"实"说,其中也有牛也有马。如果因为这个群名"牛马群",所以其中就不能有牛也不能有马,这是以"全"否认"偏";也就是,以名的内涵的抽象意义歪曲名的外延的实际情况。就是"用名以乱实"。荀况说:"验之名约,以其所受,悖其所辞,则能禁之矣。"就是说,只要看"牛马群"这个名的约定俗成的用法,用大家所接受的用法,指出这种诡辩的悖乱,这种惑就可以禁止了。

荀况说:"凡邪说辟言之离正道而擅作者,无不类于三惑者矣。"(以上均见《正名》篇)就是说,所有的错误的言论,归总起来,总不出乎这三种类型。用逻辑的话说,这三种类型就是:偷换概念,以偏概全,以全否偏。

荀况认为名是由"王"制定的。在开始制定的时候,什么"实"用甚么"名",本来没有一定。但是既经"约定"而且"俗成"之后,那就成为"正名"不能随便改动。照他的看法,"析辞,擅作名,以乱正名"的人,就是"大奸"。"其罪犹为符节度量之罪也"（《正名》篇）。因为他认为"乱正名"的结果是，"使民疑惑，人多辩讼"（同上），所以他要禁止这种"大奸"。使"民莫敢托为奇辞以乱正名"；这样，"其民悫；悫则易使，易使则公（功）"（同上）。这是荀况"正名"的政治目的。他毫不隐讳地说出他的政治目的。

荀况确切看到思想斗争在阶级斗争中的重要作用。他也确切认识到名是表达思想的必要工具。他要把制名之权归之于"王"，使统治者能统一思想，只提倡他所需要的思想。这是当时社会上、政治上统一的趋势的反映，也是荀况为封建社会的统治者想出来的维护统治权的一种方法。

第八节　荀况的社会思想

上面讲到荀况所说的"天人之分"。荀况认为属于"人"这一方面的最重要的东西，就是有"义"。他说："水火有气而无生，草木有生而无知，禽兽有知而无义。人有气，有生，有知，亦且有义。故最为天下贵也。"（《王制》篇）这段话说明，荀况接触到物质发展的诸阶段的问题。"有气而无生"是无机物；"有生而无知"是一般的有机物。由有生到有知，由有知到有义（社会组织）是有机界发展的阶段。有社会组织是人类从动物界分出的进一步的发展。高级形式包括低级形式；"人有气，有生，有知，亦且有义"。荀况的这段话可能有这样的不自觉的含义，但是他所着重说明的，是人与自然物之间的本质的区别。

荀况认为社会组织之所以需要的一个原因是合群。他说："人，力不若牛，走不若马，而牛马为用，何也？曰：人能群，彼不能群也。人何以能群？曰分。分何以能行？曰义。故义以分则和，和则一，一则多力，多力则强，强则胜物。……故人不能无群，群而无分则争，争则乱，乱则离，离则弱，弱则不能胜物。"（《王制》篇）这就是说，人在自然界中，按体力说，是不能和其他大动物竞争的；必须组织起来，才能在"生存竞争"中，得到胜利。

荀况认为社会组织之所以需要的另一原因是分工。他说："故百技所成，所以养一人也。而能不能兼技，人不能兼官，离居不相待则穷，群而无分则争。穷者，患也；争者，祸也；救患除祸，则莫若明分使群矣。"（《富国》篇）这就是说，人的生活的发展需要各种生产技能，可是一个人只能有一种技能，只能做一种的事情，所以必须组织起来，使每人都有一定的职守，在分工互助的条件下，共同生活。

荀况认为，在社会组织里面，有一种基本情况："人伦并处，同求而异道，同欲而异知。"(《富国》篇)这就是说,人所欲求的对象是相同的,可是他们所用以满足欲望的方法,以及他们所有的知识、能力,是不同的。又说:"欲恶同物,欲多而物寡,寡则必争矣。"(同上)这就是说,人所欲求的对象是相同的,但是可以满足欲求的东西是太少了,少就引起争夺。

荀况认为,消除争夺,要从两方面解决问题。一方面增加生活资料的生产。在这方面的主要办法是"节用裕民"。"裕民"的办法,是"量地而立国,计利而畜民,度人力而授事。使民必胜事,事必出利,利足以生民,皆使衣食百用出入相揜,必时藏余,谓之称数"(同上)。他没有明确地说出来怎样"度人力而授事"。但是这种授事,是跟"量地"有关系的。所以,他所说的"量地""授事"也可能是像李悝"尽地力之教"所说那种办法。无论如何,他认为,总要叫直接生产者的衣食百用能够出入相抵而且有余。这可见他所强调的是封建的,不是奴隶制的生产关系。

荀况又说:"下贫则上贫,下富则上富。故田野县鄙者,财之本也;垣窌仓廪者,财之末也。百姓时和,事业得叙者,货之源也。等赋府库者,货之流也。"(同上)他认为农业是财富的根源,发展农业,必须"百姓时和"。又说:"上得天时,下得地利,中得人和,则财货浑浑如泉源。"(同上)这都可见,荀况主张,要增加生产,必须改善直接生产者的生活,发挥他们的积极性。

荀况也主张减轻赋税。他主张:"田野什一;关市几而不征;山林泽梁以时禁发而不税。相地而衰政(征),理道之远近而致贡。通流财物粟米无有滞留,使相归移也。四海之内若一家。"(《王制》篇)他的"通流财物"的主张也反映了当时中国在经济上日趋统一的趋势及人民在这方面的要求。

荀况认为,用这样的办法提高生产以后,生活资料是用不完的。他说:"彼裕民故多余,裕民则民富,民富则田肥以易,田肥以易则出实百倍。上以法取焉,而下以礼节用之,余若丘山,不时焚烧,无所臧之。夫君子奚患乎无余?"(《富国》篇)荀况认为,在生产关系改变以后,农民的积极性提高了,生产就可以大大增加。荀况对于这一点充满了信心。这是新兴地主阶级的信心。

解决争夺问题的另一方面,就是对于人的欲求定出一定的界限。这就是荀况所说的为"分"。"分"有两方面的意义。一方面是职分之分,一方面是界限。如上面所讲的,荀况在讲社会分工的时候所说的"分"是职分。在这里所讲的"分"是界限。荀况认为界限也是社会组织的必要条件。"分"的具体规定就是"礼";以"分"为基础的道德原则就是"义",总的说来,就是封建统治阶级的社会秩序。荀况说:"礼起于何也? 曰:人生而有欲,欲而不得,则不能无求。求而无度量分界,则不能不争。争则乱,乱则穷。先王恶其乱也,故制礼义以分之，以养人之欲，给人之求。使欲必不穷乎物，物必不屈于欲，两者相持而长，是礼之所起也。"（《礼论》篇）这就是说，要解决争夺问题，仅只增加生产还是不够的。人的欲求是没有穷尽的，所以必须给它定出一种"度量分界"，就是说，必须加以限制。这样，人的欲求才不至于超过物资的供给（"欲必不穷乎物"），物资的供给才能保证人的欲求的满足（"物必不屈于欲"）。荀况的这个主张，在事实上有一定的根据。人类社会，在达到"各尽所能，各取所需"的共产主义阶段以前，人的需要和物资的供应总是有矛盾的。但是荀况以此为理由，替封建统治阶级的社会秩序和道德原则作出了理论的根据。

荀况把封建社会的秩序，说成是唯一的社会秩序。照他的说法，没有这种秩序，就是没有秩序。荀况以这种秩序为根据，在理论上肯定封建等级制度。他称这种等级为"别"。他认为，有了"礼"，"君子既得其养，又好其别。曷谓别？曰：贵贱有等，长幼有差，贫、富、轻、重皆有称者也"（《礼论》篇）。在这样的制度下，天子有天下，诸侯有国家，士大夫有田邑，官人百吏有禄职。农民工商业者都是"庶人"，"庶人"只能老老实实，劳身苦体，尽力生产，这样才可以穿衣吃饭，"免于刑戮"（《荣辱》篇）。在这样的制度下，"官人百吏"以上都是"君子"；农、工、商都是"庶人"，或"小人"。

荀况认为"君子"与"小人"的界限，是要严格划分的。他说："君子以德，小人以力。力者，德之役也；百姓之力，待之而后功。"（《富国》篇）这就是说：没有"君子"，"小人"就不能生存。其实，没有直接生产者，剥削者才真不能生存。

荀况又认为，农、工、商等都是"精于物"的人，而他所谓"圣人"则是"精于道"的人。"精于道"的人既不能为农，也不能为工，但是能统治他们（《解蔽》篇）。这是把劳心与劳力分为两个不可通的阶级，把"物"与"道"分为截然两事，并要前者服从后者。他企图以此作为封建统治阶级进行统治的理论基础。荀况又认为"君子""小人"应该有不同的政治待遇。"由士以上，则必以礼乐节之，众庶百姓，则必以法数制之。"（《富国》篇）又说："持（恃）手而食者不得立宗庙。"（《礼论》篇）"恃手而食者"当然都是直接生产者。

荀况认为，只有这样，才是"至平"。他说："斩（儳互不齐也）而齐，枉而顺，不同而一。夫是之谓人伦。"（《荣辱》篇）他的意思是说：他所主张的不平才是平，他所主张的不齐才是齐。他又说："分均则不遍。势齐则不一。众齐则不使。"他引《书经》说："'维齐非齐'。此之谓也。"（《王制》篇）这也是说：只有不齐才能齐。这都是封建统治阶级为封建等级制度所作的辩解。

这都说明，地主阶级并不反对等级制度。在当时社会大转变中，它竭力保存等级制度，使它成为维护封建制度的工具。

但是他们究竟与原来的奴隶主贵族有所不同。这些不同，也在荀况的思想中有所反映。

荀况说："夫天生蒸民，有所以取之。"(《荣辱》篇)这就是说，社会中的各种人，都按照自己的能力取得自己的地位。天子，诸侯，也都是"蒸民"的一部分。以前奴隶主阶级的说法是："天生蒸民，作之君，作之师"(孟轲引《书·泰誓》，见《孟子·梁惠王下》)，认为君、师是"天"所立的。荀况的说法还是拥护等级制度，但是赋予等级制度以新的解释，新的根据。

荀况从新兴地主阶级的角度意识到人民的力量及其重要性。他说："马骇舆则君子不安舆，庶人骇政则君子不安位。马骇舆则莫若静之；庶人骇政则莫若惠之。""君者，舟也；庶人者，水也。水则载舟，水则覆舟。"(《王制》篇)这表示新兴地主阶级承认，为维持其统治所用的方法要与奴隶主贵族有所不同。如果要避免"庶人骇政"，需要对他们施一些小恩小惠，以缓和阶级矛盾。

荀况反对奴隶主贵族政治上的世袭制度。他主张："虽王公士大夫之子孙，不能属于礼义，则归之庶人。虽庶人之子孙也，积文学，正身行，能属于礼义，则归之卿相士大夫。"(《王制》篇)他反对"以族论罪，以世举贤"。他说："一人有罪，而三族皆夷，德虽如舜，不免刑均，是以族论罪也。先祖当(尝)贤，后子孙必显，行虽如桀纣，列从必尊，此以世举贤也。以族论罪，以世举贤，虽欲无乱，得乎哉？"(《君子》篇)"以族论罪，以世举贤"，在奴隶主贵族统治的时代，向来是如此的。在奴隶制的生产关系改变以后，原来的旧制度就行不通了。荀况所说："虽欲无乱，得乎哉？"就是这种社会情况的反映。

他说："上贤使之为三公，次贤使之为诸侯，下贤使之为士大夫。"(《君道》篇)他认为，政治上的位置应该都用"贤"来充任。不过他还在一定程度上保持旧制度中"亲亲"的思想。他说："贤齐，则其亲者先贵；能齐，则其故者先官。"(《富国》篇)他是主张"贤贤"与"亲亲"相结合的。

这里所说的"使之"是谁使之呢？还是世袭的国君。荀况主张，虽然国君还是世袭，但必须以"贤才"为相。荀子说："彼持国者必不可以独也，然则强固荣辱，在于取相矣。"又说："治国有道，人主有职。""人主之职"是"论一相以兼率之，使臣下百吏，莫不宿道乡方而务"。有了相，"人主"就可以"游玩安燕"，"守至约而详，事至佚而功"；"乐莫大焉"(《王霸》篇)。地主阶级虽然反对奴隶主贵族世袭政权，但是为维持它自己的利益，还是需要一个世袭的君主统治人民。地主阶级的理想是要一个世袭的君主掌握一切的统治权，但是希望他不要直接处理政务，另要一个不世袭的宰相实际处理政务。这是秦汉以后地主阶级知识分子一贯的政治理想。但是离开了人民，有什么力量能限制世袭的君主，叫他不直接处理政务呢？所以地主阶级知识分子的理想，始终只是一个空想。

荀况也主张，一国之内，君主必须实行集权。他说："国者，君之隆也。父者，家之隆也。隆一而治，二而乱。自古及今，未有二隆争重而能长久者。"（《致士》篇）又说："天子者，势至重，形至佚，心至愈（愉）。志无所诎，形无所劳，尊无上矣。"（《君子》篇）"天子"是"尊无上"，"势至重"，但是他又是"形至佚，心至愉"。地主阶级一方面要求"天子"实行集权，一方面又希望他把权交给宰相代为行使，而他自己只坐享安富尊荣。荀况的这些思想，跟法家的思想是一致的。

第九节　荀况关于"文"的理论

《荀子·礼论》篇讲了许多关于丧、祭礼的理论。奴隶主的丧、祭礼本来是一种宗教的仪式。荀况的唯物主义自然观从根本上否定了上帝和鬼神的存在，但是，他还要把传统的各种宗教的仪式保存下来。这种办法本来是儒家的一个传统。墨翟曾经就这一点批评过儒家。墨翟说：认为没有鬼神而又要举行祭礼，这就好像没有客而举行宾礼，没有鱼而撒网（《墨子·公孟》）。墨翟认为这是一种矛盾。荀况认为，丧、祭的各种仪式正如没有鱼而撒网，但是这里并没有矛盾。天旱的时候，统治者祭祀求雨，这本是一种迷信。荀况批判了这种迷信，但是认为还要保存求雨的仪式。他说："日月食而救之，天旱而雩，卜筮然后决大事，非以为得求也，以文之也。故君子以为文，而百姓以为神。以为文则吉，以为神则凶也。"（《天论》篇）荀况把这一类的宗教仪式都归结为"文"，就是说，这不过是一种点缀、装饰。

古代的丧礼和祭礼本来是以相信人死后有鬼的迷信为基础的。荀况的唯物主义自然观从根本上否定了这种迷信，但是他还要把这些仪式保留下来。他的理论是，"事死如事生，事亡如事存，状乎无形影，然而成文"（《礼论》篇）。又说："其在君子以为人道也，其在百姓以为鬼事也。"（同上）就是说，这些活动完全是"人"的事情，并不是"鬼"的事情，所以，即使没有鬼，这些活动还是必要的。

本来以鬼神为对象的丧、祭礼，如果除去其对象，也就不是原来的丧、祭礼了。荀况认为，这样的礼仪只是一种"文"，是"人道"所需要的。

人是有感情的。荀况认为人的感情如喜怒哀乐等，也是出于自然，所以称为"天情"。人的亲人死了，在理智上，人明知道他已经不存在了，永远不能再活了，但是在感情上总希望他还是存在。所以在他初死的时候，要有丧礼，在他死了很久以后还有祭礼。在这些礼中，把死人当成活人看待，这就叫"事死如事生，事亡如事存"。这些礼的对象，都是无形无踪的。这就叫"状乎无形影，然而成文"。"文"是一种点缀装饰，然而也不仅是一种点缀装饰，它是有根据的。其根据就是人的感情，感情是"天情"，也是出于自然的，所以不能不让它发泄，给它适当的满足。

荀况把这个理论亦应用于音乐上，他说："夫乐者，乐也，人情之所必不免也。故人不能无乐，乐则必发于声音，形于动静。"（《乐论》篇）。发于声音的是音乐；形于动静的是舞蹈；照荀况的理论，音乐舞蹈都是一种"文"。推而广之，各种的艺术都是"文"。

墨家反对音乐，荀况批评说："墨子蔽于用而不知文。"（《解蔽》篇）"文"是对"用"而言。墨翟认为：只有对于人的穿衣吃饭、生男育女有用的才是有用的，音乐无助于这些问题，所以都是无用的。他不知道人于穿衣吃饭、生男育女之外，还有别的需要。他不知道人于物质需要之外，还有感情的需要，不知道"用"之外还需要"文"。这就叫"蔽于用而不知文"。

荀况认为"文"除了上面所说种种之外，还有一种重要的作用，那就是维护等级制度。例如丧礼中天子所用的棺椁要用九层，其余按等级而递减。在祭礼中统治劳动人民的贵族们可以立宗庙，劳动人民不能立宗庙（"持（恃）手而食者不得立宗庙"）。各等级的人穿什么衣服，衣服是什么颜色，都有一定的规定。在音乐舞蹈方面，各等级的人，可以奏什么乐，用什么舞也都有不同的规定。例如，孔丘看见季氏用八佾的舞队，说："是可忍也，孰不可忍也。"（《论语·八佾》）因为照"礼"只有天子才可以用八个行列的舞队，季氏不过是鲁国的大夫而竟然用八个行列的舞队，所以孔丘认为是不可容忍的。

这些等级制度，如果没有"文"，就少了一种表现的方式，所以荀况批评墨翟说："上功用大俭约而僈差等，曾不足以容辨异，县（悬）君臣。"（《非十二子》篇）墨家主张节葬、短丧、非乐，认为厚葬、久丧、音乐，都是没有实用的，所以从节约的观点反对这些东西。可是他们不知道这些东西有维护等级制度的作用，这就是"大俭约而僈差等"，其结果是模糊了等级的差别（"曾不足以容辨异，县（悬）君臣"），这也就是"蔽于用而不知文"。荀况对于墨家这两条批评，其精神是一致的。

上面说荀况认为"霸"的一个缺点是"非綦文理也"，"文理"就是"文"。

第十节 荀况的人性论

荀况"天人之分"的原则也应用到他的人性论这一方面。他的人性论和孟轲是根本对立的。孟轲主张"性善";荀况主张"性恶"。他说:"人之性恶,其善者伪也。"(《性恶》篇)又说:"性(生)之和所生,精合感应,不事而自然,谓之性。性之好、恶、喜、怒、哀、乐,谓之情。情然而心为之择,谓之虑。心虑而能为之动,谓之伪。虑积焉,能习焉,而后成,谓之伪。"(《正名》篇)这就是说:"性"是人从其生理直接构成,"不事而自然"的心理素材。性对于外物的反应,有好、恶、喜、怒、哀、乐等情。照荀况的说法,这都是属于自然一方面的,所以好、恶等情,称为"天情"(《天论》篇)。顺着这些情的自然发展,情与情就要互相冲突,人与人也要互相冲突,互相争夺。幸而人还有作为"天君"的心。上边已讲到"天君"在认识方面的作用。在人的行为方面,"天君"的作用是在互相冲突的诸情中,加以选择,调整。"天性有欲,心为之制节"(《正名》篇此九字依久保爱所见宋本补),照着心的选择调整,经过学习而得到的东西,就叫"伪"。照荀况的说法,社会的制度、道德、文化,都是从"伪"出来的。

荀况关于性恶的学说,从表面上看也是一种抽象的人性论。但是他的主要意思是说,道德不是属于天,而是属于人。道德不是自然界所本有的东西,而是社会的产物。他说:"凡性者,天之就也,不可学,不可事。礼义者,圣人之所生也,人之所学而能,所事而成者也。不可学、不可事而在人者,谓之性;可学而能、可事而成之在人者,谓之伪;是性伪之分也。"(《性恶》篇)这段话明确地说明,荀况所谓"性伪之分",也就是"天人之分"。"伪"的意思就是人为。荀况所说的"伪"是跟自然相对立的,不是跟真实相对立的。荀况说:"性者,本始材朴也;伪者,文理隆盛也。无性则伪之无所加;无伪则性不能自美。"(《礼论》篇)"本始材朴",是说原始的材料,这是属于天的。"文理隆盛"是在原始材料上的加工,这是属于人的。荀况认为,这其间的界限必须严格划分。

荀况主张"化性而起伪"(《性恶》篇)。这有用人力改变自然的意义,和他的"制天命而用之"(《天论》篇)的思想是一致的。荀况说:"人有气,有生,有知,并且有义。故最为天下贵也。"(《王制》篇)又说:"然则人之所以为人者,非特以二足而无毛也,以其有辨也。……夫禽兽有父子而无父子之亲,有牝牡而无男女之别。故人道莫不有辨。辨莫大于分,分莫大于礼,礼莫大于圣王。"

(《非相》篇）照这样的说法，必须有"辨"，有"分"，有"礼"，有"义"，才可以成为人，不然，就与禽兽无别。禽兽是自然的产物，人之所以为人，待教化而后成，这就是说，人是社会的产物。

恩格斯曾经提到费尔巴哈有一句名言："当人刚脱出自然界怀抱的时候，他只是个自然物，而不是人。人乃是人、文化、历史的产物。"（《费尔巴哈与德国古典哲学的终结》，《马克思恩格斯文选》（两卷集）第2卷，第380页）费尔巴哈认为，人和自然是对立的。人在改造自然的过程中，也改造了他自己。荀况在一定程度上也有这样的认识。

荀况举出了一些证据，证明"性恶"。他说："今人之性，生而有好利焉，顺是，故争夺生而辞让亡焉；生而有疾恶焉，顺是，故残贼生而忠信亡焉；生而有耳目之欲，有好声色焉，顺是，故淫乱生而礼义文理亡焉。然则从人之性，顺人之情，必出于争夺，合于犯分乱理而归于暴。故必将有师法之化，礼义之道，然后出于辞让，合于文理，而归于治。用此观之，然则人之性恶明矣，其善者伪也。"（《性恶》篇）这就是说，恶是出于人性之自然；"善"是出于对于人性的改造。

荀况又说："凡人之欲为善者，为性恶也。夫薄愿厚，恶愿美，狭愿广，贫愿富，贱愿贵，苟无之中者，必求于外。故富而不愿财，贵而不愿势，苟有之中者，必不及于外。用此观之，人之欲为善者，为性恶也。"（同上）这就是说，凡人所欲求的东西，就是他所没有的东西，如果他已有了，他就不欲求了。人都欲求"善"，可见他本性中原来没有"善"。

孟轲主张"性善"，荀况批评说："今人之性，目可以见，耳可以听。夫可以见之明不离目，可以听之聪不离耳；目明而耳聪，不可学明矣。"（同上）荀况认为，眼能看，耳能听，这是自然所赋予的能力，这是不可学也是不能学的。性之于善，并不是像目之于明，耳之于聪，完全要由学习而得。所以他认为，可以说："人之性恶，其善者伪也。"

孟轲认为，"人皆可以为尧舜"。荀况也承认，"涂之人可以为禹"，就是说，人皆可以成为"圣人"。在表面上看起来，孟轲和荀况在这一点上是相同的，其实还是不同。孟轲认为，人的本性之中，本来有所谓"四端"，如果把它们扩而充之，就可以成为"圣人"。这正是荀况所否认的。但是荀况认为，在人的本性中，虽然没有所谓"四端"，但在知识上，人都有可以学习"礼义"的能力。他说："凡禹之所以为禹者，以其为仁义法正也。然则仁义法正有可知可能之理，然而涂之人也，皆有可以知仁义法正之质，皆有可以能仁义法正之具，然则其可以为禹明矣。"（同上）荀况认为，人虽有学习"礼义"的能力，但未必能好好地学习，所以人皆可以为禹，但未必都能为禹。他说："故涂之人可以为禹，则然；涂之人能为禹，未必然也。虽不能为禹，无害可以为禹，足可以遍行天下，然而未尝有能遍行天下者也。……然则能不能之与可不可，其不同远矣。"（同上）荀况所说的能不能与可不可的分别，也是孟轲所不能承认的。孟轲认为，人皆可以为尧舜，如果大多数的人没有成为尧舜，那是由于他们不为，并不是由于他们不能。

荀况和孟轲关于人性的理论都是为一定的阶级服务的，为一定的政治路线服务的。孟轲主张性善，是企图以此证明奴隶社会的道德原则和秩序是出乎自然。荀况主张性恶，是企图以此证明封建社会的道德和秩序是出乎必要。

孟轲主张性善，肯定人有先天的道德观念，这是唯心主义思想，这就加强了他在自然观方面的主观唯心主义观点。荀况主张性恶，否认人有先天的道德观念，认为人的道德品质和道德行为是后天环境和社会教养的产物。他说："干越夷貉之子，生而同声，长而异俗，教使之然也。"（《劝学》篇）又说，所以有君子和小人、善人和恶人的区别，"譬之越人安越，楚人安楚，君子安雅（夏），是非知能材性然也，是注错习俗之节异也"（《荣辱》篇）。他还说，"尧禹者，非生而具者也。夫起于变故，成乎修为（原作'修修之为'，俞樾曰：'修之'二字衍），待尽而后备也"（同上）。这些说法含有一种唯物主义的因素；这就加强了他在自然观的唯物主义观点。

但是，荀况的社会思想，包括他的人性论，把推进社会的主要动力归之于"圣人"或"圣王"。国家社会是"圣王"组织的；"礼义""教化"，是"圣王"制作的；"化性起伪"也是"圣人"的工作。从荀况的整个体系说，他强调"天人之分"的原则，这是他在自然观方面比较彻底地贯彻了唯物主义精神。他在人性论方面，强调"性伪之分"；这也是"天人之分"在这方面的表现。但是在"人"和"伪"这个方面，他把一切都归之于"圣人"或"圣王"，这就不是唯物主义而是历史唯心主义。

普列汉诺夫在批评18世纪英法的唯物主义者的观点时说："'哲学家们'不能走出圈子以外：在一方面，人是他周围社会环境的产物。'我们必须在教育里去找人们罪恶和德行的主要来源……找人们所获得的特性和才能的主要来源'；而另一方面，一切社会紊乱的来源，又在于'对最明白的政治原则的无知'。社会环境是由'舆论'造成的，亦即由人造成的。这个基本矛盾，在霍尔巴赫的著作中，和在所有其余的'哲学家'的著作中一样，以不同的形式不断地反复出现。"（《唯物论史论丛》，人民出版社1953年版，第49—50页）这个批评虽然是对于资产阶级唯物主义者说的，但也可以适用于荀况。照上面所讲的，荀况同样有这个基本矛盾。普列汉诺夫接着批评说:"人是他周围社会环境的产物。社会环境的特性是由'政府'的行动决定的,政府的行动,例如立法的活动,已经属于人的有意识的活动的范围。这种活动本身又从属于活动的人的'意见'。不知不觉地,矛盾的一方面(正命题)就改变了;它和它的老对头反命题变成绝对同一了。"(同上)荀况的人性论,也有类似的情况,从肯定人是后天环境的产物的唯物主义观点,终于倒向了"圣王"制礼作乐的唯心主义。这个矛盾,是马克思主义以前的唯物主义者所无法克服的。

荀况又说:"凡礼义者,是生于圣人之伪,非故生于人之性也。故陶人埏埴而为器;然则器生于工人(当作陶人)之伪,非故生于人(当作土)之性也。故工人斲木而成器;然则器生于工人之伪,非故生于人(当作木)之性也。"(《性恶》篇)荀况在这里所举的比喻,跟告子论性所举的比喻是一样的。如果荀况坚持这个比喻所表示的意思,这还是跟他的唯物主义自然观一致的。可是荀况认为,人性确切是恶的,而人性又是属于他所谓"天"的;这就把道德的属性加于自然,使他的唯物主义自然观也带上了一点唯心主义的渣滓。

第十一节 荀况对于统一思想的主张

荀况在宣扬他的唯物主义思想的时候,对于当时别家的思想,也提出了批判,进行了思想斗争。他所作的《非十二子》篇开始说:"假今之世,饰邪说,文奸言,以枭乱天下,矞宇嵬琐,使天下混然不知是非治乱之所存者,有人矣。"他认为,他所批评的各家的思想,都是"邪说""奸言"。这些"家"在理论上是混淆是非,在政治上是制造混乱。

在这一篇里,荀况把他所批评的十二子分为六派:它嚣、魏牟;陈仲、史鳅;墨翟、宋钘;慎到、田骈;惠施、邓析;子思、孟轲。荀况认为,这六派的思想都是错误的,但是他们都把错误说成是正确,"其持之有故,其言之成理",正因如此,所以"足以欺惑愚众"。

在这六派中,有些学派的思想内容,我们不完全知道。有些派别,在前几章讲到的时候,已经分别提到荀况对它们的批判。现在不再重复。《非十二子》篇着重从政治上批判当时各家错误的危害性。

在《非十二子》篇里,荀况在批判了六种"邪说"和十二个坚持"邪说"的人之后,又总结说:"若夫总方略,齐言行,一统类,而群天下之英杰,而告之以大古,教之以至顺。……六说者不能入也,十二子者不能亲也。……是圣人之不得势者也，仲尼子弓是也。一天下，财万物，长养人民，兼利天下。通达之属，莫不从服，六说者立息，十二子者迁化。则圣人之得势者，舜禹是也。"荀况在这里所说的显然不是历史的事实而是一种普遍的原则。圣人是有阶级性的。每一个圣人都是一个阶级最高的代言人。所谓圣人的不得势或得势，可以理解为一个阶级的当权或不当权。

荀况所说这个原则就是说，一个新兴的阶级，在它争取政权而还没有得到政权的时候，它就宣传它的理论，制造舆论，扩大影响，为它的夺权铺平道路。在它已经夺得政权的时候，它就运用政权的威力，使它的本阶级的思想成为统治思想。在上边所引的荀况那一段话里面他所说的"总方略，齐言行，一统类"，是地主阶级在上升时期对于自己的理论的深信不疑。"一天下，财万物，长养人民，兼利天下"，是它对于它自己的事业的赞扬。这几句话表现出地主阶级在上升时期生气勃勃、大有作为。

怎样能使"六说"立刻停止（"立息"），荀况在这里没有说。但是他的别的篇里说得很清楚。

荀况认为对于这些离"正道"的"邪说"，"圣人"只是在没有政权的时候，才跟它们辩论。"君子无势以临之，无刑以禁之，故辨说也。"（《正名》篇）如果有了政权，就要"申之以命，章之以论，禁之以刑"（同上），用不着辨了。提倡"邪说"的人，荀况认为是"奸人之雄"。他说："夫是之谓奸人之雄，圣王起，所以先诛也，然后盗贼次之。盗贼得变，此不得变也。"（《非相》篇）

到了后来，荀况一派的人宣传孔丘诛少正卯的故事。《宥坐》篇说："孔子为鲁摄相，朝七日而诛少正卯。门人进问曰：'夫少正卯鲁之闻人也，夫子为政而始诛之，得无失乎？'孔子曰：'居，吾语女，其故人有恶者五而盗窃不与焉。一曰心达而险，二曰行辟而坚，三曰言伪而辩，四曰记丑而博，五曰顺非而泽。此五者有一于人则不得免于君子之诛，而少正卯兼有之。故居处足以聚徒成群，言谈足以饰邪营，中强足以反是独立。此小人之桀雄也，不可不诛也。'"

孔丘所说的少正卯的五条罪状似乎还是说他的思想言论是持之有故言之成理。后来说到他的影响，那就是欺愚惑众，所以少正卯是"小人之桀雄不可不诛也"。

在《非十二子》篇中，荀况对付争鸣的百家还是要用辩论说服的方法。在《宥坐》篇，荀况就主张用暴力了。荀况的两个法家大弟子韩非和李斯发挥这个思想。也许这个思想就是荀况一派中接近韩非、李斯的人所有。孔丘诛少正卯的这个故事也许就是他们编造出来的。说是编造，因为这个故事最先出现于《宥坐》篇，在先秦比较早的著作中都没有载过这个故事。

无论如何，在秦朝李斯"得势"的时候，他就是照着这种思想，这种方法，结束了从春秋战国以来百家争鸣的局面。在后来中国的长期的封建社会中，统治者总是或多或少地用这种办法对付异己的思想学说。少正卯成了"离经叛道"的代名词，谁敢于"离经叛道"，谁就是少正卯。

荀况的统一思想的主张，是当时政治上统一趋势的反映。他的主要的贡献是建立了一个比较完整的唯物主义的哲学体系，其中包括对于自然、社会、认识论和逻辑学各方面的唯物主义的理论，他是先秦最大的唯物主义哲学家。

他的唯物主义哲学思想的出现，也不是偶然的。在战国后期，自然科学知识和生产技术已发展到很高的程度。当时并且有许多人力改造自然的辉煌实例。秦国修了郑国渠，"用注填阏之水，溉泽卤之地四万余顷，收皆亩一钟。于是关中为沃野，无凶年，秦以富强，卒并诸侯"（《史记·河渠书》）。魏国修了史起渠，"民歌之曰：'邺有贤令兮为史公，决漳水兮灌邺旁。终古舄卤兮生稻粱'"（《汉书·沟洫志》）。秦国的李冰在四川成都盆地修的灌溉工程，一直到现在还继续为人民服务。这些实例都说明，在战国时期，农业生产技术已达到很高的程度。后期墨家的"墨辩"是当时手工业生产技术的水平的反映，也就是当时科学水平的记录。

这种"人定胜天"，人力战胜自然的实例，使荀况得到"制天命而用之"的哲学结论。这种结论，解放人的思想，提高生产，这是地主阶级在上升时期努力发展生产的反映，也为将来的发展生产开辟道路。

在哲学史中唯物主义思想的发展，是与当时的科学知识与生产技术的发展密切联系着的。一个时代的唯物主义思想，就是那个时代的科学知识与生产技术的有意或无意的总结。战国后期，科学知识及生产技术的发展都已达到前所未有的高度。荀况的唯物主义哲学思想就是这个发展的理论上的总结。

第二十三章　战国时期最后的理论家韩非的哲学思想

韩非（死于公元前 233 年）出身于韩国的贵族，同李斯都是荀况的学生。秦始皇看到韩非所写的文章，很赞赏，说："如果我能见到这个人，同他在一起，死不恨矣。"李斯告诉秦始皇说，作这些文章的人是韩国的一个诸公子。秦始皇加紧进攻韩国。韩国派韩非到秦国当使臣。秦始皇把他留下，想重用他。李斯又向秦始皇说：韩非是韩国诸公子，他的心是向着韩国的，不向着秦国。最好是抓个错把他杀了。秦始皇把韩非下狱，后来又后悔了，下令赦他出来。可是韩非已经在狱中自杀了（《史记·老子韩非列传》）。韩非的著作经后人编辑为《韩非子》五十五篇，其中有些可能不是韩非作的。

秦始皇喜欢韩非的著作，这并不是出于偶然。第一次大转变时期将近结束的时候，地主阶级处在上升时期，它的历史任务是要统一全中国，建立一个专制主义的中央集权的封建国家。这是当时地主阶级专政所需要的，是合乎当时的历史发展趋势的。秦始皇的业绩就是完成这个任务，体现这种趋势。韩非所提出的实现专制主义中央集权的政策和理论都比以前的法家前进了一步，所以更能适合秦始皇的需要。

第一节　韩非的人口论的历史观

专就思想继承这方面说，韩非是属于晋法家的。晋法家注重从历史的发展上论证变法的必要。也就是说，他们注重于说明变法的历史原因。商鞅把他以前的历史分为上世、中世、下世三个时期，并指出各个不同时期的特点；至于为什么历史要有这些变化，商鞅没有说明。韩非比商鞅进了一步，他用人口论说明这些变化的原因及其必然性。

韩非也把他以前的历史分为上古、中古、近古三个时期，并指出各个时期的特点。说："上古之世，人民少而禽兽众；人民不胜禽兽虫蛇。有圣人作，构木为巢以避群害，而民悦之，使王天下，号曰有巢氏。民食果蓏蚌蛤，腥臊恶臭而伤害肠胃，民多疾病。有圣人作，钻燧取火，以化腥臊，而民悦之，使王天下，号曰燧人氏。""中古之世"，患水灾；鲧和禹决渎排水。"近古之世"，桀纣暴乱；汤武征伐暴乱。如果时代已进入"中古"，还有人提倡"构木为巢"，"钻燧取火"，必然为鲧禹所笑。如果到了殷、周时代，还有人无故决渎排水，必然为汤、武所笑。现在如果还有人称赞古代尧、舜、汤、武的功德事业，也必为"新圣"所笑（《五蠹》）。这就是说，时代不同，生活中的问题也不同；问题不同，解决的办法也不同。韩非作结论说："是以圣人不期修古，不法常可，论世之事，因为之备。"又说："故事因于世，而备适于事。"（同上）"世"指时代；"事"指事务或问题；"备"指处理事务或解决问题的办法。"事"因"世"的不同而不同，"备"因"事"的不同而不同。古代的东西不适于今，所以"不期修古"。本来没有"常可"的东西，所以"不法常可"。

韩非举了一个故事说：宋国有个种田的人，有一次耕田的时候，见一个兔子跑来，碰在一个树上，死了。这个种田的人不费劳力就得到一个兔子。于是他就坐在树下，等着捡这种便宜，当然不会再有这种事。要用"先王之法，治当时之民"的人，所闹的笑话，也和这个宋人是一类的。

儒家、道家都厚古薄今，借古讽今，说古代的人都有很高的道德品质，随着历史的演变，道德品质越来越低。韩非批判了这种错误的退化论的历史观。他承认，古代的人是有些现在人所不能做的事情，例如传说中的古代天子让位之类。但是他认为，由于古今的情况不同，即使真有让天下之事，也不足以证明古代人的道德品质高。因为古代生活简单，做天子也没有特别的享受，而只是特别劳苦；可是现在，即使一个县官，死了以后，几代的子孙还都坐车为富人。"今之县令，一日身死，子孙累世絜驾。"所以人"轻辞古之天子，难去今之县令。"这并不是由于古代的人道德品质高，现在人的道德品质低；这是"薄厚之实异也"（同上）。韩非的这些话的含义是，人的道德品质受人的物质生活的影响而为其所决定。

在他的历史观中，韩非接触到国家起源的问题。照上面所引的，他认为，有巢氏解决了人民的居住问题；人民喜欢他，"使王天下"。燧人氏解决了人民的吃饭问题；人民喜欢他，"使王天下"。有巢氏和燧人氏都是中国原始社会发展的某些阶段的象征。韩非认为实有其人。他看不起人民群众的智慧，看不见劳动人民在生产斗争中的成果，认为只有圣人出来才给人民解决了住和吃的问题，这显然是错误的。虽然如此，他的这种见解，还是把历史从宗教迷信中解放出来。历史毕竟是"人"开创的。"君权"也不是出于"神授"，而是出于人民的拥护。

这在当时还是进步的思想。

韩非认为决定历史变动的主要因素是人口的增长。他认为，生活资料的增长远落后于人口的增长。他说："今人有五子不为多，子又有五子，大父未死而有二十五孙。""古者丈夫不耕，草木之实足食也；妇人不织，禽兽之皮足衣也。不事力而养足；人民少而财有余。是以厚赏不行，重罚不用，而民自治。"后来"人民众而财寡，事力劳而供养薄，故民争；虽倍赏累罚，而不免于乱"（同上）。韩非认为，在远古的时代，人的生活条件好，所以竞争少，后来人越来越多，生活资料相对地越来越少，所以人与人竞争越来越激烈。他说："上古竞于道德；中世逐于智谋；当今争于气力。"（同上）这就是竞争越来越激烈的表现。韩非所说的古代的生产情况是与事实不符的。在原始社会中，生产力很低，生产工具极简陋，生产技术极低下。禽兽之皮和草木之实，也都是需要很多的劳动才能得到，并不是像他所说的"不事力而养足"。不过，韩非在这里接触一个真理，那就是，社会中人与人之间的关系是随着历史社会情况的变动而变动的，它是历史的产物。不过韩非仅只是接触到这个真理。他不知道，他所说的极端自私自利的人性和一切都以利害为基础的人与人之间的关系，也是私有财产制度所决定，也是历史的产物。

人口增长是自然的现象。用人口增长说明历史的变化，这是用自然现象说明社会现象。他认为"圣人"是决定历史阶段的主要力量；这就是唯心主义的表现。

韩非虽没有明确地说历史是进步的，但确实打击了像儒家、道家所主张的"是古非今"的历史观。他的历史观明确地证明了奴隶主贵族的社会政治制度不能不变。他主张社会政治制度要随着客观具体情况改变，反对复古守旧。这是有很大的进步意义的。

韩非虽然不知道，也不可能知道，生产方式是决定历史变动的主要力量，但是他认识到，历史中最主要的事情是生活资料的生产；社会中最主要的事情也是生活资料的生产；要想解决社会中的问题，首先要努力生产，增加生活资料。这是新兴地主阶级在上升时期对于生产所有的认识。

无论如何，韩非用他的历史观为地主阶级变法，为封建制代替奴隶制，提出了一个理论的根据，这是他的贡献。

第二节　韩非论他所认为的人的社会关系的实质

在第一次大转变时期，法家对于新兴地主阶级的贡献主要是为他们提供一个新的统治术。韩非认为，作为一个专制主义中央集权的君主，只有君主一个人，高高在上，老百姓以及大小官僚，都是他的统治的对象。在统治者与被统治者这两个对立面中，统治者这个对立面只有一个人，而被统治者这个对立面却包括有成千上万的人。如果没有一套完整的统治术，统治者进行统治是很困难的。他所掌握的政权，随时都可以为他的对立面篡夺而去。韩非认为统治与被统治也是一种社会关系，统治者必须知道他所认为的人与人之间的社会关系的实质，才可以对于被统治者，进行有效的统治。

新兴地主阶级的一个来源是商人。商人靠精打细算，剥削劳动人民，"发家致富"。照他们看来，人们的社会关系主要是建筑在利害计算的基础上。他们置买田地，成为新兴地主以后，对于人与人之间的社会关系，也是这样理解的。这种了解在韩非所讲的统治术中，得到明确的反映。他主张公开地以利害关系为基础，进行对于劳动人民的统治。

韩非指出，统治者与老百姓的关系是建立在利害矛盾的基础上的。他说："君上之于民也，有难则用其死，安平则尽其力"，故"明主"对老百姓"不养恩爱之心，而增威严之势"（《六反》）。这就是说，统治者在打仗的时候，叫老百姓替他卖命；在平常的时候，叫老百姓老老实实地供统治者剥削，必须用暴力加以强迫。他又说："严家无悍虏，而慈母有败子，吾以此知威势之可以禁暴，而德厚之不足以止乱也。"（《显学》）"彼民之所以为我用者，非以吾爱之为我用者也，以吾势之为我用者也。"（《外储说右下》）他赤裸裸地说，人君对付老百姓应当"用法之相忍，以弃仁人之相怜"（《六反》）。根据这种观点，他反对儒家的道德说教。他说："今学者之说人主也，不乘必胜之势，而务行仁义则可以王，是求人主之必及仲尼，而以世之凡民皆如列徒，此必不得之数也。"（《五蠹》）

韩非公开地暴露了统治阶级与老百姓之间的激烈的矛盾，直截了当地承认，统治者要用赤裸裸的暴力进行剥削和压迫。

在奴隶主贵族制度中，君臣关系建立在以血缘关系的宗法关系上。臣就是君的宗族；他的政治上、经济上的特权，本来不是由对于君的功劳取得的。新兴地主阶级反对贵族，主张用官僚替代贵族。官僚是君主的雇佣；他们和君主的关系本来是一种交易的性质，一种商业买卖的关系。韩非引田鲔的话说："主卖官爵，臣卖智力。"又说："臣尽死力以与君市，君重爵禄以与臣市。君臣之际，非父子之亲也，计数之所出也。"（《难一》）"市"就是买卖讲价钱。君、臣的利益是矛盾的；韩非认为君主只有认清了君臣关系的这种本质，才可以更好地使他的臣为他服务。他说："君不仁，臣不忠，则可以霸王矣。"（《六反》）人君"固有使人不得不爱我之道，而不恃人之以爱为我"(《奸劫弑臣》)。

当时垂死的贵族阶级还在作最后的挣扎。新出现的大臣也要与君主争权。他们都是反对中央集权的；对于实行中央集权的专制主义的君主他们还要反抗。因此韩非警告当时的君主，要严防所谓"重臣"的阴谋。"重臣"多是与太子皇后有联系的，所以也严防太子皇后；这就是所谓"备内"。《韩非子》中有《备内》篇，专讲这个问题。韩非说："臣之所以不弑君者，党与不具也。"(《扬权》)就是说：只要条件具备，时机成熟，"重臣"随时可以取君主而代之。所以"上下一日百战"(同上)。实行中央集权专制主义的君主与贵族、重臣之间，斗争是极激烈的，矛盾是极尖锐的。韩非站在君主的立场，主张彻底消灭贵族，严防重臣。

韩非认为一般人与人的关系，也是一种买卖的关系。他说："舆人成舆，则欲人之富贵；匠人成棺，则欲人之夭死也。非舆人仁而匠人贼也，人不贵则舆不售，人不死则棺不买，情非憎人也，利在人之死也。"(《备内》)又说："夫买(原作"卖"。太田方曰："卖"当作"买")佣而播耕者，主人费家而美食，调布而求钱易者，非爱佣客也，曰：如是耕者且深，耨者熟耘也。佣客致力而疾耘耕（原作"耘耕者"。顾广圻曰："者"字衍)，尽巧而正畦陌者(原为"正畦陌畦畤者"。孙诒让曰："畤"当作"埒"，"畤埒"二字盖注文，传写误混入正文)，非爱主人也，曰：'如是羹且美，钱易云也(原作"羹且美钱布且易云也"。陈奇猷云："布"字因上而衍。"易"，读为容易之易。"云"，有也)。此其养功力有父子之泽矣。而心调于用者，皆挟自为心也'。故人之行事施予，以利为之心，则越人易和，以害为之心，则父子离且怨。"(《外储说左上》)

这一段的最后几句，意思是说，每个人都是为他自己，如果能够与他有利，也可以联合起来；如果与他有害，父子之间也可以互相背离，互相怨恨。

韩非在这里所说的是阶级社会中雇佣者与被雇佣者之间的关系。韩非看到一些这两个对立面之间的利害冲突。但是他站在剥削阶级的立场，不肯承认雇佣者与被雇佣者之间的剥削关系。雇佣者与被雇佣者说成好像是互利互惠的合作关系。这是他的阶级局限性的表现。

韩非甚至认为，父母与子女之间也是利害关系的结合。他说："父母之于子也，产男则相贺，产女则杀之。此具出父母之怀衽，然男子受贺，女子杀之者，虑其后便，计其长利也。故父母之于子也，犹用计算之心以相待也，而况无父母之泽乎。"(《六反》)意思就是说：做父母的人，如果生了男的，他们就互相庆贺，如果生了女的，他们就把她害死，子女都是父母所生的，为什么对于男女的待遇有这样大的差别呢？因为做父母的人是为长远打算，考虑将来的方便，父母对于他们的子女本来都是亲爱的，父母与子女之间的恩情本来是极深厚的，但是父母对于他们的子女还要用计算之心以相待，如果本来没有这种深厚恩情的就更不必说了。这是歪曲事实的。事实上并非所有的父母都是"生女则杀之"；只是有些父母极端贫困，才有时有这样惨痛的行为。这也只是个别的事例，但韩非加以夸大，企图用以证明，凡人都是自私自利的。

韩非对于社会现象的解释，都是从人的"皆挟自为心"出发，认为每个人对于别人都是用计算之心以相待，把追求个人的利益看成是人的行为的基础。这是一种个人利己主义的伦理学说。

韩非由此得出结论说："黄帝有言曰：上下一日百战。下匿其私，用试其上。上操度量，以割其下。"（《扬权》）这里所谓"战"就是斗争。"一日百战"就是说时时刻刻都在斗争。专制主义的中央集权的君主一个人在上，其余的人都是在下，照韩非看起来，这样的君主是处在四面八方重重包围之中，所有的矛头都指向他。他如果没有一套完整统治术，他的政权就不能保持，甚至他自己也要被人杀害。

第三节 韩非综合原来法家三派

韩非以前的法家有三派，商鞅重法，申不害重术，慎到重势。法是一个统治阶级政权所规定、公布的法律条文。术是代表一个阶级的政权的统治者统治臣下的方法。势是一个阶级专政的政治威权。这里所说的一个阶级，对于韩非来说，就是新兴地主阶级。韩非为地主阶级制定一整套的专制主义的中央集权的统治术，认为法、术、势都是构成这套统治术的组成部分，缺一不可。他说："人不食十日则死；大寒之隆，不衣亦死。谓之衣食孰急于人，则是不可一无也，皆养生之具也。今申不害言术，而公孙鞅为法。术者，因任而授官，循名而责实，操杀生之柄，课群臣之能者也，此人主之所执也。法者，宪令著于官府，刑罚必于民心，赏存乎慎法，而罚加乎奸令者也，此臣之所师也。君无术则弊于上，臣无法则乱于下，此不可一无，皆帝王之具也。"（《定法》）

韩非在下边举出韩国和秦国的例子以说明"法与术不可偏废"。照韩非说，申不害在韩国当宰相，重术而不重法，没有对于以前晋国的法作彻底的统一的变革。韩国本来是从晋国分出来的，晋国的旧法和韩国的新法有许多地方是不一致的。大臣和官吏们就利用这种不一致作弊。凡是旧法于他们有利的，他们照旧法办事。凡新法对于他们有利的，他们就照新法办事。他们就利用新旧法的不一致或者互相矛盾，作弊以利其私。申不害和韩昭侯虽然有术，却不能使韩国富强。

这就是"徒术而无法"的危险。秦国在商鞅的统治下，制定了许多法律，使秦国得以富强，开拓了边界，占领了很多别国的土地，可是商鞅不讲术。结果是秦国富强，只不过使大臣得利，秦国的国君并没有得到什么好处。这是"徒法而无术"的危害。归结起来说，"徒法而无术"或"徒术而无法"对专制主义的中央集权，都是有危害的。

韩非中的《难势》篇，阐述慎到关于重势的理论，又设为儒家对于慎到的理论的批评，又设为慎到的一派反批评。《难势》的这个"难"字，是指儒家对于慎到重势的批评，并不是韩非对于慎到的重势有所责难。

韩非首先引慎到的话说："飞龙乘云，腾蛇游雾，云罢雾霁，而龙蛇与蚓蚁同矣。则失其所乘也。贤人而诎于不肖者，则权轻位卑也；不肖而能服于贤者，则权重位尊也。尧为匹夫，不能治三人；而桀为天子，能乱天下。吾以此知势位之足恃而贤智之不足慕也。"

儒家的人批评说："不可以释贤而专任势。"乘云游雾也只是龙蛇才可以。若是蚯蚓蚂蚁，虽然云雾它们也是不能成的。古来的暴君像桀纣那样的，都用天子之威以为他们云雾，然而天下大乱。有势的人不一定都是好的，好人用它，天下就治，坏人用它，天下就乱。天下的人总是好的少坏的多，用势以乱天下的人多，用势以治天下的人少。所以释贤而专任势，那是于坏人有利的。慎到一派的人回答说：我们所说的重势是对于中人说的。中人上不及尧、舜，而下亦不为桀、纣。这样的人能够"抱法处势"天下就治；背法去势，天下就乱。这种中人最多，所以如果不讲法不讲势而专等着尧、舜这种圣人来治天下，这就是乱世多，而治世少。如果能够"抱法处势"，等有了桀、纣天下才乱，那就是治世多乱世少。这样比较起来，就可以知道势是有用的，不必待贤。所以这种待贤理论是"离理失术，两末之议也，奚可以难夫道理之言乎哉！客议未及此论也"。"离理失术"，"道理之言"，这两个理字和这个道字，是韩非哲学思想中的重要概念。韩非所说的理就是事物的客观规律，"离理"就是违背了客观规律。凡是正确的言论都是合乎理的。韩非这几句话必须和他的《解老》联合起来看，才可以了解其深刻的意义。"客议未及此论也"，就是说，批评慎到的人的言论是不懂得这些道理的。"两末之议"就是说，批评的人反对这个"释贤而专任势"，那就是说，势也重要，贤也重要，这就是两可之词。两可之词，用现在的话说，就是折中，模棱两可，这是不合乎客观规律的。客观规律没有是两可的。

韩非认为法、术、势三者都是"帝王之具"。他所说的帝王就是专制主义的中央集权的君主，具就是工具。专制主义的统治者有这三种工具就可以有效地统治臣下和劳动人民。这就是韩非为当时的地主阶级提供的一整套的统治术。这一整套的统治术是韩非总结当时的地主阶级统治的成功的经验和失败的教训,得出来的结论,也是他综合以前的法家三派学说所得出来的结论。

他说:"故明主之行制也天,其用人也鬼。天则不非,鬼则不困。势行教严,逆而不违。……然后一行其法。"(《八经》)"其行势也天",就是说,他是依法而行,公而无私。这一句是讲法。"其用人也鬼",就是说,他有一定的方术,叫臣下或劳动人民莫测高深。"天则不非"就是说,他以法而行,大公无私,所以他的行动不会有错。"鬼则不困",就是说,他就不会为臣下之所包围而没有办法。"势行教严,逆而不违",就是说,他有最高威权,臣下或老百姓虽然不赞成他,也不敢不拥护。这一句是讲势。这就是法、术、势的作用,能够运用这三种工具,专制主义的中央集权的统治就可以巩固。

第四节 韩非关于法的论述

韩非说:"释法术而任心治,尧不能正一国。去规矩而妄意度,奚仲不能成一轮。废尺寸而差短长,王尔不能半中。使中主守法术,拙匠守规矩尺寸,则万不失矣。君人者,能去贤巧之所不能,守中拙之所万不失,则人力尽而功名立。"(《用人》)意思就是说,无论做什么事,都需要依靠一种客观的标准,不能依靠主观的判断。奚仲据说是古代的一个善造车的人,但是他造车也需要圆规方尺,如果他不用圆规方尺而只凭主观的猜测,就一个轮也造不出来。王尔据说也是古代的一个巧匠,但是他也需要按尺子量尺寸,如果他不用尺子而专凭主观的判断以决定材料的长短,那他也要发生错误。尧据说是古代善于治国的君主,但是他也要用法、术作为客观的标准,如果他不依靠这个客观的标准,专靠自己主观能力,他连一国也不能治,不用说治天下了。一个虽然拙笨的匠人,只要他能依靠圆规方尺,他就可以万无一失。一个平常的君主,只要他能够依靠法术,他也可以万无一失。所以一个君主应该废弃贤者之所不能做的事,而守着一个拙笨的匠人作万无一失的做法,他就可以尽用人的潜力,他的功名就可功成名立。韩非在这里所说的"法术"是一种泛说,意思就是法,不一定是说法和术。

韩非又说:"法者,编著之图籍,设之于官府,而布之于百姓者也。"(《难三》)就是说,法是一种写出来的文件,这种文件写成以后就在政府各部门施行并且向老百姓公布。从春秋时候就开始有刑书、刑鼎之类,上边所铸的条文,就是法的开端。韩非认为这些成文法都是一种客观的标准。既然有了这种标准以后,一国的君臣上下,都要以它作为判断是非指导行为的标准。韩非说:"故明主使其群臣,不游意于法之外,不为惠于法之内,动无非法。""不游意于法之外"就是说,不但言论、行为不能出乎法之外,就是思想也不能出乎法之外。"不为惠于法之内"就是说,就是在法之内思想和行动,也只是照客观的法办事,而不是出于个人的恩惠或者智慧。必须达到这个程度,才算是"动无非法",合乎守法的标准。韩非认为一个专制主义的中央集权的政权,必须有统一的指挥,使举国上下,有统一的思想、言论和行动。这个统一就是统一于法。

《韩非子·问辩》篇说:"或曰:'辩安生乎?'对曰:'生于上之不明也。'问者曰:'上之不明,因生辩也,何哉?'对曰:'明主之国,令者,言最贵者也。法者,事最适者也。言无二贵;法不两适。故言行而不轨于法令者,必禁……此所以无辩之故也。乱世则不然。主上有令,而民以文学非之。官府有法,而民以私行矫之。人主顾渐其法令,而尊学者之智行。此世之所以多文学也。……是以儒服带剑者众,而耕战之士寡,坚白无厚之词章,而宪令之法息,故曰,上不明,则辩生焉。'"

韩非在这里用一个"辩"字概括了战国时期"百家争鸣"的局面。战国中期后,地主阶级的封建政权已经先后在各诸侯国建立起来,但地主阶级同没落奴隶主阶级或其他阶级的思想斗争还继续进行,有时甚至是很激烈的。在意识形态领域里谁战胜谁还没有最后决定。这种意识形态领域内的斗争就是韩非在这里所说的"辩",韩非把辩的原因归结为"上之不明",这句话的实际意义就是说,作为地主阶级的政治代表还不知道用地主阶级专政的威权,统一思想。韩非指出地主阶级的政治代表应该把他自己的政权所规定的法令作为思想、言论和行动的标准。它的令就是最贵的言,就是最高的言论的标准。它所立的法就是当时最合乎实际需要的行动的标准。最贵的标准只能有一个,最合适的标准也不能有两个。所以臣下老百姓的言论、行动如果不合乎法令,就必须运用地主阶级专政的威权加以禁止。这样就没有"辩"了。如果不能这样做,那还是乱世。上面的君主有个命令,老百姓就根据"文学之士"所散布的传统思想加以批评。政府立了一个法,老百姓就以自己私人的行为与之对抗。在上面的君主对于这些人不能校正,因而也就渐渐地松弛了自己的法令。这样"文学之士"也就一天一天地多起来了。穿儒家的衣服的人多了,带剑游侠之士多了,从事种田、打仗的人少了。像名家所宣扬的"坚白""无厚"之词多了,法令的效力就小了。所以说,有辩是由于上之不明。

韩非在《五蠹》篇中说:当时的社会中有五种蠹虫,也就是说有五种人破坏新兴地主阶级的法令和耕战政策。这五种人是:学者或文学(儒家之徒),带剑者(游侠),言谈者(到处游说的投机政客),患役者(逃避耕战依附豪门的人），工商的人（工商业者）。在这五种人中，为害最大的是儒和侠。"儒以文乱法；侠以武犯禁。"（《五蠹》）就是说，儒是用文的方法同地主阶级斗争，侠是以武的方法同新兴地主阶级捣乱。《问辩》篇所说的儒服带剑者就是指儒侠而言，侠是一种帮会之类的组织，用武力替别人保镖，打抱不平。"坚白""无厚"之词是名家的人所作的辩论，在本书第一册中讲过，名家的先驱人物如邓析等，都是对于当时的法律咬文嚼字，作形式主义的解释，向奴隶主阶级作合法的斗争。这在当时说，是对于奴隶主阶级的反抗。到了战国末期，新兴地主阶级取得了政权，有了自己的法律条文。如果再有人对于地主阶级的法律"咬文嚼字"，作合法的斗争，那就是反动的。所以韩非指出，如果像"坚白""无厚"这样的辩论流行起来，地主阶级的法令就失去效用了，所以必须制止。

韩非说："明主之国，无书简之文，以法为教，无先王之语，以吏为师。"（《五蠹》）这里所说的"明主之国"指的就是在地主阶级的专制主义的中央集权政治下一切言论行动都统一于法那种国家。这在韩非是一种理想，他所说的办法是一种建议。秦始皇在李斯的辅助下，统一了全中国，建立了全中国的专制主义的中央集权地主阶级政权。李斯向秦始皇建议禁止诗书百家语，韩非这种理想就成为现实。

第五节　韩非关于势的论述

韩非指出，一个政权想推行它的法令，必须有专政的权力。这个威力就是"势"。他说："夫有材而无势，虽贤不能制不肖。故立尺材于高山之上，下临千仞之谿，材非长也，位高也。桀为天子，能制天下，非贤也，势重也；尧为匹夫，不能正三家，非不肖也，位卑也。千钧得船则浮；锱铢失船则沉。非千钧轻而锱铢重也，有势之与无势也。故短之临高也以位；不肖之制贤也以势。"（《功名》）这里所说的位就是君主在国家机构中的地位，是随之而有的权力。

韩非又说："夫马之所以能任重引车致远道者，以筋力也。万乘之主，千乘之君，所以制天下而征诸侯者，以其威势也。威势者，人主之筋力也。"这是用一种形象的说法说明势力的重要性。

韩非又说："势者，胜众之资也。"（《八经》）"资"是凭借。一个君统治众人，他必须有所凭借。他的凭借，就是作为君主的权力，这就是势。

势力具体的表现就是赏罚，亦称为刑赏或刑德。韩非称赏罚为君的"二柄"。韩非说："明主之所导制其臣者，二柄而已矣。二柄者，刑德也。何谓刑德？杀戮之谓刑；庆赏之谓德。为人臣者，畏诛罚而利庆赏。故人主自用其刑德，则群臣畏其威而归其利矣。"(《二柄》)柄就是把子。如说刀把子、印把子。韩非认为，做君主的只要抓住赏罚这两个把子，就可以叫他的臣下规规矩矩地为他所用。这两个把子就是势的把子。人拿着刀的把子就可以运用那把刀，抓住势的把子就可以运用势。

韩非认为运用赏罚，必须注意几点。他说："圣人之治也审于法禁，法禁明著则官治（原作法，依顾广圻校改）。必于赏罚，赏罚不阿则民用。官治民用（原作官官治，依顾广圻校改）则国富，国富则兵强，而霸、王之业成矣。霸、王者，人主之大利也。人主挟大利以听治，故其任官者当能，其赏罚无私，使士民明焉，尽力致死，则功伐可立，而爵禄可致。爵禄致而富贵之业成矣。富贵者，人臣之大利也。人臣挟大利以从事，故其行危至死，其力尽而不望。此谓君不仁臣不忠则可（原作不可，依顾广圻校改）以霸、王矣。"(《六反》)意思就是说，法令必须"审"，必须明确。法令明确，则臣下不敢马虎。赏罚必须"必"，应该赏的必定赏；应该罚的必定罚，必须信赏必罚。如果应该赏的因某种缘故而不赏，应该罚的因某种缘故而不罚，这就是"阿"，如果有"阿"，赏罚的效用就失去了。如果真能信赏必罚，老百姓希望得赏，害怕受罚，就一定为君主所用。这样就可以国富兵强。这是人主的大利。人主希望有这种大利，所以他所任用的官都有同这个官相等的能力。他所行的赏罚，必定都是大公无私。这样，老百姓都明确地知道，要想富贵，必须为君主尽力。富贵是人臣的大利，人臣为君主尽力，并不是由于他对于君主有什么忠心，而是由于他想得到富贵，得到大利。人主给人臣高官厚禄，并不是由于他对于人臣有什么仁慈，而是由于他想成霸、王之业，得到大利。所以说君不仁，臣不忠就可以霸、王矣。

韩非又认为赏罚除"必"之外还需要"重"。他说："凡赏罚之必者，劝禁也。赏厚则所欲之得也疾，罚重则所恶之禁也急。夫欲利者必恶害，害者，利之反也。反于所欲焉得无恶？欲治者必恶乱。乱者，治之反也。是故欲治甚者，其赏必厚矣。其恶乱甚者，其罚必重矣。"（同上）意思就是说，人都有欲，他所欲的东西就叫利。欲的反面叫恶，所恶的东西就叫害。赏厚，受赏的人就可以很快地得到他所欲的东西。罚重，受罚人就可以很快地得到他所恶的东西。这样，赏罚的效用就特别显著。这是从人臣这方面而说的。从人主这方面说，凡是人君都希望把他的国治得很好。治是人主的利。乱是治的反面，人主既然希望治，一定反对乱。所以他的赏必定要厚，他的罚必定要重。

韩非认为赏罚的作用还在于劝禁。他说："故曰重一奸之罪，而止境内之邪，此所以为治也。重罚者盗贼也，而悼惧者良民也。欲治者奚疑于重刑？若夫厚赏者非独赏功也，又劝一国。受赏者甘利，未赏者慕业，是报一人之功而劝境内之众也。欲治者何疑于厚赏。"（同上）意思就是说，赏罚的作用，并不限于受赏或受罚的人，更重要是劝禁。受重罚的是盗贼。盗贼受了重罚，良民也可以知所畏惧而不敢犯法。受赏的是有功的人，可是赏了一个有功的人，全国的人都受到劝勉。已经受赏的，得到赏的利益。没有受赏的人，也羡慕受赏的人而为君主尽力。所以厚赏或重罚的效用是无可怀疑的。

韩非认为这样办是顺乎人情的。他说："凡治天下，必因人情。人情者有好恶，故赏罚可用。赏罚可用，则禁令可立，而治道具矣。君执柄以处势，故令行禁止。柄者，杀生之制也；势者，胜众之资也。"（《八经》）韩非认为凡人情都是取利避害，利是人之所欲的，害是人之所恶的。正是因为人情是这样的，所以赏罚才能发生作用。赏罚发生作用，法令才可以推行，法令推行了治国之道也就树立起来了。

韩非又说："明主立可为之赏，设可避之罚。盲者处平而不遇深豁，愚者守静而不陷险危。如此则上下之恩结矣。"（《用人》）意思就是说，人主立一种赏格，这种赏格是人只要努力就可以得到的。立一种罚款，这种罚款是人只要注意就可以避免的。有了这种赏格和罚款，老百姓都知所趋避。好比一个盲人，只要在平地走，就不会掉在河里面。一个愚人，只要安分守己，也可以没有危险。这样上下之间的恩情就结成了。反对法家的人都认为法家"刻薄寡恩"。韩非认为，法家的做法，并不是寡恩，而是结恩。

这种理论，暴露了韩非剥削阶级的阶级性。韩非认为，每个人都为他自己的利益，对于别人都是用"计算之心"相待。人君和人臣以及老百姓本来是利益冲突，互相矛盾的。所以说："上下为战"。但是，人主抓住赏罚这两个把子，就可以使上下之间互相利用，各得其所。这是站在剥削阶级的立场说的。他有见于阶级之间和社会阶层之间的矛盾，但是认为有这种矛盾可以转化为互利、合作。在经济上，雇佣者与被雇佣者之间的关系，本来是剥削与被剥削的关系，其间的矛盾，是不可调和的。工资报酬本来是雇佣者剥削被雇佣者的工具，但韩非认为，工资报酬可以使矛盾转化为合作。在政治上，统治者与被统治者之间的关系本来是压迫与被压迫的关系，其矛盾也是不可调和的。赏罚本来是统治者压迫被统治者的工具，但韩非认为，赏罚可以使矛盾转化为互利。

第六节　韩非关于术的论述

韩非讲过一个韩昭侯的故事。故事说：有一次，韩昭侯喝酒，醉后睡着了。

管帽子的人（"典冠"）恐怕他受凉，在他身上加盖一件衣服。韩昭侯醒了以后很喜欢，问旁边的人说：谁加盖了这件衣服？旁边的人说，管帽子的人。韩昭侯就把管衣服的人（"典衣"）拿来问罪，把那个管帽子的人杀了。韩非评论说：韩昭侯把那个管衣服的人拿来问罪，因为他失职，没有办他应该办的事。韩昭侯杀了那个管帽子的人，因为他越职，管他不应该管的事，侵犯了别的官的职务（"侵官"）。韩昭侯并不是不怕冷，可是他认为越职的危害比他自己受害还大（《二柄》）。这个韩昭侯就是申不害所辅佐的那个君主。申不害教他用术，这个故事所说的就是术的一个例子。

术的一个要点就是"审合形名"。以这个故事为例。"典冠"和"典衣"是两个官名。这就叫"名"。典冠和典衣都有他应该办的事。这就是那两个官的"职"，也就是那两个名的内容。一个做典冠或典衣的人，就是"实"，亦称为"形"。如果做典冠或典衣的人，都能够守住他的职，完成这个职所规定的任务，这就叫形名相合，也就是名实相合。如果相合，做这种官的人，也就是有这种名的人，就受赏，不然，就要受罚。这就叫"循名核实"，也称为"综合名实"。

一个做某种官的人，只应做那种官所应该做的事，也就是说只应该做那种名所规定的职务，做得少了不行，做得多了也不行。做得少了是失职，做得多了是越职，也就是侵官，就是说，侵犯了别的官所应该做的事。在这一段上文中，韩非说："人主将欲禁奸，则审合刑（形）名者，言与事也。为人臣者陈而言，君以其言授之事，专以其事责其功。功当其事，事当其言，则赏。功不当其事，事不当其言，则罚。故群臣其言大而功小者则罚；非罚小功也，罚功不当名也。群臣其言小而功大者亦罚；非不说（悦）于大功也，以为不当名也。害甚于有大功，故罚。"（《二柄》）当君主的经常有许多人向他出谋献策。哪些话是真有用的，哪些话是没有用的，哪些话不但没有用，而且有害，在一般的情况下，是很难决定的。韩非认为，能够用术的君主，不必有什么特殊的才能，就可以解决这些困难。如果有什么人向他献了一个策，这个君主就凭着他的话叫他做一个官并且让他独立办事，如果他办得很有成绩，成绩和他做的官相当，他所做的官又同他所说的话相当，这样就有赏。不然就有罚。他所立的功和他所说的话必须相当，功小了不行，功大了也不行，都得受罚。这样没有才能的人就不敢乱说话，有才能的人就敢于说话，也乐于说话。当君主的自己不必有什么特殊的才能就可以判断出来谁是有才能的人，谁是没有才能的人，这也是"审合形名，循名核实"。

韩非结论说："故明主之畜臣，臣不得越官而有功，不得陈言而不当。越官则死，不当则罪。守业其官，所言者贞也，则群臣不得朋党相为矣。"（《二柄》）就是说，君主用这种术就可以清楚地看出来谁有才能谁没有才能，群臣就不敢结党营私了。

稷下黄老学派讲了不少的君主统御臣下的方法。关于这些方法的理论，可以得出认识论的结论。

第七节　韩非的唯物主义的认识论

韩非论"言与事"那段话的认识论的含义是要判断一个言论是否是真理，要看它在实践中的效果。在这一点上，韩非讲得很多，他说，比如判断一把剑的利钝，若果只凭金属原料的颜色，即使善铸剑的专家也不能肯定一把剑是否合乎标准。若果用一把剑试行宰杀，随便什么人都能分别出它的利钝。"夫锻锡而察青黄，区冶不能以必剑；水击鹄雁，陆断驹马，则臧获不疑钝利。"（同上）若果只看一匹马的形状年龄，即使善相马的专家也不能肯定它的优劣，但是只要驾上车跑一次，随便什么人都能分别出它是好马或劣马。"发齿吻形容，伯乐不能以必马；援车就驾而观其末涂，则臧获不疑驽良。"（同上）韩非又说，大家都在睡觉的时候，无法分别出谁是瞎子；都在静默时，无法分别出谁是哑巴。醒后使他看视，提出问题叫他回答，瞎子、哑巴就无法掩饰了。"人皆寐则盲者不知，皆嘿则喑者不知。觉而使之视，问而使之对，则喑盲者穷矣。"（《六反》）所以判断一个言论是否正确，或一个人是否有才干，不是只凭言论就可以决定的，只有从实际的效果中才可以断定。"听其言而求其当，任其身而责其功，则无术、不肖者穷矣。夫欲得力士而听其自言，虽庸人与乌获不可别也。授之以鼎俎，则罢、健效矣。故官职者，能士之鼎俎也。任之以事而愚智分矣。"（同上）韩非的这些话的认识论的含义接触到唯物主义认识论的一个要点，就是：实践是检验真理的标准。

韩非说："夫言行者，以功用为之的彀者也。"（《问辩》）"的彀"就是射箭的靶子，言论也有一个靶子，就是它所预期的效果，也就是它的目的性。如果一个言论能够发生它所预期的效果，这个言论是正确的；如果不能，它就是错误的。必须先确定它的目的性，然后才能检查它的效果。就是说，必先确定它的目的，然后才可以看它是不是能达到它的目的。韩非举例说：如果随便发出一支箭，那支箭总要射中一个地方。那个地方恰恰就是那支箭所射中的那小小的一点。可是这不能算是善射，因为那小小的一点并不是预先指定的。如果把一个五寸的"的"，放在十步以外，这个"的"比上面所说小小的一点大多了，可是能够射中这样的"的"，这算是善射，因为这个"的"是预先指定的。对于言论也要以它预期的功用作为"的",看它是否能中"的"。不然的话,就像拿一支箭随便乱射,虽然射中一个地方,也不能算是善射。这就是说,用实际的效果考验一个言论,必先确定什么是其预期的效果。在论"言与事"的那一段中,韩非认为"言大而功小"固然不行,"言小而功大"也不行,都应当受罚,因为都是不合预期的效果。

上面所引韩非这些话的认识论的含义是,真理的标准是客观的事实;检查一个命题或理论看它是否合乎事实,要以其预先确定的实际的功用为检查的标准。这是主要的。此外还需要从别的方面检查。韩非说:"人臣之于其君,非有骨肉之亲也,缚于势而不得不事也。"(《备内》)这就是说,臣下与君主之间的利益是矛盾的。所以臣下总是用尽方法欺骗君主,使他不能知道事实的真相。因此,君主必须用各种方法了解事实的真相,以免受欺。韩非关于这些方法的理论有主观怎样认识客观的意义,所以可以从中得出认识论的结论。这个结论基本是唯物主义反映论。

韩非说:"偶参伍之验,以责陈言之实。"(同上)这就是说,要知道一个人所说的话("陈言")是不是合乎实际情况,还需要用"参伍之验"的方法。下文说:"众端以参观。"这就是说,要想了解事情真相,不能专从一方面看,必须把许多方面的情况("众端")搜集起来,排一排队("伍"),加以比较研究("参"),看这个人所说的话是不是在各方面都能得到证实("验")。如果能够得到证实,这个人所说的话就是合乎实际情况,就是真的;如果不能证实,这个人所说的话就是虚假的。韩非的这些话的认识论的含义就是,事实是客观存在的,但是关于它的命题不一定都是真的;要断定命题的真假,须从各方面的情况加以研究,看其是否合于真实。

韩非又说:"勿变勿易,与二俱行。行之不已,是谓履理也……形名参同,用其所生。二者诚信,下乃贡情。……故审名以定位,明分以辩(辨)类。……虚静无为,道之情也。参伍比物,事之形也。参之以比物,伍之以合虚。"(《扬权》)"与二俱行",这个"二",照下文看,就是形名。把形名二者参伍比较,而见其一致,这就参伍比较之所生的结论。有了结论,就可以照着行了。把名审查以后,就可以定位。例如"典冠"有典冠的位,"典衣"有典衣的位。各位各有其所应办的事,这就叫"分",有了"分"就可以把人或事分成许多类。典冠的人为一类,典衣的人为一类,这就叫"辨类"。分类就是"比物"。"参之以比物,伍之以合虚"。这就是说,在作"比物"这些工作的时候,要避免一切主观的成见和偏见。《扬权》篇下文说:"故去喜、去恶,虚心以为道舍。"对于事物的喜、怒,最容易使人有成见和偏见。去喜、去恶,心就"虚"

了。有了虚心，就可对于事物作正确的判断。韩非的这些话的认识论的含义就是，必须去掉主观主义，以客观的态度观察事物，才能得其真相。

韩非也用"参验"的方法批判其他各家的学说。儒家和墨家都引证尧舜，作为他们立论的根据。可是，他们所说的尧舜并不相同。韩非说："欲审尧舜之道三千岁之前，意者其不可必乎！无参验而必之者，愚也；弗能必而据之者，诬也。故明据先王，必定尧舜者，非愚则诬也。"（《显学》）这里所谓"参验"，就是"参伍之验"。韩非的这些话的认识论的含义是，凡命题或理论都必须经过"参伍之验"才可确定它是真的，只有必定是真的命题或理论，才可以作立说或行动的根据。

第八节　韩非对《老子》的改造

韩非的自然观，表现在他对于《老子》的自然观的改造，表现在他所作的《解老》《喻老》两篇中。《解老》是他讲说《老子》书中的道理。《喻老》是他用实际的事例说明《老子》书中的道理。

有人认为，《解老》《喻老》并非韩非所作。《韩非子·五蠹》反对所谓"微妙之言"，《忠孝》反对所谓"恬淡之学""恍惚之言"。《老子》说："古之善为士者，微妙玄通，深不可识。"又说："道之为物，惟恍惟惚。"可见《老子》的学说，正是"微妙之言""恍惚之言"。韩非既反对这一类的"言"，怎么又作《解老》《喻老》呢？

其实，韩非在《解老》《喻老》这两篇中所解释的《老子》，既不"恍惚"，也不"微妙"。《解老》是与《管子》四篇（《白心》《内业》《心术上、下》），即稷下黄老之学相通的，把精神解释为一种细微的物质——"精气"。《喻老》用生活中的实例说明《老子》，以见《老子》中的原则都是生活经验的总结。这种唯物主义的、注重实际的思想，跟《韩非子》中的别篇是一致的。这两篇中，所表现的唯物主义自然观，正是他的进步的社会思想的根据。

这是韩非所改造的《老子》。原来的《老子》也有讲"精""气"的地方，但其为庄周所发展而对以后影响较大的，正是些"微妙之言""恍惚之言"和"恬淡之学"。这是法家所批判、排斥的。

《老子》说："上德不德，是以有德；下德不失德，是以无德。"（第三十八章）韩非解释说："德者，内也；得者，外也。上德不德（得），言其神不淫于外也。神不淫于外则身全，身全之谓德。德者，得身也。凡德者，以无为集，以无欲成，以不思安，以不用固。为之欲之，则德无舍，德无舍则不安；用之思之则不固，（不全）不固则无功。无功则生有德（得）。德（得）则无德；不德（得）则有德。故曰：上德不德（得），是以有德。"（《解老》）（"德""得"二字各本互有不同，今据四部丛刊影宋本而注其正字于括弧内）。一般的注释向来都照"德"和"神"这两个名词的一般的意义，了解这一段。其实"德"和"神"是先秦道家的专门名词。韩非明白地说："身以积精为德。"（《解老》）"神"是"精"的别名，照稷下黄老之学的说法，人所得的精气就是他的"德"。这些精气，应该加以保持，让它不能跑出来。一个人必须"无为"，这些精气才能集合在一起（"以无为集"）。他必须"无欲"，他的"德"才能安全（"以不思安"）。他对于这些精气必须不多使用，这些精气才能固定下来（"以不用固"）。如果不然的话，他的精气就没有合适停留的地方（"则德无舍"）。这样，他的身就不能安全，他的"德"也不能巩固，不能发生很大的效用（"不固则无功"）。

韩非认为"德"是人所有的"精气"；"得"是人对于外界的欲求。有了对外的欲求就是"神淫于外"，人如果这样，不仅失了他的"德"，而且做事也不能成功（"无功"）。《喻老》讲了一个实际的例子："赵襄主学御于王於期。俄而与於期逐，三易马而三后。襄主曰：'子之教我御术未尽也。'对曰：'术已尽，用之则过也。凡御之所贵，马体安于车，人心调于马，而后可以进速致远。今君后则欲逮臣，先则恐逮于臣。夫诱道争远，非先则后也。而先后心皆在于臣，上（尚）何以调于马？'"（《喻老》）

在这个实际的例中，赵襄主的心中，要有所"得"，以致"神淫于外"，所以"无功"。他所以无功，因为他要有所得，所以说"无功则（一本无则字）生有德（得）"。要有所得，即不能不"神淫于外"，所以"德（得）则无德"。不要有所得，即能不"神淫于外"，所以"不德（得）则有德"。

《老子》说："善建者不拔，善抱者不脱。"（第五十四章）韩非解释说："恬淡有趋舍之义，平安知祸福之计。而今也玩好变之，外物引之。引之而往，故曰拔。至圣人不然，一建其趋舍，虽见所好之物不能引，不能引之谓不拔。一于其情，虽有可欲之类，神不为动，神不为动之谓之脱。……身以积精为德，家以资财为德。"（《解老》）这就是韩非所了解的"恬淡"。照他所了解的，"恬淡"就是不欲求有"得"，不要"神淫于外"，不要散失了身体中所积的"精气"。这样，身体就可以发生最大的效用，做事就可以成功。这也可以说是"恬淡之言"。不过韩非的恬淡之言，其目的是要使身体发生最大的作用，做事得到最大的成功。这跟道家的"恬淡之言"是不同的。

《老子》说："治人事天莫若啬。夫唯啬是谓早服，早服谓之重积德。"（第

五十九章)

韩非解释说:"聪明睿知,天也;动静思虑,人也。人也者,乘于天明以视,寄于天聪以听,托于天智以思虑。"(《解老》)这里所说的正是荀况所说的"天人之分"。韩非继续说:"书之所谓治人者,适动静之节,省思虑之费也。所谓事天者,不极聪明之力,不尽智识之任。苟极尽则费神多,费神多则盲聋悖狂之祸至,是以啬之。啬之者,爱其精神,啬其智识也,故曰:治人事天莫如啬。"(《解老》)"费神"是我们常说的一个名词。可是韩非所说的"费神"有特别意义。照他所说的,人的聪明睿知,是人的身体中所藏的"精气"的表现。人的动作思维,对于"精气"都是一种消耗。"精气"消耗多了,动作思维就要迟钝,甚至于使人有生命的危险。因为据说人的生命所以维持,就是由于他的身体中有足够的"精气"。所以对于"神"的"消费",不可太多。用"神"必须吝啬。

韩非接着说:"知治人者,其思虑静;知事天者,其孔窍虚。思虑静故德不去,孔窍虚则和气日入,故曰:重积德。夫能令故德不去,新和气日至者,蚤服者也。故曰:蚤服是谓重积德。"(《解老》)照这个解释,一个人应该尽力保持他原有的精气,让它不要跑走("故德不去")。另一方面,又要争取更多的外边的精气使他进来("新和气日至"),这样,他的德就越来越多,就是所谓"重积德"。所谓"孔窍"就是人的耳目等,是说人身体的"精气"是通过人的耳目以为出入的。

《老子》说:"不出户,知天下;不窥牖,见天道。其出弥远,其知弥少。"(第四十七章)后来解《老子》的人,都把这几句话解释为《老子》的唯心主义认识论。韩非有完全不同的解释。他说:"空窍者,神明之户牖也;耳目竭于声色,精神竭于外貌,故中无主。中无主,则祸福虽如丘山,无从识之。故曰:不出于户,可以知天下,不窥于牖,可以知天道。此言神明之不离其实也。"(《喻老》)照这样的解释,"不出户","不窥牖",是说一个人必须保持他的身体里所有的精气,不让他从空窍(耳目口鼻等)中跑出去。这样,他的聪明智慧就可以发生最大的效用,以至于"知天下","见天道"。

《老子》在下又接着说:"是以圣人不行而知,不见而名,不为而成。"韩非解释说:"(圣人)能并智(知),故曰不行而知。能并视,故曰不见而明。随时以举事,因资而立功,用万物之能,而获利其上,故曰不为而成。"(同上)照他的说法,"圣人"不仅保持他自己的聪明智慧,而且善于利用别人的聪明智慧,所以能"无为而无不为"。

韩非的这些思想跟黄老之学是一致的,但是也有不同之处。

韩非有他自己关于"虚"的见解。他说:"所以贵无为、无思,为虚者,谓其意无所制也。夫无术者，故以无为无思为虚也。夫故以无为、无思、为虚者，其意常不忘虚，是制于为虚也。虚者，谓其意所无制也，今制于为虚，是不虚也。虚者之无为也，不以无为为有常。不以无为为有常则虚，虚则德盛。德盛之谓上德。故曰：上德无为而无不为也。"（《解老》）这也是对于《老子》第三十八章的解释。韩非所解释的"虚"，就是心不为某一事物所支配（"意无所制"）。如果有意于"无为无思"，认为这样才算是"虚"（"故以无为无思为虚"），这样的人心就为"虚"所支配（"制于为虚"）。这样的"虚"实在是不虚。上面所引的赵襄主的例子也可以说明这一点。他跟人家赛车，当他在别人前面的时候，他惟恐别人追上他；当他在别人后面的时候，他只想追过别人；这都是"意有所制"。只有"意无所制"，才可以成功。"意无所制"就是"无为"。只有"无为"，才可以"无不为"。但也不可有意于"无为"（"不以无为为有常"）。如果有意于"无为"，就又为"无为"所制。照韩非所解释的，真正的"无为"并不是经常什么事都不做，而实在是"无为而无不为"。"无为而无不为"是《老子》所说的。不过《老子》说这句话的时候，注重在"无为"，韩非解释这句话的时候，注重"无不为"。

黄老之学要求人保持精气，其目的是要保全生命。韩非要求人保持精气，其目的在于发挥自己的聪明智慧，以控制自然，战胜敌人。他解释了《老子》所说的"重积德"以后，接着说："积德而后神静，神静而后和多，和多而后计得，计得而后能御万物，能御万物则战易胜敌，战易胜敌而论必盖世，论必盖世，故曰：无不克。"（《解老》）这是新兴地主阶级在上升时期的气概。

韩非说："夫道者，弘大而无形；德者，核理而普至，至于群生，斟酌用之。万物皆盛，而不与其宁。"（《扬权》）从这几句话可以看出来在韩非的体系里"道"和"德"的关系。稷下黄老学派说，作为构成万物的物质实体的道就是"精气"，"其大无外"，但又是"其小无内"，"视之不见，听之不闻"。韩非说，道"弘大而无形"，也就是这种意思。道是构成万物的实体，"其大无外"所以说是"弘大"。但又是"视之不见，听之不闻"，所以说是"无形"。德是一个事物所得于道的一部分，事物有了这一部分，就有它的性质，所以说是"核理"（详下）。每一个事物都有它的德，所以说是"普至"。所有的事物都从道得到或多或少的一部分，有或大或小的德（"至于群生，斟酌用之"）。一切事物都有所得于道，都有其德，然后才能成其为某种事物（"万物皆盛"）。道并不是有目的地使万物安宁，而它们自然安宁（"而不与其宁"）。

韩非还用一种形象的说法，描写他所谓"道"。他说："是以死生气禀焉；万智斟酌焉，万事废兴焉。天得之以高，地得之以藏。……以为近乎，游于四极；以为远乎，常在吾侧。……而功成天地，和化雷霆，宇内之物，恃之以成。"（《解老》）韩非明确地说，即使天地也是"道"构成的。

"气禀"是后来中国哲学所常用的一个概念。韩非在这里也用了"气禀"这个名词，但是他没有进一步说明"气禀"的含义。他也没有明确地说明道是"精气"。可是他说："唯夫与天地之剖判也俱生，至天地之消散也不死不衰者谓常。而常者无攸易，无定理。无定理非在于常，是以不可道也。圣人观其玄虚，用其周行，强字之曰道，然而可论，故曰：道之可道，非常道也。"（《解老》）这应该是韩非对于《老子》第一章的解释。照这里所说的，天地也是有始有终的，始于剖判，终于消散。可见在有天地以前，就有一种东西。由这种东西"剖判"而为天地，天地在终结的时候，又"消散"为那种东西。那种东西可以"剖判"，可见它是物质性的东西。在当时的唯物主义思想中，这种东西就是"气"。由浑沌之气，剖判而为天地；天地消散复归于浑沌之气。这一个程序就是一个"周行"。由此可见，韩非所说的"道"也就是"气"或"精气"。

韩非提出"理"这个范畴。在《解老》篇中，他有很多次说到理。他说："凡理者，方圆、短长、粗靡、坚脆之分也。故理定而后物可得道也。"韩非这里所谓"理"，就是事物所有的性质；事物有某一种性质，就成为某一种事物；这样它就有名可以称谓（"可得道也"）。韩非又说："短长、大小、方圆、坚脆、轻重、白黑之谓理，理定而物易割也。故议于大庭而后言则立，权议之士知之矣。故欲成方圆而随其规矩，则万事之功形矣。而万物莫不有规矩，议言之士，计会规矩也。圣人尽随于万物之规矩。故曰：不敢为天下先。"这是对《老子》第六十七章的解释。照这段话所说，理就是"万物之规矩"，也是事物的规律。凡是讨论一件事情，最后才可以得到它的规律（"议于大庭而后言则立"）。了解了事物的规律，对于事物就可以制裁（"理定而物易割也"）。得了规律以后，就要照着规律做事，这样就可以成功（"万事之功形矣"）。人只能处于规律之后，不能处于规律之先。老子说："不敢为天下先"，其本来的意思是要人"濡谦弱下"。韩非解释为服从规律，这就是对《老子》的改造。发挥唯物主义精神。

照规律做事，韩非称为"缘理""履理"或"缘道理"。他说："行之不已，是谓履理。"（《扬权》）又说："所谓处其实不处其华者，必缘理，不径绝也。"（同上）"径绝"就是不照规律做事。又说："夫缘道理以从事者，无不能成。"（同上）又说："今众人之所以欲成功而反为败者，生于不知道理而不肯问知而听能。"（同上）韩非认为，凡能按照事物的客观规律做事，就能成功；不按照事物的客观规律而按照主观意见做事，必定失败。他说："好用其私智而弃道理，则网罗之爪角害之。"（同上）

《老子》说："夫惟啬，是谓早服（王弼本作复）。"（第五十九章）韩非解释说："众人离（罹）于患，陷于祸，犹未知退，而不服从道理。圣人虽未见祸患之形，虚无服从于道理，以称早服。"（《解老》）所谓"虚无"，就是说，不要有主观的成见；没有主观的成见，才能服从客观的规律。照韩非的解释，"服"就是服从；"圣人"不待有了祸患才服从道理，而是本来就服从；所以说"早服"。

韩非又说："思虑熟则得事理。"（同上）"事理"和"道理"是有区别的。韩非说："道者，万物之所然也，万理之所稽也。理者，成物之文也，道者，万物之所以成也。故曰：道，理之者也。物有理不可以相薄。物有理不可以相薄，故理之为物之制。万物各异理。万物各异理，而道尽稽万物之理，故不得不化；不得不化，故无常操。"（同上）照这里所说的，道有两方面的意义，一方面是构成万物的物质实体（"万物之所然也"；"万物之所以成也"）。这一方面，上边已经讨论过。另外一方面是作为一切客观规律的根据的总规律，即最一般的规律（"万理之所稽也"；"尽稽万物之理"）。韩非把《老子》和稷下黄老学派所说的"道"的意义扩大了。他所说的"道"也指最一般的规律；所说的"道理"，是指比较一般的规律；所说的"事理"，是指比较特殊事物的规律。

韩非认为，理不是永恒不变的。他说："故定理有存亡，有死生，有盛衰。"（同上）理就是事物之理，事物有变化，理随事物的变化而变化。"道""尽稽万物之理"；理有变化，所以"道"也"无常操"。韩非的这个思想应用在政治方面就是断言没有永恒不变的制度，这就为他的变法思想提供了理论的根据。

从韩非的这些话也可以看出来，他认为"道"不是离开"理"而独立存在的；"理"也不是离开事物而独立存在的。作为事物的总规律的"道"以及作为事物特殊规律的"理"，都存在于事物之中，这是唯物主义的思想。

在中国哲学史中，"理"是一个重要的范畴。在韩非以前也有提到理的，但是韩非特别强调地把它作为一个哲学范畴提出来。他并且明确地说明理是客观的规律，人必须依照客观的规律做事才能成功，不然就要失败。这是在中国唯物主义发展史上的一个很大的贡献。

韩非继承了荀况的唯物主义思想，对宗教迷信和巫术作了明确的批判。他也是一个无神论者，特别从富国强兵的角度，驳斥了宗教迷信。他举出了许多可以使国家灭亡的事情，其中有一种就是迷信和巫术。他说："用时日、事鬼神、信卜筮而好祭祀者，可亡也。"（《亡征》）

韩非又举例说：从前赵国要攻燕国，"凿龟（卜）数筴（筮）"，得了大吉之兆。攻燕的结果，果然得到胜利。燕国要攻赵国，"凿龟数筴"，也得了大吉之兆，可是结果大败。韩非又举例说：魏国连续几年向西边攻打秦国，全失败了。

照宗教迷信，有些星主胜利，它如果出现在哪一个方向，在那个方向的人就要胜利；还有些星主失败，它如果出现在哪一个方向，在那个方向的人就失败。事实上，据说是主胜利的星并不是连续几年都在西方，据说是主失败的星也不是连续几年都在东方。为什么魏国连续几年都失败，秦国连续几年都胜利？可见宗教迷信完全是骗人的。

根据这些事实，韩非得出结论说："龟筴、鬼神，不足举胜；左右背乡，不足以专战。然而恃之，愚莫大焉。"（《饰邪》）这是他根据战争的经验，驳斥了宗教迷信。

《老子》说："以道莅天下，其鬼不神。"（第六十章）。韩非解释说："人处疾则贵医，有祸则畏鬼。圣人在上则民少欲，民少欲则血气治而举动理，举动理则少祸害。夫内无痤、疽、瘅、痔之害，而外无刑罚、法诛之祸者，其轻恬鬼也甚。"（《解老》）韩非在这里接触到鬼神迷信的来源。鬼神迷信，起于对于自然界的不了解和对于不可抗拒的力量的畏惧。韩非在这里，特别指出统治阶级的刑罚和疾病对于老百姓的祸害。有了这些祸害，人就迷信怕鬼。韩非又指出，所谓祟（见鬼和受鬼的欺负）是由于人的精神错乱。他说："上盛蓄积而鬼不乱其精神，则德尽在于民矣。"（同上）"凡所谓祟者，魂魄去而精神乱；精神乱则无德。"（同上）上面讲过，韩非和稷下黄老学派一样，所谓"德"就是"精神"，"精神"不乱就是"有德"；"精神"乱就是"无德"。

韩非把宗教迷信和社会生活情况联系起来，认为改善老百姓生活情况，使人有足够的财富（"上盛蓄积"），免除疾病和刑罚的祸害，这样就可以解决宗教迷信的问题。这是唯物主义的思想。

《老子》是反对变法的。它说："治大国者若烹小鲜。"（第六十章）韩非解释说："故以理观之，事大众而数摇之则少成功；藏大器而数徙之则多败伤；烹小鲜而数挠之则贼其泽；治大国而数变法则民苦之。是以有道之君贵虚静而重变法（本作贵静，不重变法。依王先慎校改）。"（《解老》）"重变法"就是说，以变法为难而不轻易变法；在表面上看，这句话的意思是反对变法的，似乎与法家的基本精神不合。

在这一点上，韩非也是改造《老子》以为地主阶级服务。韩非的这句话的上文说："治大国而数变法则民苦之。"韩非反对的是"数变法"，不是"变法"。何谓"变法"，我们也要具体分析。法家所主张的"变法"是改变奴隶主贵族的制度。"变"了这种"法"以后，封建地主建立了自己的"法"。韩非所说的"重变法"是对地主阶级的"法"而言。韩非说："凡法令更则利害易，利害易则民务变，民务变之谓变业。"（同上）韩非指出："工人数变业则失其功，作者数摇徙则亡其功。一人之作，日亡半日，十日则亡五人之功矣。万人之作，日亡半日，十日则亡五万人之功矣。"（同上）这是从生产的观点反对法令的轻易改变。这与对于奴隶主贵族的制度而言的变法，毫无关系。

韩非说："饬令则法不迁；法平则吏无奸。法已定矣，不以善言害（原作售，依王先慎校改）法。"（《饬令》）这也是说，法已定了，就不可轻改动。或者可说，这一篇是商鞅的著作，那也没有关系，因为对于奴隶主贵族的制度说，商鞅也是主张变法的。法家对于奴隶主贵族的制度，则积极主张变法；对于地主阶级自己的法，则主张不可轻易改动。这是合乎规律的发展。

关于《老子》的辩证法思想，韩非也有所发展。《老子》说："祸兮福之所倚；福兮祸之所伏。"（第六十八章）韩非解释说："人有祸则心畏恐，心畏恐则行端直，行端直则思虑熟，思虑熟则得事理，行端直则无祸害，无祸害则尽天年，得事理则必成功，尽天年则全而寿，必成功则富与贵。全寿富贵之谓福，而福本于有祸。故曰：'祸兮福之所倚'。以成其功也。人有福则富贵至，富贵至则衣食美，衣食美则骄心生，骄心生则行邪僻而动弃理，行邪僻则身死夭，动弃理则无成功。夫内有死夭之难，而外无成功之名者，大祸也；而祸本生于有福，故曰：'福兮祸之所伏。'"（《解老》）

这是韩非对于矛盾对立面互相转化的辩证法的认识。《老子》讲对立面的互相转化而没有讲互相转化的条件；这就很容易陷入相对主义。韩非在三点上比老子前进了一步。第一，他认识到，对立面的互相转化是有条件的，在一定的条件下才能互相转化，条件不具备是不能转化的。上面引文中的许多"则"字就指祸福互相转化的条件。第二，在社会现象中，对立面的互相转化并不仅只是一个客观的规律，而且跟人的主观能动性有密切关系。上面引文中所说的"行端直"和"思虑熟"等都是人的主观能动性的表现。第三，人的行为的成功或失败，决定于"得事理"或"动弃理"，就是说，决定于人是依规律办事或任意妄为。这三点是韩非对于《老子》辩证法思想的重要补充和发展。有了这三点，对于对立面互相转化的辩证法的认识就不致陷入相对主义。

更重要的是，《老子》讲对立面互相依存和互相转化，而没有讲对立面的互相矛盾。互相依存和互相转化都是对立面的统一，是相对的，有条件的。对立面的矛盾斗争是绝对的，无条件的。我们现在所用的"矛盾"这个名词，就是从韩非所讲的一个故事出来的。这个故事说："楚国有个人卖盾也卖矛。他吹嘘他的盾说：'我的盾的坚固，是没有任何东西能够穿过的。'又吹嘘他的矛说：'我的矛的锋利能够穿过任何东西。'有人问他说：'用你的矛穿你的盾，结果如何？'那个楚人不能回答。"（《难一》）这就是"矛盾"这个名词的出处。"矛盾"是一个翻译过来的名词。上面所讲的故事，只是这个译名的出处，不能由此认为韩非已有"矛盾"这个概念。韩非由这个故事所得的结论是："夫不可陷之盾与无不陷之矛，不可同世而立。"（同上）这个结论是从形式逻辑的排中律出发，也不是辩证思想。

但是，韩非确是有见于事物之间的矛盾，特别是社会中某些阶级之间和某些阶层之间的矛盾。他的社会政治思想基本上是自发地从这个认识出发的。韩非说："夫物者有所宜，材者有所施。各处其宜，故上下无为。使鸡司夜，令狸执鼠，皆用其能，上乃无事。"（《扬权》）就是说，每一种东西都有同它合适的工作，每一种材料都有同它的合适的用处。比如说，鸡能打鸣，猫捉耗子。这都是出于自然，并不是道使它们如此，而它们自然就是如此。韩非认为，君主以道为法，鸡能打鸣就叫它司夜；猫能捉耗子，就叫它捉耗子。君主不必自己司夜，只要他能养鸡，自然有鸡替他司夜；不必自己捉耗子，只要他能养猫，自然有猫替他捉耗子。鸡或猫好比他的群臣。只要君主能用群臣，他的群臣会给他办事，他自己不必办事，也无事可办，这就叫"皆用其能上乃无事"。这是韩非对于《老子》的"无为无不为"的原则的改造。

韩非又说："夫道者，弘大而无形，德者，核理而普至。至于群生，斟酌用之，万物皆盛而不与其宁。道者，下周于事，因稽而命，与时生死。参名异事，通一同情。故曰：道不同于万物，德不同于阴阳，衡不同于轻重，绳不同于出入，和不同于燥湿，君不同于群臣。凡此六者，道之出也。道无双，故曰一。"（《扬权》）"夫道者弘大而无形"这几句也见于《解老》。在那里他是讲《老子》，在这里他是把《老子》的原则加以改造和他所讲的统治术结合起来以作为他的统治术的哲学根据。每一种东西都有它的才能，它的才能就是他的"德"。每一种东西都有它的德所以说是"普至"。每一种东西的德都是从道分出来的，所以说道是"下周于事"。君主照着每一种事物的德随着不同的情况任命它做它所能做的事，每一种事都有它的特殊性，但是，可以分不同的类。同一类的事情可以给以同一的名。每一个名可以包括许多不同的事。万物都是从道出来的，可是道不同于万物，阴阳也是两种事物，也可有它的德，但是，万物各有其德，所以德不同于阴阳。衡就是秤。秤是用以量轻重的，可是秤不同于轻重，绳是用以量曲直的，有了绳，就可以看出来一个材料对于绳有所出入，但是，绳并不同于出入。和是湿度的适中，但和不同于燥湿。君靠群臣替他办事，但是君不同于群臣。韩非认为，君主应该以道为法，把自己放在衡、绳、和的地位，高踞于群臣之上，让群臣各凭他们自己的才能办事，这样君主就可无为而无不为了。

对于能够这样做的君主，韩非作了一个具体的描写。他说："古之全大体者，望天地，观江海，因山谷。日月所照，四时所行，云布风动，不以智累心，不以私累己。寄治乱于法术，托是非于赏罚，属轻重于权衡。不逆天理，不伤情性。不吹毛而求小疵，不洗垢而察难知。不引绳之外，不推绳之内，不急法之外，不缓法之内。守成理，因自然。祸福出乎道法，而不出乎爱恶。荣辱之责，在乎己，不在乎人。"（《大体》）韩非的这一段话，是他所讲的"无为而无不为"的统治术一个总结。用本章所讲的韩非的统治术的要点，同这一段话比较起来就可以看出，他在这段话所讲的，并不是一种浮泛的空谈而是确有实际内容的。这是对于《老子》的哲学加以改造，与法家所讲的统治术结合起来，以为其哲学的根据。这就是汉朝的人所说的黄老之学。司马迁说：韩非"喜刑名法术之学，而其归本于黄老"（《史记·老子韩非列传》）。这话是有根据的。

第九节　韩非的政治、经济主张

韩非的历史观是他变法主张的理论基础，也是他的实际政治主张的理论基础。他认为"当今之世"，是"人民众而货财寡"，人与人之间、国与国之间，都是"竞于气力"。所以他主张对内要加强统治，增加生产，对外要积极备战；这就是所谓"耕战"，要以耕战造成富强。富强的结果，是地主阶级的收入随着农业生产的增加而增加了，地主阶级政权的统治范围随着领土的扩大而扩大了。富强的最后目的是发展地主阶级经济，巩固地主阶级政权。这是法家一贯的主张，也是跟当时的历史进步趋势相符合的。法家的主张一方面是这种趋势在思想战线上的反映，一方面又推动这种趋势。

韩非认为，"人事""天功"都可以使生产增加（"入多"），但是主要地还是靠人事。人事有许多条件。一方面有：劳动者的努力，"丈夫尽于耕农，妇女力于织纴"；生产知识的提高，"务于畜养之理，察于土地之宜"，"明于权计，审于地形"；生产工具的改良，"舟车机械之利，用力少，成功大"；货物的流通，"以所有致所无"。另一方面，则"俭于财用"，亦可以"入多"。他总结说："入多皆人为也。"（《难二》）作为一个新兴的阶级的代言人，韩非对于生产是很重视的，对于生产力发展的广阔前途也是很有信心的。

韩非还主张用"发家致富"的思想，鼓励私人竞争，以发展生产。他说："今世之学士语治者多曰'与贫穷地，以实无资'，今夫与人相若也，无丰年旁入之利，而独以完给者非力则俭也。与人相若也，无饥馑、疾疢、祸罪之殃，独以贫穷者，非侈则惰也。侈而惰者贫，而力而俭者富。今上征敛于富人，以布施于贫家，是夺力俭而与侈惰也。而欲索民之疾作而节用，不可得也。"（《显学》）这一段话是韩非的经济思想的一种表现。

在西周奴隶社会中，土地为国家所有，也就是说，为掌握政权的大小奴隶主所有。大小奴隶主驱使奴隶们耕种。李悝的"尽地力之教"，把土地分配给耕种土地的劳动者，在其劳动果实中剥削若干成。这是封建制的剥削，但在理论上土地仍属国家所有。商鞅"开阡陌"就是废除土地国有制度，让劳动人民自己开垦，谁开的就归谁所有。努力耕种，能耕种多少就耕种多少。在当时的情况下，这是一种解放生产力、提高生产率的一种办法。这种办法迅速地引起农民之间的两极分化。当时保守的人，以此为借口，要恢复土地国有的旧制度。韩非在这里所说的"士"，就是这种人，主要是儒家之流。所谓"与贫穷地"，就是由国家发给贫穷的人土地。这就是要恢复土地国有的旧制度。

韩非批判说：同是一个人，在同样的条件下，为什么有些人穷有些人富呢？穷的人必定是由于他们的懒惰或浪费；富的人必定是由于他们努力或节俭。现在要给贫穷的人土地，这就是把努力和节俭的人的财富夺过来给懒惰和浪费的人。用这样的办法而想要使农民努力生产、节约消费，那是不可能的。

韩非这段话说出了商鞅开阡陌的目的。那就是，在私人竞争的条件下，各个人努力生产，发家致富。这在当时的条件下，是有进步的意义的。

总起来说，韩非的实际政治经济主张的主要内容是："明其法禁，必其赏罚。尽其地力，以多其积。致其民死，以坚其城守。"（《五蠹》）就是说，加强统治，推动耕战。韩非认为统治阶级与被统治阶级之间的关系，本来建筑在利害矛盾上的。荀况也认为人生来是自私自利的。荀况还要用教育的方法，"化性起伪"；韩非则认为统治者正好利用人的自私自利，用赏罚来统治老百姓。反过来说，如果人都不是自私自利，赏罚也就不生效力，统治者反而不能行使他的统治了。

从这种原则出发，韩非为地主阶级提出包括法、术、势的统治术，为即将实现专制主义的中央集权的政治开辟道路。

在地主阶级上升时期，地主阶级在经济方面，奖励农业，提高生产，施行富国、强兵的政策。在政治方面，施行专制主义的中央集权政治。对外提倡军备，施行武力统一。韩非为这种历史趋势作出了理论的根据。制造舆论，为这种趋势开辟道路，推动历史前进。韩非说："夫耕之用力也劳，而民为之者，曰：可得以富也。战之为事也危，而民为之者，曰：可得以贵也。今修文学，习言谈，则无耕之劳而有富之实，无战之危而有贵之尊，则人孰不为也？是以百人事智，而一人用力。事智者众则法败，用力者寡则国贫，此世之所以乱也。故明主之国，无书简之文，以法为教；无先王之语，以吏为师；无私剑之捍，以斩首为勇。是以境内之民，其言谈者必轨于法，动作者归之于功，为勇者尽之于军。是故无事则国富，有事则兵强，此之谓王资。既畜王资而承敌国之衅，超五帝，侔三王者，必此法也。"（《五蠹》）这是韩非为当时的地主阶级所设计的总策略。"王资"的意思，就是统一中国的条件。

第十节　韩非对于当时战争的矛盾立场

　　韩非在讲到法、术、势的时候，他的明确的目的是要实现一个专制主义的中央集权的地主阶级专政的国家。可是当时的历史趋势还不限于这一方面，除此之外，还要建立一个专制主义的中央集权地主阶级专政的全中国的国家。当时的七国哪一个国家具备有这种"王资"，能够实现这种统一，完成这个历史任务呢？

　　在韩非的时候，显然只有秦国具备这种"王资"，能担负这个任务，完成这个历史的使命。可是韩非是韩国的"诸公子"，他同韩国统治者的关系太深了。他认为，当时的七国，无论哪个国家，只要能够实行像他所说那样的策略，都可以完成这个使命，统一中国，至少也可以保卫自己的独立，不为秦国所灭。

　　当时七国之间，有两种外交路线，一种叫"连横"，就是服从秦国，承认秦国的霸权；一种叫"合纵"，就是把秦国以外的六国联合起来，抵抗秦国的霸权。韩非认为，在当时的诸侯国中，无论合纵或连横都不可行。他说："故周去秦为从，期年而举；卫离魏为衡（横），半岁而亡。是周灭于从，卫亡于衡也。使周卫缓其从衡之计，而严其境内之治，明其法禁，必其赏罚，尽其地力以多其积，致其民死以坚其城守。天下得其地则其利少，攻其国则其伤大。万乘之国莫敢自顿于坚城之下，而使强敌裁其弊也。此必不亡之术也。舍必不亡之术，而道必灭之事，治国者之过也。智困于内而政乱于外，则亡不可振也。"（《五蠹》）韩非举了周、卫两国为例，以说明当时的小诸侯国，无论合纵或连横，均不能免于灭亡，只有靠自己的富强才能保持自己的独立。因为一个小国，只要它施行耕战政策达到富强的地步，大国要想灭它，也得费很大的气力。它的地方太小，大国把它灭了也得不了大利，可是要付很大的代价。所以大国也不敢灭它。

　　连横是秦国对六国的基本战略。它利用六国矛盾对于六国中距离秦国远的国就同它和好，对离秦国近的，先行攻伐。对于六国分别先后，个个击破，这就叫"远交近攻"。韩非实际上是站在六国的立场反对秦国连横，这就是反对秦国的武力统一全中国的政策。

　　《韩非子》的第一篇是《初见秦》，第二篇是《存韩》。这两篇的意思是相反的。第一篇是向秦王提出了一个统一全中国的战略，第二篇的意思，正是像它的题目所说的，是保存韩国。《战国策》也有一段和《初见秦》这篇文章的内容完全一样，说是"仪说秦王"。鲍彪注说："此上元有张仪字而所说皆仪死后事，故删去。"（《战国策》卷三）照上边所引《五蠹》的话看起来《初见秦》中的话不可能是韩非说的。这一篇即使不是张仪本人作的也是张仪一派的人作的。这一篇明确地说："今秦地折长补短，方数千里，名师数十百万。秦国之号令赏罚，地形利害，天下莫若也。以此与天下，天下可兼而有也。……臣昧死愿望见大王，言所以破天下之从，举赵，亡韩，臣荆、魏，亲齐、燕，以成霸王之名，朝四邻诸侯之道。"（《初见秦》）就是说，秦国正是具备有统一全中国的条件。要"破天下之纵"即要用连横反对合纵。连横的办法是举赵，亡韩，臣荆、魏，亲齐、燕。这就是远交近攻。这是张仪等连横派向秦王献的统一全中国的策略。这段话明确地说，要"亡韩"，因为韩距秦最近，是首先要攻的。

"亡韩"和"存韩"正是相反的。《存韩》说："夫韩，小国也，而以应天下四击，主辱臣苦，上下相与同忧久矣。修守备，戒强敌，有蓄积，筑城池以守固。今伐韩未可一年而灭，拔一城而退，则权轻于天下，天下摧我兵矣。"这里所说的，就是《五蠹》所说的小国反抗大国侵略的那一套。韩非用这一套恐吓秦国，叫它不要进攻韩国。韩非所注意的，不是秦国怎样可以统一全中国，而是韩国怎样可以保持独立，免于为秦国所灭。

这篇文章以后附有李斯的驳议。驳议说："诏以韩客之所上书，书言韩之未可举，下臣斯，甚以为不然。"这说明《存韩》是韩非向秦始皇上的书。秦始皇把这个书交给李斯审核。李斯不以为然。李斯说："非之来也未必不以其能存韩也。"就是说，韩非来秦的目的，大概就是存韩。

李斯向秦始皇献策，愿意自己去见韩王，叫韩王到秦国来，然后把他扣留起来。秦始皇听了李斯的话，派李斯往韩国去。李斯到韩国以后向韩王上书。这个书也附在《韩非子·存韩》一篇之后。可以断定，《韩非子·存韩》实际上是一宗档案，其中包括了三个文件：韩非上秦王书，李斯驳议和李斯上韩王书。韩非到秦国，主张存韩，在当时是一种引起争论的事。所以有一宗档案，用三种原始材料，记录这件事的首尾。后来编《韩非子》的人就把这宗档案编入《韩非子》中。前面有《初见秦》一篇，抄张仪的"亡韩"的主张，作为对比。这两种主张关系到秦国对六国的两种战略的决策。在当时是很重要的事。

在这个重大问题上，韩非、李斯之间，是相反的。这是因为韩非和李斯的立场不同。李斯是站在秦国的立场，要统一全中国。韩非是站在韩国的立场，保存韩国。李斯向秦始皇说韩非心向韩国不为秦用。李斯的话是有根据的，《韩非子》中的《存韩》以及附件就是根据。司马迁说，李斯向秦始皇说的话是因为他嫉妒韩非才出己上，故意诬陷韩非。这没有深考，不足为凭。

在春秋战国时候，诸侯国之间的战争，次数越来越多，规模越来越大。有些人提出了制止战争的主张，他们的方法有两种，一种是"偃兵"，一种是"救守"。"偃兵"是企图用政治外交的办法制止战争。在春秋末期，宋国有向成，主张"弭兵"，"弭兵"就是偃兵。现在所谓"缓和"，限制武器，订互不侵犯条约等等，也都是弭兵、偃兵一类的主张。上边说过公孙龙也曾经主张偃兵。

"救守"就是反对侵略战争，主张援助被侵略的诸侯国，坚守城市边界，认为这样可以使侵略的国家不能得逞。如果各诸侯国都知道侵略是不能得逞的，自然不发动战争了。在春秋末期，墨翟主张"非攻"，又实行帮助被侵略国家守城。这就是救守。

这两种主张都是春秋战国时期的违反历史趋势的思想，也都是不切实际的，不现实的，仅只是某些人的幻想。

《吕氏春秋》在《孟秋纪》中有几篇讲战争。它说："古圣王有义兵，而无有偃兵。兵之所自来者上矣，与始有民俱。"（《荡兵》）意思就是说，战争是从古以来就有的，只要有人就有战争，所以古来的圣王只讲战争的义或不义，不讲偃兵。它接着说："家无怒笞，则竖子婴儿之有过也立见。国无刑罚，则百姓之悟相侵也立见。天下无诛伐，则诸侯之相暴也立见。故怒笞不可偃于家，刑罚不可偃于国，诛伐不可偃于天下，有巧有拙而已矣。"（同上）

它又接着说："察兵之微。在心而未发，兵也。疾视，兵也。作色，兵也。傲言，兵也。援推，兵也。连反，兵也。侈斗，兵也。三军攻战，兵也。此八者皆兵也，微巨之争也。今世之以偃兵疾说者，终身用兵而不自知，悖。故说虽强，谈虽辨，文学虽博，犹不见听。故古之圣王有义兵，而无有偃兵。"（同上）意思就是说，战争的范围很广，在一个人的心里边对于别人有忿恨，虽然还没有发出来，那就是战争。一个人向别人瞪眼，这就是战争。愤恨表现于颜色，这也是战争。愤恨表现于言辞，这也是战争。向别人推推搡搡，这也是战争。打群架，这也是战争。军队正式打仗，这也是战争。这八者都是战争，不过有大小不同而已。所以现在讲偃兵的人，实际上他就是在战争，不过他自己不觉而已。这些是自相矛盾的，所以他们虽然说得很好听，可是没有人听他们。所以古来圣王只讲兵的义或不义，不讲偃兵。

对于救守的主张，《吕氏春秋》也认为是错误的。它说："凡为天下之民长也，虑莫如长有道而息无道，赏有义而罚不义。今之世学者多非乎攻伐，非攻伐而取救守。取救守则乡之所谓长有道而息无道，赏有义而罚不义之术不行矣。"（《振乱》）

意思就是说，现在学者有许多反对攻伐，主张救守。如果被攻伐的国君是个暴君，是个无道之君，救守实际上是帮助了无道之君。这样，无道的人受不了罚，有道的人也得不了赏。这是违反老百姓的愿望的。《吕氏春秋》接着说："是非其所取，而取其所非也，是利之而反害之也，安之而反危之也。为天下之长患，致黔首之大害者，若说为深。夫以利天下之民为心者，不可以不熟察此论也。"（同上）意思就是说，救守的主张同老百姓的取舍是相反的。表面上看起来，是对老百姓有利，实际上是对老百姓有害。表面上是叫老百姓安，实际上是叫老百姓危。所以这种主张不合乎天下的长远利益，实际上是老百姓的大害。真正为老百姓谋利益的人，对于救守的主张应该仔细研究，仔细考察。《吕氏春秋》得出结论说：对于战争，只应该问它是义或不义。"兵苟义，攻伐亦可，救守亦可。兵不义，攻伐不可，救守不可。"（《禁塞》）就是说，如果是义兵，救守是对的，攻守也是对的；如果是不义之兵，攻伐是错误的，救守也是错的。

不管吕不韦所说的"义"的内容是什么，实际上向来用武力的人，都说他的兵是"义兵"。所以吕不韦的主张，实际上是支持当时的战争。他是站在秦国的立场说话的。

韩非是韩国的诸公子，又打算做秦国的谋士。他的立场是矛盾的，既要"存韩"，又要辅助秦国。这就使他对于当时的兼并战争的态度和他的法家思想有了矛盾。

韩非虽不赞成秦国用武力统一，但在秦朝，他是理论方面的最高权威，"圣人"。他的话被引用为言论的根据。秦二世责问李斯说："吾有私议而有所闻于韩子也。"引韩非《五蠹》的话。李斯的答书说："故韩子曰：'慈母有败子而严家无悍虏者，何也？则能罚之加焉必也'。……今不务所以不犯，而事慈母之所以败子也，则不察于圣人之论矣。"（《史记·李斯传》）这都是以韩非的话为根据，而且明确地说，韩是"圣人"。

韩非被称为圣人，标志着第一次大转变时期"百家争鸣"的局面即将终结，他和李斯，一个是这个终结的理论家，一个是这个终结的执行者。这两个同学虽然在生前有矛盾，但他们的历史作用是"异曲同工"。

从哲学史的观点看，韩非继承了荀况的唯物主义思想，又改造了《老子》，使它从客观唯心主义转化为唯物主义。他是先秦的一个唯物主义大家，也是中国哲学史中的一个唯物主义大家。他的哲学思想是中国哲学史中的辉煌的一页。

第二十四章　先秦百家争鸣的总结与终结

本册的绪论指出，在战国时期地主阶级有两个历史任务：一个是统一全中国，建立一个以地主阶级为基础的专制主义的中央集权的全国性的政权；一个是结束从春秋以来的思想战线上的"百家争鸣"的局面。完成这两个历史任务的形势在战国末期都已形成了，条件都已具备了。这是当时历史的趋势，成为"百家争鸣"局面的外部压力。这个局面的内部，也有这种趋势的反映。其表现是，当时的几个大家，都提出了对于当时各家的评论。这种表现的意义是，当时的几个大家，从各自的立场，用各自的观点，对于当时"百家争鸣"的局面所作的总结。

第一节　儒家所作的总结

儒家所作的总结，范围比较广泛，评论比较深刻。这是荀况作的。他在《非十二子》篇中承认十二子的学说都是"持之有故，言之成理"，但又认为它们都是错误的。错误在什么地方，荀况没有说。但是在《荀子》的别的篇中他倒是说了。他说："万物为道一偏，一物为万物一偏，愚者为一物一偏，而自以为知道，无知也。慎子有见于后，无见于先。老子有见于诎，无见于信（伸）。墨子有见于齐，无见于畸。宋子有见于少，无见于多。有后而无先，则群众无门。有诎而无信，则贵贱不分。有齐而无畸，则政令不施。有少而无多，则群众不化。"（《天论》篇）

荀况又说："昔宾孟（萌）之蔽者，乱家是也。墨子蔽于用而不知文。宋子蔽于欲而不知得。慎子蔽于法而不知贤。申子蔽于势而不知知。惠子蔽于辞而不知实。庄子蔽于天而不知人。故由用谓之，道尽利矣。由俗（当作欲）谓之，道尽嗛矣。由法谓之，道尽数矣。由势谓之，道尽便矣。由辞谓之，道尽论矣。由天谓之，道尽因矣。此数具者，皆道之一隅也。夫道者，体常而尽变，一隅不足以举之。曲知之人，观于道之一隅，而未之能识也，故以为足而饰之，内以自乱，外以惑人；上以蔽下，下以蔽上；此蔽塞之祸也。"(《解蔽》篇)

在这两段里，荀况对于当时各家（即所谓"乱家"）提出了简要而深刻的批评。他认为"道"是包括各方面的全体，当时的各家都只看见"道"的某一个方面。荀况认为，他们对某一方面有所"见"。正是因为他们对于某一方面有"见"，所以他们就为其所蔽，而看不见，或者不愿意看见"道"的其他方面。对于其他方面，他们完全无知。对于其他方面的无知，正是由于对某一方面的有知。荀况的这两段话从思想方法上批判当时各家，指出他们思想方法都是以偏概全，都是形而上学。

"慎子有见于后，无见于先"；"慎子蔽于法而不知贤"。慎子就是慎到。慎到的思想有两个方面：一方面是如《庄子·天下》篇所说的，是道家思想；一方面是《慎子》中所说的，是法家的思想。荀况的这两条批评是针对慎到的思想的两方面说的。荀况说："有后而无先，则群众无门"，就是说，他认为，老百姓，必须依靠"圣人"或"君子"的领导；"圣人"或"君子"在前面领导，老百姓在后面追随；这样，老百姓才有路可走，有门可入。荀况认为，如果每个人都要居后不肯居先，那么，老百姓就无门可入。荀况又说："由法谓之，道尽数矣。"荀况称"法"为"法数"；"数"指法律的条文。荀况认为，如果专从"法"的观点看，那就为"法"所蔽，认为一切问题都是"法"的条文可以解决的，这是一偏之见。

"老子有见于诎，无见于信（伸）"；"有诎而无信（伸），则贵贱不分"。《庄子·天下》篇说：老聃"以濡弱谦下为表，以空虚不毁万物为实"。老聃认为柔弱可以胜刚强，其实他所讲的仅只是柔弱。这就是"有见于诎，无见于信（伸）"。荀况认为，在封建等级制度中，贵者应该统治贱者；贱者应该"诎"，贵者应该"伸"。如果只讲"诎"而不讲"伸"，那么，贵贱就没有分别了。荀况认为这也是一偏之见。其实老聃的思想是以诎为伸，这一点荀况还没有了解。

"墨子有见于齐，无见于畸"；"墨子蔽于用而不知文"。在字面上看，这是荀况对于墨翟的"尚同"思想的批评。墨翟主张，"尚同而不下比"；人民对于"天子"要绝对服从；这就是"有见于齐，无见于畸"。"齐"指天子的统一号令，"畸"指老百姓的个人意见。但是荀况下面说："有齐而无畸，则政令不施。"可见荀况并不反对"天子"的统一的政令；荀况也是主张天子的绝对威权的。在《非十二子》篇中，荀况说，墨翟"不知壹天下、建国家之权称，上功用，大俭约而僈差等，曾不足以容辨异，县君臣"。墨翟主张节用、节葬、非乐，荀况认为这样就不足以分别君臣、上下，因为在奴隶社会或封建社会的等级制度中，等级的分别一部分是靠居住、衣服、享受的不同表现的。这就是荀况所说的"文"的功用。他认为，墨翟只知道节约，这就是"蔽于用而不知文"，其结果会使等级制度不能维持。这就是他所说的"上功用，大俭约而僈差等"。"僈差等"就是"齐"。荀况认为，人是本来不齐的；他说："皇天隆物，以示下民，或厚或薄，常不齐均。"（《赋》篇）又说："分均则不遍，势齐则不一，众齐则不使。"（《王制》篇）荀况主张不齐，不齐是"畸"。他认为，如果没有等级制度，政令就无法施行，因为"众齐则不使"。

荀况对于墨翟的"节用"，特别提出批评。上面讲过，荀况认为，如果社会生产力得到充分的发展，生活资料是用不完的。他说："夫不足，非天下之公患也，特墨子之私忧过计也。"下面接着说："我以墨子之'非乐'也，则使天下乱；墨子之'节用'也，则使天下贫。"为什么呢？荀况说："墨子大有天下，小有一国，将蹙然衣粗食恶，忧戚而非乐；若是则瘠，瘠则不足欲，不足欲则赏不行。墨子大有天下，小有一国，将少人徒，省官职，上功劳苦，与百姓均事业，齐功劳；若是则不威，不威则罚不行。"（《富国》篇）荀况认为，统治者必须有很多的特殊享受，以满足自己的欲望；这样才可以用"赏"引诱人，使之为他服务。统治者必须有许多特权，才可以表示他的威严；这样才可以用"罚"禁止人，使之不敢反抗。如果"赏罚"不行，统治者就没有方法统治老百姓，老百姓就要反抗，也不为他生产；从统治者的观点看，这就要"使天下乱"，"使天下贫"。荀况说："故由用谓之，道尽利矣。"他认为墨翟的思想以利为主；但是，从统治阶级观点看，这些利就是不利。

"宋子有见于少，无见于多"；"宋子蔽于欲而不知得"。宋子就是宋钘或宋牼。荀况对于宋钘的批评很多，但又称他为"子宋子"，表示他对于他的尊敬。这些批评上面已经讲过。荀况说："由俗（欲）谓之，道尽嗛矣"，就是说，如果人都欲少而不欲多，应该每个人都很满意，可是事实并不如此。荀况说："有少而无多，则群众不化"。他认为，如果人真都欲少，那并不是好事。因为照上面所说的，正是因为人有很多的欲望，统治者才能用赏罚引诱、威胁老百姓，为他服务。如果，人的欲望真少，统治者的赏罚就不能发生作用；这就是所谓"群众不化"。

荀况说："凡语治而待去欲者，无以道欲而困于有欲者也。凡语治而待寡欲者，无以节欲而困于多欲者也。"（《正名》篇）这是荀况对于道家（"去欲"）和宋牼、尹文（"寡欲"）的批评。荀况说"天性有欲，心为之制节"（《正名》篇）。他认为"天性有欲"，既不能去，也不能寡，只能由"心"对于"欲"加以指导和节制。《墨子·大取》篇有"智"指导"欲"的理论。荀况在这一点上，吸收了墨家的意见。

"申子蔽于势而不知知"；"由势谓之，道尽便矣"。申子就是申不害。照韩非的说法，在法家的三派中，慎到重势，商鞅重法，申不害重术（《韩非子·难势》）。照荀况所说，慎到蔽于法，申不害蔽于势，与韩非所说不同。法家的重势一派认为，统治者凭他的势位就可以统治老百姓，并不需要什么知识能力。韩非引慎到的话说："尧为匹夫，不能治三人；而桀为天子，能乱天下；吾以此知势位之足恃，而贤智之不足慕也。"（同上）这正是"蔽于势而不知知"。荀况说："由势谓之，道尽便矣"，就是说，如果专从势位出发，有势位的人就可以随意做他所认为方便的事情；可是这也是一偏之见。

"惠子蔽于辞而不知实"；"由辞谓之，道尽论矣"。就是说，惠施不管事物的实际情况，作些违反事实的辩论。如果专从辩论出发，为辩论而辩论，那就只有辩论了；这也是一偏之见。

"庄子蔽于天而不知人"；"由天谓之，道尽因矣"。就是说，庄周崇拜自然，反对人为，就是所谓"从天而颂之"。如果专从这个观点出发，对于任何事情都可以因其自然，不需要人的努力，这也是片面的见解。

荀况认为，各家的错误都在于片面地看问题。这在一定的程度上，是正确的。他指出各家的片面之所在也都相当深刻。荀况在这里，接触到一个真理，那就是，片面性是错误的一个根源。

当时还有些派别，荀况没有特别提出批评。他说："若夫充虚之相施易也，坚白同异之分隔也，是聪耳之所不能听也，明目之所不能见也，辩士之所不能言也，虽有圣人之知，未能偻指也。不知无害为君子，知之无损为小人。"（《儒效》篇）"充虚之相施易"，就是说，实的和虚的可以互相移易，大概是指老聃的"有无相生"之说。"坚白同异之分隔"，大概是指公孙龙一派的学说。这不包括惠施，因为惠施一派主张"合同异"，这里所说的是"同异之分隔"。

荀况又说："夫坚白、同异，有厚无厚之察，非不察也，然而君子不辩，止之也。"（《修身》篇）"无厚"是指惠施"无厚不可积也，其大千里"的辩论。荀况认为，这些思想都是无关重要的；"不知无害为君子，知之无损为小人。"所以他只是一笔带过。

荀况指出，当时的各家都各有所蔽，也都各有所见。他所评论的各家学说的内容，有些我们已经不清楚了。就我们所知道的说，他的评论都说到要害之处，是中肯的。但是有一点他没有说。"见"和"蔽"是辩证的统一，其实就是一回事。各家各有所"蔽"，正是因为他们各有所"见"。譬如说，一个人用望远镜观察远处的事物，望远镜把他的视力集中到一点上。对于这一点看得比较清楚，但是此点之外他就看不见了。这样，就由"见"转化为"蔽"了。如果他把望远镜转移到另一个点上，"蔽"又转化为"见"了。这就是"蔽"和"见"的辩证的关系。荀况大概是对于辩证法无所见。如果有所见，他的后学也不会编造出来孔丘杀少正卯的故事了。

第二节　道家所作的总结

道家对于其他各家的评论，散见于《老子》和《庄子》书中。《老子》说："大道废，有仁义"（第十八章），"法令滋彰，盗贼多有。"（第五十七章）这就是对于儒法两家的评论。《庄子》中的《骈拇》《马蹄》等篇都是对于儒家的评论。但是对于其他各家的总评论是《天下》篇的作者作的。这位作者用道家的立场和观点，对于其他各家思想作了系统的总结。编辑《庄子》一书的人，把《天下》篇列入《庄子》的最后一篇，以它为庄子的"自序"。其实，这一篇应该说是对先秦百家争鸣局面所作的总结。

《天下》篇认为有一个全部的真理，叫做"道术"。道术无所不包，其中的道理有小有大，有精有粗。他承认儒家的思想是相当全面，但是儒家所讲的只是"道术"的"粗"的一方面。真正的"道术"分裂为许多方面，先秦的各家各派都得其一个方面。它说："天下大乱，贤圣不明，道德不一，天下多得一察焉以自好。譬如耳目鼻口，皆有所明，不能相通。犹百家众技也，皆有所长，时有所用。虽然，不该不遍，一曲之士也。"他所谓"一曲之士"也就荀况所说的"蔽于一曲而暗于大理"的哲学家。这种"一曲之士"的学说，就不是"道术"而只是"方术"了。下面接着叙述有些家的学说，认为都是"古之道术有在于是者"，这些家"闻其风而说之"。

《天下》篇对于各家都有所肯定。它认为儒家接近道术的全部，但只是其"粗"的一方面；"墨子真天下之好也……才士也夫"；宋钘，尹文"图傲乎救世之士哉"；"彭蒙、田骈、慎到不知道，虽然槩乎皆尝有闻者也。"他对关尹、老聃和庄周有褒无贬，全部肯定，但是也承认他们所得到的，也只是"道术"的一方面。

《天下》篇认为名家的方向是完全错误的，但是，对于名家的错误表示惋惜，叹惜地说："悲夫"。

《庄子》中的《天道》篇有一大段似乎是专门对法家，特别是黄老之学的评论。

法家所主张的形名、赏罚，《庄子》这篇也认为是统治术中的必要的环节。《天道》篇说："是故古之明大道者，先明天而道德次之，道德已明而仁义次之，仁义已明而分守次之，分守已明而形名次之，形名已明而因任次之，因任已明而原省次之，原省已明而是非次之，是非已明而赏罚次之，赏罚已明而愚知处宜，贵贱履位，仁贤不肖袭情。必分其能，必由其名。以此事上，以此畜下，以此治物，以此修身，知谋不用，必归其天，此之谓太平，治之至也。"《管子》的《内业》《白心》等篇所讲黄老之学是这样说的。

意思就是说：古来懂得和推行黄老之学的大道理的人，首先要懂得"天"。天就是"自然"，凡事都是自然而然地如此的。这里所说的自然，其实就是必然。必然就是自然。懂得了这个道理以后，其次就是懂得道、德。"道"可能是《老子》所说的道，也可能是《内业》《白心》等篇所说的道，即精气。"德"是人之所得于道者。其次是懂社会中的伦理原则即仁义。其次是懂得"分守"即设官分职。其次是懂得"形名"。"名"就是某官某职的名字，"形"是担任某官某职的个人。"名"是一般，"形"是特殊。法律也是这样。法律的条文是"名"，是一般；某具体的事是"形"，是特殊。这里所说的分守、形名，包括法而言。法律、章程规定以后，自己会照着自己的一般办事，在上者不要也不可干预。这就叫"因任"。在上者不干预其办事，却要考查其成绩，看其所办的事，是否合乎其名的要求。这就叫"原省"。省是常说"反省"那个省。考查以后，就要分清是非，合乎其名的要求者为是，不合者为非。是者必以应得之赏，非者必给以应得之罚。赏罚分明以后，贵和贱自然而然地都得到其应该得到的位置。有才能和无才能的，自然而然地只做他们所能做的事。用不着勾心斗角，用不着阴谋诡计，一切都自然而然地合适。这就是社会的最好的状态"太平之至"。

这是黄老之学的统治术的一整套操作规程。照黄老之学所宣传的，只要照着这套规程做，一个帝王就可以"用"他的"人群"，用不着什么技巧，也用不着什么手腕。他可以用这一套"治国"，也可以用这一套"修身"。"治身"的一套和"治国"的一套是一致的。《内业》《白心》等篇也是这样说的。

不同的是，《天道》篇在这里特别强调这一整套中各环节的本末关系。它说："形名者，古人有之，而非所以先也。古之语大道者，五变而形名可举，九变而赏罚可言也。"就是说："形名"是这一整套中的第五个环节，"赏罚"是第九个环节。这一整套的各个环节，有本末、先后、始终的次序，违反了这个次序，一开始就讲"形名""赏罚"，这是"倒道而言，迕道而说"。这种人是只知"治之具"，不知"治之道"。就是说，只知治国的方法，不知道治国的原则。这种人是"人之所治"的人，不是"治人"的人。可用于天下，不足以用天下。

这一种人可以称为"辩士",是"一曲"之人。这是对于法家的批评。

以上是道家对于百家争鸣局面的总结。它承认其他各家的长处。虽然各家都有错误,但是在历史的发展中都占有一定的地位。这是道家所作的总结的特点。同儒家所作的总结比较起来,有比较多的辩证法因素。

第三节　法家所作的总结

法家的总结是韩非作的。他首先评论了儒墨两家。他说:"世之显学,儒、墨也。儒之所至,孔丘也。墨之所至,墨翟也。……故孔、墨之后,儒分为八,墨离为三,取舍相反不同,而皆自谓真孔、墨。孔、墨不复生,将谁使定世之学乎?孔子、墨子俱道尧、舜,而取舍不同,皆自谓真尧舜。尧、舜不复生,将谁使定儒、墨之诚乎?殷、周七百余岁,虞、夏二千余岁,而不能定儒、墨之真,今乃欲审尧、舜之道于三千岁之前,意者其不可必乎!无参验而必之者,愚也;弗能必而据之者,诬也。故明据先王,必定尧、舜者,非愚则诬也。愚诬之学,杂反之行,明主弗受也。"(《韩非子·显学》)

儒墨二家经常以"先王"的言行为根据,以此作为他们的结论的大前提。孟轲"言必称尧舜"。墨翟亦以古代圣王的言行作为他的三表之一。韩非对于他们的大前题的真假提出疑问。他说,尧舜真正是个什么样子,谁也不能知道。不但此也,孔丘和墨翟是个什么样子,也是不能知道的。儒家和墨家都已经分为几个派别,每派都把自己称为是孔丘和墨翟的继承人。可见他们自己也不知道孔丘和墨翟真正是什么样子。所以儒墨二家都是"愚诬之学"。

"愚诬之学,杂反之行。"是韩非对于儒墨两家所作的总结。他从根本上怀疑儒墨二家学说的大前提,因此他认为这二家的学说都是"愚诬之学"。他又根据当时"儒分为八,墨离为三"的事实认为儒墨二家都是"杂反之行"。孟轲和荀况都说自己是继承孔丘,但是荀况把子思、孟轲都纳入十二子之中而加以批判。这种情况应该是韩非所熟悉的。

但这还不是韩非所作的总结重点。他的重点是对于其他各家所作的政治结论。

他说:"儒以文乱法,侠以武犯禁。"(《韩非子·五蠹》)儒指一般的知识分子,侠指社会上一般"好打抱不平"的人,这二种人是儒家和墨家的社会基础。韩非的这二句话,实际上是间接地批评儒家和墨家。法家的目的是富国强兵,所以它认为社会上有用的人,是耕战之士,其他的人都是于社会无益的消费者。他说:"故不相容之事,不两立也。斩敌者受赏,而高慈惠之行;拔城者受爵禄,而信兼爱之说;坚甲厉兵以备难,而美荐绅之饰;富国以农,距敌恃卒,而贵文学之士;废敬上畏法之民,而养游侠私剑之属。举行如此,治强不可得也。国平养儒侠,难至用介士,所利非所用,所用非所利。是故服事者简其业,而游学者日众,是世之所以乱也。且世之所谓贤者,贞信之行也;所谓智者,微妙之言也。微妙之言,上智之所难知也。今为众人法,而以上智之所难知,则民无从识之矣。"(《五蠹》)这里所说的微妙之言,是指道家说的,他认为道家的微妙之言,上智的人亦不能理解,更是没有什么用。

他的结论是社会上有"五蠹",就是说有五种蛀虫。它们是这样的五种人,即"学者"(儒家之徒),"带剑者"(游侠刺客),"言谈者"(到处游说的投机政客),"患役者"(逃避耕战的人),"商工之民(工商业者)"。

韩非认为,当时的那些搞"百家争鸣"的人都是社会的蛀虫,他们争鸣的那些东西都是对于社会有害的,至少也是没有用的。在全国性的统一政权之下,应该是"无书简之文,以法为教;无先王之语,以吏为师"(《五蠹》)。

这是法家所作的总结。在秦始皇统一中国以后,在李斯的辅助之下,他所实行的统一思想的政策就是以法家所作的总结为其指导思想。

以上是儒家、道家和法家各从其自己的立场和观点对于百家争鸣局面所作的总结。总结还不是终结。它可能是终结将要来临的一种迹象,但不就是终结。

在战国末期,出现了杂家。杂家的出现意味着百家争鸣局面的终结。吕不韦的《吕氏春秋》是当时杂家的一部典型著作。

第四节 杂家和吕不韦的《吕氏春秋》

杂家这个名称,是刘向、刘歆所创造的。他们说:"杂家者流,盖出于议官。兼儒、墨,合名、法,知国体之有此,见王治之无不贯,此其所长也。及荡者为之,则漫羡而无所归心。"(《汉书·艺文志》)他们所说的"荡者为之",其实就是杂家的本质。杂家要兼儒、墨,合名、法,而没有一个自己的中心思想,这就是"无所归心"。

吕不韦(约前290—前235),是战国末期的一个大商人。他在赵国都城邯郸经商的时候,用投机取巧的办法搞政治活动。后来入秦,做到秦庄襄王的丞相。庄襄王死后,把他的太子政立为秦王,即后来的秦始皇帝。吕不韦曾发动一次宫廷政变,企图夺秦始皇的权,失败后,被秦始皇放逐,自杀。

吕不韦在秦国当政的时候,凭借在政治上掌握的权力,收集了当时各家学派的人做他的"宾客",叫他们大写文章,用拼拼凑凑的办法,搞出一个形式上的统一的书,名为《吕氏春秋》。

《吕氏春秋》声称,它对于以前各家一律平等看待。《不二》篇说:"老聃贵柔,孔子贵仁,墨翟贵廉,关尹贵清,子列子贵虚,陈骈贵齐,阳生贵己,孙膑贵势,王廖贵先,儿良贵后。"它认为这些人"皆天下之豪士也"。可是它也认为这些不同的思想应该统一起来;"一则治,异则乱,一则安,异则危。……夫能齐万不同,愚智工拙,皆尽力竭能,如出乎一穴(空)者,其惟圣人矣乎"。就是说,对于各家,要"齐万不同",使它们"皆尽力竭能",虽不同而又"如出乎一空"。

用什么方法得到这样的"一"呢?《吕氏春秋》的方法不是对各家在更高的水平上加以综合,而用一种拼凑式的方法加以综合。这是《吕氏春秋》的杂家思想的要点。

《吕氏春秋》提出了一个关于杂家的基本理论。它说:"凡生,非一气之化也;长,非一物之任也;成,非一形之功也。故众正之所积,其福无不及也;众邪之所积,其祸无不逮也。"(《明理》篇)这是说,一个东西的成长和发育,是许多积极的因素积聚在一起的结果。它又说:"物固莫不有长,莫不有短,人亦然。故善学者,假人之长以补其短,故假人者遂有天下。"(《用众》篇)就是说,要想统一天下,必须取众家之长。这篇接着说:"天下无粹白之狐,而有粹白之裘,取之众白也。夫取于众,此三皇五帝之所以立大功名也。"取众家之长,以补自己之短,这还不就是杂家。但如果没有自己独立的见解和立场,而企图只靠采集众家之说,以构成一个体系,就像拼缀成的纯白的皮衣一样,这就是杂家。

《吕氏春秋》在主观上也自以为它有一个建立体系的标准。它说:"上揆之天,下验之地,中审之人。若此,则是非,可不可,无所遁矣。"(《序意》篇)这个标准太宽泛,太抽象。因此它又提出一个"公"的原则。它认为要"公"就需要"循其理,平其私",就是说,要循事物的规律,去掉心中的偏见。这样"智"就可以"公";"智公"才能决定是非(同上)。

可是这个"公"也还是抽象的,实际上就是说,不要有自己独立的见解,而只要"兼容并包"。根据这个自以为"公"的态度,《吕氏春秋》收集了很多内容互相矛盾的材料,企图把儒、道、墨、法、阴阳等家的许多观点罗列在一起,编制一套"粹白之裘"。

阴阳家的《月令》,特别受到《吕氏春秋》的重视。它把《月令》作"十二纪"的架子。司马迁说，吕不韦著八览，六论，十二纪（《史记·吕不韦列传》），"纪"在书之末。现在的高诱本，十二纪居首。但《序意》篇为全书总序，在十二纪之末，可知十二纪是全书的主要部分。

十二纪是仿照《管子》的《幼官》和《幼官图》作的，把一些论文分配在春、夏、秋、冬四季之下，这种分配所遵照的原则就是"天人感应"。

《吕氏春秋》分配在春季之下的论文有《本生》《重己》《贵生》《情欲》《尽数》《先己》。这些篇的主要内容都是讲养生的方法。阴阳家认为春天的"德"主"生"，所以《吕氏春秋》把道家讲养生一类的论文都分配在春季。

《吕氏春秋》分配在夏季之下的论文的绝大部分是关于教育和音乐的。这是因为阴阳家认为夏天的"德"主"长"，即发育长养。《管子·幼官图》在中方本图里边说："接之以礼，和之以乐"。可见阴阳家认为"礼、乐"对于人有发育长养的作用。阴阳家认为中方"寄"于季夏。所以《吕氏春秋》把关于教育和音乐的理论，特别是儒家关于音乐的理论，都分配在夏季。

《吕氏春秋》在秋季下面所分配的论文的绝大部分是关于军事的，主要的是兵家和法家关于战争的理论。这是由于阴阳家认为秋天的"德"主"肃杀"。

《吕氏春秋》在孟冬纪的下面，首先编入了《节丧》《安死》两篇论文，企图把儒家的"孝亲"和墨家的"节葬"的理论调和起来。这是由于阴阳家认为冬天的"德"主死亡。《节丧》篇开头就说："审知生，圣人之要也；审知死，圣人之极也。知生也者不以害生，养生之谓也。知死也者不以害死，安死之谓也。此二者圣人之所独决也。"这就是给十二纪作了一个总结性的说明。

照上面所说的看起来，《月令》是《吕氏春秋》十二纪的纲领。《吕氏春秋》以十二纪为纲，搭了一个架子，依照"天人感应"的原则，在这个架子之下，收集了各家各派的人所作的论文。纲领和这些论文的关系是形式的，没有内容上的联系。

《吕氏春秋》也主张政治上的统一。它说："军必有将，所以一之也；国必有君，所以一之也；天下必有天子，所以一之也；天子必执一，所以专之也。一则治，两则乱。今御骊马者，使四人人操一柄，则不可以出于门闾者，不一也。"（《执一》）可是它又主张继续分封诸侯，保持贵族制度。照它的说法，国家越大越不容易统治；天子之国方千里，这就大到极限了。"非不能大也，其大不若小，其多不若少。""故观于上世，其封建众者，其福长，其名彰。"它说："王者之封建也，弥近弥大，弥远弥小"；因为这样可以"以大使小，以重使轻，以众使寡"（《慎势》）。当时历史的趋势，正是消灭诸侯割据，实行郡县制，以实现中央集权的专制主义的统治。《吕氏春秋》关于这一点的议论，一方面主张维持分封诸侯的制度，一方面提出"弥近弥大，弥远弥小"，"以大使小"的理论。这是不愿意把诸侯割据与郡县的矛盾发展到底，而主张一种调和论。这是杂家的特点。

《吕氏春秋》最末有《上农》《任地》《辩土》《审时》四篇。后三篇讲农业技术，前一篇讲为什么要"上农"。这篇所说的"上农"的理由跟《爱类》篇"神农之教"比较起来，又是一个很大的矛盾。《爱类》篇所说的"神农之教"，在一定程度是从农民的立场出发。《上农》篇则完全是从地主阶级的立场出发。它说，所以重农，并不仅只是因为要尽"地利"，也是因为，"民"若从事于农，他们就很朴实，朴实就容易叫他们为统治者服务（"易使"）；"易使"则边境安，主位尊。还有，"民"若从事于农，他的思想就简单（"童"）；思想简单就不会有私下的议论，破坏法令。还有，"民"若从事于农，他们的财产就比较复杂，不容易往别处逃跑；"民"若是从事于商贾（"舍本而逐末"），他们的财产就简单，统治者有患难的时候，他们容易逃跑。还有，"民"若从事于商贾，他们的思想就复杂（"好智"），"好智"就要玩弄法令，"以是为非，以非为是"。这就是说，所以重农轻商，主要的是要维持封建统治阶级的社会秩序。《上农》篇也并不是完全不要商贾。它说："凡民自七尺以上，属诸三官；农攻粟，工攻器，贾攻货。"照这几句所说的，又是要恢复奴隶主制度下的"工商食官"的制度了。

这就是杂家的做法。

黑格尔说："如果折衷主义的意思是无一贯原则地从这种哲学里取一点，从那种哲学里取一点，拼拼凑凑，——好像一件用许多不同颜色、不同材料的布片拼起来的衣服似的——那就是一种很坏的东西。……这些折衷派的学者中间，有一部分是一般没有教养的人，他们的脑子里并存着许多极其矛盾的观念，从来不想把自己的思想贯穿起来，也从来没有意识到它们的这些矛盾。也有一些折衷派的聪明人，思想和行为都是有意识的，因此他们要最好的东西，当他们像他们所说的那样，从每一个体系里采取了好的东西，从许多不同的思想里作出了一个总计的时候，那里面一定是什么好东西都有，只是没有思想的联系，也就是根本没有思想。"（《哲学史》第3卷，中译本，商务印书馆1959年版，第174—175页）吕不韦是这里所说的"聪明人"。他有意识、有计划地命令他的"宾客"做出《吕氏春秋》。

列宁说："'又是这个，又是那个'，'一方面，另一方面'……这就是折衷主义。辩证法要的是从具体的发展中来全面地估计对比关系，而不是东抽一点，西抽一点。"（《再论工会、目前局势及托洛茨基和布哈林的错误》，《列宁全集》

第32卷，第80页)《吕氏春秋》的做法正是这样。

吕不韦的杂家思想，虽然不能成为真正的哲学体系，但是作为一个对付百家争鸣的态度，还是有道理的，吕不韦认为当时的各家各派各有所长。这就是对于"百家争鸣"取一种容忍的态度。

《汉书·艺文志》说：杂家"知国体之有此，见王道之无不贯"，就是指此而言。"此其所长也"，就是说，这种态度是可取的。

第五节 杂家的出现与先秦哲学的终结

秦始皇完成了当时的地主阶级第一个任务以后，需要完成第二个任务，那就是统一思想，以巩固专制主义的中央集权的统治。这是出于政治上的需要。除了这种政治形势以外，哲学界的自身也表现一种要结束"百家争鸣"的局势的迹象，那就是杂家的出现。

凡是一个大哲学家，都能够在自然、社会、人生中发现问题、解决问题。虽然他们所发现的不一定都是真正的问题，他们的解决虽然不一定都正确，但是，他们都是对于自然、社会、人生有所认识，有所了解，有所体会。因此他们的思想都能成为体系，都不失为第一流的哲学家。杂家不是这样，他们不在自然、社会、人生中发现问题，而是在别人的体系中看别人怎么样解决问题。他们徘徊于别人的体系之间，企图发现他们所认为是精华的一部分，摘取下来，拼凑成为自己的体系。这就好像小孩子玩积木一样，用几个木块拼凑成亭台楼阁。这些楼阁都是空中楼阁，因为他们是没有基础的，一个手指头就可以把它们戳倒。杂家的思想也是这样。他们的体系也是空中楼阁，因为他们在自然、社会、人生中没有基础。他们的体系实在不成其为体系，他们也只能成为第二流的哲学家。他们没有创造性，他们的体系也没有生命力。一个时代的第二流哲学的出现，表示这个时代的创造力已经将要发挥尽致了，再也不能往前发展了。

在百花争艳的春天里，荼蘼花最后开。它的开放，表示春天已经快完结了。

"开到荼蘼花事了。"在先秦，百家争鸣、百花齐放中，杂家是一棵荼蘼花。